第十五届中国廉政研究论坛献礼之作

廉政文化建设探索与实践丛书

主　编

颜晓红

廉政文化建设探索与实践丛书

江雪松　刘同君　著

镜鉴基层

上册

新时代农村
微腐败治理的
理论视域与实践探索

江苏大学出版社
JIANGSU UNIVERSITY PRESS
镇江

图书在版编目(CIP)数据

镜鉴基层：新时代农村微腐败治理的理论视域与实践探索：全二册 / 江雪松，刘同君著. -- 镇江：江苏大学出版社，2022.8
(廉政文化建设探索与实践丛书 / 颜晓红主编)
ISBN 978-7-5684-1853-9

Ⅰ. ①镜… Ⅱ. ①江… ②刘… Ⅲ. ①农村－廉政建设－研究－中国 Ⅳ. ①D638

中国版本图书馆 CIP 数据核字(2022)第 155272 号

镜鉴基层:新时代农村微腐败治理的理论视域与实践探索
Jingjian Jiceng:Xinshidai Nongcun Weifubai Zhili de Lilun Shiyu yu Shijian Tansuo

著　　者/江雪松　刘同君
责任编辑/柳　艳
出版发行/江苏大学出版社
地　　址/江苏省镇江市京口区学府路 301 号(邮编：212013)
电　　话/0511-84446464(传真)
网　　址/http://press.ujs.edu.cn
排　　版/镇江市江东印刷有限责任公司
印　　刷/江苏凤凰数码印务有限公司
开　　本/718 mm×1 000 mm　1/16
总 印 张/27.75
总 字 数/520 千字
版　　次/2022 年 8 月第 1 版
印　　次/2022 年 8 月第 1 次印刷
书　　号/ISBN 978-7-5684-1853-9
定　　价/85.00 元(全二册)

序

近年来，随着纪检监察工作日益规范化、法治化、正规化，纪检监察理论研究也被提升到了纪检监察学科①建设层面。《中国共产党纪律检查委员会工作条例》第四十七条提出，要加强理论研究和学科建设。《中华人民共和国监察官法》第三十二条规定，国家加强监察学科建设。国务院学位委员会于2021年12月下发《博士、硕士学位授予和人才培养学科专业目录（征求意见稿）》，将纪检监察学列为一级学科。可见，纪检监察学建设与研究已成为党和国家监督体系现代化战略部署的重要理论组成部分。纪检监察部门在党和国家权力结构中的法治监督地位，以及承担的党内监督和国家监督专责，决定了纪检监察学必须有助于推进纪检监察法治化，必须借鉴并融合政治、法律、社会、管理、文化、思想政治教育等多领域的理论并加以创新。

江苏大学长期关注我国纪检监察实践和纪检监察体制改革进程，依托本校法学学科建设，致力于探索纪检监察的法理定位和学科属性，拓展廉政建设新思路和廉政法治研究新格局。党的十八大以来，江苏大学先后于2014年6月成立廉政法治研究与评估中心，2021年1月成立廉政与法治研究院，2022年3月成立纪检监察学院，在法学门类下开展纪检监察学与法学等学科的交叉研究，开始对纪检监察专业人才培养模式进行探索②。成立上述机构以后，江苏大学坚持立足地方纪检监察实践，捕捉基层廉政建设动态，弘扬江苏大学支农兴农情怀，将农村基层法治研究和党风廉政建设研究相结合，围绕农村基

① 学科是指在整个科学体系中相对独立的分支。学科与专业存在如下区别：学科侧重于知识的系统化和原理化；专业偏重于社会职业领域的知识或技能。

② 教育部发布《关于公布2021年度普通高等学校本科专业备案和审批结果的通知》，在法学门类法学专业类增设纪检监察专业。

层微腐败治理进行理论阐释，进一步凝练纪检监察学科建设特色。

法治是反腐败的基本方式，让权力在法治轨道上运行，抓早抓小、防微杜渐是廉政治根之举。江苏大学法学院（纪检监察学院）践行“国之大者”，组织研究力量，尝试从农村基层微腐败治理这一“小切口”管窥乡村振兴“大格局”。乡村振兴的科学内涵是产业兴旺、生态宜居、乡风文明、治理有效、生活富裕，而党的正确领导是乡村振兴的根本政治保障，具体呈现为乡村治理场域中依规治党和依法执政的统一，以及自治、法治、德治的结合。研究团队着眼于农村基层微腐败治理所涉权力监督、公平正义、共同富裕、法治政府等本质问题的理论集成，检索文献、搜集案例、实地调研①、研讨对策，逐步递进，历时半年终于推出《镜鉴基层：新时代农村微腐败治理的理论视域与实践探索》（以下简称《镜鉴基层》）一书，力争以务实的学术研究推进纪检监察学科建设，为新时代乡村治理体系和治理能力现代化提供智识支持。

《镜鉴基层》的写作，始终秉持政治性、学理性、人民性，理性观察不敢腐、不能腐、不想腐一体化战略的基层落实，密切关注新时代农村基层党风廉政建设和反腐败斗争的理论与实践。研究团队努力在系统性、专业性、原创性方面下功夫，深入探寻廉政建设规律，不断追踪制度创新，注重将农村微腐败治理实践经验上升为纪检监察的理论创新，并在实践中进行再检验、再创造。《镜鉴基层》注重借鉴吸收古今中外政治文明的权力制约与监督思想，传承弘扬马克思主义权力监督思想，尝试深化对农村基层权力运行实践的科学认识。同时，结合我国超大规模治理所凸显的条块关系模式（这也是颇具中国特色的权力监督和制约机制）②，不断总结中国共产党的农村工作和基层治理经验，以期发展完善党性与人民性高度统一的权力监督思想。“吏不廉平，则治道衰”，清正廉洁是共产党人的政治本色和基本操守。民族要复兴，乡村必先振兴。农村基层干部作为乡村振兴战略实施中的“关键少数”，必须用制度保障并激励其充分发挥作用。同时，正风祛弊、有腐必反、有贪必肃的微腐败治理应当是这支队伍最彻底的自我革命。“为政者，

① 囿于疫情，实地调研地多为江苏大学所在江苏省内的农村，更多的跨省调研未能展开，仅以电话询问、线上调研等方式进行，殊为遗憾。中国农村地域辽阔、类型多样，每一处农村都有自身特殊的结构，也有其独具的问题，如费孝通先生的田野调查，既有《江村经济》，也有《禄村农田》。本书对于农村基层微腐败现象的调研尚停留于浅表层，其在中国农村的各种区域类型归纳，有待在后续研究中弥补与校准。

② 周振超．当代中国政府“条块关系”研究［M］．天津：天津人民出版社，2008：98.

莫善于清其吏也”①。本书点明了基层微腐败治理之道、以廉为本的三重境界：畏法纪严惩而不敢微腐，是为明智也，此为第一重境界；因制度健全而不能微腐，是为理智也，此为第二重境界；重修身自律而不想微腐，是为睿智也，此为第三重境界。

《镜鉴基层》是依循基层纪检监察实践的认识论探索与方法论提炼，秉持依规治党和依法治权的立场、观点与方法，对农村基层党风廉政建设及反腐败治理中较为常见的微腐败进行概念标识。阐释微腐败这一新概念需要“彻底”的理论，微腐败治理需要防微杜渐，探索如何让农村基层干部因敬畏而“不敢”、因制度而“不能”、因觉悟而“不想”，还需要清晰的学理架构和学理逻辑。当前，党的纪检与国家监察在农村基层的实践尚未很好地结合，关于回应纪检监察一体两面、一体运行实践的理论努力还需要持续。纪检监察实践内蕴党的先进性和国家权力人民性有机统一的法理，应当在基层治理法治化中融合互促、充分发展。

反腐永远在路上，只有进行时，没有完成时。坦率地说，目前《镜鉴基层》一书的学理支撑还不够牢固，还应继续拓宽视野、加强实证、多科融合、兼收并蓄。中国廉政研究论坛是国内党风廉政建设和反腐败斗争研究领域极具影响力的全国学术交流平台，第十五届中国廉政研究论坛将在江苏大学召开。本届论坛的主题是“国家治理现代化和纪检监察学科发展”，这对江苏大学纪检监察学科建设起到了非常好的理论指引与实践促进作用。《镜鉴基层》也借此良机，向论坛学术献礼，相信在广大专家和实务工作者的批评指正下，微腐败治理研究势必会得到较大推进，纪检监察学科建设也会获得长足进步。今后，研究团队应当坚持立足于概括基层纪检监察实践，持续对农村微腐败进行从感性到理性、从现象到抽象、由此及彼、由表及里的学理锚定，以求形成系统完备、科学周延的概念、逻辑，充实中国特色纪检监察学科体系、学术体系和话语体系。在乡村振兴的道路上，江苏大学纪检监察研究团队将深入贯彻新时代以来党的权力监督思想和经验，针对农村基层监督实践中存在的短板，不断提出对策建议，为推进监督制度在基层顺畅运行贡献理论力量，以实现公道清朗的乡村愿景。

刘同君

2022 年 6 月

---

① 魏征，等. 群书治要［M］. 中华书局，2014：568.

目　录

中篇 农村基层微腐败治理的典型案例剖析

下篇 农村基层微腐败治理的机制构建

绪　论

一、研究缘起

腐败是世界各国普遍面临的痼疾，微腐败亦不例外。

迈克尔·蔡平是一个经常失业的美国木匠，他在谈及当地的腐败现象时说："我真的不在意他们是否腐败，也不在意他们是否贪污一两千元（美元）。我只是希望镇里能好一点，镇里很脏，他们应该整顿一下，使它看上去更好一些。"① 在这一受访者心目中，一个乡镇的整洁比基层官员的廉洁更让他关心。只有在官员的腐败行为妨碍迈克尔从乡镇治理中受益时，他才无法容忍。当贪污一两千元（美元）的微腐败与怠政懒政在一个基层官员身上截然分开时，迈克尔会选择容忍微腐败而拒绝怠政懒政。由此可知，迈克尔对微腐败的认知是微妙的。

毫无疑问，中国也会有不少类似迈克尔这样的民众，他们对于腐败有着容忍程度的区分，从而有了腐败与微腐败之分。并且，民众对腐败的认知和对微腐败的容忍程度受到多方面因素的影响。这要求腐败治理必须综合施策，而非政治、法律、经济、社会、管理等某单一领域的治理，更非哪一学科的专门问题。当然，这并非表明腐败不能根治，而是要防微杜渐，既要关口前移，又要打通反腐"最后一公里"，从微腐败抓起。腐败有百害而无一利，即使从腐败中短暂获利，也会因事发遭受惩处而得不偿失；即使腐败者侥幸未被查处，亦会造成他人在权力滥用中承受实质性的不公平。即使是微腐败，也会给制度和文化带来伤害，尤其是发生在基层的微腐败。一些基层干部利用手中的权力，或贪污截留，或强占掠夺，或吃拿卡要，广大基层群众深受其害。"相对于'远在天边'的'老虎'，群众对'近在眼前'嗡嗡乱飞的'蝇贪'感受更为真切。'微腐败'也可能成为'大祸害'……对基层贪腐以及执法不公等问题，要认真纠正和严肃查处……"② 查处微腐败是纪检监察机构的职责所在，帮助民众认识到微腐败会损及每个人的利益，则

---

① 帕特里夏·尤伊克，苏珊·S. 西尔贝. 日常生活与法律［M］. 陆益龙，译. 北京：商务印书馆，2015：207.

② 习近平. 习近平谈治国理政：第 2 卷［M］. 北京：外文出版社，2017：167.

是学者的使命。

二、概念厘定

（一）关于基层

“基层”一词，源于地理学中地质构造，原指地表面层以下较坚硬的结构层。后来，“基层”一词引申为社会治理术语。在中国，治理体系中的基层通常指“县级以下”。这里的“以下”，在广义的基层定义中包含县一级；在狭义的基层定义中不包含县一级，专指乡镇、街道和村社。

本书采用的是最新的权威性规范文件对“基层”的界定。2021 年 4 月 28 日，中共中央、国务院出台《关于加强基层治理体系和治理能力现代化建设的意见》，强调向基层放权、赋能、减负，持续纠治困扰基层的形式主义问题，以充分展现中国特色基层治理制度优势。这份规范性文件中对基层治理的界定是乡镇（街道）和城乡社区治理。

因此，本书述及的农村基层，是指基层中的农村区域，即乡镇（街道）下辖的农村。中国共产党在国内革命年代便非常重视农民问题和农村区域，革命的成功自始至终离不开农民的支持。中华人民共和国成立以来，从土地改革到农业社会主义改造，从实行家庭联产承包责任制、乡镇企业异军突起、取消农业税到农村承包地“三权分置”、打赢脱贫攻坚战、实施乡村振兴战略，农村发展不断迈上新台阶。但是，毋庸置疑，农村发展仍存在诸多不尽如人意之处，“三农”问题仍然是中国式现代化的“最短木桶板”，农村的高质量发展仍然任重道远。其中，微腐败是不容忽视的治理顽疾。

（二）关于微腐败

“微腐败”的权威论述首现于 2016 年 1 月习近平总书记在十八届中央纪律检查委员会第六次全体会议上的讲话，微腐败“啃食的是群众获得感，挥霍的是基层群众对党的信任”①。无论权力大小，只要缺失了监督，权力行使的危险系数就会变大，治国者如此，治村社者亦如此。微腐败可能发生于权力运行的任一节点。当然，农村基层治理实践中的微腐败最普遍，暴露最多。党的农村基层组织若不能进行有效的微腐败治理，乡村治理就会失去免疫力，“大国之基”就会逐渐被蚀空。

---

① 习近平．习近平谈治国理政：第 2 卷［M］．北京：外文出版社，2017：167.

微腐败作为一个描述性的概念，原意主要指发生在群众身边的腐败和作风问题。目前对“微腐败”尚无一个确切的学科定义，但我们可以立足法理与实践对微腐败进行必要的厘清。

一是微腐败的主体是行使权力者。权力是一种支配力量，需要监督和制约，否则容易产生权力滥用。微腐败与腐败的主体并无区别，都是行使权力者。需要澄清的是，微腐败主体并非只指向行政级别低、行使微小权力的“小官”。行政级别高、掌握巨大权力的“大官”也可能发生微腐败行为，如作风问题，通常因制度不健全、权力监督不到位而滋生。

二是微腐败的客体是情节轻微的权力滥用。在本书关注的农村基层微腐败领域，主要是防范微权力滥用，因为这些权力多处于国家治理体系末端。同样需要澄清的是，微腐败不应与“小官大贪”或“小官巨腐”混淆。“腐败行为的根基正是由于个人跨越了公/私的分界才得以形成”①，微腐败行为也不例外。个人私利是微腐败行为的驱动源，这与微腐败者的官职大小、行政级别高低并无规律性的关联。“小官”仅指职务级别低，“小官”并不必然意味着权力的微小，中央或关键部门、重点岗位的“小官”掌握的权力也会很大，否则也不会形成大贪或巨腐。

三是微腐败与腐败之间有连贯性。一个个真实案例表明，腐败分子并不是天生腐败，从好干部沦为阶下囚，往往有一个从微腐败的量变到质变为腐败的过程。微腐败如同“病原体”，感染具有多种类、多发性的特点，“一定要从源头阻断不正之风和腐败滋生的通道；层层设防，把反腐败防线前移；实践监督执纪‘四种形态’，让惩前毖后、治病救人方针真正贯彻落实，把纪律和规矩挺在法律面前……”② 微腐败治理也如同新冠肺炎疫情防控，要流调溯源、适时检测，因时因地因防疫需要划定中高风险区域，深化重点领域反腐败工作。采取强效，综合施治，把受微腐败感染的风险和可能降到最低。同时，微腐败与腐败之间的连贯性是双向的，有微腐败到腐败的过程，也有腐败到微腐败的过程，甚至存在“微腐败→腐败→微腐败”的螺旋式演进形态。腐败到了高级形态，发生变异，可能更易于伪装，形态往往更具有隐蔽性、迷惑性，表露出的迹象恰似微腐败，很容易让反腐麻痹或“躺平”。其实，披着微腐败外衣的新形态或高级形态腐败一旦被查实，会发现

① 迪特尔・哈勒，克里斯・肖尔. 腐败：人性与文化［M］. 诸葛雯，译. 南昌：江西人民出版社，2015：6.

② 完颜平. 永葆清正廉洁的政治本色［N］. 光明日报，2022-07-18（2）.

已经造成了不可挽回的巨大损失。微腐败的滋生蔓延和新冠病毒的发展变异很相似：病毒变异之后更为狡猾，毒性似乎减弱了，但更易传播，甚或对疫苗生成更强的逃避能力，或者产生更强的致病性。微腐败病毒亦为隐腐败病毒，这些都给微腐败治理带来丰富经验。

四是微腐败比腐败的传染性更高、隐蔽性更强。微腐败容易被忽略，基层社会对微腐败的容忍度较高。有些农村的微腐败甚至民俗化①。村民普遍对身边的微腐败行为存在复杂心态，既对微腐败不满和怨愤，又会“睁一只眼闭一只眼”纵容微腐败现象，甚而成为微腐败的“宿主”。有村民在涉及自身利益时会主动参与、传播微腐败。如在争取各种助农惠农补贴时，部分村民会拉关系、找熟人、送礼品，为自己谋取利益和资源。还有村民将能否为自己办成事，而不是将廉洁作为评价身边基层干部好坏的标准。

五是微腐败和腐败是特殊与普遍、个性与共性的关系。微腐败也是权力滥用所致，微腐败起先多为一些作风腐败，如庸政、懒政、怠政等，一旦叠加私利的引诱，就很容易变成腐败。“不积跬步，无以至千里”，不能放任微腐败蔓延、恶化，否则会酿成大腐败，造成大危害。

微腐败治理是预防性治理、基础性治理，在农村基层进行微腐败治理是实施乡村振兴战略和实现乡村治理法治化绕不过去的课题。农村基层微腐败主要指以乡镇及下辖层级的农村干部为主体的违纪违法行为。农村基层干部充任政策的传达者和实施者，决策和决定权较小，受上级监督关注较少。因此，小事弄权、微权擅弄会让政策的落实走样变形，直接损害村民利益。受损的村民通常处于依法维权的弱势地位，缺乏依法表达诉求的能力和渠道，所以多采用暴力对抗或呈现为群体抗争，甚至引发微腐败的“荷塘效应”②，产生大量的“愤怒群体”，爆发社会性矛盾。

---

① “腐败民俗化”是瑞典著名经济学家冈纳·缪尔达尔在研究二战以后南亚国家腐败盛行现象时提出的概念，意指掌握权力的人大都在搞腐败，在当地成为一种习惯、风俗。民众对腐败的态度，不是反对而是默许，宽容、参与，即腐败已经成为一种信念、道德和文化深入人们的社会生活中，成为民众心照不宣、内心顺从、群体认可的交往方式、生活习惯、本土风俗和行动逻辑。参见冈纳·缪尔达尔．亚洲的戏剧——南亚国家贫困问题研究［M］．北京：首都经济贸易大学出版社，2001：序言．

② “荷塘效应”是经济学原理的比喻。假设第一天，池塘里有一片荷叶，一天后新长出两片，二天后新长出四片，三天后新长出八片，呈几何级数地增长。在看到池塘里只有不到四分之一的地方长荷叶时，后一天荷叶就覆盖了半个池塘，又过了仅仅一天，荷叶就覆盖了整个池塘。生活中常见这样由量变到质变的现象，“临界点”的瞬间爆发，其影响力惊人。

三、研究框架

本书拟从理论分析、案例警示、实践探索三个层面对农村基层微腐败治理展开研究，意求丰富而不失深刻，努力找到农村微腐败表象背后的基本规律，并为全国范围内农村基层廉政治理提供可能的镜鉴。

本书分为三篇，共十章，具体的框架结构和内容旨向略作如下介绍。

上篇是“农村基层微腐败治理的理论视域”，分别运用权力监督理论、公平正义理论、共同富裕理论、法治政府理论作为分析工具，探讨农村基层微腐败治理的基本方式、本质规定、目标意蕴、实践范式。本篇包含四章内容。第一章“权力监督理论奠定农村基层微腐败治理的基本方式”，介绍权力的概念与运行机制，分析权力监督的内涵与属性，重点揭示农村基层微腐败治理实践中权力监督的理论必要性和创新可能性。第二章“公平正义理论内塑农村基层微腐败的本质规定”，简要概述社会公平正义作为法的价值的功能与意义，进而剖析农村基层治理的公平正义观，揭示出农村基层微腐败治理中公平正义的困境。第三章“共同富裕理论确立农村基层微腐败治理的目标意蕴”，主要阐释共同富裕的内涵及在农村基层的展开，探索共同富裕的内涵要素与乡村善治目标的耦合，分析共同富裕理论引导农村基层微腐败治理的机理。第四章“法治政府理论构建农村基层微腐败的实践范式”，立足实践分析法治政府理论中的基层政府治理框架，探寻基层政府建设与农村基层治理法治化的法理关系，对法治政府理论规范农村基层微腐败治理进行功能阐释。

中篇是“农村基层微腐败治理的典型案例剖析”，依据经济腐败型、失职渎职型、作风堕落型三种类型，分别遴选了若干农村基层微腐败典型案例加以深度评析。所选案例在性质认定、案情归类、纪法适用、政策把握等方面都体现了典型性和代表性，便于今后同类案件、同类问题的警示参照。同时，本书还持续关注、主动研究党风廉政建设和反腐败实践中反映突出、存在不同认识、亟待统一执纪执法标准的新情况新问题。本篇所包含的三章九个案例剖析，有助于指引农村基层纪检监察实务人员进一步深入开展调查研究，精准把握执纪执法要旨、定性量纪理由等内容重点，持续加强农村基层微腐败治理的系统性、精准性和实效性，助力基层纪检监察工作高质量推进。

下篇是“农村基层微腐败治理的机制构建”，主要是在“四个全面”战略布局和乡村振兴战略背景下，从微权力运行、监督问责、廉政教育等维度构建农村基层微腐败治理的“不敢腐、不能腐、不想腐”一体机制。本篇包含三章内容。第八章“构建农村基层微权力运行机制”，提出用制度管权，构建“不能腐”的制度笼子。建立农村基层微权力清单制度，健全农村公共事务公开机制，完善农村基层党组织重大事项决策机制。第九章“构建农村基层微权力的监督问责机制”，严查微腐败行为，形成“不敢腐”的有效震慑。倡导推动权力监督全覆盖向农村基层延伸，完善农村基层微权力滥用的追责问责制度，创新农村基层微权力的监督管理体系。第十章“构建农村基层干部的廉政教育体系”，着力于三个方面，确立农村基层干部廉政教育的内容体系，完善农村基层纪检监察干部管理体系，优化农村基层干部的廉政评价体系，合力构筑“不想腐”的堤坝。

本书认为，农村基层微腐败治理的特殊性决定了“不敢腐、不能腐、不想腐”的一体化，并不仅仅是指微腐败治理的三个阶段的划分，而应当更进一步作为一个相互依存、相互促进的整体治理，从治理目标、规范、行动、责任、技术等要素上加以全链条整合。

上篇

农村基层微腐败治理的理论视域

第一章

权力监督理论奠定农村基层微腐败治理的基本方式

第一节　权力的概念与运行机理

“权力既是日常生活的常用词，也是学术研究的高频词，更是构建法治国家、法治政府、法治社会的关键词。”① 这凸显了权力在国家治理和社会治理中的不可或缺性，“国家机器”的运行离不开权力，人民权益的保护更离不开权力。权力该如何定义，权力该如何运行，仁者见仁，智者见智。但是不能否认，权力是一把“双刃剑”，一方面我们要强调权力的规范运行给社会带来的益处，另一方面要以史为鉴，世界上最大的罪恶几乎都是权力主体所为，为大恶者必是大权在握者②。而权力是从哪里来的，权力如何才能有效运行，特别是在中国农村基层治理中如何避免权力滥用，这是本章关注的重点。

一、权力的概念

从哲学上讲，概念是认识事物过程中形成的思维形式，是认识之网上的纽结③。这意味着，权力的概念是在认识权力这一事物过程中所形成的思维形式。但是，正如博登海默所言，有关权力这一概念，人们尚未达成统一的共识④。由于思维方式的不同，不同的学者对同一现象持有不同的学术观点，这也导致在不同学者的著述中对同一名词存在着不同的定义。此外，由于权力是政治学、法学及社会学等多个学科共同关注的范畴，这更意味着权力始终存在不同的界定标准与使用方式。若在法学学科视角下对权力下定义，应

① 胡杰．论权力的义务性［J］．法学，2021（10）：21-33．

② 周永坤．规范权力——权力的法理研究［M］．北京：法律出版社，2006：92．

③ 张文显．法理学［M］．北京：高等教育出版社，2018：113．

④ E．博登海默．法理学：法律哲学与法律方法［M］．邓正来，译．北京：中国政法大学出版社，2017：371．

在词源考察的基础上着重分析权力与权利之间的关系。

（一）权力的词源考察

在西方，“权力”一词的词源源远流长。“权力”一词在英语中表述为“power”，但“power”并非英语的原生词汇，因为英语中的“power”源自法语中的“pouvoir”，而法语中的“pouvoir”同样不是法语的原生词汇。“权力”一词的词源最早可追溯至拉丁文中的“potestas”和“potentia”，意指一个人或物影响他人或他物以达到某种目的的能力。而在这两个词汇中，“potestas”一词还可以表示人们通过协同一致的联系和行为具有的特殊能力①，这与现代民主法治意义上权力的生成途径——权力的让渡，具有内在契合性。

相较于西方学者对权力的思考，我国学者对权力的语义学分析则显得较为迟缓。原因在于，中国古代并不存在现代意义上权力的概念。现代意义上的“权力”一词，是从英语中“power”一词翻译而来。在东汉时期，许慎主编的《说文解字》一书中提及，“权”一字的主要含义为“权衡”或“衡量”。在该书中，“权力”一词在当时的含义仅是“威势”，与现代意义上“权力”的含义不同。直至1864年，美国传教士丁韪良在翻译《万国公法》时，发现一部分英文单词缺乏相应的中文词汇与之相对应，他对此大为苦恼。为了应对这一状况，丁韪良借用了古汉语中的“权”一字，并将之与“力”和“利”二字相结合，形成了现代意义上的“权力”与“权利”。

虽然我国古代典籍中“权力”的含义与现代意义上“权力”的定义不一致，但仍可从中国古代典籍所表达的思想观念中溯源，以此作为对权力定义的参考。因为语言是思想的边界，不同民族的语言含有基于特殊历史文化土壤的不同的提示②，特别是“权”字在中国古代所拥有的含义。在《论语·子罕》中，孔子曾说：“可与共学，未可与适道；可与适道，未可与立；可与立，未可与权。”这句话可以理解为：可以一起学习的人，未必都能学道；可以一起学习道的人，未必都能一起践行、坚守道；可以一起践行、坚守道的人未必都能通达权变、灵活致用。虽然这段话表达的是孔子对学习四阶段与境界的理解，并未直接涉及权力，却暗含我国古代行“权”的基础。

① 戴维·米勒，韦农·波格丹诺．布莱克维尔政治学百科全书［M］．邓正来，译．北京：中国政法大学出版社，2002：641．

② 沈湘平．讨论权力与权利问题需要重视的三个维度［J］．社会科学辑刊，2020（6）：5-11．

在中国古代，“权”是一种“知行合一”的智慧。由此可以推导出，我国古代社会对“权力”一词的理解应当包含这一要素，即权力的行使需要主体具备特定的能力与资格。换言之，在中国古代，特别强调只有德才兼备的人才有行使“权力”的资格。现今我国也格外注重对权力行使者个人品德的考察。

（二）权力的类型分析

罗素在其著作《权力论》中对权力样态的划分，大致可以归纳为传统的权力、革命的权力及现代的权力三个层面①。我国多位学者皆以罗素在《权力论》中对权力样态的划分为基础，对权力的类型进行过界定。付子堂教授认为，权力和能量一样，必须视为能够不断从一种形式转化为另一种形式，探讨这些变化法则，是社会科学的任务②。依据该标准，他将权力划分为：第一，“治人之权”和“治物之权”；第二，传统的权力和新获得的权力③；第三，经济的权力与支配舆论的权力；第四，原始的权力与派生的权力。周永坤教授认为，依据不同的标准可以对权力作出不同的分类④：第一，依据权力的不同性质，可将权力分为社会权力、国家权力与超国家的权力；第二，依据权力来源的不同，可将权力分为革命的权力与传统的权力⑤；第三，依据权力内容的不同，可将权力分为对人的权力、对物的权力与精神的权力；第四，依据权力是否给行权对象带来利益，可将权力分为侵害性的权力、服务性的权力与中立性的权力。张屹山、杜娇两位学者认为，根据不同的权力来源和权力主体，权力分为经济权力、政治权力和社会权力三大类⑥。张康之教授基于对权力制约问题的思考及对权力纯洁性实践问题上的理想追求，提出了一种新的权力分类，认为存在着两种权力：一种是法律制度化的权力，我们把这种权力称为抽象权力；另一种是在法律制度化的框架下存在

---

① 伯特兰·罗素．权力论：新社会分析［M］．吴友三，译．北京：商务印书馆，2017：26-37．

② 付子堂．法理学高阶［M］．北京：高等教育出版社，2020：184．

③ 传统的权力一般指“僧侣的权力”“国王的权力”这一类权力；新获得的权力，是一种逐渐与传统形式权力相背离的权力，它从传统制度分裂而来，表现为赤裸的权力（不以传统或赞同为根据的，通常是军事形式的权力）及革命的权威这两种形式．

④ 周永坤．法理学：全球视野［M］．北京：法律出版社，2016：210．

⑤ 革命的权力指靠革命夺取的权力，传统的权力是靠服从的传统取得并维系的权力．

⑥ 张屹山，杜娇．科学构建中国社会主义体制改革的权力范式［J］．社会科学战线，2015（11）：46-54．

的由个人或个性化的组织所执掌的权力，我们把这种权力称为具体权力①。

虽然上述学者的权力类型划分理论都很鲜明地勾勒出了权力的样态，但是权力的类型远不止上述学者所划分的这几类。比如，本书所要讨论的“微权力”这一权力样态，就没有被上述学者所作出的权力类型划分理论所涵盖。由此也产生了一些问题，比如微权力如何定义、微权力的范围如何划分、微权力是正式权力还是非正式权力等。

通过初步的观察，笔者认为对微权力的理解至少有如下四个方面可以形成共识：

一是微权力与权力在本质上一致，具有公共性，需要加强制约与监督。二是微权力容易被忽略。首先，微权力容易被权力行使主体忽略，亦容易被人民群众忽略；其次，由于微权力过小，权力主体经常忽略将其纳入权力清单之内；再其次，由于微权力过小，相当一部分人民群众对其持模糊态度，对由微权力产生的微腐败问题往往具有相当大的包容度。三是微权力“似微而非微”，虽然微权力本身涉及的都是细微之事，但往往也是关涉民生、触及人民群众切身利益的“大事”。四是微权力的发生场域大多在基层。

总而言之，笔者认为微权力可以理解为这样一种权力，即处于权力配置的末端位置，虽然微小却往往能触及具体利益。目前学界对微权力的研究仍处于一个相当漫长的探索过程，笔者也仅仅是对微权力的相关概念提出一点粗浅的看法，希望能够借此抛砖引玉，引出其他学者更为成熟的观点。

（三）权力与权利关系的分析

权力与权利之间的关系大致可以体现为如下几方面：

1. 权力与权利何者为本源

权力与权利何者为本源，是一个发生学意义上的问题。主张前者为本源的是权力本源说，主张后者为本源的是权利本源说。虽然在实践中权力与权利何者为本源无从考证，但是在逻辑上可以对此进行推演。

第一，从时间上看，私人领域产生在前，公共领域产生在后，而权力是由公共领域的“催化”而诞生的，据此可以从逻辑上推导出权力的产生不可能早于权利；第二，从范围上看，权利的外延广于法律的规定，权力“法无授权即禁止”，但是权利“法无禁止即自由”；第三，从认知上看，虽然“社会契约论”仅为理论假说，但是已经越来越成为现代化国家权力来源的

---

① 张康之．公共行政中的哲学与伦理［M］．北京：中国人民大学出版社，2004：72.

共识。目前，世界范围内的大多数国家基本形成了这样一个共识——权力来自人民的同意。因此，从本源来看，权利为本源，或者可以说权力与权利是同源的。

2. 权力与权利的关系在权利客体理论中的展现

在权利客体理论视角下，权利客体被分为两个层次，第一层次是权利客体为自然物，第二层次是权利客体为人为物，“在法律视野内，人为物表现为法律（制度）之构建物”①。权利客体理论对权利客体的二层次划分为探究权力与权利的关系提供了清晰可靠的理论依据，在该视角下，权力与权利的关系可从三方面分析：

第一，结构上的嵌套关系。在第二层次的权利客体中，作为人为物的权利由于法律制度的规定可以成为权利客体。笔者认为，一切法律关系皆可转化为权利与义务的关系，最广义的权利中包含了权力，而法律制度的产生又离不开权力发挥作用，所以据此可以将权力视为以权利为客体的权利。此时，便呈现出权力与权利两者之间的嵌套结构：权力中有权利，权利上有权力②，两者构成了两个层次的权利。

第二，功能上的目的与手段关系。在权力与权利的关系中，权利是目的，权力是手段。“以权利为客体的权利，它的价值的最终实现还是要以第一层次权利的客体作为根据。……具有终极意义的权利客体是第一层次的权利客体，即客观存在的事物，第二层次及以后的权利客体只是制度上的建构”③，据此可以推出，以物为客体是所有法律关系的终极目的，以权利为客体仅为一种手段，其价值的实现终究要回归到以物为客体上。

第三，权利类型理论中的原生权利与衍生权利的关系。在权利客体理论作用下，权利类型理论也得以完善，其中最具典型意义的是权利有原生与衍生之分。相比站在因果关系视角下将权利划分为原有权利与救济权利，这种权利划分标准更具法理意义，原因在于“其以权利客体类型为标准，在更基础的层面上揭示了两种类型权利的相依相生关系”④。原生权利相对于法律

---

① 刘杨. 基本法律概念的构建与诠释：以权利与权力的关系为重心［J］. 中国社会科学，2018（9）：112-135，206-207.

② 刘杨. 基本法律概念的构建与诠释：以权利与权力的关系为重心［J］. 中国社会科学，2018（9）：112-135，206-207.

③ 方新军. 权利客体的概念及层次［J］. 法学研究，2010（2）：36-58.

④ 刘杨. 基本法律概念的构建与诠释：以权利与权力的关系为重心［J］. 中国社会科学，2018（9）：112-135，206-207.

规则而言具有相对独立性，是不依赖于法律规则的设定而事实上存在的权利，比如人的肖像权、身体权；衍生权利建立在原生权利基础上，“指赋予其持有者为自己或他人设定、变更、废止一项原生权利之权限”①，其本质上就是一种“权力”。以民法中的“形成权”为例，人们可以通过“形成权”允许他人使用自己的“肖像权”等权利。所以在该视角下，完全可以将衍生权利理解为权力，其处分对象为原生权利。

3. 权力与权利之“跷跷板”

“权利与权力之间并不是相反的关系，且在数量上也不是等值的关系。”② 权力与权利之间的关系呈现出一种在必要的权力基础上此消彼长的“跷跷板”关系，具体表现为：超过必不可少程度的权力越扩充，权利的空间就越会受到挤压；与之相对地，当权力的空间被压缩至最小且必要限度之内时，就是权利得到最充分保障之时。从本质上讲，权力与权利之间的这种“跷跷板”关系意味着公共权力在承担“守夜人”角色的同时，必须要被关进制度的笼子里。

关住权力的制度必须是正义的，正义的价值旨在追求理想人际关系的制度安排③。权力主体行使权力若要获得民众认同，必须饱含正义，反之，正义性的价值导向会对行权主体产生一定的约束。不偏袒、不徇私是行权正义的基本底线。在这一点上，毛泽东同志是典范，他多次婉拒其表兄文运昌等人欲谋一官半职的请求，并对此解释道“人民会说话的”，意指这样做不可能获得民众认同，是不正义的。在正义之名下，行权者的权力会受到限制，人民的权利就可以得到伸张。权力若行使过度，压制权利，就是对正义的“亵渎”。所以，正义可视作权力与权利“跷跷板”的基座。

国家的权威在于获得民众的认同，国家行使权力仍须按其认为有利于大家的和平与共同防卫的方式运用全体的力量和手段④。从本质上看，国家权力是自然权利中手段权利的集合，因此仍然是手段⑤。在此层面上，国家权力作为手段，仍须服务于权利。所以，从逻辑上而言，权力与权利之间的“跷跷板”关系应呈现为正义之基上的权力与权利交织，权利作为目的，是

---

① 申海恩. 私法中的权力：形成权理论之新开展［M］. 北京：北京大学出版社，2011：235.

② 周安平. 常识法理学［M］. 北京：北京大学出版社，2021：78.

③ 周安平. 常识法理学［M］. 北京：北京大学出版社，2021：294.

④ 霍布斯. 利维坦［M］. 黎思复，黎廷弼，译. 北京：商务印书馆，2017：136-137.

⑤ 凌斌. 权利本位论的哲学奠基［J］. 现代法学，2015（5）：3-11.

第一位的，而权力作为手段，是第二位的。

（四）权力的特征与权力的概念界定

1. 权力的特征

早期的权力往往表现为绝对权力，权力呈现为“一个拥有绝对权力的人试图将其意志毫无拘束地强加于那些为他所控制的人”①。该视角下，权力主体行使权力具有如下特征：第一，经常出于一时好恶而行使权力；第二，仅为应急需要而发布高压命令；第三，并不根据被统治者的长远需要而产生行动。该视角下的权力显然与民主法治精神相背离，随着社会的进步与发展，权力与民主法治精神的联系必然越来越紧密，也必然越来越多与权利相关联。在现代民主法治社会下的权力，应当具有以下这些特征：

（1）权力具有正当性

一项权力是否正当，不是社会学应该关心的，却是法律必须关心的②。对权力的正当性而言，存在两方面需要考虑的问题：一是权力在法律内的正当性，指的是权力在法律规定时才具有正当性，即“法无授权即禁止”；二是权力在法律外的正当性，是指权力虽然存在法律依据，但由于权力所依据的法律本身不具有正当性，由此会产生连锁反应，权力的正当性也会因此受到影响。

（2）权力具有合法侵害和处分能力

权力的正当性是权力具有合法干预权利和处分公共产品能力的前提，在自然状态下的权利由于缺乏自我保护能力，所以需要权力来保护自然权利需求，为此，权力在特定条件下被赋予对权利进行合法干预的正当性。比如，法律赋予国家合法剥夺他人生命的权力——死刑，以及国家处分公共产品的能力——发放救济金和提供义务教育。该类权力最突出的特点是，公民不得以自身权利为由进行抗辩，比如公民因犯罪被判处死刑不得以国家侵犯其生命权为由进行抗辩。

（3）权力具有公益性

权力是由于人民为了保护权利，让渡出部分权利而产生的。权力所保护的权利主要指向三个方面：第一，更好地维护与捍卫民众的生命与财产安

① E. 博登海默. 法理学：法律哲学与法律方法［M］. 邓正来，译. 北京：中国政法大学出版社，2017：372-373.

② 周安平. 常识法理学［M］. 北京：北京大学出版社，2021：72.

全；第二，更好地维护与保障每个社会个体不可让渡的自由；第三，维护与发展惠及社会全体的公共利益。权力所要保护的三个方面皆为人民不可或缺的，这凸显了权力的公益性。这意味着，权力的行使不能以保护权力行使者私利为目标，至少从应然层面讲，权力所指向的公共利益与权力行使者私利应当是相互分离的。

（4）权力具有不可放弃性

一方面，权力以公共利益为目的；另一方面，权力对应着责任，行使权力意味着责任的承担。权力产生于公民权利的让与，而公民让与权利是为了保护未让与的权利，这促使权力行使者必须承担起保护公民权利的责任，所以权力具有不可放弃性。此外，我国古语亦云“轻诺者必寡信，多易必多难”，做人要诚信，答应他人的事情必须要做到，基于道德的约束，权力也不应当具有可放弃性。

（5）权力运行的扩张性

为什么要把权力关进制度的笼子？因为权力运行具有扩张性，容易被滥用。权力的支配属性容易催生权力行使主体的控制欲和占有欲，“有权力的人使用权力一直到遇有界限的地方才休止”①。权力若不加以控制，不仅可能侵犯权力行使对象，亦可能反噬权力行使主体。扩张的权力会吞噬一切反对的力量，若对此不加以干预，势必会形成一个集中一切权力的绝对权力。权力运行的扩张性也带来权力行使主体的自我膨胀，所以，必须将权力关进制度的笼子。法律制度对权力的制约与界分是必要的，一旦缺失法律制度，权力会因为缺少制约而迅速、高度地集中，并且不断膨胀，最终毁灭权力主体自身。失控的权力万万要不得。

2. 权力的概念界定

哈特曾经说过，我们一定不能把这些词汇拆开了、孤立地去看，而应把它们放回到它们扮演的独特角色的句子中去，从而进行一个整体的考量。我们切勿仅仅去考虑词汇“权利（right）”，而应该考虑的是句子“你拥有一项权利”②。我国学者刘杨认为，基本法律概念无不是反映、体现立法者就其意欲调整的社会关系所持的意图和目的的规范性概念③。换言之，即一个

① 孟德斯鸠．论法的精神：上册［M］．张雁深，译．北京：商务印书馆，1997：154.

② H. L. A. 哈特．法理学与哲学论文集［M］．支振锋，译．北京：法律出版社，2005：29.

③ 刘杨．基本法律概念的构建与诠释——以权利与权力的关系为重心［J］．中国社会科学，2018（9）：112-135，206-207.

概念如何进行定义取决于其用法而并非以概念定义其用法。

所以，由于不同学科对权力的用法不同，权力的定义亦会存在不同。以社会学为例，社会学对权力的定义有三种代表性观点。第一，能力说。这种观点强调权力主体的能力，即权力是反映主体为了实现其目的从而具有的控制反对力量的能力。第二，意志说。这种观点强调权力主体的意志。德国社会学家马克斯·韦伯作为该学说的有力支持者，他认为权力是指在社会交往中一个行为者把自己的意志强加在其他行为者之上的可能性，而不论这一权力所依赖的可能性是什么①。第三，关系说。这种观点强调权力对人际关系的改变，即权力是一个人或许多人的行为使另一个人或者其他许多人的行为发生改变的一种关系。

上述对权力的定义分别涉及能力、意志与关系三要素。我国学者张文显综合上述三要素这样定义权力：权力是个人、集团或国家不管他人同意与否而贯彻自己意志，以及控制、操纵或影响他人行为的能力②。法学意义上的权力定义与社会学意义上的权力定义一样具有上述三要素，不同之处在于社会学意义上的权力一般与权威相分离，仅强调“事实性”因素，即能够反映支配性关系的能力在社会学视角下皆为权力。而法学意义上的权力强调规范性，只有被法律规范的“权力”才是权力。

在法学意义上，可以适当借鉴《布莱克法律词典》对权力的定义，原因有三：其一，《布莱克法律词典》对权力的定义与前述权力的特征相匹配；其二，《布莱克法律词典》对权力的定义不仅具有社会学意义上的权力定义的三要素，还体现了法学意义上的权力定义的规范性；其三，《布莱克法律词典》本身作为法律辞典具有一定的专业性。所以，权力是指“一种合法的作为或不作为的力量或授权，即个人或组织通过意志行为改变自己或他人的权利、义务、责任或其他法律关系的能力”③。

二、权力的运行机理

权力本身是静态的，静态的权力不会自发生效。正如一辆小轿车，不驾

---

① E·博登海默．法理学：法律哲学与法律方法［M］．邓正来，译．北京：中国政法大学出版社，2017：371-372.

② 张文显．法理学：第5版［M］．北京：高等教育出版社，2018：325.

③ GARNER B. Black's Law Dictionary［M］. New York：West，a Thomson business. 2009：1288.

驶就不发生任何效用，小轿车的意义就在于驾驶代步。同理，权力亦需要运行，权力只有在动态的运行中方才能发挥应有的效用。所以，探寻权力的运行机制是规范行使的权力的重要内容。

（一）权力运行的基本要素

权力的运行，指的是将法律上的权力转化为实际生活中国家机关及其工作人员权力行使的过程，也就是权力的实现过程①。权力运行的基本要素可以分为三类，分别为权力运行的主体要素、权力运行的目的要素和权力运行的程序要素。

1. 权力运行的主体要素

《中华人民共和国宪法》（以下简称《宪法》）第二条规定，“中华人民共和国的一切权力属于人民”，这是我国法律中“主权在民”思想的集中体现。但是，“主权在民并不等于国家权力由人民来直接行使，权力的行使必须由受宪法或法律授权的国家机关及其工作人员进行，由其代为行使公共权力来解决公共问题，为人民谋取公共利益”②。换言之，“国家机关及其各层次的工作人员包括领导者都是公共权力的实践者”③，他们受人民委托，代表人民管理国家事务，行使的是治权，他们是国家权力的运行主体。

2. 权力运行的目的要素

权力运行的内在动力来自权力运行的目的，没有目的或者目的模糊会导致权力运行的混乱④。“人们奋斗所争取的一切，都同他们的利益有关”⑤，这是马克思等无产阶级思想家对权力运行目的的精准总结，即不存在无目的的中性权力。无产阶级政党掌握政权的目的，从根本上讲，就是利用权力争取无产阶级和全人类的彻底解放，消灭一切阶级差别，最终实现共产主义。中国共产党人凝聚集体智慧结晶，将其总结概括为“权为民所赋，权为民所用”。所以，党和国家“依法执政、依法行政”的目的就是实现最广大人民群众的利益，实现人民的全面发展，这是当代中国权力运行的不竭动力⑥。

---

① 郭济. 政府权力运筹学［M］. 北京：人民出版社，2003：275.

② 杨连专，张新民. 权力运行的系统分析［J］. 云南社会科学，2016（3）：21-26.

③ 杨连专，张新民. 权力运行的系统分析［J］. 云南社会科学，2016（3）：21-26.

④ 杨连专，张新民. 权力运行的系统分析［J］. 云南社会科学，2016（3）：21-26.

⑤ 马克思，恩格斯. 马克思恩格斯全集：第1卷［M］. 中共中央马克思恩格斯列宁斯大林著作编译局，译. 北京：人民出版社，1956：82.

⑥ 杨连专，张新民. 权力运行的系统分析［J］. 云南社会科学，2016（3）：21-26.

3. 权力运行的程序要素

权力运行程序，指的是权力行使过程中权力运行的步骤、环节、顺序、规矩①。权力的分立运行、中立决断、公开透明是权力运行的三个基本程序要素。

第一，权力应当分立运行。其内涵表现为三个方面：一是实现权力的明确分工，避免各权力之间的职能重叠，以确保权力系统的高效运行。二是以各权力之间的相互制约来确保各权力在各自的职责范围内不越界。三是以各权力之间的相互监督来防止权力的滥用。

第二，权力运行应当具有中立性。一是权力中立运行能保证权力所指向的公共利益与权力行使者的私利相分离。二是具体权力运行有许多需要作出决断的情形，没有利益纠葛的中立决断才能保证公平正义。以法官的裁判权为例，法官中立原则作为保证司法权威性和公正性的必要措施，为当今世界各国的宪法和法律所普遍确认，已成为现代法治国家所普遍遵循的一项基本法治原则。确保法官的中立地位，有着非常重要的理论意义和现实价值②。

第三，权力的运行应当公开透明。权力运行公开透明就是指“通过各种方式，将权力运行的过程开放透明，自觉接受社会的监督”③。权力若不公开运行，则意味着权力不受人民的监督与制约，这必然会导致权力的滥用与腐败，也显然不符合现代民主法治精神。

（二）权力必须依法运行

在现代民主法治社会中，权力的运行须依据一定的法律规范。一方面是因为法学意义上的权力应当具有法律依据，另一方面是因为“权力运行规范能够指示权力运行行为的方式，是权力运行行为的指导系统”④。法律的规范性意味着“它能够为人们遵守它提供正当理由，能够为人们的行为提供正当标准”⑤，这要求权力主体规范行使权力应当具备正当基础和正当标准。

由此可知，我国权力依法运行的实质是权力依宪、依法、依规运行，这也是习近平法治思想的核心要义与内在要求。这意味着权力依法运行必须坚持依宪治国、依宪执政，必须坚持在法治轨道上推进国家治理体系和治理能

---

① 刘银钱．权力运行程序化是杜绝腐败的关键［J］．人民论坛，2016（31）：42-43.

② 黄文．法官的中立问题探讨［J］．河北法学，2006（5）：91-95.

③ 杨连专，张新民．权力运行的系统分析［J］．云南社会科学，2016（3）：21-26.

④ 杨连专，张新民．权力运行的系统分析［J］．云南社会科学，2016（3）：21-26.

⑤ 李晓飞．法律的规范性解析［J］．东南大学学报（哲学社会科学版），2015（1）：117.

力现代化，必须处理好依法治国和依规治党的关系。

（三）权力运行结构

权力运行结构，指的是权力运行的各个基本要素进行排列组合后形成的样态。不同的组合方式会产生不同的权力运行结构，不同的权力运行结构会使权力的运行产生不同的效果。一般而言，权力运行结构的要素包括五类：主体、目的、媒介、客体及结果。

对权力运行各基本要素排列组合后产生的样态进行整合，可以分为单向直线性权力运行结构与闭合式环状权力运行结构。所谓单向直线性权力运行结构，指的是权力主体在权力目的的指引下，通过权力运行机制，按照一定的方式和程序，实现权力运行目的①。而闭合式环状权力运行结构则显得较为复杂，无法用一句话对其下定义，因为其包括了充满活力的权力运行主体、明确的权力运行目的、科学的权力运行机制（决策权、执行权及监督权）、严密的权力约束系统（权力运行程序、运行方式及运行规范）和权力反馈系统这五大子系统，故笔者将闭合式环状权力运行结构具象为图 1-1 予以呈现。

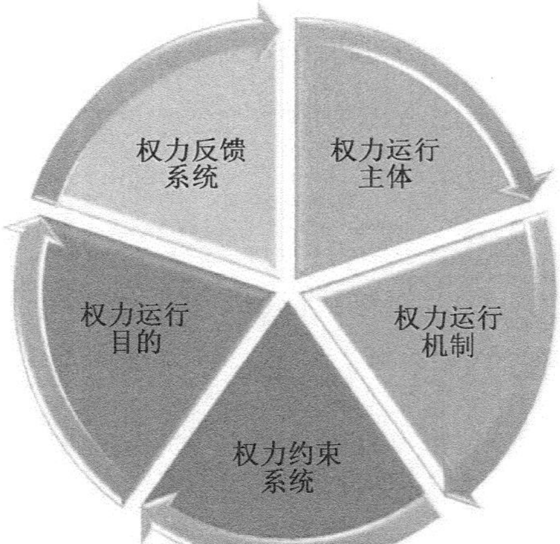

图 1-1　闭合式环状权力运行结构关系图

① 杨连专，张新民. 权力运行的系统分析［J］. 云南社会科学，2016（3）：21-26.

从上述两种权力运行结构的描述中，我们可以大致了解两种权力运行结构的概念及其区别。为了方便对比，也为了能进一步了解这两种权力运行结构之间的区别，笔者将两种权力运行结构的特征列入表 1-1。

表 1-1　权力运行结构特征对比

单向直线性权力运行结构	闭合式环状权力运行结构
权力主体	充满活力的运行主体
权力目的	明确的权力运行目的
权力运行机制	科学的权力运行机制（决策、执行、监督）
以一定的方式和程序实现权力运行目的	严密的权力约束系统（运行程序、运行方式、运行规范）
	权力反馈系统

从表 1-1 可知，闭合式环状权力运行结构相较于单向直线性权力运行结构而言，具有许多优势，但是其最根本的优势在于它的权力反馈系统，该系统强调评价权力运行的状态，尤其强调外部对权力运行状态的评价。相较于单向直线性权力运行结构仅有的系统内部的自我评价与自我规范，闭合式环状权力运行结构既拥有内部自我评价系统又拥有外部评价系统。这意味着在闭合式环状权力运行结构下，权力运行状况的好坏能够通过外部评价系统客观公正地反映给权力主体，以便权力主体能够及时作出修正。目前，我国权力运行结构正处于单向直线性权力运行结构与闭合式环状权力运行结构之间，是一个不完全闭合式的环状结构：第一，从权力主体的产生，到权力运行机制，再到运行方式，最终到运行目的的实现，目前都处于单向直线性的权力运行结构之中；第二，我国对权力运行状况好坏的第三方评估与反馈尚不完全，这也导致我国部分权力主体无法及时科学地作出调整，从而引发一些权力滥用与腐败的现象。所以，未来我国的权力运行结构需要朝着闭合式环状权力运行结构的方向进行完善。

（四）权力的滥用

权力滥用，指的是权力运行偏离其原定运行轨道，违背其最初设定的维护人民权利的目的。任何一个系统都不是孤立存在的子系统，都处于更大的社会系统中，受到社会系统中其他子系统的影响与制约。而权力在社会大系统中运行，必然受社会系统中其他因素的影响，社会系统中其他因素若产生的是积极影响还好，但若产生的是消极影响，就必然导致权力滥用。

1. 权力滥用的致因

总的来说，导致权力滥用的因素包括政治环境、经济条件、个人素质及文化传统四类。

（1）政治环境

政治环境是政治体系存在和从事政治活动、政治决策的背景条件①。政治环境由政治制度、政党制度、政治性团体，以及党和国家的方针政策、政治氛围等构成。权力的运行随时可能受到政治环境的影响。以我国的政党制度为例，中国共产党是我国的执政党，是中国特色社会主义事业的领导核心，始终以全心全意为人民服务为宗旨。中国共产党的党性与人民性统一，决定了我国权力运行的目的就是中国共产党为之奋斗的目的，而我国权力运行的目的就是保障最广大人民群众的合法权益，这也是中国共产党的宗旨。所以，党性的任何变化都会对权力的运行目的产生影响，甚至会改变权力的运行方向。

（2）经济条件

马克思主义认为，经济基础决定上层建筑，上层建筑反作用于经济基础，这意味着上层建筑必须要适应经济的发展状况。我国实行中国特色社会主义的市场经济体制，目前，市场经济所具有的各种规则制度正处于逐步完善的过程中。在经过一段时间的运行后，计划经济时代残留在市场经济中的政治权力将逐步退出市场。但是，我国社会主义市场经济体制仍在完善之中，部分市场规则不够细致、不够明确，有的规则即使制定了也得不到良好的执行，这些因素聚合起来使权力的运行受到影响。从这一层面上讲，中国经济领域的腐败行为，实质上就是权力在不完善的市场经济环境中运行被异化的结果②。

（3）个人素质

国家权力行使的具体层面仍要交由个人来操作，且权力运行所产生的结果最终也是作用于个人身上。所以，无论是权力运行主体，抑或是人民群众个人素质的高低，都会在相当程度上影响权力的运行。随着九年义务教育的普及，我国国民整体素质水平有了显著的提升，但个体上仍参差不齐。这导致不同权力主体对权力行使存在理解上的差异，有些权力的行使者不理解权

---

① 杨连专，张新民．权力运行的系统分析［J］．云南社会科学，2016（3）：21-26.

② 杨连专，张新民．权力运行的系统分析［J］．云南社会科学，2016（3）：21-26.

力运行的目的，不明白权力规范该如何适用，最终因为对相关政策理解上的差异而导致权力滥用。

（4）文化传统

每一个国家，乃至一个国家的每一个地区都有其独特的文化传统，对该国、该地区人民的思想涵养及行为模式都有深远影响。文化是权力滥用的致因四要素中的酵母型要素，因为政治环境、经济条件和个人素质都会受文化的影响，文化传统要素是其他三要素的“精神内核”。

文化传统或者说文化背景是一个国家长期的历史文化积淀，即国民较稳定的价值趋向、思维模式、心理结构的总和①。一国国民的价值趋向、思维模式及心理结构对权力运行会产生巨大的影响，积极的国民价值趋向、思维模式及心理结构会对权力运行产生积极影响；反之，则会产生消极影响，阻碍权力运行，导致权力滥用。最典型的是，我国人情社会的文化渗透进权力运行的领域，导致某些公职人员受人情因素影响，以权谋私，以公权卖人情，严重影响权力运行，导致权力的滥用与腐败。特别是在我国农村基层社会中，人情关系异化而导致的微腐败不胜枚举，比如发生于湖南省常德市的“白鹤镇村支书陈某井以权谋私一案”②。

2. 统合式治理模式中权力滥用的潜在风险

有学者认为我国的权力运行机制是统合式治理模式，即国家公权力组织通过自身拥有的多重身份，同时获得多重身份所蕴含的多重权能，基于对身份—权能—责任链条的统合重组，实现权力最大化与风险最小化，从而扩大行为策略的备择空间，以降低风险的治理过程③。其权力运行机制的核心在于“单一的公权力主体在应对复杂行政任务的过程中多重身份的灵活变通机

① 杨连专，张新民．权力运行的系统分析［J］．云南社会科学，2016（3）：21-26.

② 清廉常德——柳叶湖旅游度假区：通报3起扶贫领域腐败和作风问题典型案例．http：//sjw.changde.gov.cn/xxgk/dcbg/qzsbdfbhzfwt/content_408436．2010年7月至2016年6月，时任白鹤山村支部书记陈某井利用职务之便，为妻子罗某某及孙女陈某违规申请低保，累计领取低保金16290元；以帮助村民建房疏通关系的名义，向部分建房农户索取现金和烟酒，共计价值5500元。陈某井的行为在群众中造成不良社会影响。此前，陈某井因其他违纪问题受到党纪处分。经区纪工委研究决定，给予陈某井开除党籍处分，追缴违纪资金2.179万元．（本书对所引案例当事人姓名进行了处理）

③ 陈科霖，周鲁耀．“统合式治理”：一种中国国家治理的权力运行机制［J］．学海，2021（4）：109-115.

制”①。

但是，从运作方式上看，统合式治理模式的权力运行机制本质上就是权力边界的扩张，这必然伴随着权力失范风险的提升，也必然会增加权力滥用与腐败的风险。统合式治理模式的权力运行机制确实有利于“集中力量办大事”，但是这并不等于“集中力量办好事”。因为，若从制度设计上使权力过于集中，就正好助长了权力天然集中的特性，而过度集中的权力必然被滥用，进而导致腐败。

第二节 权力监督的内涵与属性

博登海默曾经说过，权力在社会关系中代表着能动易变的原则，在权力未受控制时，可以将它比作自由流动、高涨的能量，而其结果往往具有破坏性②。权力天然地具有扩张倾向、能动易变的特性与破坏性，在运行过程中不可避免地会受到其他因素的影响，若对此不加预防与规制，权力必然走向滥用，最终导致腐败。所以，权力需要被监督。

一、权力监督的本质

（一）中国特色社会主义权力监督思想的理论来源

理论是实践的先导。中国共产党始终将马克思主义基本原理同中国具体国情相结合，并吸收中华优秀传统文化，最终在实践中形成并丰富了我国的权力监督思想。

1. 马克思主义经典作家的权力监督思想

马克思主义经典作家在创立科学社会主义理论、领导工人运动、创建无产阶级革命政党的实践中，提出了一系列有关权力监督的思想③。面对我国具体国情，“以问题为导向的理论创新固然重要，但是回归本源，精研马克思主义经典作家的权力监督思想，不仅能够保障全面深化改革的战略在法治

① 陈科霖，周鲁耀．“统合式治理”：一种中国国家治理的权力运行机制［J］．学海，2021（4）：109–115.

② E．博登海默．法理学：法律哲学与法律方法［M］．邓正来，译．北京：中国政法大学出版社，2017：374.

③ 阳平，蔡志强．中国共产党权力监督思想的内涵、成就与创新［J］．福建师范大学学报（哲学社会科学版），2022（2）：2.

轨道运行，而且对纪检监察学科的繁荣也大有裨益”①。

（1）强调权力监督的必要性

与西方学界坚持以“人性恶”理论作为权力监督必要性的理由不同，马克思和恩格斯从国家权力的来源入手回答了权力监督的必要性。这是基于国家权力来源于人民的认识得出的结论。

“国家是社会在一定发展阶段上的产物；国家是承认这个社会陷入了不可解决的自我矛盾，分裂为不可调和的对立面而无力摆脱这些对立面。而为了使这些对立面，这些经济利益互相冲突的阶级，不致在无谓的斗争中把自己和社会消灭，就需要有一种表面上凌驾于社会之上的力量，这种力量应当缓和冲突，把冲突保持在‘秩序’的范围以内；这种从社会中产生但又自居于社会之上并且日益同社会相异化的力量，就是国家。”② 按照恩格斯的观点，国家权力并非先天的，而是人民基于解决矛盾、缓和冲突的公共需要，将自身权利进行部分让渡而来的。换言之，国家权力机关与人民之间的角色定位应当是“公仆”与“主人”，而为了保障政治权力始终掌握在人民手中，防止人民公仆与国家主人的位置颠倒，就必须对掌权者进行监督。在《布尔什维克能保持国家政权吗?》中，列宁在论述无产阶级政权的不可替代性时，也提出了监督是保证无产阶级政权有效运转的合理方案。

（2）强调权力要接受人民的监督

在马克思主义权力监督思想中，始终包含着人民利益至上的价值内涵。人民是一个置于历史范畴之下的概念，“在资本主义生产方式支配下人剥削人的社会里，处于被剥削地位的劳动者就是人民的主体，主要涵盖工人阶级、农民阶级、同情革命的小生产者阶级”③。通过了解巴黎公社广泛的革命实践，马克思等人得出结论，公社的一切价值都是以人为主体尺度所得出的结论。“只能显示出走向属于人民、由人民掌权的政府的趋势”④，表明制度监督也应包含这一价值尺度。巴黎公社的革命成果，让马克思、恩格斯二

---

① 雷园园. 论《监察法》对《法兰西内战》监督思想的继承与发展［J］. 理论导刊，2020（2）：76-83.

② 中共中央马克思恩格斯列宁斯大林著作编译局. 马克思恩格斯文集：第4卷［M］. 北京：人民出版社，2009：189.

③ 雷园园. 论《监察法》对《法兰西内战》监督思想的继承与发展［J］. 理论导刊，2020（2）：76-83.

④ 中共中央马克思恩格斯列宁斯大林著作编译局. 马克思恩格斯文集：第3卷［M］. 北京：人民出版社，2009：163.

人找到了在无产阶级专政条件下防止政治权力异化的有效途径，即公社公职人员及其所行使的权力要接受全体人民的监督。

（3）注重成立专门的权力监督机构

任何好的设想都必须有制度机制的保障，才能落到实处①。机构机制的建设一直都是列宁国家权力监督思想的重要内容。人民可以直接监督权力，但是在监督权力的某些专业问题上人民靠自己无法完全解决，所以需要通过专门机关代表其行使权力。列宁指出："有必要成立一个同中央委员会平行的监察委员会，由受党的培养最多、最有经验、最大公无私并最能严格执行党的监督的同志组成。党的代表大会选出的监察委员会应有权接受一切申诉和审理（经与中央委员会协商）一切申诉，必要时可以同中央委员会举行联席会议或把问题提交党代表大会。"② 为了进一步落实群众监督，列宁还提议成立工农检察院，该机构拥有监督一切国家机关的权力。随后，为了增强工农检察院的独立性，列宁主张将工农检察院与各级监察委员会合并，实现监督形式的党政统一，保证其拥有足够的权威，能确保党和国家的权力在正确的轨道上运行。

2. 我国古代政治文明中权力监督制度的实践

（1）我国古代的监察制度

在古代中国的文官制度中，治官是头等大事，因而监察制度在其中扮演着重要的角色，发挥着重要的作用，监察法也在此过程中产生并不断发展③。我国古代监察制度作为封建制度的重要组成部分，历经两千余年的不断发展完善，形成了一套机构独立、职能齐全、人员配备合理的监察体系，对维护中央集权的封建统治起到了促进作用。

随着封建皇权的不断加强，我国古代的监察制度也在不断发展完善。最初，秦朝设置御史府作为中央监察机关。东汉时期，御史府改为御史台，并成为独立于行政系统的专门的监察机构。魏晋南北朝至宋元时期，御史台一直是中央最高监察机构。明朝时期，在废除宰相制度后，除了将御史台改为都察院，还成立了对六部进行独立监督的机构——六科给事中。清朝也沿袭了明朝的相关监察制度。我国古代的监察制度与监察法规所调整的法律关系范围广泛，涉及立法、行政、司法、经济及军事等多方面，从性质上讲是对

---

① 钟瑞添. 论列宁国家权力监督思想及其现实启示［J］. 学术论坛，2021（5）：15-23.

② 列宁. 列宁全集：第三十九卷［M］. 北京：人民出版社，2017：323.

③ 秦前红. 监察法学教程［M］. 北京：法律出版社，2019：124.

封建官僚体系的全方位监察。这一制度一直延续了两千多年，直到清王朝灭亡封建统治瓦解。但无论我国古代监察机构的名称如何变化，它们都存在一个共性，即“肩负匡正皇帝的错误言行、纠弹百官不法及察吏安民职责；一般位卑权重，履职权威性强，直接听命于皇权”①。

（2）我国古代的权力分工与制约

我国古代统治者不仅注重设立专门监察机构监督百官，也注重权力之间的分工与制约。早在秦朝时期，中央层面就建立了三公九卿制②；隋唐时期，中央层面实行三省六部制③；宋元时期，中央层面实行二府三司制④；明朝时期，实行内阁制和六部制。虽然我国各封建朝代的制度有所不同，但都呈现出“各个分散的权力之间互相制约、互不统属，各自对至上的皇权负责”⑤ 的特点。在魏晋南北朝时期，古代监察机构与行政机关相分离，与中央行政机关及军事机关并驾齐驱，形成了皇权之下“三足鼎立”的权力结构。分权能够防止权力的过度集中，对防止权力的滥用与腐败具有一定的积极效果。此外，我国古代政治文化中还特别注重官员的道德管理，希望借此培养官员家国情怀与廉洁奉公的意识。

（二）中国特色社会主义权力监督的表现形态

在对马克思主义权力监督思想一脉相承、深耕中华优秀传统监察文化土壤的基础上，我国形成了丰富又多样的中国特色社会主义权力监督形态。各种权力监督形态相互交织，构成了严密的权力监督之网，呈现出全方位的权力监督态势。在此基础上，权力监督的形态可以被划分为三种：第一，党内监督；第二，国家监督；第三，社会监督。

1. 党内监督

党内监督是我国权力监督体系的根本，因为中国共产党是中国特色社会主义事业的领导核心。对于中国共产党而言，外部监督是必要的，但是从根

---

① 阳平，蔡志强. 中国共产党权力监督思想的内涵、成就与创新［J］. 福建师范大学学报（哲学社会科学版），2022（2）：1-12.

② 三公分别为丞相、太尉、御史大夫，九卿分别为奉常、郎中令、卫尉、太仆、廷尉、典客、宗正、治粟内史、少府。

③ 三省分别为中书省、门下省、尚书省，六部分别为吏部、户部、礼部、兵部、刑部、工部。

④ 二府分别为中书门下、枢密院，北宋时期称盐铁、户部、度支为三司，其长官为三司使。

⑤ 阳平，蔡志强. 中国共产党权力监督思想的内涵，成就与创新［J］. 福建师范大学学报（哲学社会科学版），2022（2）：1-12.

本上讲，还在于强化自身监督①。为了发挥党内监督在我国权力监督体系中的主导作用，有必要在原有组织框架下，制定符合实际的新法律法规和制度、确定明晰的主体责任、加强权力监督思想，形成多层次的党内权力监督体系。根据《中国共产党党内监督条例》的相关规定，党内监督目前分为党委全面监督、纪委监委专责监督、党的工作部门职能监督、党的基层组织日常监督及党员民主监督五大类，这五大类监督“层层压实监督主体责任，织密纵向与横向监督网”②。这五类党内监督并非“完成时”，党内监督的形态亦处于动态的完善发展过程之中，这有利于保障党的纯洁性与先进性、有利于保障党内监督在权力监督体系中的根本地位、有利于保障党作为中国特色社会主义事业的领导核心地位。

2. 国家监督

人民代表大会制度是我国的根本政治制度，我国《宪法》第 3 条规定：“国家行政机关、监察机关、审判机关、检察机关都由人民代表大会产生，对它负责，受它监督。”由此可以得知，“人大监督及其所依托的人民代表大会制度是我国国家监督体系的起点和核心内容”③。国家监督是我国权力监督体系的重要表现形式之一，形成了以作为国家权力机关的人大监督为领导核心，国家监察监督、司法监督、审计监督、统计监督、财会监督并行的综合权力监督体系。从性质上看，国家权力监督是权力系统内部监督，属于权力主体进行的监督。从作用上看，权力主体更清楚权力是如何运行的、更清楚权力运行各环节的具体状况，所以国家监督有利于保证权力监督的实效。

3. 社会监督

社会监督是我国权力监督体系的特色表现形式。当前，我国共产党员队伍持续壮大，仅依靠党内监督与国家监督难以应对隐秘多样的权力滥用与腐败现象，急需社会力量作为补充。社会监督是利用不具有国家权力性质的各种社会力量，依法对国家机关及其公职人员行使公权力的行为进行的监督。目前，我国权力监督体系的社会监督中主要包括民主监督、群众监督及舆论

---

① 中共中央文献研究室．习近平关于全面从严治党论述摘编［M］．北京：中央文献出版社，2016：213.

② 佟德志，张朝霞．全过程监督：主体、客体与程序［J］．广州大学学报（社会科学版），2022（3）：11-17.

③ 佟德志，张朝霞．全过程监督：主体、客体与程序［J］．广州大学学报（社会科学版），2022（3）：11-17.

监督这三种权力监督力量，其中最为典型和突出的就是作为民主监督重要表现形式的人民政协的监督。社会监督动用这三种权力监督力量，采取灵活的方式，不断与时俱进更新权力监督手段、技术与平台，有力地弥补了党内监督与国家监督的不足。社会监督就像一双“无处不在的眼睛”，对党和国家机关及其工作人员形成一种“软约束”①。近些年来，随着网络平台等高科技技术的飞速发展，社会监督对权力的监督效果也越来越显著。

在党的十九大报告中，习近平同志指出：“构建党统一指挥、全面覆盖、权威高效的监督体系，把党内监督同国家机关监督、民主监督、司法监督、群众监督、舆论监督贯通起来，增强监督合力。”② 发挥监督的效能要形成监督合力，若各种监督力量单打独斗、力量分散，势必会导致贯通性不够、衔接性不够、结合度不够，极易出现监督盲点③。针对复杂样态的权力，只有形成监督合力，才能将监督落到实处。以本书关注的主要权力样态微权力为例，因其具有国家与社会双重属性，且在不同的地方呈现不同的特点，仅凭一种权力监督的样态必然无法落实对微权力的全面监督，需要各种权力监督样态的合力才能实现。

（三）中国特色社会主义权力监督的本质内涵

1. 以自我革命跳出历史周期率

1945 年，毛泽东针对黄炎培提出的关于“中国共产党如何跳出治乱兴衰的历史周期率”的“窑洞之问”，作出了第一次回答，即“让人民来监督政府”。此后，中国历经百年奋斗，习近平针对黄炎培的提问作出了第二次回答，即“自我革命”。“习近平深刻指出，勇于自我革命和接受人民监督是内在一致的，都源于中国共产党的初心使命”④，这一论断鲜明指出了接受监督与自我革命本质上具有一致性，党和国家接受监督就是在“自我革命”，就是在不断清除侵蚀党的健康的“病毒”。总之，加强党和国家的自

① 张晋宏，李景平. 新时代党和国家监督体系的内在逻辑与建构理路［J］. 山西师大学报（社会科学版），2019（1）：1-6.

② 习近平. 决胜全面建成小康社会 夺取新时代中国特色社会主义伟大胜利——在中国共产党第十九次全国代表大会上的报告［M］. 北京：人民出版社，2017：68.

③ 管素叶，陈志刚. 党和国家监督体系的创新发展［J］. 中国特色社会主义研究，2019（6）：105-110.

④ 阳平，蔡志强. 中国共产党权力监督思想的内涵，成就与创新［J］. 福建师范大学学报（哲学社会科学版），2022（2）：1-12.

我监督，本质上既是“马克思主义执政党的革命性锻造实践”①，也是保障人民有效行使监督权、维护人民当家作主权利的根本性要求。

2. 保证权力正确行使以谋求人民福祉

《宪法》第2条明确规定：“中华人民共和国的一切权力属于人民。”本条文并非简单的法律宣誓，而是体现权力本质的法律原理与法治理念②。从逻辑上看，权力本质上来自人民，权力是人民权利的集合体。主权在民，所以国家的一切权力属于人民，权力应由人民行使。但是由于人民数量众多，全体人民直接参与权力行使往往难以实现，所以人民选举代表来代表自己行使国家权力，这些代表组成人民的代议机关。在我国，人民的代议机关是人民代表大会，而人民通过代议机关行使权力的方式，是间接行使权力而非直接行使权力。从应然层面上讲，虽然代表人民行使权力者的个人利益与人民的利益、公共利益相分离，但在实践中，代表人民行使权力者的个人利益与人民的利益、公共利益往往呈现纠葛不清的样态。在该情形下，代表人民行使权力者很可能为了其私人利益而滥用权力，辜负人民的委托，从而侵犯人民权益。所以，习近平同志强调要“把权力关进制度的笼子里，就是要依法设定权力、规范权力、制约权力、监督权力”③，权力需要受到监督以保证其为人民谋福利的本旨，这亦是中国特色社会主义权力监督的内涵。

3. 衡量和保证我国政治制度的民主性与高效性的标尺

习近平同志指出：“评价一个国家政治制度是不是民主的、有效的，主要看国家领导层能否依法有序更替，全体人民能否依法管理国家事务和社会事务、管理经济和文化事业，人民群众能否畅通表达利益要求，社会各方面能否有效参与国家政治生活，国家决策能否实现科学化、民主化，各方面人才能否通过公平竞争进入国家领导和管理体系，执政党能否依照宪法法律规定实现对国家事务的领导，权力运用能否得到有效制约和监督。”④ 据此可知，权力监督是我国国家政治制度中的重要组成部分。习近平同志亦指出：“我们要坚持国家一切权力属于人民的宪法理念，最广泛地动员和组织人民依照宪法和法律规定，通过各级人民代表大会行使国家权力，通过各种途径

---

① 阳平，蔡志强．中国共产党权力监督思想的内涵，成就与创新［J］．福建师范大学学报（哲学社会科学版），2022（2）：1-12.

② 胡玉鸿．习近平法治思想中权力运行制约和监督理论［J］．江淮论坛，2021（5）：5-11.

③ 习近平．习近平谈治国理政：第2卷［M］．北京：外文出版社，2017：129.

④ 习近平．习近平谈治国理政：第2卷［M］．北京：外文出版社，2017：287.

和形式管理国家和社会事务、管理经济和文化事业，共同建设，共同享有，共同发展，成为国家、社会和自己命运的主人。”① 从我国权力运行机制来看，监督权作为权力的一种，人民积极行使监督权、参与对非法行使权力的防范过程，是权力人民性的本质体现，也是我国政治制度民主性不断提高的表现。也正因为如此，是否有科学而完备的权力制约机制，是衡量一个国家政治制度是否民主、高效的标尺②。

二、监察权是中国特色社会主义权力监督的核心凝练

《中华人民共和国监察法》（以下简称《监察法》）出台前，我国各项监督权散落于行政权、司法权等公权力之中，监督权受特定公权力制约，法律地位较低且不具有独立性。在该监督模式下，“监督权位阶低、监督资源分散造成了监督的低效乃至无效”③。监督权若要确保对其他公权力形成实质性约束，必须提升其权能配置。这是长期以来我国反腐败经验教训的总结，监察权正是基于此应运而生。

（一）监察权的规范运行

2018 年，《宪法》修正案第五十二条规定，监察权主要是指监控督察职务违法与职务犯罪案件的权力，其并非直接处理公共事务的权力，在性质上与行政权有所不同。从性质上而言，监察权不属于行政权，也不属于司法权，它是独立于立法权、行政权、司法权的第四种权力，是一种政治性权力。关于监察权与监督权的关系，不同学者有不同的观点。吴园林与刘昱成两位学者认为，监督权是国家政权建立后，为人民所保有的直接或间接行使的检查督促国家机关法定权力之权，而监察权则是由特定的机关代表人民行使这种监督权的具体化表达形式④。秦前红教授认为，监察权是监督权的一种，监察权是监督权的具体表达，是监督权在法律上的集中体现⑤。虽然诸位学者的表述各有不同，但笔者认为可以归纳如下：监察权是治权，监督权是主权，作为主权的监督权要依凭监察权展开具体实践。所以，监察权的规

① 习近平．习近平谈治国理政：第 1 卷［M］．北京：外文出版社，2018：139.

② 胡玉鸿．习近平法治思想中权力运行制约和监督理论［J］．江淮论坛，2021（5）：5-11.

③ 周佑勇．监察权结构的再平衡：进一步深化国家监察体制改革的法治逻辑［J］．东方法学，2022（4）：146-158.

④ 吴园林，刘昱成．监察权性质新论［J］．河北法学，2021（2）：142-156.

⑤ 秦前红．监察体制改革的逻辑与方法［J］．环球法律评论，2017（2）：17-27.

范行使就显得至关重要，其具体表现为以下三个方面。

1. 监察委员会是行使国家监察权的专责机关

自改革开放以来，一个值得深思的普遍现象根植于我国公共生活中，即“一方面规范公权力的法律越来越多；另一方面公权失范现象并未随之减少”①。这是由于我国规范公权力的法律越来越多，一定程度上致使反腐败的权力过于分散，呈现“三驾马车”② 的态势。在监察委员会成立前，我国不存在统一集中的反腐败权力，这些权力散见于政府的监察机关预防腐败局、党的各级纪委及国家各级检察机关的查办和预防职务犯罪机构中。这些机构之间职能重叠、边界模糊，容易出现相互之间推诿扯皮的现象，难以形成监督合力，难以形成稳定而高效的衔接配合机制。

经过多年的试点与实践，监察制度改革初见成效。我国《宪法》于2018年对国家监察委员会作出了规定，从宪法上赋予监察权合法性、权威性，监察权成为我国独立于立法权、行政权及司法权的第四项权力。此后，我国权力监督呈现“一马当先”的态势，即整合了我国的权力监督与反腐败资源，将相关主要职能集中于监察委一身，“破解了此前反腐败体制中行政监察职能萎缩、检察院职能局限等瓶颈性问题，为反腐败政治任务的完成奠定了坚实的组织基础”③。

从监察委员会的性质看，监察委员会体现的是民主集中的国家政权制度。《监察法》对监察委员会的职能定位是“国家监察”，以“国家”作为“监察”的限定修饰词，表明监察权具有统一行使权力的属性。从监察委员会的工作内容看，监察机关是反腐败专责机关，其反腐败专责工作体现为“四种形态”④，大量日常监督工作体现在前三种监督形态中，“前三种形态实质上是强身健体、防微杜渐的思想政治教育，是思想党建、制度治党的具

---

① 程竹汝. 论政治体制改革的重点与国家治理体系现代化［J］. 上海行政学院学报，2014（2）：55-61.

② 三驾马车模式指的是“党纪委为主导、检察院为保障、政府监察机关为补充，三轨并行、相对独立，分工运作、协作配合”。

③ 吴建雄. 读懂《监察法》［M］. 北京：人民出版社，2018：25-26.

④ “四种形态”是指党内监督执纪的“四种形态”，包括：（1）经常开展批评和自我批评、约谈函询，让“红红脸、出出汗”成为常态；（2）党纪轻处分、组织调整成为违纪处理的大多数；（3）党纪重处分、重大职务调整的成为少数；（4）严重违纪涉嫌违法立案审查的成为极少数。2016年10月27日，中国共产党第十八届中央委员会第六次全体会议审议通过了《中国共产党党内监督条例》，其中第七条即监督执纪“四种形态”。2017年10月，党的十九大把运用监督执纪“四种形态”写入党章。

体实施”①。第四种形态是立案审查，是整个监察工作中的极少数。总而言之，“四种形态”强调以政治性为主、法律性为辅、教育优先、惩治随后，能够确保监察委员会工作的顺利进行。在与其他监督方式相结合的前提下，既能确保国家机关及其公职人员依法用权，又能保证权力来自人民、服务人民。

2. 监察权监督对象公职人员全覆盖

《监察法》规定，监察委员会对所有行使公权力的公职人员进行监察，此处特别强调“所有”，意味着监察权对行使公权力的公职人员的全覆盖。《监察法》将党对公权力监督全覆盖的要求具体化，将六大类公职人员纳入监察范围。《监察法》对六类监察对象的明确，解决了“反腐败工作中的“盲点”、部分人“管不住”和非党员违规违纪缺乏有效监管的问题，使很多此前不在监督范围，不具备党员、公务员身份，但同样行使国家公权力的人被纳入监督视野②，为农村基层“微腐败”治理中微权力主体滥用微权力的问责追责提供了法律依据。

3. 监察权行使的相对优先性

《监察法》第四条第三款规定：“监察机关在工作中需要协助的，有关机关和单位应当根据监察机关的要求依法予以协助。”该法条可以理解为，监察机关有办理相关职务违法和职务犯罪案件的需要时，审判机关、检察机关、公安机关及执法部门等有关部门须予以必要的协助。

此外，《监察法》第三十四条第二款规定：“被调查人既涉嫌严重职务违法或职务犯罪，又涉嫌其他违法犯罪的，一般应当由监察机关为主调查，其他机关予以协助。”该法条强调的是监察委员会在职务犯罪互涉案件中优先调查原则③。该原则中所展现的处理方式，有利于“资源的及时共享、避免重复取证、浪费公共资源，及时综合所得证据从整体高度出发对案件进行突破”④。

---

① 吴建雄. 读懂《监察法》[M]. 北京：人民出版社，2018：26.

② 吴建雄. 读懂《监察法》[M]. 北京：人民出版社，2018：27.

③ 所谓职务犯罪优先调查原则，是指一旦监察机关对被调查人决定实施调查，其他主体的权力不得在法律上替代或损害监察机关所享有的相对优势地位，并对与职务犯罪存在牵连的其他类型犯罪，原则上享有依法排他性效果的管辖和处理能力。

④ 吴建雄. 读懂《监察法》[M]. 北京：人民出版社，2018：184.

（二）监察权的权力属性分析

1. 监察权的政治属性

监察委员会是实现党和国家自我监督的政治机关，不是行政机关、司法机关①。这意味着，旨在实现反腐败目标的国家监察权，既有政治权力的性质，也有法律权力的特征，是具有中国特色的监察权②。监察权的发展经历了从政治决断到法律确认的过程，法律属性不断增强。但是，其固有的政治属性仍无法抹除，政治性是监察权的第一属性，具体表现在如下四个方面。

第一，从《监察法》及监察权产生的历程看，《监察法》及监察权的产生历经了一个从党的政策到国家意志的发展过程。2015 年，在党的十八届中央纪委第五次全会上，习近平同志发表重要讲话，明确提出健全和完善《中华人民共和国行政监察法》。2016 年，在党的十八届中央纪委第六次全会上，习近平同志再次强调要坚持党对党风廉政建设及反腐败工作的统一领导，同时强调了要改革现有国家监察组织架构，扩大监察范围，形成对国家机关及其公职人员的全覆盖，整合我国国家监察力量。2016 年 6 月至 10 月，习近平同志在多次会议上专题研究我国监察制度的改革工作，确立了制定监察法的指导思想、基本原则以及主要内容，同时明确了国家监察立法工作的方向和时间表、路线图，并发表了一系列重要讲话，为《监察法》立法工作提供了根本遵循③。

第二，从《宪法》及《监察法》的相关规定看，其规定的内容具有政治性。首先，2018 年《宪法》修正案第五十二条规定，“宪法第三章‘国家机构’中增加一节，作为第七节‘监察委员会’”。该规定是将“党对反腐败的政治领导和领导反腐败的政治成果转化为国家法律”④，既通过宪法的形式反映了广大人民群众的意志，又有利于党中央和地方各级党委名正言顺地依法领导反腐败工作的开展，扛起相应的政治责任。其次，《监察法》第二条规定了党的领导原则，即“坚持中国共产党对国家监察工作的领导”。党的领导是一切政治任务的核心，以《监察法》为核心的廉政建设与反腐败工作是党和国家自我监督的重大政治任务，“是一种刀刃内向、无私无畏的

① 中共中央纪律检查委员会，国家监察委员会法规室.《中华人民共和国监察法》释义［M］. 北京：中国方正出版社，2018：62.

② 莫纪宏. 国家监察体制改革要注重对监察权性质的研究［J］. 中州学刊，2017（10）：43-51.

③ 秦前红. 监察法学教程［M］. 北京：法律出版社，2019：161.

④ 吴建雄. 读懂《监察法》［M］. 北京：人民出版社，2018：3.

自我革命”①，所以由《监察法》设定的监察权具有政治性。再其次，《宪法》第一百二十三条规定，“中华人民共和国各级监察委员会是国家的监察机关”，在此基础上，《监察法》第三条进行了细化，规定“各级监察委员会是行使国家监察职能的专责机关”。这两条规定明确了监察机关在我国国家权力结构中的“国家监察机关”定位。从实践层面而言，监察机关的国家监察职能与党的纪检职能是密不可分的，这决定了我国国家监察机关与党的纪律检查委员会合署办公的必然性。而合署办公的纪委与监委要共同接受同级党委的领导，这表明了国家监察委员会既不是行政机关亦不是司法机关，彰显了其鲜明的政治性，同时也彰显了《监察法》之下监察权鲜明的政治性。

第三，从监察权的工作方式与职能看，其具有政治性。首先，监察权最为重要的职能之一就是“正风肃纪”。该职能隶属于合署办公的监察委员会与党的纪律检查机关，其主要用于修正“受污染”的政治生态，是具有政治性的一种纠察权。因此，监察权也应当是一种具有鲜明政治属性的国家权力。其次，监察权工作方式与其他国家权力不同。监察权所针对的是公职人员职务违法与职务犯罪案件，这导致普通犯罪案件的侦办方式难以应付公职人员特别是高级别公职人员的职务犯罪，需要“借助于政治权威”②。所以，改革后的监察体制构建了一种新型的“集中统一、权威高效”的工作方式，即各级监察委员会与党的各级纪律检查机关合署办公。在应对腐败分子时，合署办公的各级监察委员会与党的各级纪律检查机关便成为“既有法律权威又有政治权威的反腐败专责机构”③。正是在党的纪律检查中，监察权被赋予了政治属性。

第四，反腐败工作的政治性极强。虽然《监察法》本质上是一部反腐败的法律，监察权亦是反腐败的权力，但是公职人员的腐败行为涉及的问题不是单纯的法律问题，往往还涉及盘根错节的利益牵扯，甚至是政治问题。实践也证明，贪腐案件往往会涉及政治、经济及法律，是政治、经济、法律“三位一体”的复杂性问题。比如 2022 年 3 月曝光的司法部前部长傅政华贪污受贿一案，傅政华不仅触犯了国家法律，还涉及经济问题，长期结交多名

---

① 吴建雄．读懂《监察法》［M］．北京：人民出版社，2018：2．

② 韦恩·莫里森．法理学：从古希腊到后现代［M］．李桂林，李清伟，侯健，等译．武汉：武汉大学出版社，2003：281．

③ 曹俊．监察权的法理思考［J］．法学杂志，2019（5）：13-19．

“政治骗子”、参加孙立军政治团伙、拉帮结派、结党营私，其政治品行极其卑劣，严重玷污了公职人员队伍。在我国，贪腐行为既削弱党和政府公信力、败坏社会风气、危害社会公正，也扭曲市场环境、破坏公平竞争的营商环境，甚至阻碍经济发展和社会进步①。由于监察权所面对的贪腐问题往往也是政治问题，所以具备政治性。

2. 监察权的法治属性

“法治是人类文明的重要成果之一，法治的精髓和要旨对于各国国家治理和社会治理具有普遍意义。”② 中国特色社会主义法治体系作为中国式法治现代化的原创性概念，它可以描述当代中国法治要素整全化、规范化、有序化程度，表征法治运行各环节彼此衔接、结构严整、运转协调状态，凸显法治规范与运行、理论与操作、价值与实践的整体均衡③。监察权的行使是中国特色社会主义法治体系中的重要一环，所以监察权也应当拥有法治属性。

但是，需要注意的是，监察权拥有的是法治属性而非法律属性，两者存在区别。原因有二：

第一，中国特色社会主义法治体系的生成与完善，需要以党内法律法规制度的发展为支撑，只有党内法规完善，才能让依法治国发挥其应有的功效。建设中国特色社会主义法治体系的目标定位包括层次分明的“两个形成”，即“形成完备的法律规范体系、高效的法治实施体系、严密的法治监督体系、有力的法治保障体系，形成完善的党内法规体系”④。这意味着，法治属性不仅包括了国家法律，还包括了党内法规，这是中国特色社会主义法治体系的内在要求；而且监察权在实践中，其实施不仅需要依据法律，还需要依据党内法规等相关制度。所以，监察权拥有的是法治属性而非法律属性。

第二，法律属性与法治属性是静态与动态的区别。“天下之事，不难于立法，而难于法之必行”⑤，法律的生命在于实施，法律的权威在于实施，

---

① 曹俊. 监察权的法理思考［J］. 法学杂志，2019（5）：13-19.

② 习近平. 论坚持全面依法治国［M］. 北京：中央文献出版社，2020：111.

③ 廖奕. 中国特色社会主义法治体系的话语生成与思想内涵［J］. 苏州大学学报（哲学社会科学版），2021（2）：39-49.

④ 廖奕. 中国特色社会主义法治体系的话语生成与思想内涵［J］. 苏州大学学报（哲学社会科学版），2021（2）：39-49.

⑤ 张居正. 张太岳集：卷三十八［M］. 上海：上海古籍出版社，1984：482.

法律的伟力也在于实施①。习近平同志强调，“法律的生命力在于实施”②。说得更通俗易懂一点，法律规范体系是“骨架”，而法律治理实践则是“血肉”③。《监察法》的出台及《监察法》对监察权的设定完善了我国权力监督与反腐败法律规范体系的框架，但是《监察法》的实施及监察权的行使也要经历执法、司法、守法、普法、督法的全过程，这构成了一个动态的有机体系。只有将《监察法》的相关规定及监察权灵活运用到权力监督与腐败防治的实践中，才能为监察权赋予活的“灵魂”，才能使其真正拥有生命力而不至于变成“僵尸”权力，避免其流于形式化。监察权要追求的是动态的法治属性而非静态的法律属性，这蕴含着以法律为信仰而非以法律为工具的治国理念。

3. 监察权的社会属性

监察权的社会属性可以体现为两个方面：第一，监察权来自社会，来自人民的需求，它以社会发展状况为前提；第二，监察权的行使在受到外部监督的同时亦会得到来自外部的助力。

（1）监察权来自人民的需求，以社会发展状况为前提

习近平同志指出：“人民群众对立法的期盼，已经不是有没有，而是好不好、管用不管用、能不能解决实际问题；不是什么法都能治国，不是什么法都能治好国；越是强调法治，越是要提高立法质量。这些话是有道理的。我们要完善立法规划，突出立法重点，坚持立改废并举，提高立法科学化、民主化水平，提高法律的针对性、及时性、系统性。”④ 人民要求更加科学化的立法，这推动了立法科学化的进程，而《监察法》的出台及监察权的设定正是立法科学化的具象化表达。从监察法的精神实质看，深化国家监察体制改革符合我国最广大人民群众的根本利益，体现了“一切权力来自人民、为了人民”的宪法原则，切实保障了人民的主体地位。深化国家监察体制改革，能够加强和改进国家政权建设，弥补在国家权力结构中监察体系不够完善的短板，构筑起防止党在长期执政条件下权力异化和权力寻租的屏障⑤。

---

① 胡兴建. 坚持建设中国特色社会主义法治体系［J］. 现代法学，2021（1）：19-22.

② 习近平. 论坚持全面依法治国［M］. 北京：中央文献出版社，2020：20-21，74.

③ 廖奕. 中国特色社会主义法治体系的话语生成与思想内涵［J］. 苏州大学学报（哲学社会科学版），2021（2）：39-49.

④ 中共中央文献研究室. 习近平关于全面依法治国论述摘编［M］. 北京：中央文献出版社，2015：43-44.

⑤ 吴建雄. 读懂《监察法》［M］. 北京：人民出版社，2018：5.

这深刻表明了党和国家确保权力的人民性、权力永远为人民谋利益的坚定价值追求。

中国特色社会主义法治体系建设始终以社会发展状况为前提条件①。中国特色法治现代化实践表明，社会、政治及经济发展状况决定国家立法的走向，在民主的政治氛围下，立法才能得以积极发展。若党和国家以经济建设为中心，经济发展向好，为满足经济发展的客观需要，会自觉推动国家立法进程；若国家不再以经济建设为中心，经济衰退，对立法的需求就会减弱。《监察法》是习近平新时代中国特色社会主义思想的重大法治成果，是反腐败斗争新形势下党的建设和反腐倡廉理论的最新成果，以其科学性回应着社会及人民的需要。

（2）监察权的行使既受社会的监督亦得益于社会的助力

一方面，虽然监察权是我国权力监督最为核心的表现，但是监察权本身也是权力的一种，也存在滥用的可能性，所以需要与其他权力一样受到民主监督、舆论监督等社会力量的监督；另一方面，监察权的监察监督本质上是权力系统内部的权力监督。由于权力系统内部的监督并不一定向外部公开，并且有的公职人员会为了营造“完美政府”的形象刻意隐瞒特定事实，导致监察监督在信息获取上往往具有滞后性、狭隘性，尤以那些资讯与交通不发达区域为甚。相比之下，社会监督对信息和线索的收集更具敏锐性、广泛性和时效性。比如，2012 年“表哥”杨某才案②，群众就是在网上通过观察杨某才在车祸现场的照片发现了其贪腐的端倪；又比如，2018 年甘肃省兰州市

---

① 陈小洁. 百年大党推进中国特色社会主义法治体系建设的基本经验［J］. 世界经济与政治论坛，2021（4）：19-35.

② 2012 年 8 月 26 日，杨某才在延安交通事故现场，因面含微笑被人拍照上网，引发争议并被网友指出杨某才有多块名表，可能涉嫌贪腐。2012 年 9 月 21 日，鉴于杨某才在“8. 26”特别重大道路交通事故现场“笑脸”的不当行为和佩戴多块名表等问题，陕西省纪委高度关注，及时进行了认真调查。2013 年 8 月 27 日，陕西省西安市中级人民法院定于 2013 年 8 月 30 日 9 时 30 分在 3 号法庭公开开庭审理被告人杨某才受贿、巨额财产来源不明一案。2013 年 9 月 5 日，陕西省西安市中级人民法院对杨某才案作出宣判，杨某才因犯受贿罪、巨额财产来源不明罪，两罪并罚，被一审判处有期徒刑 14 年。

永登县低保办主任赵某琏骗贫困户救命钱赌博一案①，正是靠着多名群众向纪委与监委举报才最终得以处理；再比如，在 2022 年 6 月 10 日河北省唐山市打人事件之后，唐山市多位市民在各大网络平台实名举报某些公职人员贪污腐败、勾结黑恶势力等问题，这些问题都是之前完全未被发现的。所以，监察权的有效行使也需要社会监督力量的补充。

第三节　农村基层微腐败治理的权力监督方式

微腐败很大程度上是由微权力所引起的腐败现象。藏身于城乡基层的“微腐败”会侵蚀党的执政根基、破坏基层政治生态、损害人民群众的根本利益，最终导致党和政府的执政形象被破坏。但是，相比城市基层“微腐败”，农村基层“微腐败”更应该被重点关注。因为长期以来，在社会地位、经济收入、利益保护、社会竞争力、就业和社会保障等方面，农民处于困难和不利的弱势地位②，城乡资源分配仍呈不均之势，农民更经受不住“微腐败”的危害。所以，需要镜鉴“农村基层”，对在农村基层产生的“微腐败”严防死守。若要有效治理农村基层“微腐败”，就必须在了解农村基层微权力结构与机制的前提下，对农村基层微权力监督机制的不足之处进行完善。

一、农村基层微权力结构及其监督机制

（一）农村基层微权力结构

微权力是动态发展的，新形态的微权力会随着时代发展而不断出现。改革开放后，我国农村基层微权力结构的发展呈现多元化趋势，具体可分为微

---

① 本案例选自中央纪委国家监察委宣传部与中央广播电视总台央视联合摄制的反腐败专题片《零容忍》的第二集《打虎拍蝇》。赵某琏身为低保办主任，她为身患骨癌的救助对象申请大病救助款 7.3 万元中却有 4.5 万元落入自己口袋；在精准扶贫“一对一帮扶”中，她以申请养殖扶贫资金为借口，向自己的帮扶对象索要 4.3 万元“打点费”后直接失联；她谎称能办廉租房，骗取居民四处借来的 14 万元，也没了下文……其行为之恶劣令人发指、触目惊心。赵某琏的服务对象，不是一般的群体，而是特殊、困难的需要医疗救助、最低生活保障、临时生活救助的那一部分人，却被腐蚀掉人性的她当成了盘剥对象。“救命钱”“希望钱”也敢拿，这是直接吸附在人民身上喝血，小小的权力和大大的欲望，不仅迷失了初心、使命，也泯灭了良知。

② 李长健. 论农民权益的经济法保护——以利益与利益机制为视角［J］. 中国法学，2005（3）：120-134.

权力主体、微权力规范及微权力形态三部分。

1. 农村基层微权力主体

根据《宪法》第一百一十一条规定①，国家力量与民间力量是我国农村治理中的两股支配性力量，国家力量形成组织秩序，而民间力量形成农村自治秩序，二者交织形成农村秩序。与国家力量所构建出的秩序不同，农村自治秩序是作为天然共同体的村庄基于人、自然与社会的长期互动和相互统一而形成的，由于内生于人、自然与社会三者之间长期性的互动，所以该秩序亦被称为"自生秩序"。纵观我国各时期，国家力量与民间力量的占比呈现不断变化的趋势，但这种占比的变化仅意味着哪种力量当时处于主导地位、哪种力量当时处于依附地位。因为无论处于哪一历史时期，这两种力量都不会退出农村基层治理的舞台，由这两种力量形成的秩序会并存于农村基层治理之中。农村基层微权力主体大致上包括农村基层党组织、乡镇政府、村民自治组织、以社团组织为代表的农民自组织及宗族势力。根据《中国共产党农村基层组织工作条例》第二条、《宪法》第一百零七条②和第一百一十条、《地方各级人民代表大会和地方各级人民政府组织法》第七十六条③的规定可知，农村基层党组织、乡镇政府是国家力量，而村民自治组织、以社团组织为代表的农民自组织及宗族势力是民间力量。

第一，乡镇党委和农村基层党组织。中国共产党是中国特色社会主义事业的领导核心，自然也是我国农村基层事业的坚强领导核心。农村基层党组织是中国共产党在农村基层的具体组织形式，其在乡镇党委的领导下，引领着农村基层自治事业的顺利开展，是中国共产党在农村的执政基础。乡镇党

---

① 《宪法》第一百一十一条规定，城市和农村按居民居住地区设立的居民委员会或者村民委员会是基层群众性自治组织。居民委员会、村民委员会的主任、副主任和委员由居民选举。居民委员会、村民委员会同基层政权的相互关系由法律规定。居民委员会、村民委员会设人民调解、治安保卫、公共卫生等委员会，办理本居住地区的公共事务和公益事业，调解民间纠纷，协助维护社会治安，并且向人民政府反映群众的意见、要求和提出建议。

② 《宪法》第一百零七条规定，乡、民族乡、镇的人民政府执行本级人民代表大会的决议和上级国家行政机关的决定和命令，管理本行政区域内的行政工作。

③ 《地方各级人民代表大会和地方各级人民政府组织法》第七十六条规定，乡、民族乡、镇的人民政府行使下列职权：（一）执行本级人民代表大会的决议和上级国家行政机关的决定和命令，发布决定和命令；（二）执行本行政区域内的经济和社会发展计划、预算，管理本行政区域内的经济、教育、科学、文化、卫生、体育等事业和生态环境保护、财政、民政、社会保障、公安、司法行政、人口与计划生育等行政工作；（三）保护社会主义的全民所有的财产和劳动群众集体所有的财产，保护公民私人所有的合法财产，维护社会秩序，保障公民的人身权利、民主权利和其他权利；（四）保护各种经济组织的合法权益；……（七）办理上级人民政府交办的其他事项。

委和农村基层党组织的效能能否切实有效地发挥，关系到新时代农村基层社会治理成效，关系到乡村振兴战略的顺利实施，关系到中国共产党在农村的执政基础①。

第二，乡镇政府。乡镇政府与农村基层自治组织之间的关系是我国农村管理体制中的基本政治关系②。《中华人民共和国村民委员会组织法》（以下简称《村民委员会组织法》）第五条对乡镇政府与农村基层自治组织之间的关系进行了界定③，其第一款规定了乡镇政府与农村基层自治组织关系为“指导、支持和帮助”，即指导与自愿接受指导的关系，而不是领导与被领导、命令与服从的关系④。另外，其第二款规定“村民委员会协助乡镇的人民政府展开工作”，而协助的主要方式就是接受乡镇人民政府委托办理的某些国家事务。此时，两者之间因委托而产生公共事务管理性质的领导与被领导的关系。

第三，村民自治组织。村民自治组织是农村基层民主化进程中的中坚力量，其既可以承载村民的民主意见，亦可以保障村民在民主协商之时拥有话语权。村民自治组织的正常运转有赖于在其中工作的农村基层干部依法行使相应的权力，这些农村基层干部由法律明文规定的村民大会选举产生。由于村级组织并非一级国家政权机关，一般农村基层干部因此并不具有公务员身份。但是，在农村基层的治理实践中，显然也不能将农村基层干部与一般村民等同视之，因为存在一部分农村基层干部会因法律的授权或乡镇政府的授权而行使部分行政权力，这些农村基层干部往往在主体身份上呈现“非官非民、亦官亦民”的特点⑤。

第四，农民自组织。激发农民主体性是实施乡村振兴战略的突破口，而

---

① 王同昌. 新时代农村基层党组织功能创新及实现路径［J］. 中州学刊，2021（10）：5-10.

② 毛明明. 农村社会治理中的“四元主体”关系异化及其修复——基于对贵州省 B 乡“美丽乡村”建设的考察［J］. 领导科学，2021（10）：108-112.

③《村民委员会组织法》第五条规定，乡、民族乡、镇的人民政府对村民委员会的工作给予指导、支持和帮助，但是不得干预依法属于村民自治范围内的事项。村民委员会协助乡、民族乡、镇的人民政府开展工作。

④ 梁成意. 论乡镇政府与村委会指导协助关系之完善——关于《村组法》第五条的修改建议［J］. 求实，2012（11）：84-87.

⑤ 徐勇，吕进鹏. 官民衔接层域的小微权力监督研究［J］. 河南大学学报（社会科学版），2020（2）：9-14.

农民组织化则为农民主体性建设提供了有效的路径选择①。依据条件和情况的不同，农民自组织既可以为集体经济的良好发展提供平台，比如农民专业生产合作社，又能以妇女联合会等形式作为公益组织来发挥作用。理性主义和村民间的基本认同会使农民自组织的社员在处理组织内部事务时团结一致，对待社团以外的村务时积极为社团谋取利益②。正是由于这两重特性，决定了农民自组织能作为一种共治行动主体，嵌入农村基层治理单位之中，以此保障农村基层生产生活所需要的各项服务及生产资料供给的充足。它们是自生秩序的巩固者，是民主自治和"一事一议"制度的坚定捍卫者③。此外，公益性的农民自组织也正处于不断完善发展的阶段，在农村地区的精神文明建设和价值引领中发挥着一定的作用。

第五，宗族势力。宗族是乡村治理规范的重要制定者和执行者，是农村权力结构中的重要一环④。同时，宗族也是参与地方管理的重要社会力量，是促进习惯法形成的重大推力。在农村，宗族势力会渗透进微权力的运作过程，影响微权力的运行。宗族不仅仅是乡村社会的一种组织，更是乡村文化的重要内核，是构成村民日常生活与交往活动的重要基础，它已内化为乡村治理规则与逻辑的重要元素⑤。

2. *农村基层微权力规范*

农村基层微权力的行使依据的一般是党内法规、国家法律及地方性法规等几类规范，但是有一些农村也会依据当地的"习惯法"。

第一，《宪法》第一百一十一条对农村基层组织进行了原则性规定⑥。第二，《中国共产党章程》和中共中央印发的《中国共产党农村基层组织工作条例》对农村基层组织的设置、职责任务、农村基层干部履职行使"微权

---

① 徐琴. 乡村振兴背景下农民主体性建设的自组织路径研究［J］. 内蒙古社会科学，2021（1）：20-28.

② 王慧泽，乔俊峰. 博弈还是合谋？村庄权力结构及其行为逻辑研究［J］. 农业经济，2020（10）：38-40.

③ 王慧泽，乔俊峰. 博弈还是合谋？村庄权力结构及其行为逻辑研究［J］. 农业经济，2020（10）：38-40.

④ 余浩然，林杨. 近二十年中国农村权力结构及多元治理格局研究［J］. 湖北民族学院学报（哲学社会科学版），2019（4）：72-77.

⑤ 余浩然，林杨. 近二十年中国农村权力结构及多元治理格局研究［J］. 湖北民族学院学报（哲学社会科学版），2019（4）：72-77.

⑥ 《宪法》第一百一十一条规定，居民委员会、村民委员会设人民调解、治安保卫、公共卫生等委员会，办理本居住地区的公共事务和公益事业，调解民间纠纷，协助维护社会治安，并且向人民政府反映群众的意见、要求和提出建议。

力”等方面进行了纲领性规定。第三，《村民委员会组织法》及相关法律法规对农村基层组织的构成和职责、权力的行使及监督等方面进行了细化规定。第四，地方性法规对农村基层微权力进行了地方性规定。由于我国地方性法规众多，难以一一列举，所以在此仅以江苏省制定的规范农村基层微权力的地方性法规为例，如《江苏省实施〈中华人民共和国村民委员会组织法〉办法》在《村民委员会组织法》对农村基层组织及农村基层干部行使微权力规定的基础上进行了补充规定。第五，“习惯法”对农村基层微权力的行使进行了习惯性规定。一方面，在某些领域的适用上，“习惯法”与国家制定法存在冲突，会对农村基层微权力的规范行使产生消极影响。以湖南省常德市金坪村为例，该村的村规民约是出嫁的女性在父母去世后不得继承父母的财产，亦没有在重要节日参与祭祖的权利。该村村委会在处理有关纠纷时，基本也是据此作出决断。另一方面，“习惯法”对国家制定法进行了补充规定，对农村基层微权力的规范行使起到积极的促进作用，因为“农村习惯法所调整的社会关系有不少是国家制定法所没有调整的，像社会交往、红白喜事这些方面的规定是农村习惯法独有的①。

3. 农村基层微权力形态

农村基层微权力的国家与社会双重属性注定了其构成成分上的复杂性。大致上，农村基层微权力由四种权力形态构成：基层党组织的领导权、乡镇政府的行政权、乡镇政府委托的行政权及农村基层组织的自治权。在这些权力形态中，特别需要注意的是农村基层自治组织的自治权，因为该权力兼具公权属性与私权属性，是一种具有双重属性的权力。在面对不同主体时，农村基层组织的自治权所表现出的属性截然不同。在面对国家权力时，表现为一种权利，因为农村基层自治组织的自治权是村民自治的重要实现途径，国家对村民自治起到指导与帮助作用的同时，在基本格局上呈现出“强政府弱社会”的特点②；而在面对农村基层群众时，则表现为一种公共权力，这是因为基层干部代理了大量非社会自治性的政务，难以为“民”所制约③。

（二）农村基层微权力监督机制

农村基层微权力监督机制，是指在合理划分与配置监督微权力力量的基

---

① 高其才. 试论农村习惯法与国家制定法的关系［J］. 现代法学，2008，30（3）：12-19.

② 陈庆立，左停. 完善乡村治理机制提升乡村治理水平［J］. 学术探索，2018（5）：63-68.

③ 余敏江. 基层微权力监管存在的问题与治理之道［J］. 人民论坛，2021（11）：46-48.

础上，保障微权力监督体制有效运行的一种机制①。与静态的微权力监督体制相比，微权力监督机制是动态的，它是微权力监督体制的运行方式，是微权力监督体制的重要组成部分和实现形式。微权力监督体制与微权力监督机制两者之间相互作用，一方面，微权力监督体制决定微权力监督机制的方向和内容；另一方面，微权力监督机制也在相当大程度上影响甚至决定微权力监督体制状况的好坏。

总的来说，农村基层微权力监督机制的主要内容就是由农村基层微权力监督主体与农村基层微权力监督客体所构成的。第一，农村基层微权力监督主体，指的是对农村基层微权力进行监督，防止农村基层微权力滥用的责任主体。具体而言，其不仅包括第二节所述权力监督形态的主体范围，还包括农村基层自治组织这一由于农村基层微权力的特殊性而诞生的独有监督主体。第二，农村基层微权力监督客体，指的是作为被监督者的农村基层党组织、农村基层自治组织及相关工作人员。客体从形态上可分为两种：第一种为组织，具体而言可分为两类，一类为农村基层党组织，一类为农村基层自治组织（比如村委会）；第二种为农村基层干部，他们是乡村治理的执行主体，是上述两类组织的成员，也是行使农村基层微权力的人员，有党员，也有非党员。

权力监督的运行机制是一个国家政治体制的内在动力和活力的重要表现，我国政治体制改革的一项重要内容，就是改革权力监督体制、健全权力监督机制②。而对农村基层而言，“微腐败”是乡村振兴的重大阻碍③。由于种种外在消极因素的影响，加上我国农村基层民众法治意识的普遍淡薄，这导致了农村基层“微腐败”频发，农村基层微权力监督机制亟待完善。

二、农村基层微权力监督的结构运行

（一）影响农村基层微权力监督结构运行的因素

从应然层面而言，农村基层微权力监督结构正常运行，就能发挥预防微腐败的功能。但是，在实践中并非如此，农村基层微权力监督结构的功能并

① 微权力监督体制是一种具体的政治制度，是静态的，主要包括三个方面：微权力监督实体（主体）、微权力监督规范和微权力监督机制（运行）。

② 金太军. 政治文明建设与权力监督机制研究［M］. 北京：人民出版社，2010：370.

③ 卜万红. 全面从严治党视域下乡村“微腐败”的成因及其治理［J］. 学术研究，2021（3）：68–71.

未充分发挥，其原因在于农村基层微权力监督结构在运行过程中受到许多外在因素的影响，这些外在因素制约了其功能的发挥。

1. 农村基层熟人社会的影响

从历史根源上看，传统小农经济在中国拥有悠久的历史，其滥觞于春秋战国，延续于当代①。在中国进入封建社会后的两千多年中，农业始终被封建统治者放在社会经济发展的首要位置，这意味着自给自足的传统小农经济影响了我国社会两千多年，而受这种经济形态影响下所形成的熟人社会也影响了我国社会两千多年②。直至中华人民共和国成立后，对农村进行了大刀阔斧的改革，这一情形才从真正意义上发生改变。虽然经过长期的发展，我国社会已经褪去了传统小农经济社会的色彩，也正逐步摆脱“熟人社会”不利因素的影响。但是，在某些农村基层地区由于交通不便，村民们的活动领域仍限制在极小的范围内。这导致这些地区在经济形态上仍留有自给自足的传统小农经济因素。同时，这也意味着在该农村基层领域基本上都是熟人，村民交往的行为准则仍是“关系”而非“契约”，亦非现代法律法规。

2. 宗族观念等传统文化中落后因素的影响

在中国古代社会，宗族观念在处理家庭关系的准则中占据了统治地位。宗族观念是中国传统文化中最为基础且最为重要的观念之一，它与宗法制同源。在中华传统的价值本位里，一切社会组织均以家族为中心，一切人与人的关系，都须套在家的关系中；人们少有个人的观念，有的都是家族角色的观念③。中国古代社会中的个人并非孤立的个人，而是处于家族中的个人，家族与成员之间的关系体现为建立在家长制传统下的互惠关系，由家长决定资源的分配，将资源分配到每一位家族成员名下，帮助该家族成员成长。待家族成员事业有成后，须折返回来，在维护家族利益的同时，帮助其他家族成员成长。此类家庭关系模式被称为“汲取与反馈”模式，该家庭关系模式强化人们的家族认同感，在人与人之间形成浓厚的家族情结。之后，这一模式被应用于国家治理层面，形成了我国古代“家天下”的国家治理模式。此外，礼法制在我国古代文化思想中亦占据着支配性的地位，中国古代社会在礼法制的影响下，人与人之间呈现出一种等级关系，这种等级关系表现为

① 徐芹. 马克思恩格斯论中国小农经济及其现实启示［J］. 理论月刊，2019（3）：13-19.

② 自给自足意味着不需要大范围、大规模的交易活动，只需要在小范围内进行交易活动即可。长期性的小范围内的活动最终必然形成一个以“关系”为准则，而并非以“契约”为准则的熟人社会。

③ 吕元礼. 政治文化：传统与现代的会通［M］. 北京：人民出版社，2004：123.

“君君、臣臣、父父、子子”的等级观，封建统治者通过这样的等级观来维护社会统治秩序的稳定，最终实现维护封建统治的目的。

虽然我国社会历经了多次思想革命，但是传统文化中的落后思想观念在农村基层地区仍有残留。如在某些农村地区，长辈对晚辈而言仍是“绝对权威”，对长辈的错误行径，晚辈往往不能直接指出。而在这些地区，相当一部分农村基层干部是由当地有“威望”的长辈担任的，他们若有行事不规范之处，乃至产生微腐败，村民们通常会碍于这些干部的“长辈”身份而敢怒不敢言，这无疑不利于农村基层“微腐败”治理。此外，“官本位”的思想仍残留在一部分村民的思想中，在他们的思维模式中，权力有着一种别样的“魔力”，特别是在权力制约环境未得到全面优化的情况下，权力所具有的呼风唤雨、含金无价的巨大潜能是不争的事实，也是人所共知的常识①。即使社会发展至今，农村基层相当一部分人仍认为当官、拥有权力是人生价值的最好体现；他们还认为拥有了权力就应当优亲厚友，认为当官就可以“以公谋私”，可以“一人得道鸡犬升天”。这些因素作用在一起，滋长了农村基层“微腐败”现象。

3. 农村基层经济现状与教育现状因素的影响

虽然现代经济从整体视角而言已不是小农经济，但在农村基层地区，仍相当程度上保留着传统小农经济的因素。由于常年在小范围领域内生活，一部分农村基层干部无法应对复杂变化的局势，这导致他们喜欢大搞特搞宗派关系、利益小团体，行为处事不以法律为依循，经常为了小团体的利益而任人唯亲、姑息养奸。

教育资源的充足、硬件设施的完善，其决定性因素是经济条件，农村基层地区经济条件的落后性造成了农村基层地区教育水平的普遍落后，这导致相当一部分农村基层干部几乎没有受到过良好的教育。由于未受良好的教育，导致一部分农村基层干部未能树立正确的“三观”（即世界观、人生观、价值观），也导致他们不可能具有良好的法治意识。上述种种因素共同造就了一部分农村基层干部对权力缺乏良好且清晰认识的现状，为农村基层微腐败的滋生提供了极其“舒适的土壤”。

---

① 马庆钰．告别西西弗斯——中国政治文化分析与展望［M］．北京：中国社会科学出版社，2002：171.

（二）农村基层微权力监督结构运行的现状分析

1. 农村基层微权力行使主体自我监督的展开尚不充分

中国共产党成立一百多年来，“党外靠发展人民民主、接受人民监督，内靠全面从严治党、推进自我革命，勇于坚持真理、修正错误，勇于刀刃向内、刮骨疗毒，保证了党长盛不衰、不断发展壮大”①。习近平同志一针见血地指出，勇于自我革命与接受人民监督具有高度的内在一致性，都源于中国共产党的初心使命。这一论述突出强调了党的自我革命就是要不断清除侵蚀党的健康肌体的病毒，不断提高自身免疫力，防止人亡政息；同时深刻阐明了党性和人民性是一致的、统一的②。自我革命是中国共产党自我监督功能的具体展现，而自我监督功能是中国共产党自我革命的集中表达。加强党和国家的自我监督，本质上是马克思主义执政党的革命性锻造实践，也是保障人民监督权力、保障人民当家作主的根本政治要求③。而农村基层是党和人民政府的执政根基，根基不牢则地动山摇，然而，目前农村微权力行使主体的外部监督比自我监督的效果要好很多。农村微权力行使主体的自我监督尚未达到自我革除侵蚀自身肌体健康的病毒、提高免疫力之功效。只有革除自身的弊病才能充分保证村民对微权力监督权的落实，才能在农村基层贯彻落实人民当家作主的宗旨。

2. 农村基层微权力行使主体相互监督尚未破除壁垒

从功能性视角考察我国权力的运行机制，具体可分为决策权、执行权及监督权，监督是权力健康运行的保障。所以，农村基层微权力监督结构的有效运行，离不开农村基层微权力行使主体之间相互监督的落实。无论是农村基层微权力行使主体还是专门监督主体，都需要行使监督权。当农村基层微权力监督主体充分有效行使监督权时，就是发动所有参与行使农村基层微权力的不同权力主体充分相互监督的过程。然而，目前的状况差强人意，监督主体对各权力主体相互监督的积极性调动还不充分。从防止腐败的角度而言，“阳光是最好的防腐剂”，参与有利于监督，各权力主体参与微权力的运

---

① 习近平. 坚持严的主基调不动摇 坚持不懈把全面从严治党向纵深推进［N］. 人民日报，2022-01-19（1）.

② 阳平，蔡志强. 中国共产党权力监督思想的内涵. 成就与创新［J］. 福建师范大学学报（哲学社会科学版），2022（2）：1-12.

③ 阳平，蔡志强. 中国共产党权力监督思想的内涵. 成就与创新［J］. 福建师范大学学报（哲学社会科学版），2022（2）：1-12.

行，是防止农村基层微权力滥用的有效手段之一。

3. 村民监督农村基层微权力的力度不够

村民监督农村基层微权力行使的功能具体表现为两个方面：一是监督微权力的行使，二是预防微权力的滥用。有效的监督是防止微权力滥用的重要途径，其所具有的“预防”特性，可以“防患于未然”。可事实往往是，村民监督第一时间发现了农村基层微权力运行过程中的潜在风险，却没有能力去预防，也没有能力去阻止，而是希望能分一杯羹。现行的各种农村基层微权力监督制度的建立以及有关防治农村基层“微腐败”的法律法规的制定，比如村务监督委员会制度、微权力清单等，在一些农村基层地区未能做到预防微权力的滥用。村民监督的不力，使得欲滥用而未滥用微权力之人在心中估算成本，伺机而动。

三、农村基层微权力监督机制的不足

农村基层微权力运行失范是滋生微腐败的根本原因，具体表现为农村基层干部在微权力运行中的不作为和乱作为。这里“既有微权力使用者的趋利动机因素，也有行政体制本身存在的问题”①。其中，当农村基层微权力监督机制存在种种不足而失灵时，农村基层微权力运行失范是不可避免的。而造成农村基层微权力监督机制失灵的主要原因有二：一是我国农村基层微腐败案件日益呈现易发多发、贪污手段和方式花样翻新、“抱团取暖”相对突出、贪腐涉及领域广②的特点，新形态的微权力不断出现，这导致农村基层微权力监督机制也处于动态变化之中，需要不断优化；二是在作为村民行为准则的“关系”、影响村民思想观念的传统文化中的小农经济思想及落后的教育条件等因素的共同作用下，农村基层地区的一些微权力监督机制形同虚设。所以，需要在考虑这些因素并充分考量各地农村实际情况的基础上，对我国农村基层微权力监督机制进行完善，逐步建立一个既灵活又缜密的微权力监督体系。

（一）农村基层微权力监督体系不够严密

从国家体制层面而言，微权力在乡村治理中通常表现为一种基于国家治

---

① 佘敏江．基层微权力监管存在的问题与治理之道［J］．人民论坛，2021（11）：46-48．

② 孔继海，刘学军．新时代乡村“微腐败”及其治理路径研究［J］．中共天津市委党校学报，2019（3）：69-74．

理需要委托代行的功能性权力①。受限于农村基层地区在经济、文化、交通等方面的不足，这种功能性的权力很难像体制性的权力一样具有相应完善的监督体系来配合。这意味着，如何构筑一张完善严密的"监督之网"，是未来农村基层微权力监督体系需要重点完善的地方。

1. 农村基层微权力监督滞后

随着我国现代化建设的不断深入，国家政权的发展日益呈现出两个特点：第一，国家政权不断下沉，体制性权力延伸到县以下，及至偏远的乡村社会②。第二，由于国家政权职能的日渐丰富，导致大量行政事务的产生。国家政权的这两点变化很大程度上导致了农村基层微权力的扩张，新形态的农村基层微权力不断出现。但是，在农村基层并未因此出现相应配套的微权力监督制度。这意味着，由于农村基层微权力的过度扩张，目前对农村基层微权力的监督处于滞后状态。

而造成农村基层微权力监督滞后的根本性原因是农村基层治理体系中村干部"非官非民、亦官亦民"的特殊身份③。对村干部而言，无论是其权力来源，还是其所承担的公共性事务，更多的是遵循上级政府的意志，这意味着他们相当程度上是国家行政权力的基层代理人。但是，从国家现有体制而言，村干部不是正式的"官"，缺乏国家体制层面对"官"的制约④；从社会自治层面而言，村干部也不是"民"，因为他们代理的事务中有很大一部分并非社会自治性的事务，"民"难以对其进行制约。

2. 农村基层微权力清单的作用未能完全发挥

将权力清单制度引入农村基层微权力之中，应当起到以下三个方面的作用：一是能够为乡村治理提供系统化的规则流程，有效消除微权力运作的非理性因素；二是实现基层政府公共服务的有效延伸，能够保障政府行政管理与基层群众自治的良性互动，使"基层干部有规可依，群众依规可查"⑤；三是能够有效缩小权力寻租空间，"村级小微权力清单制度的导入，在阳光

① 余敏江. 基层微权力监管存在的问题与治理之道［J］. 人民论坛，2021（11）：46-48.

② 徐勇，吕进鹏. 官民衔接层域的小微权力监督研究［J］. 河南大学学报（社会科学版），2020（2）：9-14.

③ 徐勇，吕进鹏. 官民衔接层域的小微权力监督研究［J］. 河南大学学报（社会科学版），2020（2）：9-14.

④ 徐勇，吕进鹏. 官民衔接层域的小微权力监督研究［J］. 河南大学学报（社会科学版），2020（2）：9-14.

⑤ 余敏江. 基层微权力监管存在的问题与治理之道［J］. 人民论坛，2021（11）：46-48.

下晾晒权力并进行制度化运作，无疑可以解决权力的不当使用，大大缩小了权力寻租的空间”①。

但是，农村基层微权力清单由于现存的局限，导致其并未完全发挥应有的作用，主要有以下几个原因。

第一，农村基层微权力清单持续实施的内生性动力不足。农村基层微权力清单制度的引入是推进村级治理标准化、规范化的表现，然而某些村干部对此做出消极、抵制与退出的行为，这是因为他们的权力空间以及作为杠杆的谋利空间被压缩了。“规则是对权力的约束”②，所以就“依靠权力而开展社会治理的活动和行为模式而言，对规则的强化必然会使权力的功能大打折扣”③。

第二，农村基层微权力清单的相对静态性与村级事务的复杂多变性之间存在张力。村级治理的实践中存在大量实有的职能却缺乏相应的依据，因而未被纳入农村基层微权力清单。当然，这并不意味着未纳入清单的微权力要被覆盖或取消，因为法律一经制定便具有滞后性，“实有职能并不完全等量于法定职能，实有职能和法定职能处于辩证发展变化中”④。

第三，农村基层尚未建立与农村基层微权力清单相应的问责制度。目前，农村基层微权力清单主要规定的内容是农村基层微权力主体的职权与运作程序，但是对微权力主体应当承担何种责任并未明确规定。虽然各省市的各类文件都规定了农村基层微权力清单及其运行流程具有刚性的约束力，但是由于问责制度的缺失，导致其约束力大受影响，在某些地方农村基层微权力清单因此流于形式。

3. 农村基层信息公开不足

制约监督功能的一大关键性因素就是监督者与被监督者之间的信息不对称，因此，“有效监督的必要程序就是信息公开”⑤。在农村基层，村务公开是信息公开最为主要的表现形式。村务公开指的是针对与村民利益直接相关的村务的展示，是“人民群众直接行使监督权的重要途径，也是基层民主建

① 孙琼欢．村级小微权力清单制度的构建逻辑及优化路径［J］．新视野，2019（6）：60-64.

② 孙琼欢．村级小微权力清单制度的构建逻辑及优化路径［J］．新视野，2019（6）：60-64.

③ 张康之．论社会治理中的权力与规则［J］．探索，2015（2）：85-91，113.

④ 孙琼欢．村级小微权力清单制度的构建逻辑及优化路径［J］．新视野，2019（6）：60-64.

⑤ 李玉才，唐鸣．从多元隔离到多元复合：村干部监督体系的优化路径研究［J］．社会主义研究，2017（4）：114-121.

设的重要环节，同时也是党风廉政建设的关键环节，更是乡村‘微腐败’的关键治理路径”①。

但是，目前的村务公开没有达到其应有的效果，主要有以下几个原因。

第一，村务公开持久运行缺乏内生性动力。作为基层群众性自治组织，村委会“向村民征收的各项税费及掌握的社会及经济资源构成了村务公开的起源和基础”②。虽然随着农业税的取消减轻了农民负担，却也无形中削弱了村务公开的内生性动力。“农业税的取消切断了村委会与村民因征收税费而产生的利益关联”③。农业税取消之后，上级还会发放农业补贴、耕地补贴及各种扶贫补贴，以及进行低保户认定等，这些新的利益关联搭建后，村务公开的内生性动力不足，且难以持续。

第二，村务公开存在随意性。其随意性主要表现为：一是某些村干部怕麻烦不想公开，怕监督不敢公开，个别村干部甚至对此产生了抵触情绪。二是即使公布了村务情况，也难保其真实性，因为有的村干部会做出虚假瞒报的行为。三是有的村干部公开村务的内容不够全面，避重就轻或刻意回避重要事项。四是在“村财”上，有的村干部只公开总账，而对明细账单的公开敷衍了事。五是村务公开还存在公开时间、公开地点和公开程序不规范的问题，这在经济欠发达的农村地区表现得尤为显著。

第三，传统村务公开形式面临挑战。其一，信息传播模式不当导致监督和反馈困难。传统的村务公开模式只能让村民被动接受信息，既无法反馈他们的意见和评价，也无法检查信息、反映具体事实的真实度和准确性④。其二，随着科技的发展，农村信息传播渠道多元化，导致一部分村民不愿意通过传统形式了解村务。其三，农村青壮年劳动力外流，使得农村人口逐渐“空心化”，传统村务公开的形式受时空限制，无法有效及时保障外出务工农民的村务知情权。

---

① 袁方成，郭易楠．“双务”公开联动与乡村“微腐败”治理［J］．党政研究，2019（2）：33-42.

② 李玉才，唐鸣．从多元隔离到多元复合：村干部监督体系的优化路径研究［J］．社会主义研究，2017（4）：114-121.

③ 李玉才，唐鸣．从多元隔离到多元复合：村干部监督体系的优化路径研究［J］．社会主义研究，2017（4）：114-121.

④ 李广，王继新，袁方成．村务公开制度与村务信息化［J］．科技进步与对策，2006（6）：78-80.

（二）村级监督制度未发挥预设效果

在实践中，虽然村务监督委员会具有法律法规赋予的地位和职权，但是仍面临机构成员、监督内容、权力地位、配套制度等方面的虚置困境①，因此带来监督效能缺失。

首先，村民无法理解监督的内涵，因而缺乏监督的热情，导致无法有效监督微权力。一方面，《村民委员会组织法》等相关法律并没有解决好村务监督委员会负责人对村“两委”负责人有效行使监督权的问题②。另一方面，现有的村民会议制度也因为农村基层干部的影响而陷入召开难、讨论难和执行难的“三难”境地，无法发挥其应有的效能。

其次，村级监督制度同巡察制度的衔接配合尚未展开。村级监督制度同巡察制度之间的关系尚未明确，常态化的村级监督制度与非常态化的巡察制度在实践中可能存在着张力。从目前的实践情况来看，许多农村基层“微腐败”都是通过巡察监督的方式获得的线索。因此，在“监督下乡”的时代背景下，巡察监督进入农村基层既有必要也有意义。作为一种上级监督农村基层的方式，其作用主要体现为两方面：一是能够在实践中减少村民的微腐败容忍行为；二是能够提高村民监督微权力的热情。总体而言，加强村级监督制度同巡察制度的配合，能在一定程度上改善村级监督制度的运行状况。

（三）乡镇区域内党和国家权力机关的监督功能缺位与异化

乡镇党政机关对农村基层干部的监督体现在“乡镇党委与村党组织的领导与被领导关系、乡镇政府与村级组织在行政事务范围内的管理与被管理关系、乡镇政府与村委会在村民自治范围内的指导与被指导关系”之中③。但是，该监督形式在实践中面临着诸多问题。

第一，虽然乡镇党委与纪检组织对具有党员身份的农村基层干部进行了有效监督，但是在乡镇党委与纪检组织的工作实践中，并未将监督具有党员身份的农村基层干部作为他们工作任务的重心，也不够重视对农村基层民主

---

① 杨郁，刘彤．村务监督委员会的虚置化困境及出路［J］．农村经济，2014（2）：109-112.

② 目前，农村基层采取书记、主任“一肩挑”及村“两委”交叉任职模式，农村基层党组织书记既是农村基层党组织的领导，又是村民委员会的领导。由于村务监督委员会主任是农村基层党组织的成员，受农村基层党组织书记领导，实际上就等同于受到村委会主任和村委会的领导。在该情形下，村“两委”领导与村务监督委员会主任存在实质性的上下级关系，这致使在农村基层自治领域仍极易形成实质意义上的“同体监督”，监督实况不够理想。

③ 王立峰，孙文飞．农村“微腐败”发生的诱因及治理对策——基于全国38个案例的定性比较分析［J］．社会科学战线，2022，(4)：219-226.

监督的指导，在监督的任务上存在“偏题”的问题。

第二，受乡镇党政机关以乡镇党委书记为领导的一元化权力结构和农村基层“一肩挑”模式影响①，乡镇党政机关对农村基层组织的管理，实际上演化为行政系统内部上级对下级的领导。这一演化在基层实践中发挥了很好的治理效能，在行政系统内部的目标管理责任制一直延伸至村庄，建起“上级—县级—乡镇—村庄”等责任主体层层链接的管理体系②。但是，这也为乡镇政府突破其行政监督的权限边界、将监督转化为行政控制提供了可能性。在该模式下，上级行政机关的任务层层下派至乡镇政府，乡镇政府将其指标化后又分派给各个村庄，并凭借此指标任务的完成情况作为对农村基层干部奖惩与考核的依据。迫于指标任务的压力，农村基层干部在村务管理方面疲于“文字材料的准备和数字指标的编造”③，这极易导致农村基层治理形成“形式主义”的不正之风，还会“降低和消解乡镇政府对农村基层干部行政监督的效果与作用”④。

第三，乡镇政府为应付上级行政机关下达的任务，往往会加强对农村基层干部的行政控制，这会导致乡镇政府突破其原本的监督界限，违反《村民委员会组织法》关于“乡镇政府不得干预依法属于村民自治范围内事项”的规定。

（四）农村基层干部选拔制度未完全做到民主与科学

干部是中国政治运作的基本要素，也是影响基层治理的重要变量⑤。农村基层干部是治理农村基层的主体，“是推动农村经济社会发展的‘当家人’‘领头雁’，在实施乡村振兴战略中扮演极为重要的角色”⑥。

近年来，在一些农村基层地区出现了“能人治村”“富人治村”的现象。虽然“能人治村”“富人治村”能带来无可比拟的优势，他们能够利用自身的资本优势和市场经验来推动村庄资源的开发⑦。但是，该现象是一把

---

① “一肩挑”模式，指的是农村基层党组织书记和村民委员会主任由一人担任。

② 李玉才，唐鸣. 从多元隔离到多元复合：村干部监督体系的优化路径研究［J］. 社会主义研究，2017（4）：114-121.

③ 李玉才，唐鸣. 从多元隔离到多元复合：村干部监督体系的优化路径研究［J］. 社会主义研究，2017（4）：114-121.

④ 李玉才，唐鸣. 从多元隔离到多元复合：村干部监督体系的优化路径研究［J］. 社会主义研究，2017（4）：114-121.

⑤ 梁永成，陈柏峰. 农村后备干部培养体系的转型与重塑［J］. 思想战线，2020（5）：127-137.

⑥ 刘雪姣. 乡村社会变迁背景下村级治理的局限与出路［J］. 中州学刊，2021（7）：27-34.

⑦ 桂华. 谁来治村——新时代村干部的培养与选拔［J］. 人民论坛，2019（11）：96-98.

“双刃剑”，在带来利益的同时，也会产生负面效应——导致人才选拔的不规范。从身份上看，“能人”与“富人”具有多重身份，他们既是农村基层治理的“主人”，又是私人企业主，同时还兼任集体经济组织负责人。由于他们集多重身份于一身且多重身份在职能上存在重叠，这容易导致他们在村庄的开发与建设过程中造成公私不分的问题，将村庄公司化，从而使公共利益受到损害。所以，针对该问题，未来应当考虑如何避免出现农村基层微权力私人化的问题。

此外，部分农村基层治理出现一种倾向：一些“混混”轻松战胜村“两委”培养的农村基层后备干部，进而成功当选农村基层干部的现象。而面对这一问题，一部分乡镇政府竟持暧昧态度，不完全拒绝，许多情形下仅是简单考核后就予以通过，这必定造成农村基层干部队伍的不纯洁和私利化。

农村基层微权力监督的各个形态共同构成了农村基层微权力监督体系，该体系是一个完整的系统。各农村基层微权力监督主体功效的有效发挥，离不开整体上的协调一致，也有赖于农村基层微权力监督主体组织功能的有效发挥。虽然从理论与制度层面而言，农村基层微权力监督已形成一个多层次、多主体的监督体系，但是在实践中并未发挥出理想的效果，农村基层微权力监督体系的各监督主体之间分工协调缺乏保障机制，彼此之间分工不明确，相互配合不足，工作中“各自为政”的现象较为严重。这既会导致农村基层微权力监督职能出现重叠的窘境，也会导致农村基层微权力监督体系出现难以覆盖的盲点，当遇到农村基层微权力主体行贪腐之事时，不同的农村基层微权力监督主体会因为对该微权力的监督属于哪一农村基层微权力监督主体的职责而出现相互推诿、扯皮的现象，这大大降低了农村基层微权力监督的效率，可能导致某些农村基层微腐败分子逃脱制裁。总之，从整体来看，目前的农村基层微权力监督体系还未能完全形成一个彼此分工合作、相互配合有序、功能高效发挥的有机整体，这也是未来农村基层微权力监督体系需要优化的方向。

第二章

公平正义理论内塑农村基层微腐败治理的本质规定

第一节　社会公平正义概述

什么是公平正义？自有人类社会以来，这一思考便从未停止。在全面依法治国的今天，公平正义成为社会治理的重要价值内涵①。公平正义的具体内涵具有时代性，受制于特定社会生产方式及物质生活条件，不同时期的社会主体维护自身利益、实现自身公平正义的追求亦有不同。公平正义的独特魅力让古今中外的思想家为之倾倒、为之痴迷，直至今日依旧吸引着各路学人去揭开其神秘且厚重的面纱。本章坚持马克思主义的立场和方法，科学看待不同主体关于公平正义的认知，梳理公平正义内涵的发展，以期把握我国农村基层社会公平正义的本质规定。

一、公平正义理论的历史发展

古往今来的公平正义理论在不同思想家的阐释下显得极其复杂多样，而博登海默对公平正义有着这样一个生动的比喻："正义有着一张普罗透斯似的脸（a Protean face)，变幻无常、随时可呈现不同的形状并具有极不相同的面貌。当我们仔细查看这张脸并试图解开隐藏其表面后的秘密时，我们往往会深感迷惑。"② 通过粗略梳理，我们可以发现关于公平正义内涵的研究遍布哲学、政治学、法学、社会学、经济学、管理学等多重领域，经年累月，从西方到东方，公平正义在不同理论流派的辨析中，呈现出多样的价值意蕴和文化内涵。

---

① 人们在感受到不平等对待、利益受到侵犯时，由此产生的诉求或者做出的行动，可称为"公平正义"."公平正义"一词在本书中不与平等、公正等词语进行严格区分，对公平正义的内涵界定不进行语义的严格限制。

② E. 博登海默. 法理学：法律哲学与法律方法［M］. 邓正来，译. 北京：中国政法大学出版社，2004：252.

（一）西方思想史中的公平正义

西方正义理论产生于古希腊，“正义”一词最早源于狄刻女神（Dike）的名字，代表着是非善恶的平衡，从古罗马和古希腊的语言体系来看，正义一词包含着无私、正直、公正、公平等最基本的含义。

纵观西方公平正义观的发展史，柏拉图最先提出了“何为正义”的论题，由此将公平正义的内涵引入政治哲学的范畴。柏拉图认为，公平正义是一种美德，“国家的目标并不是为了某一个阶级的单独突出的幸福，而是为了全体公民的最大幸福”①，强调城邦正义的重要性。受当时历史条件的限制，柏拉图的正义观与其提出的“金银铜铁”社会划分原则相呼应，但他并没有将等级秩序作为其正义论的基础，而提出正义来源于社会分工的观点，并认为基于不同的社会分工，每个人能充分发挥自身的才能、实现自己的价值，各司其职、各得其所，不同的社会等级可以依据社会分工的不同流动与进阶，这对当代社会大众如何获取公平正义有很强的启发作用。亚里士多德的正义理论与柏拉图提出的正义观具有一脉相承的关系，他将“正义”与政治学意义上的“善”联系在一起，提出了正义需要通过实践、政治生活等方式进行培养。亚里士多德对两种意义上的公正（即守法与平等）进行了区分：守法作为整体意义上的公正，涉及行为本身的好坏；平等则是具体意义上的公正，涉及利益的分配。亚里士多德依据古希腊的传统，认为“出于总体的德行的行为基本就是法律要求的行为。因为法律要求我们要实行所有德性，禁止我们实行任何恶”②。因此，他将“守法”与公正等同，强调法治，要求通过法律培养人们向善，为后来从法学视角研究公平正义产生了深远影响。此外，他还划分了具体意义上公正的类型，即“分配的公正”与“矫正的公正”，为后来公平正义观的讨论奠定了基本理论框架。

随着启蒙运动的推进，公平正义理念由古典向现代开始转变，社会公平正义内涵的界定由虚无缥缈的神学主义开始回落人间，对公平正义的探究也从“价值和伦理”发展至“权力与制度”，公平正义的内涵在政治学基础上增添了社会学及社会概念等意义。从西方近现代公平正义理论发展的总体过程看，启蒙运动开始后，社会公平正义的内涵探究以自由主义、功利主义和多元主义三者作为主要研究基点，兼具契约主义和比较主义两种视角，并将

---

① 柏拉图. 理想国［M］. 郭斌和，译. 北京：商务印书馆，1986：133.

② 亚里士多德. 尼各马可伦理学［M］. 廖申白，译. 北京：商务印书馆，2003：133.

实体正义与程序正义作为公平正义的两大考察范畴，对社会公平正义理念进行了新一轮的丰富与发展。

霍布斯是第一个基于个体利益角度论证正义与理性关系的思想家，他认为正义与遵守契约之间是密不可分的关系。卢梭则强调共同利益，提出了正义的建立基础就是“公意”，他的“平等主义自由观”要求实现公民间的实质平等，尤其是财富占有的平等权①，这一思想在马克思主义思想演化中得到了沿袭与发展。康德将自由作为正义的基础，认为正义是一些条件之总和，在那些条件下，一个人的意志能够按照普遍的自由法则同另一个人的意志结合起来②，具体表现为对人的尊严和人产生价值的尊重，为后续罗尔斯正义原则的建立提供了理论来源。此外，以边沁、密尔为代表的功利主义正义观将功利视作正义的定义基础和本源，认为正义的评判准则就是满足“最大多数人的最大福利”。

作为西方正义观的集大成者，罗尔斯立足于“社会契约”的立场，提出了“作为公平的正义”。他将平等的自由作为正义观的基础，强调以权利原则反对功利原则。罗尔斯明确提出“作为公平的正义”是政治自由主义之最合乎理性的形式③，他将“正义”这一政治哲学命题放置在“公平”的语境下进行考量，体系完整地阐述了“作为公平的正义”中所体现的最基本的政治意义和生活规范。罗尔斯基于“原始状态”和“无知之幕”两种社会预设状态衍生出两种正义原则，一是平等自由的原则，关注权利与义务之间的分配，以确保公民平等的基本自由；二是机会公正平等原则与差别原则的结合，用于调节社会、调节经济利益的分配，以及确定、矫正社会日常生活和经济发展中的不平等方面。通过对社会基本结构的分析，罗尔斯将整体社会作为其研究的切入点，认为社会大众享有平等的权利和自由，所有人获得机会的可能也是相同的。同时，他在研究“公平的正义”时详尽地阐述了程序正义的重要意义，并强调其与实体正义之间的关联，在一定程度上调和了实然性正义与应然性正义之间存在的分化问题，成为规范性公平正义理论发展中不可忽视的重要支撑。

---

① 龚群. 追问正义：西方政治伦理思想研究［M］. 北京：北京大学出版社，2017：97.

② E. 博登海默. 法理学：法律哲学与法律方法［M］. 邓正来，译. 北京：中国政法大学出版社，2004：264.

③ 约翰·罗尔斯. 作为公平的正义：正义新论［M］. 姚大志，译. 北京：中国社会科学出版社，2011：1-2.

通过对西方思想史中公平正义相关理论的梳理和研究，我们可以发现公平正义随着时代变迁、经济基础的变更被赋予了缤纷多样的内涵。不同公平正义理论的内涵探知有助于思想的深入，从西方溯源社会公平正义理论是中国近现代学术研究和实践的重要基础之一，为中国特色社会主义公平正义理论的形成与发展提供了许多值得借鉴的思想源泉。

（二）中国传统文化中的公平正义思想

中国古代思想家将公平正义与人性论进行了有机结合，从公私、利义、天理、人欲等多个层面对公平正义进行了深刻的辨析和探究。从总体来看，传统文化中强调的公平正义是一种德行、一种品格、一种价值追求，侧重表现为一种思想道德准则。

《尚书》中“无偏无党，王道荡荡。无党无偏，王道平平。无反无侧，王道正直”的表述，表明实现王道的基础就是要做到公平、公正。“丘也闻有国有家者，不患寡而患不均，不患贫而患不安。盖均无贫，和无寡，安无倾”①，明确要求君主在治国理政的过程中要讲求分配公平、上下和睦和社会安定。韩非子认为“贤不得夺不肖，强不得侵弱，众不得暴寡”②，旗帜鲜明地表达了其对正义和道义的价值追求。《礼记》中“大道之行也，天下为公”的表述，既是当时古人对大同社会的向往，也为后世追求公平正义奠定了理论基础。在千百年后，孙中山先生将其解释为“提倡人民的权力，便是公天下的道理，天下为公，人人的权力都将是平等的”③，为三民主义的建立找到了坚实的理论依据。太平天国时期的施政纲领《天朝田亩制度》中设计的“有饭同吃，有衣同穿，有田同耕，有钱同使；无处不温饱，无处不均匀”的绝对平均主义社会，《大同书》中描绘的“至平、至公、至仁、治之至”“人人相亲，人人平等，天下为公”的理想社会，无一不体现着社会大众对和谐稳定的憧憬与追求。

建立在小农经济上的中华传统公平正义思想，融合了皇权至上、维护统治的人治观念和礼法结合、重视礼教的法治传统，产生了家国同构、礼法并重、明德慎罚的治国方略，民为邦本、本固邦宁的民本思想，法不阿贵、罚当其罪的平等原则，等等。这些优秀传统文化思想无一不体现着中国传统社

① 孔子．论语［M］．杨伯峻，杨逢彬，注译．长沙：岳麓书社，2018：207.

② 韩非．韩非子［M］．桂林：漓江出版社，2018：194.

③ 孙中山．对驻广州湘军的演说（一九二四年二月二十三日）［EB/OL］．（2005-03-10）［2022-07-18］．http：//www. southcn. com/news/community/shzt/sunys/paper/200503100428. htm.

会对公平正义的努力追求，也为中国特色社会主义公平正义理论的建设与发展提供着源源不断的文化动力。

（三）马克思主义与当代中国的公平正义思想

自中华人民共和国成立以来，以马克思主义公平正义理论为指导，充分融合中国传统公平正义理念，在实践中不断探索，形成了中国特色社会主义公平正义观，这既是对西方公平正义思想的超越，也是对中国特色社会主义制度下公平正义内涵的发展与升华。改革开放以来，随着市场经济的不断发展，中国自 2005 年提出构建以“权利公平、机会公平、规则公平、分配公平”为主要内容的社会公平保障体系，紧接着党的十七大报告提出“实现社会公平正义是中国共产党人的一贯主张，是发展中国特色社会主义的重大任务”“社会公平正义是社会主义制度的本质要求”等公平正义发展理论，为中国特色社会主义公平正义理论的后续发展指明了方向。

党的十八大以来，在承继前人理论框架与实践成果的基础上，党和国家更加重视发展公平正义，坚持以实现人的全面自由发展为基本目标，明确指出“公平正义是中国特色社会主义的内在要求”，提出了构建以“权利公平、机会公平、规则公平”为主要内容的社会公平正义观。不断发展的中国特色社会主义公平正义观，将一切不公的社会现象纳入了制度调解和深化改革的范围之中，以科学规范、体系完备、形式有效的制度保障体系作为基础，公平正义的内涵进一步拓展至经济、政治、法治、生态、民生、国际等社会多重领域。随着国家治理体系和治理能力现代化建设的不断推进，实现社会公平正义已经融入国家发展、社会进步、民族振兴的顶层设计中。在深刻认识到社会主要矛盾已转变为“人民日益增长的美好生活需要和不平衡不充分的发展之间的矛盾”①，党和国家始终坚持以人民为中心的发展理念，坚持全面深化改革的前进方向，以全面依法治国作为实现社会公平正义的基本方式，以期实现中华民族伟大复兴的中国梦。

二、公平正义的价值内涵

公平正义作为衡量社会全面进步发展的标准，代表着全人类孜孜以求、不断奋斗的崇高理想和价值目标，其价值内涵也随着时代变迁而不断丰富。

① 本书编写组．十九大以来重要文献选编：上［M］．北京：中央文献出版社，2019：8.

党的十八大明确提出“要在全体人民共同奋斗、经济社会发展的基础上，加紧建设对保障社会公平正义具有重大作用的制度，逐步建立以权利公平、机会公平、规则公平为主要内容的社会公平保障体系，努力营造公平的社会环境，保证人民平等参与、平等发展权利”①，这表明我们追求的公平正义囊括了经济、政治、文化、生态等全方位的发展，有助于正确处理社会生活中出现的不公现象与矛盾纠纷，为实现社会善治的目标牢固根基。

（一）权利公平是个体公平正义的逻辑起点

权利公平关系到每个社会成员的生存、发展、人身、财产、教育、就业、医疗和社会保障等各项权利，是公平正义的直接要求和体现②。权利公平坚持以“不偏袒”“非歧视”的原则对待每个社会成员，不分种族、性别、年龄、出身、财产、地位、能力等方面的差异，保障每个人在实现个人发展、促进社会进步的过程中平等生存、平等参与、平等发展的权利。权利公平以国家法律和制度作为最基本保障，确保每个社会成员都能公平地享有国家赋予的生存权、居住权、劳动权、诉讼权、监督权等基本权利，以保障社会个体在平等的起点融入社会。

权利公平作为公平正义的逻辑起点，其核心要素是平等。从法治发展层面上来看，权利公平始终坚持法律面前人人平等的原则，强调了对人本身的尊重、认可与保护，实现对每个社会成员的平等对待。在此基础上，党的十八届三中全会通过的《中共中央关于全面深化改革若干重大问题的决定》中提出“人权司法保障”的概念，明确指出“依法保障全体公民享有广泛的权利，保障公民的人身权、财产权、基本政治权利等各项权利不受侵犯，保证公民的经济、文化、社会等各方面权利得到落实”③。这体现着国家法律对人基本权利的平等捍卫，意味着谁都无法侵犯作为权利主体的公民所享有权利的正当性。同时，法治建设还为实现权利公平提供了可靠的方式。面对不公的社会现象，法律给予每个社会成员平等的保护与救济，科学立法、严格执法、公正司法、全民守法的法治体系的不断完善，能有效防止因权力滥用导致的执法不公、审判不公、对特殊群体权利的过度倾斜等情况，进而确保社会大众在遭受权利被侵害或被削弱的现实困境时，依旧能正确运用法律

① 习近平．习近平谈治国理政：第1卷［M］．北京：外文出版社，2018：96.

② 刘泾．习近平公平正义观三重维度探析［J］．科学社会主义，2019（6）：72-79.

③ 习近平．习近平谈治国理政：第1卷［M］．北京：外文出版社，2018：141.

保护自身合法权益，维护社会公平正义。

改革开放以来，我国经济迅猛发展，社会大众对“权利”的诉求和渴望由生存上升至发展，故落实到经济发展上，权利公平则成了确保社会成员有序参与经营生产活动、调节分配收入的重要依据。因此，国家以“鼓励勤劳守法致富，扩大中等收入群体，增加低收入者收入，调节过高收入，取缔非法收入”作为经济发展原则①，在平等劳动的基础上，以构建公平的市场准入规则来规范社会成员参与经济发展的行为，以更加公平的市场参与原则保障中小型企业、个体经营户、基层农业种植户等多元经济主体的权利。国家将收入分配的合理性作为检验经济公平正义的基础，确立“坚持按劳分配原则，完善按要素分配的体制机制，促进收入分配更合理、更有序”等收入分配原则②，进而确保在经济发展的过程中既做大蛋糕也分好蛋糕，使每个社会成员能够享受经济发展中的权利公平，以落实权利公平的方式实现社会公平正义。

（二）机会公平是主体公平正义的前提条件

机会公平又称为机会平等，机会公平是起点平等，没有起点平等，后续的平等就是画饼充饥③。机会公平在权利公平的基础上为社会主体提供公平的发展机会和生存机遇，能够避免规则公平形式化，进而促进结果公平的实现。每个社会主体的发展结果会因个人素质、社会环境、经济状况等多重因素的综合作用而有所不同，虽然机会公平不必定意味着结果公平，但缺乏机会公平必然不会出现结果公平，故机会公平是保障全体社会主体平等参与、平等发展权利的重要前提。

从机会公平的内涵来看，“生活在我们伟大祖国和伟大时代的中国人民，共同享有人生出彩的机会，共同享有梦想成真的机会，共同享有同祖国和时代一起成长与进步的机会”④，故机会公平意味着每个社会成员通过充分发挥自主活动能力、努力奋斗就能获得相应的成就。机会公平不承认任何特权、不平等地位及不合理差别，它强调对待每个社会成员参与社会治理、获

① 本书编写组．十九大以来重要文献选编：上［M］．北京：中央文献出版社，2019：33.

② 本书编写组．十九大以来重要文献选编：上［M］．北京：中央文献出版社，2019：33.

③ 张文显．法治的文化内涵——法治中国的文化建构［J］．吉林大学社会科学学报，2015（4）：5-24.

④ 中共中央文献研究室．十八大以来重要文献选编：上［M］．北京：中央文献出版社，2014：235.

取生存资源、实现人生价值都适用相同的标准，进而保障着每个社会主体都能享有平等参与、公平竞争、共享社会发展成果的权益与自由，为实现公平正义提供了无限可能。

从机会公平的外延来看，机会公平应当实现政治、经济、文化、民生等领域的全覆盖。机会公平作为社会公平正义的前提条件，其中最重要的领域就是教育公平。教育公平要求为社会大众提供同等的受教育机会和相对均等的受教育条件。努力让每个孩子都能享有公平而有质量的教育，既是教育公平的努力方向，也是教育公平的检验标准①。许多基层劳动者、贫困人口的子女无法获得平等的教育资源和受教育机会，导致他们在未来社会的生存和竞争中缺乏相应的能力，进而可能形成新的社会不公。教育公平是推动代际公平的重要方式，我国通过推进教育精准扶贫、加大对农村基层地区的教育投资、发放国家教育补贴等方式，确保了农村基层地区的孩子享有平等的受教育机会，将贫困代际传递现象扼杀在萌芽状态，以教育保障下一代人平等参与竞争的能力。同时，劳动公平、就业公平作为教育公平的有效补充，是社会主体实现自身价值、促进社会发展的重要保障。党和国家始终坚持关注一线职工、困难职工等群体，通过完善制度，排除阻碍劳动者参与发展、共享发展成果的障碍，不断建立基层劳动者、贫困人群的信心，使其努力通过自身劳动淡化因出身、社会地位、经济水平而产生的社会不公，持续帮助弱势群体、落后群众实现全面发展，让社会发展成果更多更好惠及全体人民。

（三）规则公平是公平正义的检验标准

规则公平要求公平、公正、公开、透明，摒弃特权现象和区别待遇，强调程序正义和过程公平的统一。规则公平不考虑社会个体所拥有资源、能力等特殊情况，要求在规则面前一律平等，不允许任何组织或者个人享有凌驾于规则之上、游离于制度之外的特权②，故规则公平是衡量社会公平正义的重要依据。

一方面，规则公平要求在社会发展的过程中对每个社会成员平等地应用规则，不偏不倚、规范公正，以确保每个人在人格上的平等，保障社会个体对他人权利的尊重与维护。有些人超越规则，就会形成“潜规则”或者

---

① 本书编写组．十九大以来重要文献选编：上［M］．北京：中央文献出版社，2019：32.

② 胡建文，曹文泽．习近平法治思想中公平正义的生成逻辑、内涵要义与实现路径［J］．江西师范大学学报（哲学社会科学版），2022（2）：10-18.

"特权"，例如，部分"官二代""富二代"利用自己的特殊身份为非作歹、部分公职人员利用自身职务谋取私利、部分基层干部借助"小微权力"进行贪财腐败等。因此，面对以上类似的社会不公现象、违法违纪状况，必须一律适用相同的规则。法律作为实现规则公平最强有力的国家保障，需要"坚持宪法法律至上，健全法律面前人人平等保障机制，维护国家法制统一、尊严、权威，一切违反宪法法律的行为都必须予以追究"①，以法治权威保障规则公平的有效落实。

另一方面，规则公平要求利用制度建立公正平等的社会规则，以确保社会公平正义的实现，"不论处在什么发展水平上，制度都是社会公平正义的重要保证。我们要通过创新制度安排，努力克服人为因素造成的有违公平正义的现象，保证人民平等参与、平等发展权利"②。例如，在交通事故等人身损害赔偿中，城乡居民赔偿标准不统一。对此，最高人民法院于 2022 年修改司法解释，统一了城乡居民赔偿标准。这是制度化、规范化地确保城乡居民的生命财产权利的举措，既通过制度保障规则公平，也促进城乡融合，进一步推进社会公平的实现。因此，在建立健全长期性和稳定性的社会制度体系过程中，"必须在全体人民共同奋斗、经济社会发展的基础上，通过制度安排，依法保障人民权益"③，以公平的制度保障形式公平与实体公平的有机统一。

从整体看，权利公平、机会公平、规则公平从不同维度回答了有关社会公平正义的起点、目标、条件等基本问题。坚持"权利公平、机会公平、规则公平"原则，体现了党和国家在承认个体差异基础上对公平正义的高度重视，明确了实现公平正义的基本路径和检验标准，为推动中国特色社会主义公平正义迈入新的征程打下了坚实的根基。

三、公平正义的实践机理

随着国家治理体系和治理能力现代化建设的不断推进，在承继前人发展成果的基础上，中国特色社会主义公平正义在经济建设、政治建设、法治建

① 文件起草组．中共中央关于坚持和完善中国特色社会主义制度 推进国家治理体系和治理能力现代化若干重大问题的决定［M］．北京：人民出版社，2019：15.

② 习近平．习近平谈治国理政：第 1 卷［M］．北京：外文出版社，2018：97.

③ 中共中央宣传部．习近平新时代中国特色社会主义思想三十讲［M］．北京：学习出版社，2018：231.

设等多重领域展现出意蕴悠长的价值内涵和丰富多样的实践风貌。

（一）经济建设中的公平正义机理

1. 生产力是实现经济公平正义的决定性力量

从人类社会发展的总体过程上看，物质资料是经济活动和社会发展的基础，人的吃、穿、住、行等一切需求离不开物质保障。生产力决定生产关系，社会公平正义受生产力发展水平的决定性影响。衡量社会公平的标准必须看是否有利于社会生产力的发展和社会进步①，因此，生产力的发展作为经济活动的基础，是实现经济公平正义的关键步骤。

生产力的发展能促进生产关系的变革、提高社会生活质量、丰富社会生活方式，能惠及整体生产生活行业、全体社会成员和全体劳动者。实现社会公平正义是由多种因素决定的，最主要的还是经济社会发展水平②，社会的发展、国家的富强和民族的复兴离不开生产力的发展。改革开放四十多年来，随着生产力水平的大幅度提升，中国在富起来向强起来的国家发展道路上不断迈进。

随着生产力水平的不断提高，全体社会成员获得了更加富足的物质生活条件，在强大经济实力支撑的基础上，具有足够的底气和能力去追求权利公平、机会公平、规则公平等多方面的公平正义，以实现物质与精神的双重富裕。然而，在实现中华民族伟大复兴的道路上，我们依旧面临着许多经济发展问题，例如，城乡发展差异过大、整体收入水平不协调、地区发展不均衡等。因此，我国经济发展必须进一步解放和发展生产力，实现以生产力的发展构建经济公平正义的基础。我国正立足于百年未有之大变局的历史节点，在构建以国内大循环为主体、国内国际双循环相互促进的新发展格局大背景下，国家要抓住全面深化改革这一关键举措，进一步解放和发展生产力，持续推动经济水平的稳步提高，进而保障经济的高质量发展，最终实现社会公平正义的目标。

2. 社会劳动是实现经济公平正义的根本方法

“劳动是整个人类生活的第一个基本条件，而且达到这样的程度，以致我们在某种意义上不得不说：劳动创造了人本身”③，人类社会之所以能够

---

① 江泽民. 认真消除社会分配不公现象［J］. 求是，1989（12）：5-10.

② 习近平. 切实把思想统一到党的十八届三中全会精神上来［N］. 人民日报，2014-01-01（2）.

③ 中共中央马克思恩格斯列宁斯大林著作编译局. 马克思恩格斯文集：第9卷［M］. 北京：人民出版社，2009：550.

延续、发展、进步，离不开在一定的生产方式下进行的劳动。“一个新的社会制度是可能实现的，……在人人都必须劳动的条件下，人人也都将同等地、愈益丰富地得到生活资料、享受资料、发展和表现一切体力和智力所需的资料”①，在此基础上，人们获得公平地享有社会财富分配的能力就是劳动，劳动是换取分配公平的前提条件。因此，社会劳动是衡量经济公平正义的重要标准。

人类社会生活迄今为止最重要的活动是劳动，劳动是创造财富的唯一方法和途径，每一个社会成员通过劳动获取生活成本并体现生存价值，劳动者的主观能动性是推动社会进步的重要依托。改革开放以来，市场化的不断深入不仅带来了劳动方式的多元化，整体社会的经济发展也呈现出焕然一新的模样，中国由最初的“世界工厂”向掌握核心技术的“世界力量”逐步转变，国家经济发展也朝着高质量的方向不断迈进。对农村基层地区而言，创新劳动生产方式、激励基层群众积极劳动、促进农村经济建设是实现农村公平正义的基石。国家加大对“三农”问题的资金补助、开拓多样的农业生产渠道、创新多元化主体协同发展战略等举措，不仅激发了农村基层地区劳动者的生产活力，更能帮助其实现劳动价值、生存价值和人生价值。因此，即使面对经济发展中出现的不良现象，例如拜金主义、官僚主义引发的腐败问题，劳动给予社会大众对不正之风说“不”的能力。劳动作为促进经济公平正义的根本方法，它肯定了每一个社会成员的付出，给予了每个人在权利公平上的有效保障，为实现全方位的社会公平正义奠定了坚实的基础。

3. 分配正义是推动经济公平正义的重要保障

收入分配是民生之源，是改善民生、实现发展成果由人民共享最重要最直接的方式②。如果缺乏正当且合理的分配原则，生产力的发展、社会劳动的付出等促进经济公平正义的基本要件不仅无法发挥其效能，反而可能引发更多的剥削与利用。缺乏分配正义，经济发展就会面临利益至上的诱惑，无法实现公平正义的建设目标。

毛泽东同志提出发展中国经济既要反对平均主义，也要反对过分悬殊，平均主义一定程度上就是分配不公的一大表现。此后，邓小平同志明确提出

---

① 中共中央马克思恩格斯列宁斯大林著作编译局．马克思恩格斯选集：第 1 卷［M］．北京：人民出版社，1995：330.

② 中共中央宣传部．习近平总书记系列重要讲话读本［M］．北京：人民出版社，2016：217.

了“在促进效率提高的前提下体现社会公平正义”的发展战略，初步确立了“效率优先、兼顾公平”的收入分配原则。随着经济建设的不断发展，社会分配问题引发的不公现象进一步加剧，党的十七大报告明确提出坚持“初次分配和再分配都要处理好效率与公平的关系，再分配要更加注重公平”的分配原则调和社会矛盾。党的十八大以来，党中央持续高度重视效率与公平之间的关系，提出“两个同步”和“两个提高”①，要求“不断增加低收入人群的收入，持续扩大中等收入群体，积极发挥第三次分配作用，缩小收入差距，推动全体人民共同富裕”②，始终坚持以实现分配的正义落实经济发展的公平正义。

2021 年 8 月 17 日召开的中央财经委员会会议提出：“构建初次分配、再分配、三次分配协调配套的基础性制度安排，加大税收、社保、转移支付等调节力度并提高精准性。”从“分好蛋糕”的总体过程看，初次分配是基于市场规则进行的分配，讲求效率原则与自由竞争，故初次分配保护合法致富。而面对经济发展中出现城乡收入差距过大、区域发展不均衡的状况，再分配则主要是通过税收、财政支出等方式进行政府调节，再分配统合着经济发展中的公平正义。“党的十八大提出准备进行具有许多新的历史特点的伟大斗争，是为了毫不动摇坚持和发展中国特色社会主义，不是不要发展了，也不是要搞杀富济贫式的再分配”③，党和国家通过完善财政转移支付制度，调整财政支出结构，加大医疗、教育、住房、养老公共服务的财政支出等再分配方式，增加个人和家庭的可支配收入，为社会大众生产生活提供了兜底性保障。三次分配作为一个本土概念，是影响收入分配的第三种力量——道德力量，“它是超出市场机制和政府调节力量之外的又一种可以影响收入分配的力量”④。在人文情怀、道德修养、精神传承和价值追求等多重因素的作用下，本着自愿的原则，越来越多的企业家、高收入群体和普通群众通过慈善捐赠、志愿服务等方式，积极参与公共福利、民生事业和济困扶贫等社

① 两个同步和两个提高：居民收入增长和经济增长基本同步、劳动报酬提高和劳动生产率提高基本同步。

② 燕连福，王亚丽．全体人民共同富裕的核心内涵、基本遵循与发展路径［J］．西安交通大学学报（社会科学版），2022（1）：1-9．

③ 中共中央文献研究室．习近平关于社会主义经济建设论述摘编［M］．北京：中央文献出版社，2017：12．

④ 厉以宁．论共同富裕的经济发展道路［J］．北京大学学报（哲学社会科学版），1991（5）：3-13．

会事业，这是社会财富由高向低流动的动态平衡方式，是缩小收入差距和实现共同富裕的重要补充形式①。

一个健康、公正的社会环境离不开初次分配、再分配、三次分配之间的协调配合。因此，分配正义作为推动经济公平正义的重要保障，是实现经济发展结果正义的重要方式，需要不断完善分配制度，以分配的公正实现社会公平正义。

（二）政治建设中的公平正义机理

1. 党的领导是实现中国特色公平正义的最根本保障

“中国特色社会主义制度的最大优势是中国共产党领导，中国共产党是最高政治领导力量”②，坚持中国共产党的领导是中国特色社会主义事业建设的最根本支柱，是维护人民当家作主地位、坚持全面依法治国的根本支撑。“全心全意为人民服务的宗旨决定了我们必须追求公平正义，保护人民权益、伸张正义”③，因此，实现社会公平正义是党领导人民不断奋斗的应有之义，也是中国共产党奋勇向前的历史使命和重要职责。

中国人民通过党的领导凝聚成一个整体，“中国共产党通过民主集中制的根本组织原则和根本领导制度，把‘一盘散沙’的旧中国变成了既能保障个体权益，又能实现集中意志的新中国”④，“党和人民的共同意志体现为宪法；国家以宪法为根本法得以组织、运行和发展；人民以党为核心依据宪法治理国家”⑤。在新中国成立七十多年以来的峥嵘岁月中，党领导人民构建起人民民主专政制度，在保障人民群众政治地位公平的基础上，确认了人民群众参政议政的合法权利，强调人民群众在政治生活中的参与感，以实现程序民主与实体民主的有机统一。中国共产党领导的多党合作和政治协商制度作为中国本土的新型政党制度，是实现人民民主的重要方式。“……广泛商量的过程，就是发扬民主、集思广益的过程，就是统一思想、凝聚共识的过程，就是科学决策、民主决策的过程，就是实现人民当家作主的过程”⑥，

---

① 韩文龙，唐湘．三次分配促进共同富裕的重要作用与实践进路［J］．经济纵横，2022（4）：21-29.

② 中共中央关于党的百年奋斗重大成就和历史经验的决议［M］．北京：人民出版社，2021：36.

③ 习近平．习近平谈治国理政：第2卷［M］．北京：外文出版社，2017：129.

④ 祝灵君．推进全过程民主离不开党的领导［J］．探索与争鸣，2020（12）：5-8.

⑤ 林尚立．论人民民主［M］．上海：上海人民出版社，2016：29.

⑥ 中共中央文献研究室．十八大以来重要文献选编（中）［M］．北京：中央文献出版社，2016：73-74.

政党协商、政协协商、人大协商、基层协商和人民团体协商等多元化的民主协商方式，保障着人民群众平等参与政治生活、平等行使政治权利，进而实现过程民主与结果民主的有机统一。

党的领导是实现国家有效治理的最根本保障。立足国家层面看，党的领导确保了人民群众依法享有民主选举、民主决策、民主管理、民主监督的权利，一切国家机关及其工作人员都必须接受人民群众的监督、始终为人民群众服务。立足社会基层看，党的领导是坚持基层群众自治制度、实现基层民主的最根本保障。党的十八大以来，“健全自治、法治、德治相结合的乡村治理体系”已成为国家治理体系和治理能力现代化建设的基础性工程，基层党组织在建立健全农村基层“三治融合”体系过程中发挥着统领全局、协调各方的核心作用。“坚持党的领导是维护和实现社会公平正义的最大政治优势和根本政治保证”①，因此，必须“把党的领导落实到国家治理领域各方面各环节”②，以确保中国特色社会主义事业沿着正确的方向不断前进。在国家治理体系和治理能力现代化建设不断推进的过程中，持续发挥党的强大政治优势和制度优势，朝着公平正义的宏伟目标不断迈进。

2. 坚持人民主体地位是政治公平正义的目标与宗旨

历史活动是群众的活动，将人民利益摆在国家和社会发展的首要地位，落实人民群众在政治生活中的平等地位与平等权利，坚定不移地坚持人民当家作主原则，是实现政治公平正义的出发点与落脚点。“坚持人民主体地位，顺应人民群众对美好生活的向往，不断实现好、维护好、发展好最广大人民根本利益，做到发展为了人民、发展依靠人民、发展成果由人民共享”③，是推动政治制度不断完善的重要方式，也是实现社会公平正义的必由之路。

人民群众是社会主体，也是历史主体。中国共产党自成立以来就十分重视人的价值与作用，率先举起了一切为了人民、一切依靠人民的大旗，坚持“从群众中来，到群众中去”的实践原理，充分发挥基层农民群众的参与力量，为新中华人民共和国的成立与发展奠定了坚实的群众基础。坚持人民当

---

① 周强. 坚持公正司法，努力让人民群众在每一个司法案件中感受到公平正义——在政法领导干部学习贯彻习近平新时代中国特色社会主义思想专题研讨班上的辅导报告［J］. 人民司法，2018（6）：4-19.

② 中共中央关于坚持和完善中国特色社会主义制度 推进国家治理体系和治理能力现代化若干重大问题的决定［M］. 北京：人民出版社，2019：6.

③ 习近平. 在省部级主要领导干部学习贯彻党的十八届五中全会精神专题研讨班上的讲话［N］. 人民日报，2016-05-10（2）.

家作主原则作为中国特色社会主义民主政治的本质要求，检验着社会主义民主政治的发展状况，人民代表大会制度、基层群众自治制度、民族区域自治制度等制度的构建从中央到地方、从整体到局部维护了人民群众参政议政的权利。随着民主建设的不断完善，越来越多的政治制度保障着人民的主体地位，例如，通过完善诉求表达机制，保障人民群众的表达权，采取社会团体、民间组织和舆论传媒等多元化方式拓宽表达渠道，让人民群众有话想说、有话能说、有话敢说。在农村基层地区，针对农民面临的权利表达困境，党和国家基于源头治理的思路，推动社会治理重心下移……努力将矛盾化解在基层①，通过建立健全反馈机制和信访机制和上访机制等给予基层群众表达的能力，通过完善社会纠纷多元预防调解机制、完善社会基层多元主体治理体系等，给予基层群众自我调解、自我消化的能力，从宏观到微观保障着人民群众的主体地位。

3. 全过程人民民主是中国特色公平正义的优势彰显

民主作为全球治理中普遍认同的价值观念，是中国共产党矢志不渝、励精图治的政治追求，更是实现公平正义的基本方式。党的十八大以来，党和国家深刻认识并把握着中国特色社会主义民主政治的客观发展规律，习近平同志更是将我国人民民主发展模式深刻总结为“全过程人民民主”，即“过程民主和成果民主、程序民主和实质民主、直接民主和间接民主、人民民主和国家意志相统一，是全链条、全方位、全覆盖的民主，是最广泛、最真实、最管用的社会主义民主”②。

全过程人民民主理念的提出，是人民民主在新时代的又一次发展与升华，彰显着中国特色社会主义民主政治以人民为中心的本质特征。全过程人民民主体现着注重理论内容与实践过程相统一的中国特色民主政治制度的设计初心，是反馈人民群众政治要求、反映社会民意的重要方式。一方面，全过程人民民主体现在社会运行的全过程，贯穿于体制层面、制度层面、组织层面、社会层面等多层面，以政党体制作为根本统筹，以法治建设作为制度保障，以党组织建设规范组织纪律，以社会舆论进行民意表达，由点到面、全方位落实人民民主；另一方面，全过程人民民主体现在国家治理的方方面

① 庆祝中国共产党成立100周年 坚持人民主体地位的实现途径（下）［EB/OL］.（2022-01-21）［2022-07-02］. https：//www. ccpph. com. cn/yc/202201/t20220121_ 289688. htm.

② 徐隽. 坚持和完善人民代表大会制度 不断发展全过程人民民主［N］. 人民日报，2021-10-15（1）.

面。全过程人民民主是融合选举、决策、管理、监督、协商等一切政治环节的民主，也是涵盖协商民主、社会民主、基层民主等全部领域的民主。全过程人民民主作为落实政治公平正义的重要方式，在萃聚群众力量和群众智慧的基础上，能逐步让人民群众充分感受到政治生活的参与感、获得感与幸福感，为社会公平正义的践行奠定了良好的基础。

全过程人民民主作为民主政治的崭新诠释，不仅凸显着中国特色社会主义民主政治的制度优势和治理能力，也为世界各国民主政治建设提供了全新的实践模型，丰富了人类民主政治的发展形态，是践行政治公平正义的重要方式。

（三）法治建设中的公平正义机理

在法治建设中实现公平正义，是全面依法治国所内蕴的价值追求，因此，在建设中国特色社会主义法治体系过程中，必须恪守公平正义的价值立场。

1. 科学立法是落实法治公平正义的前提条件

立法是法治建设的开端与核心，建设中国特色社会主义法制体系，必须坚持立法先行，发挥立法的引领和推动作用，抓住提高立法质量这个关键①。立法作为落实法治公平正义的前提，立法必须科学，而“科学立法的核心在于尊重和体现客观规律”②。

我国立法始终坚持遵循客观规律、坚持与时俱进的原则。党的十八大以来，中国法治建设进入全面发展的新时代，党和国家提出了“中国特色社会主义法治”这一概念，将“法制建设”升华为“法治建设”，奠定了新时代法治发展的基调。党的十九大以“建设中国特色社会主义法治体系、建设社会主义法治国家”为核心命题，为新时代法治建设指明了前进的方向。同时，科学立法始终坚持以人民为中心的立法思想，立法过程的科学性体现在将人民群众对美好生活的需求，经由国家机关以法律规定完整呈现出来。着眼于农村基层，2021 年 6 月 1 日正式施行的《中华人民共和国乡村振兴法》（简称《乡村振兴法》）作为首部全面指导与促进乡村振兴的法律，是对全面建设社会主义现代化强国目标的重要回应，也是对如何巩固精准扶贫的实

---

① 中共中央关于全面推进依法治国若干重大问题的决定［N］. 人民日报，2014-10-29（1）.

② 习近平. 关于中共中央关于全面推进依法治国若干重大问题的决定的说明［N］. 人民日报，2014-10-29（2）.

践成果、如何实现脱贫不返贫、如何保障边缘化贫困人口持续减少、如何促进乡村建设现代化等农村具体发展问题的有机指导。国家通过立法对农民的权益进行了规定与保护，落实政府责任与义务不仅是激发基层地区治理活力的有效举措，更是落实法治乡村建设、实现社会公平正义的必经之路。

立法作为法治建设全过程的“牛鼻子”，必须坚定不移地在立法中贯彻公平正义这一思想观念，以立法先行带动执法、司法、守法整体过程中公平正义的落实，通过立法树立法治权威，维护人民群众的切身利益。

2. *严格执法是实现法治公平正义的关键要素*

法律法规如果不予以严格执行，也无异于做无用功。从广义角度看，执法机关包括了各级国家行政机关、监察机关、检察机关和审判机关。“法定职责必须为，法无授权不可为”等原则体现了对执法机关权力的限制与约束①，严格执法从本质上要求执法机关必须担负法律实施的法定职责，坚决纠正有法不依、执法不严、违法不究现象，禁止执法“作选择、搞变通、打折扣”②，所以必须严格整治以权谋私、徇私枉法等法治不公现象，防止因执法人员的主观臆断与肆意妄为而导致的执法不公。从狭义角度看，执法的方式主要体现为行政执法。行政执法直接连接政府和人民两端，同百姓联系紧密，严格执法更是要求行政执法人员必须牢记“为人民服务”的根本宗旨，转变不合时宜的传统执法观念，自觉抵御各种影响公正执法因素的干扰和侵蚀，执法主体必须做到执法必严、违法必究，方能保障人民群众的合法利益，维护国家法治权威③。

当然，严格执法绝不是暴力执法、过激执法④，执法是体现法理与情理相统一的过程，尤其是在基层执法过程中涉及群众的问题要准确把握社会心态和群众情绪，充分考虑执法对象的切身感受，规范执法言行，推行人性化执法、柔性执法、阳光执法⑤。农村基层地区因执法不公开、不透明、不公正引发的微腐败现象，成为人民群众强烈反映的问题。在农村基层治理过程中，会出现因行政机关的介入而产生执法不公的现象，这不仅直接导致基层

---

① 习近平. 论坚持全面依法治国［M］. 北京：中央文献出版社，2020：74.

② 张文显. 习近平法治思想的政理、法理和哲理［J］. 政法论坛，2022（3）：5-21.

③ 郭声琨. 坚持严格规范公正文明执法［N］. 人民日报，2014-11-13（6）.

④ 坚定不移走中国特色社会主义法治道路 为全面建设社会主义现代化国家提供有力法治保障［EB/OL］.（2021-02-28）［2022-06-26］. http：//www. qstheory. cn/dukan/qs/2021-02/28/c_ 1127146541. htm.

⑤ 习近平. 论坚持全面依法治国［M］. 北京：中央文献出版社，2020：52.

民怨沸腾，也无法实现基层社会的公平正义。例如，人民群众反映的“大连市瓦房店市九龙街道平房村一处违法占用土地建设鸡舍5年，相关职能部门也曾多次执法，都没有将其拆除”这一基层微腐败问题①，不仅仅是对严格执法的公开挑战，更是对国家法治建设的直接破坏。因此，为有效开展基层微腐败大清扫专项活动与治理，大连市纪检监委积极回应群众关切，严肃处理执法人员受贿现象和当地监管部门监管不力问题，该事件处理人数高达27人，并作为案例通报进一步对执法人员加以警示。

执法作为连接政府与人民群众的最直接途径，检验着执法机关工作的能力与水平。缺乏严格执法、规范执法、公正执法，再好的法律也会被架空，法治建设中的公平正义就会化为乌有。因此，必须严格规范执法机关的行为，实现执法行为的合理性与正当性、合法性与廉洁性等目标的统一，以执法公正实现法治正义。

3. 公正司法是维护法治公平正义的最后防线

公平正义是司法的灵魂和生命②。司法作为解决群众纠纷、稳定社会秩序、维护国家长治久安的重要防线，司法活动的内容、程序、结果等公正与否，是法治建设公平正义能否实现的关键所在。司法公正对社会公正具有重要引领作用，司法不公对社会公正具有致命破坏作用③。从司法活动的功能与属性上看，司法活动以国家强制力作为后盾，以其终局性成为群众所信赖的纠纷处理方式；司法活动的中立性与权威性成为修复群众受损权益的终端保障，除了化解纠纷还要伸张正义。曾经的冤假错案不断得到纠正，公正司法对司法人员提出更高要求，要求司法人员认真对待手中的权力，避免因权力的滥用导致司法不公。

在司法活动中，“一纸判决，或许能够给当事人正义，却不一定能解开当事人的‘心结’，‘心结’没有解开，案件也就没有真正了结”④。所以，公正司法不仅要通过案件审理维护当事人所追求的结果公正，也要通过案件审理获得人民群众对司法的内心认同，才能真正塑造出公平正义的社会环境，实现社会善治。例如，“彩礼”作为中国人传统结婚仪式中的常见环节，在农村基层社会婚嫁仪式中普遍存在，大多数情况下是结婚的必要条件，但

① 大连开展基层微腐败专项治理［N］. 中国纪检监察报，2022-06-23（3）.
② 习近平. 论坚持全面依法治国［M］. 北京：中央文献出版社，2020：5.
③ 习近平. 论坚持全面依法治国［M］. 北京：中央文献出版社，2020：98.
④ 习近平. 论坚持全面依法治国［M］. 北京：中央文献出版社，2020：23.

彩礼的特殊性质在司法实务中产生了诸多难题。面对农村双方当事人在订婚之后未登记结婚的彩礼返还纠纷，司法工作人员若仅仅利用“冰冷”的法条进行决断，而忽视婚姻关系、人情关系、社会关系等农村基层社交中的礼节，则无法达致公正且适合的结果，更无法实现法理与情理的统一。只有基于本地风俗、是否生育子女、彩礼数额和彩礼实际处置情况等事项的综合考虑，才能使最终的司法裁判不仅实现对当事人财产利益的保护，还通过司法的教育作用维护公序良俗，通过公正司法实现农村基层地区的普法。

司法活动作为维护社会公平正义的最后防线，让每个人民群众在每件案子中都感受到公平正义，公正司法是必要条件。“公正司法事关人民切身利益，事关社会公平正义，事关全面推进依法治国”①，司法不公则人心不服，就无法实现以上目标。公正司法是程序正义与实体正义的统一，是规范国家权力与实现公正的统一。因此需要始终把公正司法作为国家治理制度性保障机制，以司法活动的公正性实现中国特色社会主义现代化法治国家的目标。

4. 全民守法是巩固公平正义的社会根基

卢梭说过，一切法律之中最重要的法律，既不是刻在大理石上，也不是刻在铜表上，而是铭刻在公民的内心里。只有形成对法律的信仰，立法、执法、司法的过程才更加有力，法治体系的构建才更加有底气。

从全民守法的内涵看，全民守法是理论与实践相互统一、相互作用、相互促进的过程。首先，全民守法帮助社会大众树立正确法治观念，通过加强法治教育、搭建法治思维、塑造法治文化环境，强化社会大众对法律的正确认识，养成遇到事情用法律解决的逻辑与习惯；其次，社会大众积极主动地学习法律、运用法律，通过合理的表达和法定的程序明确诉求，即使面对侵害自身合法利益的不公现象，也能利用法律武器进行有效的维护，在守法的过程中对公权力进行有效的监督、对不公的社会现象进行合理的反应；最后，“通过不懈努力，在全社会牢固树立宪法和法律的权威，让广大人民群众充分相信法律、自觉运用法律”②，形成人人守法、人人信法、人人学法、人人用法的社会法治大环境，将法律内化于心、外化于行。

如何树立社会大众对法律规范的信仰、如何通过法律维护自身权益、如何塑造法治思维和法治文化，最关键的就是健全全民守法的社会体系。具体

---

① 习近平．习近平谈治国理政：第 2 卷［M］．北京：人民出版社，2017：130.

② 习近平．在首都各界纪念现行宪法公布施行 30 周年大会上的讲话［N］．人民日报，2012-12-05（2）.

到基层农村，有以下三点：首先，明确守法观念要从娃娃抓起。组织“全民宪法日”“宪法日进课堂”等教学活动，将普法融入教学的各个阶段，在教育公平的基础上，利用教育力量将法治理念深深刻入骨血中，让农村娃也能从小树立法治思维。其次，全民守法要从社会全方位抓起、从社会基层抓起。在农村基层地区，不少人面对邻里纠纷、农田使用、建地问题、婚姻不和等小事，由着自己的性子随意处理，将鸡毛蒜皮、家长里短的小事激化成无法调和的矛盾，甚至触及法律底线。改变行为的关键在于改变思想，不少乡村结合自身的特点，通过设立文化广场、组织法治宣讲活动、聘请专业人员进行答疑解惑等方式，加深基层群众对法律的认识。例如，重庆市万州区太安镇利用“赶场天”① 的特殊方式加大法治文化宣传范围，新疆阿克苏新和县排先拜巴扎乡苏盖特阔坦村成立的“法律明白人之家”，让村民遇到问题有处可循、有人可找，逐步指引基层群众主动运用法律，为构建法治环境、建设法治乡村奠定基础。最后，全民守法要抓住关键少数。法治社会仅仅靠具有专业知识的法律人是无法形成的，需要社会全体人员的共同参与，抓住关键法律人、充分利用党员和基层干部的引领作用是实现法治社会进一步建成的重要方式。例如，法律工作者通过“送法下乡”等方式，以其专业知识为基层群众答疑解惑；基层干部通过组织法律宣讲会和村内广播、微信推送等形式，依靠基层工作的灵活性和引导性为基层群众塑造学法、信法、守法的良好法治氛围。全民守法为科学立法、严格执法、公正司法的落实保驾护航，是实现社会公平正义必不可少的要素。

习近平总书记指出，我们要平等协商，开创共赢共享的未来；我们要开放创新，开创发展繁荣的未来；我们要同舟共济，开创健康安全的未来；我们要坚守正义，开创互尊互鉴的未来②。中国特色社会主义进入新时代，社会主要矛盾发生深刻变化，人们对美好生活的需求越来越广泛，对民主自由、公平正义、权利保障、共同富裕、生态良好、平安中国、法治中国等的要求越来越迫切③。中国特色社会主义公平正义理论与中国实际发展相结合，充分彰显着中国特色、中国内涵和中国智慧。公平正义是社会发展追求的终极目标，也是检验社会进步的一把标尺。公平正义的内涵随时代变迁、文化传承等呈现出不同的意义，体现了全世界人民最美好、最纯粹的价值追求，

---

① 赶场天：又称为赶集。

② 习近平．同舟共济克时艰，命运与共创未来［N］．人民日报，2021-04-21（2）．

③ 张文显．习近平法治思想的政理、法理和哲理［J］．政法论坛，2022（3）：3-26．

立足当下现实，汇聚全球目光，以政策变革推进社会公平，以观念融汇价值追求，以制度保障公平正义，最终实现人民群众对美好生活的期许。

第二节　农村基层治理中的公平正义观

农村基层作为国家治理的“最后一公里”，在国家治理中占据着极其重要的地位，农村基层治理更是国家治理体系的根基。我国农村基层治理模式经历了数十年的实践探索，呈现出“初步建设→创新发展→升华完善”的变化特征，从延续新民主主义革命时期对农村地区的改造初心，到改革开放以来对农村基层的大胆实践，再到十八大以来农业现代化建设和乡村振兴战略的逐步推进，农村基层治理模式的变迁是中国智慧和中国能力的重要体现。随着社会主义市场经济的不断繁荣和国家现代化进程的不断推进，农村基层地区的社会组织形态、社会生活方式、基层权力结构、经济发展格局、思想文化环境等都发生着翻天覆地的变化。农村基层地区受中华传统文化影响较深，在传统管理制度和管理模式的重大影响下，已发展成为一个相对独立且颇具传统色彩的治理领域，相对城市治理而言，农村基层治理的综合难度更高。因此，农村基层地区作为我们党和国家发展的起源之地，既是广大农民生产生活的来源与依靠，更是国家治理体系和治理能力现代化建设需要不断完善的重点领域。

一、公平正义在农村基层治理的基本要求

江山就是人民，人民就是江山，打江山、守江山，守的是人民的心①。农村基层地区是村民进行生产劳作、获取生活保障的基本场所，是实行基层民主政治、维护村民政治地位、落实村民自治的根本领域，更是保障村民切实权益、实现村民自由发展的强大支撑。

（一）坚持村民为本，重视村民力量

“人民的主权……以人的名义宣布的，所以很自然，人‘不可分离’的

① 习近平．在庆祝中国共产党成立 100 周年大会上的讲话［EB/OL］．（2021-07-15）［2022-06-24］．http：//www．qstheory．cn/dukan/qs/2021-07/15/c_ 1127656422．htm．

权利能够得到保障，并且变成人民自治主权中不可分离的部分。”① 在传统社会的发展过程中，农民始终被贴上思想封闭和行动保守的标签，其在基层治理中的自主性和自治性往往被忽视，甚至是被掩埋。而中国共产党在整个革命和建设的过程中，充分认识并调动了农民的积极性，充分挖掘并激发了农民的自治能力。当然，农民也不负所望，在中国革命、建设和发展中体现出的独特风貌和重要作用，展示了其推动社会进步的强大动力和强大潜力。

村民在涉及农村基层治理过程中不是被动的接受者，也不是只能依赖国家支持、无能为力的弱势群体。村民是农村基层自治的主体，是否能在农村基层治理的实践探索和开拓创新中发挥切实作用，是衡量农村制度建设和政策制定科学与否的重要标准。全面深化改革，必须以促进社会公平正义、增进人民福祉为出发点和落脚点②。广大村民是农村生活的最大受众，是所在地区真正的主人，让老百姓过上好日子是党和国家一切工作的出发点和落脚点，补齐民生短板、解决好人民群众急愁难盼问题更是社会发展的紧迫任务。因此，坚持以人为本、充分保障村民的权利、重视村民力量是强化村民主动参与农村基层治理意愿、推进农村基层治理现代化进程、最终实现农村善治目标的最基本原则。

以宪法为核心的现代化法治体系赋予、确认并保障着我国城乡居民享有平等的政治权利和政治自由，法治建设为村民正确行使自身权利、监督权力运行提供着坚实的后盾。家庭联产承包责任制的创设、村民群众自治制度的确认、村务公开制度的实践、精准扶贫事业的落实等经济、政治、法治方面的伟大实践，无一不体现着村民对基层治理付出的努力。在正确把握自身权利的基础上，村民对基层社会经济、政治、文化、环境等多个领域提出了更高的发展要求。村民利用自己的理性思维和智慧，越来越积极主动地融入农村基层治理过程。例如，村民通过微信客户端、微博、政府网页等互联网平台反映不公的社会现象，村委会成员通过组建农村社区帮扶机构保障年迈人员的生活，村民通过上访、信访等形式表达自身受损利益，村委会通过组织集体法治宣讲活动和推动“法律明白人”建设等方式深化法治乡村建设、拓宽全民守法的深度与广度等。

---

① 汉娜·阿伦特. 极权主义的起源［M］. 林骧华，译. 北京：生活·读书·新知三联书店，2014：383.

② 中共中央文献研究室. 十八大以来重要文献选编：上［M］. 北京：中央文献出版社，2014：552-553 .

村民利用自身的实践对农村基层治理提出了更多更好的改进方案和完善方式，他们已经成为推进农村基层治理体系和治理能力现代化建设的中流砥柱。实现农村基层自治、推动农村基层法治、夯实农村基层德治的关键就在于尊重和保障村民的治理自主性，农村基层社会治理的对象是全体村民，而农村基层治理的意义在于满足村民生产生活中物质条件、精神文化的需要。因此，尊重村民的自主精神、自我管理是真正实现每个村民成为管理自身事务主人的必要条件，村民自治以其自主性充分调动与发挥村民治理的才能，进而增进村民的幸福感、满意度、参与度和获得感，最终实现公平正义。

（二）尊重乡土文化，追求情理公平

乡村是一个天然共同体，在这个共同体中，基于人与人、人与自然、人与社会的长期互动和相互统一形成了独特的乡村文化，并规范着人、自然与社会的基本关系结构，维系着人们正常的生产秩序和生活秩序①。我国农村在几千年传统文化的历史熏陶下形成了独特的乡土文化传统和基层治理模式，兼具着稳定性、延续性、坚韧性等特点，农村基层地区以一种自洽型的社会生态文化系统维持着各地的稳定与和谐。因此，农村基层社会中的情理关系和民风民俗成为农村基层治理中不可或缺的重要力量。

乡村文化包含的价值认知、价值追求与价值评判构成了乡村文化的价值观②，农村基层治理中的“情”作为中国农业社会几千年发展形成的“软性”治理规范，包含着民风民俗、伦理道德、处事规范、民间礼数等各式各样的表现形式。民情具有着深厚的文化底蕴，其内涵延续了传统文化中的宗法血缘、道德伦理和社会纲常，也是传统家国文化的一种重要表现。中国的社会组织是一个大家庭而套着多层的无数小家庭，可以说是一个家庭的层系③，家庭文化作为塑造个人思想的本源，影响着几代人的生存与发展，家族氛围、宗族影响、人际关系等“民情”因素至今为止对农村基层地区依旧产生着十分重大的影响，家庭文化对基层社会治理的重要性不言而喻。因此，“不论时代发生多大变化，不论生活格局发生多大变化，我们都要重视家庭建设，注重家庭、注重家教、注重家风，紧密结合培育和弘扬社会主义

---

① 姜德波，彭程．城市化进程中的乡村衰落现象：成因及治理——“乡村振兴战略”实施视角的分析［J］．南京审计大学学报，2018（1）：16-24.

② 吕宾．乡村振兴视域下乡村文化重塑的必要性、困境与路径［J］．求实，2019（2）：97-108.

③ 张东荪．理性与民主［M］．上海：商务印书馆，1946：8-9.

核心价值观，发扬光大中华民族的传统家庭美德”①。

农村基层治理中“理”则表现为法律法规、政策制度等“硬性”管理规定，是实现现代社会文明治理的主要手段。“理”作为农村基层治理方式的基本组成部分，是防止人情关系和乡土陋习过度干预基层治理的强制手段，更是实现农村现代化发展和推进乡村振兴战略的底线保障。从中国社会几千年来的文化传统看，农村基层地区纠纷的解决更加倾向于合乎民情、寻求平衡、维系和谐相处的关系，因此“理”的存在并不是万能的。在基层治理过程中极力追求“理”的硬性规定，反而会出现适得其反的现象，导致农村基层善治的理想愈发遥远。例如，在电影《秋菊打官司》中，依据“理”的强制处理结果，最终将“村长”以伤害罪定罪伏法，而秋菊心中追求的“情”并未获得合理的解释，缺乏合情解释的司法难以让人信服，也不能算是公正的司法。当然，一味以“情”为重也会导致社会不公，例如村民利用“法律规避”② 缓和阶段性的矛盾和冲突，基于人情关系、面子工程、社交礼节等农村社会习俗，出现放弃自身权利、选取折中结果等现象，从而导致未得到公正的审判或合理的结果。更有甚者，个别人利用其建立在人脉网络、亲缘关系上的宗族势力、黑恶势力，实施垄断民主选举、搅乱基层民风、剥削村民利益等行为，而导致基层微腐败现象时有发生，因此，必须在基层治理的过程中审慎考虑“情”和“理”的功能边界，注重“情理”公平。

实现乡村振兴，治理有效是关键。在农村基层治理的过程中，要运用好乡风乡情、道德规范、社会习俗等“软性”工具，以实现与法律、法规、国家政策等“硬性”工具的有效结合，明确“情”和“理”并不是对立矛盾的关系，而是相互统一、相互促进的关系，进而防止“情”的滥用和“理”的僵化。在基层治理过程中，要尊重乡土文化，正确处理情理关系，将矛盾在农村基层得以化解，以法治手段作为德治运行的依托，以德治教化作为法治发展的保障，最终实现社会基层治理既合情又合法的实践目标。

二、公平正义对农村基层治理的内在规定

从现代法治社会发展的内涵看，公民的权利主要涉及三个方面，即政治

① 中共中央国务院举行春节团拜会［N］. 人民日报，2015-02-18（1）.

② 苏力. 法治及其本土资源［M］. 北京：北京大学出版社，2015：49-77.

权利、经济权利和发展权利①。具体到农村基层治理的实践中，基层民主政治是实现农民政治权利公平正义的基石，土地经营权利是落实农民经济权利公平正义的核心，社会保障权利是确保农民社会发展权利公平正义的主线。激发农村基层治理的活力与能力离不开上述三种权利的合理统一，而法治乡村建设更是能为维护村民的合法权益、实现基层治理公平正义提供有效的保障。

（一）基层民主政治是维护基层治理公平正义的基石

村民的民主参与权、民主选举权是基层政治权利的核心要素，基层地区作为直接选举的执行领域，民主选举的合理性、正当性与合法性是检验基层民主政治发展公平正义的内在要求。习近平总书记指出，人民是否享有民主权利，要看人民是否在选举时有投票的权利，也要看人民在日常政治生活中是否有持续参与的权利；要看人民有没有进行民主选举的权利，也要看人民有没有进行民主决策、民主管理、民主监督的权利②。

自改革开放以来，国家不断加强对农村基层自治制度的程序化、规范化和法治化建设，“几十年来，中国适时修改选举法，选举全国人大代表时，农村和城市每位代表所代表的人口比例从新中国成立初期的 8∶1，到 1995 年的 4∶1，再到 2010 年的 1∶1，逐步实现了城乡人口的平等选举。人们的民主意识不断增强，参选率不断提高。改革开放以来，中国先后进行 12 次乡级人大代表直接选举、11 次县级人大代表直接选举，选民参选率均保持在 90%左右”③。党的十九大进一步明确提出要“巩固基层政权，完善基层民主制度，保障人民知情权、参与权、表达权、监督权。健全依法决策机制，构建决策科学、执行坚决、监督有力的权力运行机制”④，以民主政治制度建设维护村民的政治公平正义。

随着基层自治制度的不断完善，农村基层地区实行民主选举的方式愈加多样，例如扩大基层党组织成员直接选举的范围，拓宽村“两委”的选人渠道，从专业户、科技示范户、留村青年中选拔村干部，抓住村“两委”换届

---

① 王一多. 政治权利平等是公民社会权利平等的前提条件［J］. 西南民族大学学报（人文社科版），2010（11）：87-89.

② 花志荣. 发展全过程人民民主 保证人民当家作主［J］. 人大研究，2021（8）：1.

③ 国务院新闻办公室. 中国的民主［EB/OL］.（2021-12-04）［2022-07-22］. https：//www. scio. gov. cn/ztk/dtzt/44689/47513/index. htm.

④ 李宏伟. 积极探索 勇于创新 努力推进基层人大工作［J］. 吉林人大，2018（6）：12-13.

的契机，秉承国家治理的规范性与地区治理的特殊性相统一原则，不拘一格将基层民主落实到底，为后续基层治理储备优秀人才。农村基层地区通过不断规范民主决策程序，逐步建立起多样的民主反馈机制，不断完善社情民意反映制度、专家咨询制度、重大事项公示制度、社会听证制度等，这些既是表达村民的决策意愿的重要渠道，也是村民进行民主监督的合理方式。农民是基层自治的主体，只有重视这一“事实性主体”的民主政治权利，农民自治才不会被淹没，才能真正展示与凸显村民作为政治主体的自治能力。

（二）经济发展是发展基层治理公平正义的核心

中国特色社会主义经济市场化不仅改变了农村社会原本的小农经济模式，还改变了其经济结构，使其由最初的权利控制型、体制权威控制型的资源分配机制转化为注重平等、自由与公平的调控型资源分配机制。农村基层社会由最初农业收入占据主体地位的经济结构转化为以农业收入为主的多元化经济收入结构，破除了资源分配和经济发展由国家权力控制的状况，构建起以自由、平等、公正为特征的中国特色社会主义农业市场经济运行体系。在村民的经济基础和经济独立性不断增强的背景下，农村农业发展更加重视村民自身在经济中的参与感和自主性，在此基础上村民利益的合理获得是其公平地参与经济竞争的重要表现。

对农村基层地区而言，农民的土地权利是保障农民经济发展的最基本权利，是保障农民生存权的前提，也是较为典型的蕴含着丰富隐权利的权利①，涉及土地承包经营权、宅基地资格权、宅基地使用权、集体收益处分权、集体收益分配权等多项权利。在这些权利中，“土地承包经营权几乎完全承载了农村居民的就业权实现、失业保障、最低生活保障、医疗保障、养老保障等一系列的集合功能”②，故“土地承包经营权是广大农民最重要的一种土地权利”③。党的十八大以来，国家针对整体社会经济发展指出“我们必须紧紧抓住经济建设这个中心，推动经济持续健康发展，进一步把‘蛋糕’做大，为保障社会公平正义奠定更加坚实物质基础”④。落实到农村基层地区，

① 魏建，魏安琪．新型城镇化、农民分化与农民权益保障［J］．理论学刊，2015（1）：81-93.

② 赵万一，汪青松．土地承包经营权的功能转型及权能实现——基于农村社会管理创新的视角［J］．法学研究，2014（1）：74-92.

③ 艾建国．论土地承包经营权如何真正成为农民的财产权［J］．华中师范大学学报（人文社会科学版），2005（4）：19-25.

④ 习近平关于全面建成小康社会论述摘编［M］．北京：中央文献出版社，2016：135.

国家政策对保护村民的土地权益实施了多样的举措，例如通过政府政策进行危房补贴、田地林业补贴，通过股份出让进行土地资源再利用，通过集体协商、招商引资将土地进行整体出租获取分红等，使得农民土地资源得以充分利用。同时，农村基层党组织、村委会、乡镇政府分析各地的产业优势，利用各地产业优势推动农机服务、物业服务、村社共建给予村民更多的就业机会，通过电商平台、农产品加工、发展特色产业进行农村产业升级，不断夯实基层经济基础。经济发展作为实现农村基层社会治理公平正义的核心要素，必须要不断做大、做多、做强，进而满足村民生产生活的需要，为实现社会公平正义的目标积蓄力量。

（三）社会保障是落实基层治理公平正义的主线

农民的发展权是在其生存权的基础上衍生、拓展的权利，其中农民的土地权利是确保其生存权的前提，而社会保障权则是真正提高农民生活水平的必备要件。与城市居民相比而言，我国农民在涉及自身发展权的领域（例如就业、教育、医疗、住房等）依旧处于劣势地位。农民社会保障权涉及其生存发展的切身利益，处于农民发展权的核心与基础地位，是基层治理需要重点关切的领域。

党的十八大以来，国家就明确指出要关注群众多方面、多层次需求，创新方式方法，多用善用会用多予少取、放活普惠的方法推进改革，多谋民生之利、多解民生之忧"①。《关于建立统一的城乡居民基本养老保险制度的意见》（国发〔2014〕8 号），《关于整合城乡居民基本医疗保险制度的意见》（国发〔2016〕3 号），中共中央、国务院印发的《乡村振兴战略规划（2018—2022）》，均坚持以城乡居民社会保障权均等化为导向，努力构建公平正义、合理规范、协调统一的城乡居民社会保障体制。党的十九大也提出"全面建成覆盖全民、城乡统筹、权责清晰、保障适度、可持续的多层次社会保障体系"，以上诸多政策和制度的确立与推进，不断促进社会公共服务资源向农村倾斜，为构建公平的城乡居民社会保障体制提供了基础。

党的十八大以来，农村地区、边疆民族地区、革命老区、脱贫地区教育水平得到了历史性的提高，区域城乡校际差距明显缩小；义务教育普及程度超过了高收入国家的平均水平，学前教育毛入学率大幅提升至 88.1%，高等

① 改革，快马加鞭未下鞍：以习近平同志为核心的党中央 2016 年推进全面深化改革工作述评［N］. 人民日报，2017-02-03（1）.

教育进入了普及化阶段，劳动年龄人口平均受教育年限达到10.9年；公共卫生服务体系全面加强，多层次医疗服务体系更加健全，超过85%的县级医院具备二级医院服务能力，基层医疗机构的服务能力普遍增强；社会保障兜底网更加牢固有力，城乡低保对象、特殊困难人员、低收入家庭等做到应保尽保、应救尽救，保障标准也随着经济发展逐步提升①。以上农村基层民生建设成果，无不体现了我国基层社会保障取得的既有成效，同时也指明了农村基层民生建设日后发展需要不断完善的方向。农村基层社会的公平正义是现实且具体的，而村民的需求和愿望正是基层社会公平正义发展的重要导向。因此，农村基层治理必须实现好、维护好、发展好最广大人民群众根本利益，通过落实和保障基层民生建设，做好基础性、普遍性、互惠性、兜底性的民生工程，以落实农民社会保障权，实现社会公平正义。

（四）法治建设是保障基层治理公平正义的根基

制度是由人制定的，是关于人的制度，是人的活动对象。制度要服务于民生幸福的发展，是沟通人与社会进步的“桥”，是民生幸福由可能到现实的路径②。村民的安全感、幸福感和获得感离不开制度的支撑，离开赖以支撑的制度所提供的安全感，村民的幸福感与获得感便失去了基础和依靠。一种能体现社会公平正义理念的制度，通过合理的约束和有效的激励，能够形成稳定的社会秩序和良好的道德氛围，让村民在每一件生活的小事中感受到公平正义，在生活的每一方面都得到保障。

就社会治理而言，法治具有公正、自由、民主、平等等基本特性，即是说，法治社会必然也是一个自由、民主、平等、公正的社会③，故法治建设的过程就是彰显公正、平等、权利等法治价值的过程。具体到农村基层治理实践中，法治乡村建设是确保村民人人学法、人人用法、人人守法的重要方式，也是维护村民自身权益的重要保障。因此，要实现基层善治目标，离不开法治建设，法治建设是实现基层治理公平正义的最基本制度保障。2020年3月，中央全面依法治国委员会印发的《关于加强法治乡村建设的意见》

---

① 国家发改委：过去十年我国民生建设取得历史性、全方位成就［EB/OL］. 人民网，（2022-05-12）［2022-07-05］. http：//finance. people. com. cn/n1/2022/0512/c1004-32420276.html.

② 罗建文. 社会发展理念与民生幸福研究［M］. 北京：中国社会科学出版社，2012：203.

③ 田兆军. 良法与善治：“法治”价值观的当下解读［J］. 中国政法大学学报，2019（6）：29-37，206.

（简称《意见》）明确了法治乡村建设在完善涉农领域立法、规范涉农行政执法、强化乡村司法保障、加强乡村法治宣传教育、加快“数字法治·智慧司法”建设、深化法治乡村示范建设等九个方面的内容。《意见》在总体要求的主要目标中提出到2035年，乡村法治可信赖、权利有保障、义务必履行、道德得遵守，乡风文明达到新高度，乡村社会和谐稳定开创新局面，乡村治理体系和治理能力基本实现现代化，法治乡村基本建成。这一顶层设计文件明确了法治乡村建设的合理性与必要性①。我国已逐步构建起中国特色社会主义法治体系，法治乡村建设作为国家法治体系的基础性工程，承担着极其重要的职责。在法治规范的规定下，村民的主体地位保障着其作为基层治理主体的合法性和合理性，给予其在规范限度下最大的自由；在法治规范的监督下，基层地区构建起公平公正、平等透明的治理环境，最大限度地保障村民自由、自治、平等、民主的基本权利；在法治规范的践行中，法治建设“教育引导农村广大干部群众依法办事、遇事找法、解决问题用法、化解矛盾靠法”②，面对出现不可调节的邻里矛盾、土地纠纷、补助认定等问题时，给予村民有效的救济与保障。

法治作为基层治理的制度性、规范性元素，担负着基层治理体系中底线性的功能与作用，是保障自治落实与推动德治深入的根基，不但不能僭越，也不能被权利侵蚀，这是基层治理法治化的基本要求，也是实现乡村善治目标的重要方式。因此，在推动乡村振兴、实现基层治理公平正义的过程中，法治建设是必不可少的保障，需要持续推进法治建设的完善与发展，以法治建设确保农村基层治理公平正义的实现。

三、公平正义在农村基层的实践呈现

农村基层治理既包含着基层民主政治、基层经济发展、基层社会民生，也集合了乡土文化建设、生态环境保护、基层社会交往，肩负着经济、政治、文化、生态等多方面的重任。农村基层治理历史悠久，在不同历史阶段呈现出多样的实践成果。农村基层治理的实践成果既是国家有效治理的重要表现，也是检验和发展社会公平正义的重要方式。

---

① 关于加强法治乡村建设的意见［EB/OL］.（2020-03-25）［2022-07-25］. http：//www.ccrs.ccnu.edu.cn/List/H5Details.aspx? tid=16090.

② 习近平. 论全面坚持依法治国［M］. 北京：中央文献出版社，2020：274.

（一）农村基层治理方式的探索历程

我国传统农村社会是一个典型的乡土社会，在漫长渐进的历史发展过程中形成了错综复杂的社会关系，成就了独具特色的传统乡村基层治理体系。自近代以来，随着传统中国卷入时代发展的洪流、融入世界历史的发展进程，传统乡村基层治理模式和治理体系也在社会发展变革的进程中发生着种种嬗变。

新中国成立之后，面对百废待兴的社会现状，党和国家明确了国民经济恢复计划和“一化三改”任务，针对农村地区的发展需求由新民主主义革命时期的土地改革政策，逐步走向利用国家权力的权威迅速打通乡村基层，进而实现组织农业生产、支持现代工业建设的目标。1954 年全国人大第一届会议制定并颁布了新中国第一部宪法和《地方各级人民代表大会和各级人民委员会组织法》，在《关于健全乡村政权组织的指示》基础上进一步规范了新中国农村基层政权体制，县乡基层政权架构由此开始建立起来。在高度集中的农业管理模式的指导下，基层社会政治的稳定性虽然得到了极大的巩固，但固化的管理方式严重背离了社会整体的发展规律，极大限制了村民的生产积极性、独立性和创造性。

面对“政社合一”乡村治理模式下出现的严重问题，在解放思想、实事求是理论的指导下，邓小平同志提出了“农业发展要实现两个飞跃”的伟大论断①，成功突破了“政社合一”一元化乡村治理模式。1987 年第六届全国人大常委会第二十三次会议审议通过了《村民委员会组织法（试行）》，对村委会的性质、地位、结构、产生方式、工作方法等做出了全面的规定，进一步细化了农村基层治理中的组织结构、权力分配、人员组成等，在充分给予农民政治参与权利的基础上，农村基层治理模式由国家权力向村民自治开始转变，从此开启了“乡政村治”的新时代。随着“两个趋向”重要论断的提出②，农村基层治理进入了社会主义新农村建设时代。党的十七大正式将基层群众自治制度确定为国家基本政治制度，提出要完善村党组织领导下的乡村自治动力机制，以村民大会、村民代表大会和民主讨论的方式进行民

---

① 两个飞跃：第一个飞跃是废除人民公社，实行家庭联产承包责任制；第二个飞跃是发展集体经济。

② 两个趋向：农业是安天下、稳民心的战略产业，必须始终抓紧抓好。纵观一些工业化国家发展的历程，在工业化初始阶段，农业支持工业、为工业提供积累是一个普遍的趋向。在工业化达到相当程度后，工业反哺农业、城市支持农村，也是一个普遍的趋向。

主决策，以自我教育、自我管理和自我服务为主要目标开展民主治理，以村务公开、财务监督和民主评议为主要内容开展民主监督，不断推进农村自治朝着制度化、规范化和程序化方向发展①。

党的十八大以来，以习近平同志为核心的党中央，在接续前人理论成果和实践经验的基础上，深刻剖析了我国现阶段农民基层治理的困境与出路，提出通过精准扶贫解决不同农村基层地区的贫困问题，在夺取脱贫攻坚战伟大胜利的基础上，将乡村振兴战略作为推进乡村建设现代化事业的重要助力。党的十九大明确将"健全自治、法治、德治相结合的乡村治理体系"作为乡村治理模式不断完善的发展导向，我国农村基层治理正朝着产业、文化、生态、人才、组织等多个维度方向发展，"产业兴旺、生态宜居、乡风文明、治理有效、生活富裕"的善治乡村也成为新时代农村基层地区现代化发展的前进目标。

（二）精准扶贫是农村公平正义的新时代实践

1. 精准扶贫理念提出的历史背景

新中国成立以来，中国社会在很长一段时间内处于普遍贫困的状态，直至1978年我国依旧是世界上贫困人口最多的国家之一。改革开放这一历史性的成功创举，虽带领多数人民群众摆脱了贫困，但在党的十八大召开前后，我国依旧面临着9899万贫困人口、832个贫困县和12.8万个贫困村的严峻国情。容易的、皆大欢喜的改革已经完成了，好吃的肉都吃掉了，剩下的都是难啃的硬骨头②。面对农村基层地区如此艰巨的贫困形势，党和国家为了全体人民的幸福涉险滩，继续推进对基层贫困地区的改革，不能"丢了农村这一头"③、不能"让困难地区和困难群众掉队"④，在持续推进农村基层地区不断发展的基础上，提出通过精准扶贫战略攻坚克难，努力夺取脱贫攻坚战的胜利。

2. 精准扶贫理念的具体内涵

在2013年11月赴湘西考察时，习近平同志首次提出了"精准扶贫"的概念，针对棘手、多样的基层贫困问题，明确指出消除贫困不存在万能模

---

① 任志江，肖杨飞英. 新中国成立以来中国共产党乡村治理思想的理论渊源、历史演变与经验启示［J］. 攀枝花学院学报，2021（6）：1-7.

② 习近平. 习近平谈治国理政［M］. 北京：外文出版社，2014：101.

③ "四个全面"学习读本［M］. 北京：人民出版社，2015：56.

④ "四个全面"学习读本［M］. 北京：人民出版社，2015：57.

式，开展扶贫工作要实事求是，因地制宜；要精准扶贫，切忌喊口号，也不要定好高骛远的目标①。党和国家将“五个一批”工程项目作为精准扶贫工作的实施路径②，在“扶贫与扶志、扶智相结合”的理念指导下，以“六个精准”细化精准扶贫的具体内容③，建构起新时代扶贫工作的整体结构。党和国家通过细化精准扶贫的具体内涵引领扶贫工作的制度建设和思想建设，高度强调扶贫工作中的精准性和针对性，最终做到脱真贫、真脱贫，以精准扶贫为全面建成小康社会奠定基础。

3. 精准扶贫战略的实践成果

扶贫开发是全党全社会的共同责任，要动员凝聚全社会力量广泛参与④。2020 年 11 月 23 日，随着贵州省最后 9 个贫困县脱贫摘帽，中华民族的脱贫攻坚战取得了全局性的胜利。纵观精准脱贫的实践历程，我国全面脱贫的伟大创举为全世界的脱贫事业贡献出了行之有效的实践经验和理论依据。

一是精准扶贫。精准扶贫首先强调要“精准”。实施精准扶贫、精准脱贫，分类扶持贫困家庭，探索对贫困人口实行资产收益扶持制度，建立健全农村留守儿童和妇女、老人关爱服务体系⑤。党和国家通过民主评议和多维度贫困标准判定指标的综合评价方式，公平公正公开地识别贫困人口和贫困家庭，利用建档立卡实行专项扶贫，对贫困人口进行有效分类，确保对贫困人口的有效管理和后续追踪。同时，基层地区还通过互联网、云计算、大数据统计等智能方式将脱贫专项资金有序、有效发放，防止因腐败问题导致专项资金无效利用，加强对扶贫成果的维护，防止因人际关系、人情世故导致扶贫资金的外流，谨防扶贫过程中的腐败问题。

二是产业扶贫。产业扶贫是精准扶贫工作中最具创造性的举措。党和国家开展贫困地区水电矿产资源开发资产收益为目标，创新贫困地区水电矿产

---

① 习近平：扶贫切忌喊口号［EB/OL］.（2013-11-03）［2022-06-04］. http. //news. xinhuanet. com/politics/2013-11/03/c-117984312. htm.

② 五个一批：发展生产脱贫一批、易地搬迁脱贫一批、生态补偿脱贫一批、发展教育脱贫一批、社会保障兜底脱贫一批。

③ 六个精准：扶贫对象精准、项目安排精准、资金使用精准、措施到位精准、因村派人精准、脱贫成效精准。

④ 谋划好“十三五”时期扶贫开发工作确保农村贫困人口到 2020 年如期脱贫［N］. 人民日报，2015-06-20（1）.

⑤ 中共中央文献研究室. 十八大以来重要文献选编：中［M］. 北京：中央文献出版，2016：812.

资源开发占用农村集体土地补偿方式①，以保障农村集体经济的合法权益为中心，依据“归属清晰、权责明确、群众自愿”的原则，在吉林、安徽、重庆、陕西、西藏等试点地区，通过产业创新取得了积极成效。贵州省统计数据显示，在2019年年底试点方案结束时，试点乡村3年内累计收益高达857万元，试点项目所在11个县全部实现脱贫摘帽。党和国家将地区资源的开发利用与精准扶贫进行有机结合，充分唤醒、激活农村基层地区产业、产能和土地资源等方面的优势，以“万企帮万村”等政策方式带动贫困乡村的经济发展，以创新产业发展保障贫困地区的物质条件，调动村民生产生活积极性，有效发挥了农村基层地区自身的经济活力，为后续全面脱贫工作提供了行之有效的实践方案。

三是生态扶贫。“加大贫困地区生态保护修复力度，增加重点生态功能区转移支付”②、推行“西部绿化行动”等生态扶贫政策的实施，促进生态资源分配更加公平，更加惠及贫困地区。这既是中国特色的减贫举措、脱贫方式，也是对代际正义的有效维护。云南省怒江傈僳族自治州泸水市鲁掌镇三河村旅游扶贫案例，向我们展示了“生态”与“旅游”的有机结合，实现了发展贫困地区经济与保护地区生态的有机统一。三河村地势险峻，位于半山地区，无法实现土地资源的有效利用，强行开发只会适得其反。因此，三河村村委会依据“因地制宜、因村施策”的扶贫原则，通过多次实地调研、多方咨询，选择走“生态+旅游”的脱贫致富道路。三河村借助外来资本，将地区生物多样性资源作为其旅游特色，并通过大数据平台（例如微博、抖音、小红书等）进行旅游宣传，成功提高贫困人口脱贫致富的可行性，并取得了相应成效。“2018年以来，社会资本投入1800万元，接待游客2.2万人次，带动本地就业150人，人均收入4万元，综合带动45户155人建档立卡贫困户脱贫”③，三河村在生态保护的基础上实现了地区的脱贫致富，以合理的生态开发实现了对地区资源的有效利用，为其他贫困地区采取生态脱贫树立了良好的标杆榜样。

---

① 国务院办公厅印发的《贫困地区水电矿产资源开发资产收益扶贫改革试点方案》（国办发〔2016〕73号）。

② 中共中央文献研究室．习近平关于社会主义经济建设论述摘编［M］．北京：中央文献出版社，2017：220.

③ 一边护鸟一边“打鸟”“生态+旅游”的脱贫致富路——云南省怒江傈僳族自治州泸水市鲁掌镇三河村旅游扶贫案例［EB/OL］．（2022-05-12）［2022-07-06］．https：//travel. sohu. com/a/546109675_ 121123749.

四是教育扶贫。扶贫要与扶智、扶志相结合，而教育扶贫既是扶智，也是扶志，更是扶根。“教育公平是社会公平的重要基础，要不断促进教育发展成果更多更公平惠及全体人民，以教育公平促进社会公平正义”①，教育公平作为机会公平的重要表现，是保障权利公平、落实规则公平和实现结果公平的关键环节。自2012年起，全国财政性教育经费支出占GDP的占比一直保持在4%以上且呈持续上升趋势，2021年全国教育经费总额更是高达3.76万亿元，比2020年度增长3.5%。在一定程度上，维护基层贫困人口的利益需要对其进行倾斜性利益保护，“解决农民利益与其他利益主体的冲突、博弈，使其互动、协调和平衡，并最终达到利益协调、实现利益保障与利益和谐”②，因此，教育资源配置向义务教育倾斜、向农村基层地区和贫困地区倾斜，是必不可少的。教育扶贫作为精准扶贫的根本，是阻断贫困代际传递、彻底稳定脱贫的根本推手。全面实行城乡义务教育、免除贫困家庭学生普通高中学杂费、设置重点高中向农村贫困地区招生名额、保障农民工子女在流入地接受义务教育和后续教育的权利等一系列措施的实施，确保了农村贫困地区孩子不会因为贫困而失学，推动了农村基层地区教育事业的持续发展，圆梦农村贫苦学子向上进取的努力与付出，进而以教育扶贫推动公平正义的实现。

五是社会保障扶贫。社会保障权作为农民发展权的主线，是维系农民后续发展的重要保障。到目前为止，全国建档立卡贫困人员参加基本养老保险人数6098万人，参保率长期稳定在99.99%；2017年代缴政策实施以来，共为1.19亿困难人员代缴城乡居民基本养老保险费129亿元，基本实现了建档立卡贫困人员应保尽保；2020年年底，超过3014万贫困老年人按月领取基本养老保险待遇，其中建档立卡贫困老人1735万人③，基层社会保障安全网的构建，为乡村振兴的有效衔接做好了铺垫。我国虽然尚未制定专门的《社会保障法》，但新颁布的《乡村振兴促进法》中“城乡融合”的专章内容为农民社会保障制度提供了明确的法律指引。同时，“深入实施健康扶贫工程，提高贫困地区医疗能力，做到精准到户、精准到人、精准到病”等保

① 习近平. 习近平谈治国理政：第二卷［M］. 北京：外文出版社，2017：365-366.

② 李长健，邵江婷. 基于农民权益保护的倾斜性土地权利配置分析［J］. 华中农业大学学报（社会科学版），2011（1）：82-91.

③ 社保扶贫保生活，成效如何？来看［EB/OL］.（2021-02-07）［2022-07-06］. http：//www. mohrss. gov. cn/ltxgbj/LTXGBJgongzuodongtai/202102/t20210207_409304. html.

障贫困群众基本物质生活条件措施的出台①，凸显了社会保障制度的兜底作用，维护着医疗卫生、住房补贴、社会保障等基本公共服务领域的公平正义，为贫困人口的后续发展和防止返贫提供了物质保障。

消除贫困、改善民生和逐步实现全体人民共同富裕，是社会主义的本质要求②。根据2021年全年统计数据显示，全国农民工人均月收入4432元，比上年增长8.8%，全年脱贫县农村居民人均可支配收入14051元，比上年增长11.6%，扣除价格因素，实际增长10.8%③，农民可支配收入来源扩大，其中转移净收入较上一年增长16.1%④。精准扶贫工作的开展以了解贫困人口对生产生活的需要、结合对其综合能力的评估为出发点，以采取有针对的帮扶措施为基本方式，充分发挥贫困人口自身的创造性，激发其内在的发展潜力。这是对农村基层贫困人口能力的认可和支持，在国家政策帮扶的背景下，不断挖掘贫困人口自身潜力，通过村民的自主劳动真正摆脱贫困处境。同时，党和政府将“两不愁三保障”作为对扶贫绩效的考核标准⑤，对贫困地区的整体脱贫状况进行实质性考核，以防止脱贫过程中的弄虚作假、虚报冒领等不公正现象的发生，确保贫困地区的人民真正脱离贫困。

精准扶贫政策打赢了中华民族孜孜以求的脱贫攻坚战，摆脱了困扰中华民族多年以来的绝对贫困的历史性难题，不仅提高低收入群体的收入水平，而且通过提高居民健康状况、降低医疗支出负担、转变非农就业状态、提高外出就业人数，以及提高受教育程度等因素提升居民的主观幸福感⑥。精准扶贫是落实乡村振兴战略的前提条件，乡村振兴战略是对精准扶贫政策的有效延续和继续巩固。在精准扶贫工作任务基本完成的大背景下，党和政府接续发展农村基层的基本理念，通过推动乡村振兴战略、建设法治乡村等举

---

① 中共中央党史和文献研究院．习近平扶贫论述摘编［M］．北京：中央文献出版社，2018：73.

② 习近平．全党全社会继续共同努力形成扶贫开发工作强大合力［N］．人民日报，2014-10-18（1）.

③ 中华人民共和国2021年国民经济和社会发展统计公报［EB/OL］．（2022-02-28）［2022-06-14］．http：//www．stats．gov．cn/xxgk/sjfb/zxfb2020/202202/t20220228_ 1827971．html.

④ 2021年居民收入和消费支出情况［EB/OL］．（2022-01-17）［2022-06-14］．http：//www．stats．gov．cn/xxgk/sjfb/zxfb2020/202201/t20220117_ 1826442．html.

⑤ 两不愁：不愁吃（含安全饮水）、不愁穿；三保障：义务教育、安全住房、基本医疗有保障。

⑥ 周强，王乾领，罗良文．精准扶贫政策影响居民主观幸福感对乡村振兴的启示——基于中国家庭追踪调查数据的实证分析［J］．贵州财经大学学报，2022（3）：90-101.

措，维护村民权益，在不断追求农村基层善治目标下持续奋斗。

全面建设社会主义现代化国家，实现中华民族伟大复兴，最艰巨最繁重的任务依然在农村，最广泛最深厚的基础依然在农村①。农村基层治理制度随着时代背景的不断变迁，呈现出不同的时代特征，“政社合一”—“乡政村治”—“新时代农村建设”—“乡村振兴”乡村治理模式的变化过程，体现党和国家对农村基层治理实践一步一脚印的探索和研究，农村基层的公平正义也被赋予更多的内涵和意蕴。坚持理论和实践相统一，坚持村民需求和社会治理相统一，坚持社会发展和深化改革相统一，是发展和探索农村基层治理社会公平正义的基本路线。面对新的时代背景，我国需要进一步完善农村基层治理理论、农村基层经济制度、农村基层管理制度、农村基层民主政治制度和农村基层法治制度等，充分发挥村民的积极性、主动性、创造性，在现代化建设的新时期发挥好农村基层治理的强大生命力，为造福村民、实现社会公平正义的伟大事业添砖加瓦。

第三节　农村基层微腐败治理中的公平正义困境

农村基层微腐败治理作为保障国家治理体系清正廉洁的基石，是中国特色社会主义事业发展进入新阶段的时代要求，也是实现社会主义公平正义的现实路径。自党的十八大以来，党中央一如既往地重视“三农”问题，随着反腐倡廉工作进入深水区，高压反腐的法治化实践已经延伸至基层，农村基层微权力也已纳入纪检监察范围，农村基层“微腐败”治理更是成为基层治理领域中的重中之重。“千里之堤溃于蚁穴”“苍蝇之腐不逊于老虎”，农村基层微腐败看似是小害，但若不对此进行严格查处、严阵以待，就会出现更多的人效仿，这些看上去不算什么的“微现象”积累起来进而会严重腐蚀国家政治的廉洁性，以及影响人民对政党政权的忠诚度与信任度，长久以往也就成了大祸害。新时期扫黑除恶的实践表明，由于农村基层地区分布的广泛性、基层党组织建设的复杂性、基层干部性质的特殊性、基层乡土文化发展的延续性等综合原因，农村基层微腐败治理面临着诸多的实践困境，影响社会公平正义的实现，这一直是基层治理甚至是国家治理的痛点与难点。

① 栗战书. 在乡村振兴促进法实施座谈会上的讲话［J］. 中国人大，2021（11）：10-13.

一、村民利益表达困境

农村基层微腐败会引发乡村治理实践中的诸多不正义，而这些不正义的最大受害者是村民。村民作为落实农村基层民主政治制度、带动农业农村发展、实现乡村治理现代化建设的根本力量，其利益获得充分表达是基层治理最重要的公平正义，明确村民利益表达困境，则是实现基层微腐败有效治理的第一步。

（一）村民政治利益表达困境

在权利公平方面，“政治权利公平是人类社会最高层次的公平”①，村民的政治主体地位是其行使民主权利的前提，政治参与是其行使民主权利的重要渠道，民主监督则是维护其民主权利的重要保障。然而，着眼于我国农村基层社会转型的总过程，农村基层民主政治建设还不够完善，村民作为农村基层地区的主人，其合理合法的政治权益需要进一步保障与落实。

在农村基层治理领域中，我国实行基层群众自治制度，根据宪法和法律，通过民主选举选出合适的成员组成村民大会、村民代表大会、村民委员会、村务监督委员会等村民自治组织，实行自我管理、自我教育、自我服务、自我监督。农村基层自治组织作为农村治理体系中的重要节点，是农村基层治理的中坚力量，肩负着组织、管理、服务、协调等一系列功能，既是国家治理与基层治理之间的连接者，又是农村基层自治事务的管理者。然而，现行体制的权威治理逻辑，以及国家与社会之间的权力关系模糊不清且规则混乱②，导致农村基层民主政治制度存在着严重问题。在农村年轻劳动力迅速外流的背景下，他们无法主动进入、充分参与乡村治理，农村基层治理权力集中化、基层治理“空心化”等趋势愈发明显。例如，在村务公开事项中，村务大多由“一把手”拍板，基层干部为维护自身权威和利益会进行“选择性”公开甚至是不公开，上述行为严重影响了村务公开的真实性和有效性，致使村务透明化的目标无法实现。同时，缺乏有能力的年轻人参与基层社会治理，对上述行为中的不公现象进行识别和质疑存在一定难度，农村基层民主政治更多表现为流于形式的民主、脱离管理的民主及表面上的

① 傅如良. 转型期农民政治权利探析［J］. 中国特色社会主义研究，2005（1）：34-38.

② 周庆智. 关于“村官腐败”的制度分析——一个社会自治问题［J］. 武汉大学学报（哲学社会科学版），2015（3）：20-30.

民主。

村民大会和村民代表大会作为基层治理最重要的组织，代表的是最广大村民的切身利益，村委会更是承担了村民自治的重要职责。在进行村干部换届选举的过程中，村民理应正确、合理、有效行使国家赋予的民主选举、民主监督的权利，但实际过程中违规选举、干扰选举、随意选举、贿赂选举、利用人情关系拉拢选票等现象比比皆是。在部分地区宗族势力利用其强大的号召力垄断该村的民主选举、肆意决定村委会成员等现象常有发生，歪曲了村民自身的选举意愿，剥夺了村民在选举中的自由，不仅威胁到事关整村的利益，还极大危害了我国基层民主政治建设。甚至出现了部分村民被黑恶势力控制的现象，面对如此高压，村民无法正确、果敢地行使其民主监督权利，导致出现不敢怒、不敢言、不敢说、怕报复、无法反抗等窘境，从而无法实现其合法的民主政治权益。这不仅破坏了基层选举的公正性和廉洁性，也为推进党风廉政建设遗留了不少隐患。

（二）村民经济利益表达困境

经济利益涉及村民的生存权与发展权，聚焦农村基层，土地作为广大农民的财富之源，土地资源构成了农民经济权益的根基。然而，在城镇化发展的过程中，因政策法规配套不全、乡村民主管理制度不完善、征地补偿不公、政府依法行政权力缺位等问题，导致农村土地资源、土地利用纠纷突出，农村基层微腐败因上述问题也多了许多可乘之机。例如，面对国家发放的农业农田补助、危房重建补助、土地征用补助等事关村民土地资源的重点内容，村委会刻意不予公开、延迟公开、更改公开内容，拖延村民知情权的实现，有效公开事项逐渐变成毫无意义的形式信息，实质损害了村民的经济利害，更遑论村民监督权的实现。同时，新的《中华人民共和国农村土地承包法》第 9 条虽将“土地承包权”概念纳入其中，但该概念的内涵与权能尚未实现明确的界定，导致人们对土地承包权、土地承包经营权、土地经营权等概念的理解与运用容易产生偏差，为因土地承包问题导致的微腐败现象埋下了诸多隐患。

考虑到贫困农民的利益是他们赖以生存和发展的客观需要，这种需要一是靠发挥自己的聪明才智和主观能动性，二是靠党和国家的财政转移支付①，

---

① 周师. 精准扶贫中农村基层干部的“微腐败”及其治理路径［J］. 理论导刊，2018（1）：54-58.

因此，党和国家大力推进“精准扶贫”“精准脱贫”等重大工程，以及通过乡村振兴战略巩固脱贫成果等政策的落实，尝试利用财政转移支付来满足村民生产生活的客观需要。然而，任何有利可图的领域都会出现腐败的身影。根据中央纪委国家监委网站发布的官方数据显示，2020 年被查处民生领域腐败和作风问题共 10.46 万起，在农村低保领域的违法违纪案例中以“截留侵占”为代表的微腐败案件占全部案例比重的 12.2%①。个别农村基层干部通过自身的便利身份对助农、惠农、扶农项目中资金财产进行恣意搜刮，利用裙带关系变相更改财政数额、变更扶贫对象身份、套取国家危房补贴等现象时有发生。农村基层组织中的部分工作人员利用手中的权力中饱私囊、截断阻截补助资金，通过虚报冒领等方式更改补助金的使用状况，部分资金甚至是贫困群众的救命钱、活命钱，这种种行为无疑严重危及村民的生存需要。村民最基本的保障得不到维系，大量的民生工程得不到有效的落实，何谈建设公平正义的基层社会，国家所追求社会公平正义的实质目标也就落了空。

（三）村民文化利益表达困境

我国农村是一个典型的乡土社会，“许多带着传统法律文化色彩的民间规范组织着社会生活，调整着各种矛盾和冲突”②，这一“色彩”已经深深烙印在农村社会发展的整体过程中，村规民约、风土人情等道德性规范与现代的法治文化相互融合，构建起全新且具有中国特色的基层文化环境。“传统伦理秩序和乡规民约尊重村民自治权力，有助于激发乡村自治潜能，提升公民参与乡村事务的积极性”③，然而，农村基层微腐败现象对整体基层社会文化环境产生着强大的冲击，村民群众自发形成的基层社会风气也会大受影响，更容易引发基层群众对党和国家的信任危机，社会公平正义的本质要求也就无法得到保障。

农村基层微腐败现象的出现是基层文化环境亚健康的表现。习近平同志 2014 年在兰考县委扩大会上谈到“塔西佗陷阱”④：“政府权威与公信力是权

---

① 深入整治微腐败 增强群众获得感［EB/OL］.（2021-03-09）［2022-05-30］. http://www.ccdi.gov.cn/yaowen/202103/t20210309_237475.html.

② 苏力. 法治及其本土资源［M］. 北京：北京大学出版社，2015：59.

③ 王玥. 内涵与互构：农村优秀传统文化与乡村社会治理关系探析［J］. 重庆文理学院学报（社会科学版），2021（5）：35-42.

④ 塔西佗陷阱：得名于古罗马时代的历史学家塔西佗，最初来自塔西佗所著的《塔西佗历史》，后被引申为一种社会现象，指当政府部门或某一组织失去公信力时，无论说真话还是假话，做好事还是坏事，都会被认为是说假话、做坏事。

力合法性的基础，是政令通行的前提，如果不能有效保持政府公信力，就可能使中国政治陷入‘塔西佗陷阱’。”① 农村基层干部作为村民选举出来代表自身利益、凝聚村民信任的“领头雁”，是落实农村基层治理政策、肩负党和国家工作使命的“火车头”，其一言一行代表了党和国家的形象。然而，农村基层微腐败往往是基层干部依据手中小微权力实施的腐败，与远在庙堂的“老虎型腐败”相比，微腐败情况微小，涉案金额不高，很容易被村民容忍或是漠视，甚至会被认为是人情往来的合理存在，若对其放任自流则会加剧基层社会不良风气的传播。微腐败对村民会产生最直接、最近距离的影响，村民缺少对微腐败现象的觉察，无法实现对微腐败现象的监督，他们的社会认同感、幸福感也因微腐败现象的持续存在而逐渐消磨殆尽。

德治作为农村基层治理的价值与支撑，社会主义核心价值观是其重要组成要素，“如果没有共同的核心价值观，一个民族、一个国家就会魂无定所、行无所归”②。基层社会自发形成的本土文化是村民文化诉求的表达，也是村民社会生活核心价值观的综合展现。然而，农村基层微腐败现象在本质上造成了对优良乡土文化环境的破坏，更是对党和政府廉洁政治的破坏，导致清正廉洁、勤政亲民的基层社会环境无法得到组建与落实。村民对村庄的主体感逐步丧失，村庄越来越难以仅靠内部力量来维持基本的生产生活秩序③，缺乏乡土人情、村规民约的基层治理，村民就失去了长久以来的精神支撑与指引，失去道德指引的基层治理如同无源之水，农村基层公平正义势必渐行渐远。

二、农村基层治理主体困境

农村基层治理的主体是多样化的，农村基层微腐败不仅是对基层廉政环境的破坏，更是对基层治理主体能力的挑战。农村基层治理主体作为落实农村基层社会公平正义的实践主体，遭遇着基层微腐败所形成的困境，而这些困境阻滞着乡村善治目标的实现。

---

① 马华，王晓宾．就职宣誓：国家治理现代化的构建［J］．政治学研究，2016（6）：94-104，127-128.

② 中共中央文献研究室．十八大以来重要文献选编（中）［M］．北京：中央文献出版社，2016：133.

③ 贺雪峰．未来农村社会形态：“半数人社会”［N］．中国社会科学报，2013-04-19（A08）.

（一）农村基层党组织的治理困境

在众多的治理主体之中，农村基层党组织处于核心领导的地位，成为农村社会中的治理权威①。《中共中央 国务院关于做好2022年全面推进乡村振兴重点工作的意见》明确指出："坚持和加强党对'三农'工作的全面领导，牢牢守住保障国家粮食安全和不发生规模性返贫两条底线，突出年度性任务、针对性举措、实效性导向，充分发挥农村基层党组织领导作用，扎实有序做好乡村发展、乡村建设、乡村治理重点工作，推动乡村振兴取得新进展、农业农村现代化迈出新步伐。"② 由此可见，农村基层党组织能力的大小、性质的强弱、地位的高低关乎农村基层治理的成败，关乎基层社会公平正义的实现，是农村基层微腐败治理主体困境中首要关注的难点。

近年来，随着城镇化建设的不断加快，农业转移人口数量大且迅速地向城市涌入，进城务工、求学、定居的现象大大缩减了村落的数量，农村基层党组织的组织架构也因村落数量、留村年轻人口的骤减而遭受冲击。一方面，因村落数量的减少，为有效实现对基层党组织工作的统一领导，即使面临村情概况不一致、村落发展参差不齐等实际工作困境，不少基层党组织依旧选择削减、合并。面对复杂的村情、不同村落先前独立的治理方式，兼并后的基层党组织无法迅速适应大量的工作需要，这样不仅加重了基层党组织的工作压力，也无法实现因地制宜、行之有效的治理效果，乡村善治的目标更是大打折扣。另一方面，农村基层年轻劳动力的大量外流，进一步加深了乡村"空心化"现象。目前，基层干部组成人员大致可分为三个层次：第一层次是领导干部，第二层次是年轻干部，第三层次是中坚干部，以中坚干部为主体③。然而，中坚干部因年龄、身体、技能水平等综合因素面临退休退岗的现实情况，农村基层党组织需要更换老一辈的干部成员，注入新鲜血液，然而无法发展年轻的党员同志使农村基层党组织面临着无人可换的尴尬境地。

同时，在经济体制改革的过程中，原来多数集体经济都转为包含多种经济成分的所有制形式，尤其是在农村，基层党组织可支配的经费少之又少，

---

① 刘华，王观杰．农村基层党组织的治理逻辑及能力建设：基于治理主体多元化视角的分析［J］．江苏社会科学，2018（6）：68–75.

② 中共中央 国务院关于做好2022年全面推进乡村振兴重点工作的意见［EB/OL］．（2022–02–23）［2022–07–28］．http：//www. gov. cn/xinwen/2022–02/22/content_5675035. htm.

③ 贺雪峰．论乡村治理视域下的农村基层中坚干部［J］．湖湘论坛，2018（5）：43–50.

服务群众就显得捉襟见肘①。农村基层地区未获得相应的物质支持和资金保障，致使农村基层党组织存在着资金实力不足的现实困境，箪瓢屡空的物质状况严重限制了基层党组织服务群众的行动力。农村基层党组织不仅要处理基层政府下放的大量工作，例如贫困人口的建档立卡、参保人员的统计与参保信息库的组建，兼顾疫情防控工作等，还需要处理村内事务，如进行乡村环境整治、引进企业辅助发展集体经济等。这导致农村基层干部承担了极大的工作量，但无法获得相应的工资与津贴，因此，有些农村基层干部不免心理失衡，进而企图以微腐败的形式获取经济利益。

（二）乡镇政府的治理困境

乡镇政府作为基层政府，是实施基层治理的中坚力量。面对繁杂的基层工作、下沉事务的安排、组织科层化的管理模式，乡镇政府在工作中容易陷入形式主义的治理困境。此外，乡镇政府过度的职能扩张，导致农村基层自治组织无法发挥其自治能力，导致基层党组织权责不对等、权责弱化、权责虚化、权责边缘化等状况常有发生，这也是农村基层微腐败治理中遇到的主体困境之一。

各层级政府的职责同构，政府职责体系不健全，带来层层加码和形式主义②。随着精准扶贫和乡村振兴战略的持续性推进，众多的工作任务涌入乡镇政府，乡镇政府资源配置委实有限。面对增加的工作量和超额的任务，乡镇政府的人员配置和经费难以应对，为完成这些超额任务，部分乡镇政府工作人员弄虚作假、虚报谎报，从而导致了“形式主义”这一微腐败形式。譬如组织形式化开会，部分乡镇领导会遇到集中一天开多场会议的情况，到处“赶场子”“记签到”“打卡”，疲于应付开会要求，而非真正落实工作任务。又或者是开会内容形式化，即本该有实际内容的会议，为应对上级部门的考核验收，将会议内容虚化，利用“走过场”“摆拍”等形式达到考核的标准，其开会内容与工作安排、工作汇报毫无关系。此外，现代化建设指引着乡镇政府逐步适应使用大数据、智能技术等方式开展基层工作，然而智能化发展也造成了严重的形式主义。例如，乡镇政府重视上级工作的安排以“痕迹”要求工作人员进行记录，但过度的工作打卡、微信群聊置顶、群聊内容

① 田改伟．新形势下基层党建工作创新研究［J］．中国特色社会主义研究，2015（1）：108–112．

② 周振超，张金城．职责同构下的层层加码——形式主义长期存在的一个解释框架［J］．理论探讨，2018（4）：28–33．

收到回复、工作中发送定位信息等反而束缚着乡镇政府工作人员的工作。同时，乡镇政府的工作方式也影响着村“两委”人员，例如在建设美丽乡村时，村委会为满足上级部门的工作检查，需要提前几天进行定点清理、汇报工作和形式检查，在检查人员走后，原来的清洁地区没几天就会恢复原貌甚至更差，“只留痕不留绩”的现象比比皆是。

基层社会结构格局的变迁、利益主体的分化、社会公共权力的分散等现象，“使得基层政府治理与社会自治之间界限模糊，同时基层政府治理结构功能中未体现多元化主体参与方式下的民主自治理念，造成基层政府在社会自治领域的越位、错位现象”①。农村基层自治组织不是国家机关，也不属于国家机关的下属组织，乡镇政府作为基层政权的重要体现，其与村民自治之间的关系不应当是领导与被领导的关系，而应当是“指导、支持和帮助”的关系。乡镇政府对农村基层自治组织的工作应当给予支持与帮助，但在现实生活中，乡镇政府行政管理观念根深蒂固，政府管理的职权范围不断扩大，过度干预本应归于基层自治组织和村民自治的工作内容，忽视、淡化了村民在基层治理中的作用。乡镇政府在管理中严重的越位现象压缩了村民的自治能力和自治水平，“无限政府”的权力扩张侵蚀着乡村的自治权。就目前情况而言，农村基层自治组织行政化趋势明显，时常出现乡镇政府将基层自治组织视作自身行政权力的延伸，一些乡镇政府与基层自治组织之间的工作关系主要依靠行政命令。在不合理的关系主导下，基层自治组织因依附于乡镇政府，导致其自治能力被限制和削弱，在一定程度上反而进一步拓展了乡镇政府的管理权限，不合理的基层行政权力扩张也是导致微腐败现象无法根治的原因之一。

（三）农村基层干部的治理困境

农村基层干部的主体是村干部，基于基层治理机构中从事公务的人员如一些七站八所的组成人员②、园区党工委组成人员等也属于农村基层干部的范畴，在此，本书这一部分以村干部为主要讨论对象。俗话说，“村看村，户看户，村民看干部”，农村基层微腐败案件主要涉案主体是村干部。长期以来，村级自治组织一直处于政府监管的边缘地带，村“两委”的“一把

① 金祖睿，金太军．基层政府治理的碎片化困境及其消解［J］．江汉论坛，2020（1）：48-53.
② 七站八所：县、市、区及上级部门在乡镇的派出机构，此处的七、八均为概数。

手”往往掌握着村庄管理的绝对话语权①，而村干部的各类微腐败现象阻滞着基层微腐败的有效治理。

2018 年中纪委国家监委网站公布的“群众身边的腐败和作风问题”，其中由村党支部书记、村委会主任实施的腐败案件分别占案件总数的 68. 75%、80. 43%②。党的十九大以来，全国共查处群众身边腐败和作风问题 23. 87 万个，处理 31. 6 万人③，十八大至十九大期间，全国纪检监察机关处分党支部书记、村委主任共计 27. 8 万人④。绝对的权力会导致绝对的腐败，不受监督的权力更容易走样和变形。因为村干部虽手握“小微权力”，但如果其滥用手中的权力中饱私囊，就会引发农村基层微腐败现象，严重损害着村民的利益。

村干部腐败现象多发易发，法治建设不健全、制度建设不完备等问题是导致干部腐败的客观原因，而村干部自身角色的迷失、思想态度不端正等个人素质问题是基层干部腐败的主观原因，这既是村民自治能力不足的真实反映，又是基层政府监督管理偏松偏软的必然结果⑤。村干部的选举、任用是由村民进行的自发性的民主活动，村民愿意将自身的权利交由村干部代为管理，然而，选举出的部分村干部仍然存在法律意识淡薄、法治观念缺失、制度概念认知不清等问题和短板，甚至有极个别的村“两委”成员将自己视作当地的“土皇帝”而产生“人治”思想。人治思想容易产生腐败现象已被社会治理实践验证为一条“铁律”，而正是因为村干部的“人治”思维占据上风，引发了一些的基层微腐败现象和侵害村民切身利益的事件发生。在农村基层地区，村民自治是农村基层社会治理方式的重大创新，中央推行村民自治制度的初衷是在广大农村实行自治和民主，村“两委”的权力是由村民赋予的，作为村民权利的“守夜人”，其宗旨是为村民服务。然而，部分村干部为多次连任，千方百计搞贿选，唯亲唯信，甚至笼络黑恶势力形成一方

① 刘振滨，林丽梅，曾起郁，等. 乡村治理进程中村干部腐败的成因及防治对策 [J]. 福建农林大学学报（哲学社会科学版），2016（3）：24-28.

② 赵乐际. 忠实履行党章和宪法赋予的职责 努力实现新时代纪检监察工作高质量发展——在中国共产党第十九届中央纪律检查委员会第三次全体会议上的工作报告（2019- 1-11）[N]. 人民日报，2019-02-21（4）.

③ 朱基钗. 全面从严治党启新局 [N]. 人民日报，2019-01-11（1）.

④ 中共中央文献研究室. 十九大以来的重要文献选编（上）[M]. 北京：中央文献出版社，2019：67.

⑤ 管典安. 新形势下村干部腐败问题治理研究 [J]. 济南大学学报（社会科学版），2016（2）：51-54.

“村霸”，侵蚀着基层政治生态环境。在农业经济发展中，基层干部面对各项惠农政策、强农方针带来的利益冲击，受其自利性思想桎梏，追逐个体利益、权力寻租等现象不计其数。故根治村干部的微腐败是农村基层微腐败治理中的紧要问题，既是农村基层微腐败治理的挑战，也是农村基层微腐败需要重点突破的关键。

（四）农村基层监督主体的治理困境

我国在农村基层地区实行的是基层群众自治制度，给予了基层地区大量自我管理、自我约束、自我教育的权力。然而，缺乏严格规范性的反腐败制度体系的建设导致基层监督主体的监督能力不强，这也是基层微腐败治理面临的另一大实践困境。

即使国家已经建立了从中央到地方的体系性的监察体制和监督系统，但基于农村地区的特殊性、基层人员数量的庞大性、基层单位分布的广泛性等原因，监察体制和监督系统对农村基层微腐败仅仅起到的是制度上的威慑作用，实际上很容易被架空、不落实。农村基层监督容易陷入一种“上级管得了但是看不见、本单位看得见但是管不着、群众监督执行力薄弱”的困境，农村基层微腐败也会在监督监察力度不足的情况下出现肆意生长、不可控制的现象。习近平同志指出：“对基层贪腐以及执法不公等问题，要认真纠正和严肃查处，维护群众切身利益，让群众更多感受到反腐倡廉的实际效果。”① 近几年来，农村基层地区围绕党风廉政建设和民主政治建设开展了一系列的制度建设，但总体看来并不完善，制度之间的衔接配套不够流畅，导致基层监督主体间相应的检查督导不够及时，执行监督工作难度较大。

村级腐败治理机制就如同一棵大树，它以“村民自己做主”为根，以“系统治理”为本，以“开放性”为枝叶，从而形成了发散式的木本结构②。在农村基层地区，基层微腐败治理机制并未形成完备的监督体系，因此，基层监督主体履职较难。首先，由于农村基层党组织直接对上级党组织负责，更侧重于接受“自上而下”的监督，农村基层党组织无法以自身的力量塑造强有力的监督机制，故导致农村基层党组织的监督效果不佳。其次，村民自

① 坚定不移推进党风廉政建设和反腐败斗争［EB/OL］.（2018-01-03）［2022-08-03］. http：//theory. people. com. cn/n1/2018/0103/c416126-29743028. html.

② 赵秀玲. 中国村级腐败治理机制的创新与发展［J］. 华中师范大学学报（人文社会科学版），2014（6）：12-21.

治主动性不足，自身监督力量不够，村民监督效果不明显。目前来看，农村基层监督以面对面反馈、向组织部反映、设立监督意见箱等方式为主，但上述监督方式容易招致“被报复”的风险，虽网络监督也在不断发展，但删帖、禁言、控评等现象屡见不鲜，乡村“空心化”现象导致村中并无适龄人群，难以识别腐败、监督腐败，因而村民监督无法发挥其实际功效。再其次，“乡镇监督机制是直接面对基层腐败的国家‘监督机构’，属于‘上级部门’的监督，处于与村级干部接触的最前沿，理应发挥最强大的‘监督职能’”①，但从农村基层治理实况来看，乡镇监督并没有发挥相应的能力。相反，乡镇政府需要通过基层干部落实各项基本政策，分担工作任务，对于基层干部的微腐败行为往往缺乏强硬处理，甚至是睁一只眼闭一只眼，即使出现腐败问题，也只是进行通报、警告、严重警告、留党察看等纪律处罚。农村基层监督制度的不完善、监督监察工作的表面化、处罚方式的不严格等问题的存在，不断削弱着基层监督主体的监督能力，是阻碍农村基层微腐败得以有效治理的因素之一。

三、本土文化治理困境

腐败的发生源于一定的社会环境，农村基层微腐败在很大程度上是一种亚文化现象的呈现，而实现基层微腐败根本性治理的过程实际上也是整治文化、变革文化和重塑文化的过程。传统文化与乡土文化，以及传统与现代的融合，塑造了现如今特殊的农村基层文化环境，直接影响着基层群众对微腐败的认识。中国作为一个有着五千多年文化历史的泱泱大国，时代的发展避免不了对以往思想、制度、观念等历史因素的继承与发展，无论是精华还是糟粕，都在历史进程中有所保留。然而，延续下来的传统糟粕文化、发展进程中不断偏移的乡土文化成了困扰农村基层微腐败治理的难题，因此，基层微腐败文化正面临着亟须整治的严峻现实，本土文化治理也成为农村基层微腐败治理中极其重要的突破口。

---

① 周少来．中国乡村治理结构转型研究——以基层腐败为切入点［J］．理论学刊，2018（2）：114-121．

（一）传统“官本位”思想的文化残留

“官本位”是指以官职大小、官阶高低为标准衡量人的社会、政治、经济地位及人生价值的意识①。传统文化对中国各个发展阶段都有着重大的影响，在我国农村基层地区，对“官”的尊崇思想依旧有较大影响力。

受两千多年官制思想的影响，村民习惯将农村基层自治组织视为一级国家行政机关，因此，村民将基层干部错认为政府工作人员的现象比比皆是，村“两委”成员被冠以“官员”头衔的现象也是屡见不鲜。村干部本该通过民主选举的方式产生，选出代表村民自身意愿和切身利益的“父母官”，由村中有名望、有声誉、有地位、有能力的人担任，村干部基于村民的信任，利用自己在村集体中的权威与能力解决矛盾、为民谋利。然而，在农村基层地区，村民自治面临着自治意识不强、过度依赖基层干部、过度放权给村委会等现状，在为官即掌权思想的作用之下，在一声声“干部”称呼的影响下，“小官”思想持续影响着村干部廉洁的思想与坚定的信念，这是导致微腐败现象出现的主观因素之一。此外，部分农村基层干部在知识储备、生活理念、道德修养、法治意识、地域限制等主客观因素的综合作用下，会将自己错认为基层地区的“土皇帝”和实际“掌权人”。部分农村基层干部罔顾群众赋予的权力，利用手中的小微权力为自己的敛财行为开辟道路，通过各种手段隐藏和掩盖自己的腐败行为，侵害着村民的切身利益、腐蚀着国家民主政治的廉洁性，是导致农村基层微腐败治理面临重大困境的原因之一。

（二）过度强调“熟人社会”滋生微腐败

“以‘己’为中心，像石子一般投入水中，和别人所联系成的社会关系……而是像水的波纹一般，一圈圈推出去”②，农村人情关系网络就像水中的涟漪一般，一圈连着一圈、一道接着一道，传统社会结构下的“熟人社会”不可避免地受到亲缘关系、居住环境、人情往来等因素的影响。然而，传统的“熟人社会”形成的交往模式与人际关系作为会滋生基层微腐败现象的恶劣土壤，束缚农村基层社会的转型，是农村基层微腐败治理中需要重点关注的问题。

---

① 刘海润，亢世勇．现代汉语新词语词典［M］．上海：上海辞书出版社，2016：124.

② 费孝通．乡土中国［M］．上海：上海人民出版社，2019：36.

在农村基层地区，基层工作主要通过两种方式进行展开，一是依托农村基层自治组织，通过党政政策和政府的工作部署完成工作；二是利用现有的村庄结构，通过血缘和地缘关系完成工作任务、化解基层社会矛盾。然而，熟人社会主导的乡村结构更加适应，甚至是要求通过血缘、地缘关系完成基层工作。但这样的社会结构是封闭的、静止的，甚至在某些方面是世袭的，它并不适应公平、效率、开放、竞争等规则，因此，在熟人社会下更容易出现灰色地带，不公正、不合法的事件常有发生。此外，熟人社会更加强调人际关系的重要性、强调利用他人帮助，尤其是有钱有势的人的作用，这就更加容易滋生因裙带关系、家族关系、血亲关系而产生的微腐败现象，如攀附基层干部“开后门”、走捷径、分提成等。这种“朝里有人好做官”的思想不仅会加剧亲戚、朋友间不正当的扶持作用，还会导致整个社会弥漫着一种挥之不去的歪风邪气。

习近平同志指出：“我国是个人情社会，人们的社会联系广泛，上下级、亲戚朋友、老战友、老同事、老同学关系比较融洽，逢事喜欢讲个熟门熟道，但如果人情介入了法律和权力领域，就会带来问题，甚至带来严重问题。”① 在熟人社会中，这种人情关系表面上指的是人与人之间的情感，但实际上是用来馈赠对方的一种资源，一种附带回报性义务的行为，一种变相的、隐晦的交易。这种交易不仅仅表现在经济上的给予、金钱利益关系的优待，还暗含着有关权力的利用、地位的博取及不公正机会的获取，而这种在农村基层地区被普遍承认甚至是默许的关系，更是加剧了微腐败现象的发生。在法治建设尚未健全的时期，弥漫于农村基层社会中的人情关系和送礼文化，很容易成为诱发微腐败现象的思想文化根源。与城市独立的居住环境和居住习惯不同，农村地区交往空间更加狭小，呈现出依族群居住、依姓氏居住、依血缘亲疏居住等特征。因此，农村地区人情往来显得更加密集，亲情、乡情之间的摩擦碰撞在所难免。在乡土社交文化的潜移默化下，施惠、宴请、送礼等人情往来在农村基层十分常见，囿于面子、关系、利益、资源等因素，质朴的老百姓认为送礼换取利益、打招呼加快办事速度等是“理所当然”的。熟人社会的文化习俗让人们“理所应当”地接受各种伦理关系要求的“礼俗安排”。乡邻朋友之间都以叔伯兄弟相称，移照相应

① 中共中央文献研究室．习近平关于全面依法治国论述摘编［M］．北京：中央文献出版社，2015：89.

的“五伦之义”对待之①，根本不会将这些行为和腐败问题联系在一起，也无法察觉以上方式都是微腐败的表现形式，上述的文化习俗掣肘着村民反腐观念与基层反腐文化环境的生成，基层微腐败的思想毒瘤就此掩埋下来。

（三）“村霸”恶势力的乡土文化陋习

乡土文化作为村民思想观念、道德伦理、生活习俗等内容的综合呈现，是乡村之“魂”，在自治领域中发挥着举足轻重的作用。我国农村基层社会长期以来形成了以小农经济为主的发展模式，村民参与公共事务、实行基层自治的意识较为淡薄，而“乡绅之治”作为中国传统农村基层治理中的重要方式，在平衡国家权力、促进基层自治、发展基层经济、凝聚基层力量、强化乡土文化等方面发挥着重要作用。然而，在封闭循环的乡土文化生态圈中，乡土文化内生的滞后内容严重影响着农村基层治理现代化的实现，“村霸”恶势力等现象的产生更是导致基层微腐败现象的持续蔓延。

当前我国基层民主政治建设不够完善，基层选举制度依旧存在着较多漏洞。不可否认，农村基层依旧是受传统文化影响最为深远的地区，在传统“为官”思想的影响下，不少村民经商致富后，会选择追求权势，而成为村干部就是其获得权势的最便捷途径。因此，部分村民会积极参与村里的选举，凭借其在经济上的较高地位，在参与基层选举时颇占优势。然而，在这些“追求权势”的村民中，不乏一些心思不正、控制欲强、手段狡猾、权欲熏心的人通过民主选举“登堂入室”，在成为村干部后，采取强硬手段培养势力、横行霸道，久而久之就成了为非作歹、恃权作恶的“劣绅”“村霸”。还有一些基层干部为获得连任机会，过分拉票、贿选、伪造选票等行为大行其道，甚至为稳坐其村干部的位置联合黑势力，进行恐吓选票、贿赂贪污现象等“勾当”，原本为民服务的“守夜人”迷失本心，也就成了剥削村民权益的“村霸”。又譬如，农村基层地区存在着缺乏公共安全保障的普遍困境，多数纠纷问题会选择寻求村委会进行调解，而基层干部中的“村霸”毒瘤不分是非、只分大小，最终出现恃强凌弱、颠倒黑白的情况。同时，乡村公权力的缺失，导致“村霸”敢于使用强势手段解决问题，还往往被认定为是

---

① 潘建雷，李海荣，王晓娜. 权威的构成：乡村治理秩序的古与今［J］. 社会建设，2015（4）：26-37.

“有能力”的行为，更导致村霸势力愈发嚣张，河南省郑州市航空港区大寨村张某彦案就是其中典型①。

由于人情关系、裙带关系、宗族关系等社会关系的存在，村民自主监督显得尤其艰难。例如，村务监督委员会的成员本应通过民主选举、投票、推荐等多重方式产生，且由村委会之外的成员进行担任，但实际情况往往是由村委会进行拍板决定，多数成员由“关系户”组成，甚至部分村根本不设立监督委员会，基层民主监督工作委实难得以有效开展，缺乏有效监督和合理规制，“村霸”会显得更加猖獗，为基层微腐败治理遗留了不少隐患。村霸作为现代版的“山大王”，是基层微腐败治理中必须铲除的毒瘤，截至2020年12月时，全国已累计依法严惩了各路“村霸”3727人，同时清理了受过刑事处罚、存在“村霸”和涉黑涉恶等问题的4.17万名村干部②，但农村基层微腐败治理之路依旧任重道远。

农村基层微腐败蚕食着村民的切身利益，是对农村基层地区经济建设、民主政治建设、文化建设的侵害，是对国家监督监察机制和党风廉政建设的公开挑战，是对国家治理体系和治理能力整体建设的破坏，更是对社会公平正义的亵渎。“在不同发展水平上，在不同历史时期，不同思想认识的人，不同阶层的人，对社会公平正义的认识和诉求也会不同”③，农村基层微腐败治理作为实现基层社会公平正义的重要方式，其过程是长期且艰难的，需要针对不同阶段的微腐败现状做出明确回应、正确处理，以期实现对基层微腐败现象的根治。农村基层微腐败治理事关国家治理体系和治理能力现代化建设，事关中国特色社会主义事业发展，事关中华民族伟大复兴，事关社会公平正义的实现。“公平正义是我们党追求的一个非常崇高的价值，全心全意为人民服务的宗旨决定了我们必须追求公平正义，保护人民权益、伸张正义”④，实现人民幸福生活、实现社会公平正义是国家发展的出发点与落脚点，更是社会主义的本质追求。农村基层微腐败治理作为基层治理中的一大

---

① 张某彦通过民主竞选当上“村官”，利用村治保主任的身份组建“治安队”，向村民和商户违法收取卫生费、场地费、租金等，严重扰乱市场秩序；利用村庄附近有工厂且员工能大量聚集的特殊条件，经营赌场，牟取暴利；利用自己作为大寨村电工的身份，通过私自抬高电价的行为，在2012–2014年赚得电费差额高达100余万元。

② 中国“村霸”简史［EB/OL］.（2021-02-24）［2022-07-13］. https：//xw. qq. com/amphtml/20210224A03O6000.

③ 习近平. 习近平谈治国理政［M］. 北京：外文出版社，2014：96.

④ 习近平. 习近平谈治国理政：第2卷［M］. 北京：外文出版社，2017：129.

重要切入点，是实现基层社会善治、夯实国家治理体系根基的重要举措，需要以经济、政治、文化、生态、社会等全方位制度发展为依托，从而实现社会公平正义的最终价值目标。

第三章

共同富裕理论确立农村基层微腐败治理的目标意蕴

农村基层微腐败治理是我国反腐倡廉建设中的重要内容，也是推进乡村振兴、实现共同富裕的必要手段，它和共同富裕之间存在着千丝万缕的联系。如果说反腐倡廉是一项全国性、整体性的重要工作，那么农村基层微腐败治理就是这一重要工作中的重要内容。农村基层干部位于整个权力体系中的最基层，是权力施行、政策运作的“最后一公里”，也是农村微腐败的最大行为主体①。换言之，如果能够通过对农村基层干部行为的约束使农村基层微腐败得到有效治理，那么我国的反腐倡廉建设才有可能实现全面胜利，中央的一系列惠民政策和积极措施才可能在广阔的乡村田野间得到准确执行，广大农民群体也才能真正从国家政策中得到切实的好处，乡村地区尤其是贫困乡村地区的经济水平才会得到真正的提高，而贫困乡村的经济水平一旦得到提高，实现共同富裕就是一个必然结果。由此可见，农村基层微腐败的治理问题与实现共同富裕休戚相关，共同富裕理论的存在，确立了农村基层微腐败治理的目标意蕴。接下来，本章将从共同富裕的内涵切入，通过三方面内容分析共同富裕理论如何引导农村基层的微腐败治理工作。

第一节　共同富裕的内涵及其在农村基层的展开

博登海默认为，严格概念的存在是有效解决法律问题的重要前提，没有限定严格的专门概念，就无法对法律问题进行准确定性和理性思考②，这一观点在农村微腐败治理中同样适用。农村基层微腐败治理与共同富裕理论并不直接相关，只有明确共同富裕的基本内涵，发现两者的共通之处，才能尝试构建以共同富裕为最终目标的治理机制。

---

① 徐铜柱，张恩．乡村微腐败的异质性表现及其法治化治理之维［J］．湖北民族大学学报（哲学社会科学版），2021（2）：108-117.

② E．博登海默．法理学——法律哲学与法律方法［M］．邓正来，译．北京：中国政法大学出版社，2004：504.

一、共同富裕的内涵

共同富裕理论最早是马克思与恩格斯在批判资本主义分配制度时提出的，是一种坚持生产资料公有制，试图通过按劳分配与按需分配实现所有人富裕的先进思想①。从其被引入中国并与中国传统文化、实际国情相结合开始，到如今成为符合中国特色社会主义的共同富裕理论，其间经历了漫长而曲折的过程。共同富裕理论的产生原本就立足于对社会发展规律的总结和对生产力、分配制度等理论的了解②。因此，随着社会的不断发展，我国对共同富裕理论的认识也在不断改变。

（一）共同富裕概念的提出及变迁

1. 中国传统文化中的贫富理念

共同富裕理论虽然起源于马克思主义，但共同富裕思想的萌芽在我国古代早已出现。其中影响力较大的理念包括均平、均贫富、利民富民和天下大同。这些理念深植于我国的传统文化之中，与马克思主义相结合并最终形成了具有中国特色的共同富裕理论。

均平是我国最早的共同富裕思想。早在我国的神话时期，均平思想就已经出现。当时的均平概念起源于伏羲八卦，指的是天道均平、普利万物③。在部落时期，这一概念逐渐演变为部落成员共享财富的均平分配④。进入先秦时期后，阶级的出现使均平共富思想的内涵愈加复杂。首先是均平与均贫富的分歧。早期的均平指的是公正、公允、平正，而非强分他人之物，实现绝对平均⑤。春秋时期，晏子提出“权有无，均贫富”（《晏子春秋·问上》），反映了对均衡贫富、缩小差距的积极追求。墨子提出的“有力者疾以助人，有财者勉以分人”（《墨子·尚贤》）则明确提出了要让有财物的人将财物分给别人以实现均贫富。其次是不同阶级间的均贫富分歧。无论是先秦时期的诸子百家还是其后世传人，他们的均贫富理念都立足于维护统治的

---

① 侯晓东，朱巧玲，万春芳. 百年共同富裕：演进历程、理论创新与路径选择［J］. 经济问题，2022（12）：1-8.

② 侯晓东，朱巧玲，万春芳. 百年共同富裕：演进历程、理论创新与路径选择［J］. 经济问题，2022（12）：1-8.

③ 刘长明，周明珠. 共同富裕思想探源［J］. 当代经济研究，2020（5）：37-47，113.

④ 刘长明，周明珠. 共同富裕思想探源［J］. 当代经济研究，2020（5）：37-47，113.

⑤ “天道均平，普利万物”本意是指万物各得其利，也就是说得利的前提是属于自己应得的，而不是强取他人之利，“均平”并不指绝对的平均，也不仅限于财富。

稳定和帝王之治，也就是说，他们的“均”只局限在同一阶级内部，并未试图突破阶级束缚。比如，王安石在主张“抑豪强申贫弱”的同时也强调忠君爱国，这就意味着，在他的均贫富理念中一定不涉及统治阶级。然而，在我国封建社会的无数次农民起义中，主张的则是一种突破阶级桎梏的均贫富理念，他们强调的是“等贵贱，均贫富”。这一观点打破了统治阶级与被统治阶级之间的界限，增加了可用于分配的财物范围，与现代的共同富裕思想较为接近。

在阶级社会中，人民属于被统治阶级，此时，所谓的共同富裕实质上等同于利民富民。利民富民是儒家立足于阶级统治的治国方略，它与封建时期的均贫富思想相辅相成。事实上，利民富民思想的本意是最大限度地满足人民的精神与物质需求，最终达到天下大同，但由于受到社会发展形态的影响，中国传统的利民富民观念并不能在封建社会得到充分实现①。

天下大同的理念实际上是我国古代共同富裕理念的整合与提升，它的先进性与全面性已经超越了当时的社会形态，与当代的共同富裕理念高度接近，为马克思主义共同富裕理论的中国化提供了巨大帮助。何谓大同，简单来说可以分为三部分内容。首先，天下大同的核心内容之一是社会公正，而想要实现社会公正就必须消除阶级、消除差距、共享财富②。康有为的《大同书》中承认了公有制是大同社会的基本制度，“今欲致大同，必去人之私产而后可，凡农工商业，必归之公”③，所以实行公有制就是社会公正的内涵之一。除了这种去私归公的公有制思想外，大同思想中的社会公正实际上就是我国数千年来均平思想的升华，它们的最终目的都是塑造一个共享财富的平等社会。其次，大同思想一直坚持以民为本。虽然在封建统治时期这一思想难以被充分贯彻，但这种对阶级统治的批判、对人民利益的重视，确实为当代的共同富裕思想奠定了文化基础。最后，大同思想还包括社会和谐，而社会和谐的本质就是满足人们生存的基本需求，实现人际关系和谐，这层内容也可以被视为传统利民富民思想的延伸。

---

① 刘军．邓小平共同富裕观的传统文化意蕴探析［J］．兰州学刊，2005（5）：4-6.

② 高亿诚．中国传统大同思想及当代启示［J］．南京航空航天大学学报（社会科学版），2020（1）：26-32.

③ 康有为．大同书［M］．上海：上海古籍出版社，2014：190.

2. 中国共产党共同富裕观的形成与发展

(1) 新民主主义革命至改革开放前的共同富裕

新民主主义革命时期，中国共产党逐步形成了自己的共同富裕理念，即改进原本的所有制与分配制，推行生产资料公有制并采取社会主义的分配制度①。受到当时主要矛盾的影响，当时的共同富裕是从土地分配开始的，"打土豪，分田地" 成为这一时期减小贫富差距、实现共同富裕的主要手段②。为了在短时间内解决贫富差距问题，有的学者认为，所谓共同富裕就是要进行生产合作，采取真正的平均分配③。也有学者认为，社会主义的共同富裕并非完全的平均财富，而是公平地分配财富④。因为以我国当时的社会现状而言，距离实现社会主义还有很长一段路，更不用说实现共产主义，采取绝对的平均分配显然与我国的社会现状存在矛盾⑤。还有学者认为，共同富裕并非绝对禁止收入差异，为了提高生产力水平，发展小商品经济具有一定的必要性，而小商品经济的发展又必然会使农民内部出现收入差异，这种差异并不足以影响社会的整体利益，且能够更有效地改善农民生活⑥。

社会主义革命时期，中国共产党在文献中首次明确提出了"共同富裕"这一概念⑦。

(2) 中国特色社会主义改革开放初期的共同富裕

改革开放初期，中国共产党进一步正视平均与公平之间的差异，审慎思考了公平与效率的实际关系，并对共同富裕做出了新的理解。

① 共同富裕既不是平均主义也不是两极分化

一方面，共同富裕不是平均主义，因为平均主义原本就与社会主义的按劳分配方式大相径庭。按劳分配在短时间内并不能消灭两极分化，甚至基于

---

① 王婷，苏兆霖. 中国特色社会主义共同富裕理论：演进脉络与发展创新 [J]. 政治经济学评论，2021 (6)：19-44.

② 侯晓东，朱巧玲，万春芳. 百年共同富裕：演进历程、理论创新与路径选择 [J]. 经济问题，2022 (2)：1-8.

③ 中国李大钊研究会. 李大钊全集：第 4 卷 [M]. 北京：人民出版社，2006：5-6.

④ 任建树，张统模，吴信忠. 陈独秀著作选：第 2 卷 [M]. 上海：上海人民出版社，1993：460-480.

⑤ 任建树，张统模，吴信忠. 陈独秀著作选：第 2 卷 [M]. 上海：上海人民出版社，1993：1032.

⑥ 张闻天选集传记组，中共上海市委党史研究室. 张闻天社会主义论稿 [M]. 北京：中共党史出版社，1995：72-99.

⑦ 毛泽东在《关于农业合作化问题》中首次提出了"共同富裕"，并将其作为社会主义的发展目标。

多劳多得的原则会使农民内部收入继续分化，但只要生产力水平获得显著提升，在社会主义的长期调整之下必然会慢慢消除两极分化；平均主义的存在虽然能够在短时间内消除两极分化，但同时也会给生产力的发展带来消极影响，在生产力水平本就不高的前提下抑制发展坚持平均，其最终结果不会是我们预想的共同富裕，只会是共同贫困①。另一方面，共同富裕同样不是两极分化。事实上，我国自古以来的共同富裕思想中都包括“均贫富”“减小贫富差距”等相近概念，但都没能真正实现共同富裕，因为学者们对两极分化的产生前提存在错误认识。两极分化不是单纯的收入差距造成的，更多是阶级对立造成的。无论是封建社会还是资本主义社会，只要存在不同阶级就一定会存在两极分化，在不改变社会性质的前提下想要实现共同富裕只会是天方夜谭。

② 共同富裕不是完全的公有制和按劳分配

共同富裕，并非强调纯粹的公有制和绝对的按劳分配，而是强调公有制和按劳分配制度的主体地位。实行公有制和按劳分配制度确实是马克思主义共同富裕思想的重要内容，但发展生产力同样也是共同富裕的内在条件②。事实上，完全的公有制及按劳分配制度和生产力水平的发展之间是存在矛盾的。为了缓解这种矛盾，也为了使共同富裕的最终目标能够实现，以邓小平同志为核心的中国共产党领导集体赋予了共同富裕概念新的内容，将公有制明确为以社会主义公有制经济为主体，允许多种所有制并存的经济制度，将按劳分配明确为以按劳分配为主体、多种分配方式并存的分配制度③。这种理解在维护共同富裕基本特性的同时，也照顾了我国当时的经济状况，是一次对公平与效率关系的积极思考，并最终成为中国特色社会主义共同富裕思想的重要内容。

③ 共同富裕不是同步富裕

由于共同富裕概念本就囊括了拒绝两极分化、减小贫富差距的含义，因此不少学者都将共同富裕等同于同步富裕，禁止一切形式的贫富差异。然而事实告诉我们，在我国当时的社会现实之下，同步富裕并不能帮助我国实现

① 魏良益．邓小平共同富裕理论及其对我国全面建成小康社会的启示［J］．毛泽东思想研究，2015（4）：68-71．

② 罗明忠．共同富裕：理论脉络、主要难题及现实路径［J］．求索，2022（1）：143-151．

③ 魏良益．邓小平共同富裕理论及其对我国全面建成小康社会的启示［J］．毛泽东思想研究，2015（4）：68-71．

共同富裕。同步富裕强调个体之间经济发展的均衡状态，但均衡同时也意味着缓慢，这是一个典型的木桶效应，发展较快的群体被迫要减慢速度，防止与发展较慢的群体之间出现贫富差异。同步富裕实际上是在公平与效率中侧重了公平，但在整体生产力水平都较低的时期，这种同步无疑会大幅降低社会的发展效率，会使实现共同富裕所需的时间被无限延长，并导致最终结果的失败。因此，当时以邓小平同志为核心的党中央选择侧重效率优先，以解决人民温饱问题为第一要务，允许一部分人先富起来，以先富带动后富，实现阶梯式发展①。

（3）中国特色社会主义新时代的共同富裕

进入中国特色社会主义新时代，我国社会的主要矛盾由原本的人民日益增长的物质文化需要同落后的社会生产之间的矛盾，转变为人民日益增长的美好生活需要和不平衡不充分的发展之间的矛盾。立足于全新的社会主要矛盾，以习近平同志为核心的党中央赋予了“共同富裕”概念新的时代特色。

首先，新时代的共同富裕受到新发展理念的影响，具有了更加丰富的内涵。改革开放初期，为了尽快解决人民温饱问题，不少地区都以牺牲环境为代价换取经济发展，围湖造田、毁林开荒、盲目开垦坡地沙地的现象屡见不鲜。进入新时代后，虽然社会整体的经济效益确实得到了可观的增长，但环境污染严重、自然资源匮乏、生态系统退化，各种生态环境问题不断凸显，人民生活舒适性日益降低，人民健康受到严重威胁。正是基于这一社会现实，新时代的发展理念不再拘泥于提高生产力水平，而是提倡创新、协调、绿色、开放、共享五位一体的全面发展。这使得新时代的共同富裕也从创造精神与物质财富，满足人民美好生活需要转变为提供优质生态产品，满足人民对优美生态环境的需要②。由此可见，这一时期的共同富裕概念，其实是经济繁荣、生态良好、人民幸福的和谐统一，充分体现了以人为本的核心思想。

其次，中国共产党首次明确新时代的共同富裕是全体人民共同富裕③。

---

① 侯晓东，朱巧玲，万春芳．百年共同富裕：演进历程、理论创新与路径选择［J］．经济问题，2022（2）：1-8.

② 侯晓东，朱巧玲，万春芳．百年共同富裕：演进历程、理论创新与路径选择［J］．经济问题，2022（2）：1-8.

③ 徐晓明．共同富裕取得更为明显的实质性进展［N/OL］．光明日报，2020-11-12（2）．［2022-03-16］．https：//baijiahao．baidu．com/s？id=1683120647410984679&wfr=spider&for=pc.

虽然在社会主义现代化建设时期中国共产党对待公平与效率的态度已经发生转变，但社会整体的贫富差距问题依然没有得到彻底解决。同时，随着科技水平的迅速提升，以及国际经济局势的日趋复杂，一些负面、消极思想也在群众中扩散。因此，为了帮助广大人民群众树立对共同富裕的正确认识，提高人民群众对党的信任度和满意度，也为了保证我党的相关政策能够始终保持正确方向，以习近平同志为核心的党中央对实现共同富裕必须立足于全体人民这一事实进行了突出强调。

（二）共同富裕的特征分析

特征是客体特性的抽象结果，是区分不同客体的评判标准，也是帮助我们了解客体本质的重要指标。对共同富裕的特征进行分析，能够帮助我们更加准确地理解共同富裕，也使我们更加深刻地认识到这一思想理论在实践过程中的具体样态，为后续将共同富裕理论与乡村治理实践相结合提供前期基础。

1. 共同富裕是社会主义的本质要求

社会主义的本质是什么，这是我党在建设社会主义过程中遇到的一个重要问题。早在1992年，邓小平同志就对这一问题进行了专门解答，在南方谈话中，他指出："社会主义的本质，是解放生产力，发展生产力，消灭剥削，消除两极分化，最终达到共同富裕。"① 这次会谈中将实现共同富裕作为社会主义的根本目标②。2012年，习近平同志在河北省考察时提出："消除贫困、改善民生、实现共同富裕，是社会主义的本质要求。"③

立足于社会发展的基本规律，共同富裕是社会主义的本质要求。根据马克思主义的相关理论，社会发展存在自低向高的不同阶段，资本主义社会就是其中的一个阶段，而社会主义社会则是比之更为高级的阶段，可以说社会主义较之资本主义而言天生具有优越性与先进性，社会主义替代资本主义是符合社会发展规律的必然结果。追求共同富裕是社会主义优越于资本主义的表现之一，也是保证社会主义走向最终胜利的关键所在，所以共同富裕就是社会主义的本质要求。

---

① 邓小平．邓小平文选：第3卷［M］．北京：人民出版社，1993：373.

② 顾海良．共同富裕是社会主义的本质要求［J］．红旗文稿，2021（20）：4-11.

③ 习近平：实现共同富裕是社会主义本质要求［EB/OL］．（2012-12-30）［2022-03-16］．https：//china．huanqiu．com/article/9CaKrnJyoZB.

立足于坚持人民主体地位的核心立场，共同富裕是社会主义的本质要求。无论在任何社会阶段中，无论人民的地位如何，都没有人能否认人民的创造者地位，也没有人能忽视人民的伟大力量。社会主义社会之所以能够取代资本主义社会获得最终胜利，其中一个重要原因就是始终坚持人民主体地位。人民是社会组成结构中的绝大多数，数量上的绝对优势使人民成为实际上推动社会发展的主体力量。因此，只有始终依靠人民、扎根人民、选择人民并被人民选择，社会主义才能得到长久发展。所以，坚持人民主体地位就是社会主义的存在根本。坚持人民主体地位就必须做到始终以人民为中心，保障最广大人民的根本利益，而保障最广大人民的根本利益实质上就是实现全体人民共同富裕①。由此可见，共同富裕就是社会主义的本质要求。

2. 共同富裕具有经济政治双重属性

习近平同志指出："实现共同富裕不仅是经济问题，而且是关系党的执政基础的重大政治问题。"② 共同富裕从表面上来说是按照经济社会发展规律，循序渐进缩小城乡、区域、贫富差距，实现全体人民共同富裕；从深层来说，是通过共同富裕增强人民的获得感、幸福感、安全感，以此提高群众对执政党的信任度、满意度，保证国内政治局势的稳定。可以说，共同富裕的经济属性只是它的浅层特征，它的深层特征是关乎国家政权的政治问题。

古语有云，"得民心者得天下""水能载舟，亦能覆舟"。可见，自古以来民心一直都是一个政权能够长久存续的根本保障。"政之所兴，在顺民心。政之所废，在逆民心。"（《管子・牧民》）中国共产党的执政地位是否稳固就取决于它是否能充分保证最广大人民的根本利益得以实现。中国共产党之所以能够打下江山并保持长期执政的地位，就是因为有人民的支持。中国共产党自成立之日起就一直将实现共同富裕、带领人民过上幸福生活作为矢志不渝的奋斗目标，也正是这一目标的存在，使共产党在革命阶段获得了牢固的阶级基础，在建设阶段获得了坚实的执政基础③。共同富裕是全体人民的共同追求，只有始终以实现共同富裕为奋斗目标才能确保中国共产党的人民立场，中国共产党才能始终得到人民的信任。

---

① 高长武. 共同富裕是社会主义的本质要求［J］. 党建研究，2021（8）：22-25.

② 见 2021 年 1 月 11 日习近平在省部级主要领导干部学习贯彻党的十九届五中全会精神专题研讨班开班式上发表的重要讲话。

③ 金观平. 事关党的执政基础的重大政治问题［N］. 经济日报，2021-10-08（1）.

3. 共同富裕呈现阶段性样态

共同富裕的实现不是一蹴而就的，共同富裕的标准也不是始终恒定的。事实上，共同富裕是一个阶段性的发展过程，不同阶段的共同富裕有着不同的预设目标，而这些预设目标则与当时的社会生产力水平息息相关，只有逐一完成这些阶段性目标，才能保证共同富裕的最终实现，而脱离当时社会实际直接讨论共同富裕反而会阻碍共同富裕的有序推进。

立足于我国早期的生产力水平有限的实际情况，共同富裕具有阶段性特征①。共同富裕的实现需要建立于一定的生产力水平之上，抛开生产力水平强行实现共同富裕，最终只会落入共同贫困的怪圈。粗略来说，共同富裕的实现实际上需要经过由贫困到富裕再到共同富裕的三个阶段。以新中国成立初期的社会现状而言，当时正处于贫困阶段，应当以提高生产力水平迅速达到社会整体富裕为阶段性目标，而不能直接跳过富裕阶段就以共同富裕作为发展目标。改革开放初期，邓小平同志提出的“以先富带动后富”政策实质是为了更快更好实现社会整体富裕这个阶段性目标，是符合当时社会现状的正确政策。现如今，我国已经实现了生产力水平的飞速发展，也逐步开始由富裕阶段向共同富裕阶段前进，所以当前的阶段性目标就不再是单纯加快生产力水平的提高，而是采用多种分配方式使全体人民共同享有建设成果，减小贫富差距，实现共同富裕。由此可见，正是我国社会主义建设初期的生产力水平决定了我国的共同富裕具有阶段性特征。

立足于我国不断变化的社会主要矛盾，共同富裕具有阶段性特征。实现人的自由全面发展是马克思主义始终追求的奋斗目标，共同富裕是马克思主义社会理论的重要内容，实现共同富裕就是实现人的自由全面发展。因为人的发展是基于对人的需要的满足而实现的，所以简单来说，判断人们是否实现共同富裕就是判断人们的普遍需要是否得到全面满足。人的普遍需要通常体现为其所处社会的主要矛盾。改革开放初期，我国社会的主要矛盾是人民日益增长的物质文化需要同落后的社会生产之间的矛盾，所以当时我国共同富裕的阶段性目标是迅速提升社会生产力。现在，我国已进入中国特色社会主义新时代，社会的主要矛盾是人民日益增长的美好生活需要和不平衡不充分的发展之间的矛盾，所以这一时期的共同富裕目标就是消除贫富、城乡差

---

① 实现共同富裕，意味着达到一个全体人民共同富裕的状态。此时，如果当下的生产力水平已经较高，那么就可以通过调整分配方式直接实现共同富裕，如果生产力水平较低，那么实现共同富裕就无法一步达成而需要历经多个阶段。所以说生产力水平注定了实现共同富裕具有阶段性特征。

距。由此可见，社会主要矛盾的不断改变，决定了共同富裕具有阶段性特征。

4. 共同富裕的实现是长期性任务

共同富裕以社会主义公有制为基础，是社会主义的本质要求，而中国仍然处于并将长期处于社会主义初级阶段，社会发展不平衡、不充分的问题也将长期存在，所以促进全体人民共同富裕也会是一项长期任务①。共同富裕的长期性与阶段性特征之间存在辩证统一的关系，共同富裕的阶段式推进意味着这必然是一项长期而艰巨的重要任务，而共同富裕任务的长期存在和其与生产力发展水平之间的紧密联系也决定了它的发展过程必然呈现出阶段性特征。

立足于社会主义发展的长期性，实现共同富裕是一项长期任务。共同富裕与社会主义之间的密切关系，决定了共同富裕的进程会随着社会主义的发展而发展。在邓小平同志提出的“三步走”重要战略中，明确了我国在社会主义初级阶段的不同时期的不同目标：第一步，要实现国民生产总值比1980年翻一番，解决人民的温饱问题；第二步，到20世纪末国民生产总值再增长一倍，人民生活达到小康水平；第三步，到21世纪中叶，人均国民生产总值达到中等发达国家水平，人民生活比较富裕，基本实现现代化②。可见，共同富裕的实现是社会主义初级阶段的终极目标③。当我国全面实现共同富裕时，也就意味着我国即将结束社会主义初级阶段进入社会主义的下一个阶段。而事实证明，社会主义初级阶段是一个动态发展、逐步摆脱不发达状态的长期过程，这个过程可能需要耗时几百年才能结束，所以我国当前依然处于并且还将长期处于社会主义初级阶段④。只要我国还未突破社会主义初级阶段，共同富裕就将是一项长期任务。

立足于经济发展的不平衡规律，实现共同富裕是一项长期任务。经济发展速度会受到诸多因素的影响，即便是同一地区，不同年份的经济发展水平也会存在差异。中国幅员辽阔、环境多变、气候多样，不同区域间的自然条

① 人民日报评论部．促进全体人民共同富裕是一项长期任务［N］．人民日报，2021-10-12（4）．

② 杨胜群．邓小平提出“三步走”发展战略［EB/OL］．（2019-03-07）［2022-03-16］．http：//cpc．people．com．cn/n1/2019/0307/c69113-30961722．html．

③ 张景明，孙武安．论实现共同富裕的长期性和阶段性［J］．理论探索，2002（1）：25-26，30．

④ 刘晨光．推动我国社会主义从初级阶段向更高阶段迈进［EB/OL］．（2021-01-08）［2022-03-16］．http：//theory．people．com．cn/n1/2021/0118/c40531-32002416．html．

件、发展基础会存在极大差异。例如，江南地区气候宜人、物产丰富、水网密布，既适合发展种植业也适合发展商业和运输业。北方地区虽然土地肥沃，但气候严寒，早期农业发展受季风影响较大，现在则因为土地肥力消耗过度致使农业发展逐渐衰弱。北方地区地势平坦、河流较少，运输主要依靠陆路方式，因此相较于南方而言，在商业与运输业的发展上落后较多。通过南北两地的比较可以发现，在中国这个如此庞大的国家中，不同区域间经济的不平衡发展几乎是必然的。这种不平衡性是由区域自身的地理、自然特性所决定的，很难在短期内得到纠正。所以，缩小区域差距，实现共同富裕，必然是一项长期任务。

（三）共同富裕的要素指向

如何进一步深入了解共同富裕的内涵，需要明确其内涵中包括的具体要素，经由对要素的分析，强化对共同富裕的认识和理解。

自党的十七大将共建、共享作为建设社会主义和谐社会的基本原则之后，通过共建共享实现共同富裕已经成为我国学界的主流观点①。不过，也有学者对此表示异议。有的学者认为，共同富裕的本质内涵包括共有、共建、共享三大要素，这些要素间存在特殊的逻辑关系，相互作用、缺一不可②。也有学者从社会治理的角度出发，认为实现共同富裕需要共建、共治、共享③。本部分在综合考量三类观点的基础上，对学者观点进行了整合梳理，认为共有、共建、共治、共享四大要素的有机协调、四位一体才是我国共同富裕的本质内涵。

1. 共有共建共治共享的基本内涵

（1）共有的内涵分析

共有是共同富裕的制度保障和必备条件，也是决定共同富裕基本性质的重要因素④。如何理解共有，需要对以下三个问题进行分析。

---

① 俞吉吉．“共建共享的共同富裕”是中国建成现代化强国唯一可能的实践方式——访浙江省社会科学院院长何显明［J］．浙江经济，2022（1）：6-9；凌经球．共同富裕是共建共享的共同富裕［J］．当代广西，2021（19）：43；金观平．共建共享才能走向共富 论在高质量发展中促进共同富裕（中）［J］．经济，2021（9）：31-32.

② 杨文圣，李旭东．共有、共建、共享：共同富裕的本质内涵［J］．西安交通大学学报（社会科学版），2022（1）：10-16.

③ 欧晓理．健全基本公共服务体系 完善共建共治共享的社会治理制度 扎实推动共同富裕［J］．社会治理，2020（12）：16-18.

④ 杨文圣，李旭东．共有、共建、共享：共同富裕的本质内涵［J］．西安交通大学学报（社会科学版），2022（1）：10-16.

首先，“共有”是什么人之间的共有？“共有”从字面上来理解指的是共同所有。共有仅限于特定范围内的主体共同所有，即是说范围外的主体不享有所有权，而范围内的主体只具有共有权，不具有独属个人的所有权。学者们一般都将“共有”定性为“全民共有”，但对于“全民”的准确性质存在疑虑。“全民”既可以理解为“全体人民”，也可以理解为“全体公民”。“人民”是一个政治层面的概念，会随着个人政治立场的改变而改变，在我国，工人、农民和其他一切劳动人民及拥护社会主义和爱国的人才属于人民。“公民”是一个法律层面的概念，以是否具有中国国籍作为评判标准，只要具有中国国籍，无论该主体是否拥护社会主义事业，是否实际实施了破坏社会安定的犯罪行为，都属于我国公民。从共同富裕的视角出发，这里的“共有”主体显然不可能包括社会主义的敌人和外国人，所以共有的主体必然同时具备公民与人民双重身份。

其次，“共有”指的是对哪些东西的共有？立足于马克思主义的视角，“共有”指的实际上是生产资料公有制，所以这里共有的对象就是中国特色社会主义社会的生产资料。就我国的生产资料而言，主要存在两大特点。其一，并不局限于物质资料，还包括国家政权等非物质性资产①。其二，并不局限于公有制经济，还包括混合所有制经济中的国有成分和我国领域内的一切自然资源与基础设施。

最后，这种“共有”是以什么形式实现的。简单来说，“共有”的实现形式就是我国的基本经济制度。就目前而言，我国正处于社会主义初级阶段，为了适应当前的生产力发展水平，党的十五大确立了“以公有制为主体，多种所有制经济共同发展”的基本经济制度②。

综上所述，当代中国共同富裕中的“共有”指的是在我国以公有制为主体，多种所有制经济共同发展的基本经济制度之下全民享有的国家政权、国有资源、国有经营性资产的共有权③。

（2）共建的内涵分析

共建是共同富裕的实现前提和具体方式，也是防止共同富裕脱离现实实

---

① 杨文圣，李旭东．共有、共建、共享：共同富裕的本质内涵［J］．西安交通大学学报（社会科学版），2022（1）：10-16.

② 杨文圣，李旭东．共有、共建、共享：共同富裕的本质内涵［J］．西安交通大学学报（社会科学版），2022（1）：10-16.

③ 这里的全体人民同时具备中国人民与中国公民的双重含义。

际的重要因素①。想要准确理解共建，同样需要解决三个问题。

首先，与“共有”一样，这里的“共建”指的是何人共建？“共建”指的是共同参与建设。与共有不同，学者们使用“人人”而非“全民”来表述共建中的主体②。这里的“人人”不同于“全民”的实指，而是一种虚指，并不表示社会上每个人都参与了建设工作，而仅指合适的人。那么，什么是合适的人？立足于社会发展的现实需求，参与共同建设的主体，首先需要具备一定的劳动能力。其中，国家对囿于年龄、生理、心理问题等因素导致劳动能力受到限制或不能参与劳动的公民，应当视情况做类型区分，能够帮扶的尽量帮扶，依法保障相关人员的劳动权利。此外，基于社会和谐稳定的需求，参与共同建设的主体必须是我国社会主义事业的拥护者。也就是说，一切威胁社会稳定的不法分子、分裂分子、敌人都不是共建主体。由此可知，共建主体应为一切具有劳动能力并以各种形式参与国家和社会建设的公民的统称。

其次，“共建”指的是共建什么？从共同富裕的角度来说，这里共建的必然是可以作为共同富裕客体的对象，包括精神、物质等各类财富。受到社会生产力发展水平的限制，不同时期共同富裕的客体都不尽相同。立足于实现人的自由全面发展的终极目标，党中央在2021年通过官方文件首次明确了当代共同富裕的具体概念，将共建对象扩展至精神、环境、社会等多个层面③。因此，考虑到我国当前仍处于社会主义初级阶段的具体国情，这里的共建对象应该是一个以建设物质富裕为核心的，兼具精神、政治、环境等方面富裕的有机体系。

最后，这里的“共建”是以何种形式展开的？所谓共建的展开形式，就是指有关主体是基于什么样的组织形式加入共建活动的。以共建的推力来源作为划分标准，我国在计划经济时期采取的是外生推力的“计划主导型”共建，而在社会主义市场经济时期采取的则是内生推力的“市场主导型”共

① 凌经球．共同富裕是共建共享的共同富裕［J］．当代广西，2021（19）：43.

② 杨彬彬．共同富裕观与共建共享论是社会主义本质认识的接续发展［J］．攀登，2016（1）：85-90.

③《中共中央国务院关于支持浙江高质量发展建设共同富裕示范区的意见》：“生活富裕富足、精神自信自强、环境宜居宜业、社会和谐和睦、公共服务普及普惠，实现人的全面发展和社会全面进步，共享改革发展成果和幸福美好生活。”

建[①]。我国当前正处于中国特色社会主义新时代，采取的共建形式已不是单纯的计划主导或市场主导，而是在“市场主导型”共建的基础之上吸取两类共建形式优势的“混合型”共建。我国在边远、贫困地区则采取“帮扶式”的共建形式，帮助困难群众参与共同建设。

综上所述，当代中国共同富裕中的“共建”指的是一切具有适当劳动能力的、拥护中国特色社会主义的中国公民，通过以“市场主导”为核心，结合“计划主导”优点的组织形式，共同建设以物质富裕为核心，兼具精神、政治、环境等方面富裕的有机体系。其中，“帮扶式”共建的存在有效弥补了一般共建形式覆盖范围上的缺陷，使全国范围内的共建局面得以形成。

（3）共治的内涵分析

共治是共同富裕的力量保障和重要内容，也是加快共同富裕进程的重要因素。对共治的理解同样立足于对三个问题的解决。

首先，“共治”具体治理的是什么？立足于共同富裕的视角，学者们通常认为“共治”就是共同治理社会、治理国家[②]。具体而言，这里的治理国家、治理社会，就是对国家事务、社会事务、社会组织、社会生活等进行管理、规范和引导。还有学者认为，“共治”也包括治理政府，既涉及政府对其内部事务的管理，也涉及社会对政府的约束[③]。社会的稳定、经济的发展、科技的进步都离不开良好的治理机制，只有通过共治创造合适的社会环境，才能有效推动共同富裕的实现，所以共治才会是共同富裕的重要内容。

其次，“共治”的行为主体是什么人？“共治”指的是共同参与治理活动，在学者表述中通常也使用“人人”指代共治主体。这里的“人人”同样也是虚指，并不表示社会中的全部成员。从社会契约论的视角来说，国家是因为社会成员基于一种社会契约的存在放弃自己的部分自然权利以换取更多的法律权利而产生的。参与社会治理就是社会成员获得的法律权利之一。从这个角度来说，共治主体应该同时具有人民与公民身份。因为不拥护社会主义事业，不具有中国国籍的群体并不认可作为中国成立基础的社会契约的存在，自然也就不能参与共同治理。从个人行为能力的视角来说，共治主体

---

① 杨文圣，李旭东．共有、共建、共享：共同富裕的本质内涵［J］．西安交通大学学报（社会科学版），2022（1）：12-13．

② 特约评论员．在共建共治共享中迈向共同富裕［N］．威海日报，2022-02-26（1）．

③ 蔡益群．社会治理的概念辨析及界定：国家治理、政府治理和社会治理的比较分析［J］．社会主义研究，2020（3）：150-152．

可以包括未成年人、残疾人与精神病患者，但并不包括完全不具备行为能力的人。共治与共建不同，共治的参与形式更加丰富多样，这意味着即便不具有劳动能力，只要是适格的社会成员，也依然可以参与社会治理。适格的社会成员除了需要具有人民与公民身份外，还需要具备一定的理解能力与辨认能力，只有具有理解与辨认能力，共治主体才能准确表达自身需求，真正落实治理行为。所以，无行为能力的精神病患者与低龄儿童就被排除在适格主体之外。基于以上论述，我们可以认为，共治主体是具有人民与公民双重身份且具有一定行为能力的社会成员。

虽然共治的实际主体是人，但由于不同人群社会身份和治理手段的差异，我们依然可以根据治理类型对共治主体进行划分。以治理对象为划分标准，可以将治理类型划分为国家治理、政府治理和社会治理。针对国家治理，部分观点认为国家也是治理主体，但也有学者认为国家治理实际上指的是“治理国家”，国家并非是治理主体，而是治理对象①。通常，国家意志是由中央政府表达的。在我国，国家意志本质就是人民的集体意志。从这个角度来说，国家本身既不具有自己的独立意志，也不能自主表达自己的意志，所以无法成为共治主体。对于政府治理和社会治理，学者们都认可了政府与社会的主体地位，但对于不同治理类型中是否仅存在一种主体尚未达成共识。由于这一分歧并不影响政府与社会的主体地位，所以本部分不会对此展开深入分析。就政府而言，此类主体的治理权力实际上源于人民授权。亦即是说，政府其实是人民的代言人，政府基于人民的委托而代行权力。就社会而言，此类主体的组成形式更加多样，根据个体集群形式的不同，社会主体既可能是单个个人，也可能是社会组织、企事业单位、社区等。综上所述，我们可以认为，共治主体虽然是符合特定要求的社会成员，但由于参与形式上存在差异，因此可以将其分为政府主体与社会主体。

最后，实现“共治”的具体方式有哪些？不同的治理主体在治理过程中会存在不同侧重，所以，为了应对不同时期的社会现实，每个时期采取的共治形式也各不相同。新中国成立初期，为了在短时间内提高生产力，实现社会主义，我国建立了计划经济体制，在此期间，政府是唯一的治理主体，并

---

① 蔡益群. 社会治理的概念辨析及界定：国家治理、政府治理和社会治理的比较分析［J］. 社会主义研究，2020（3）：150-151.

不存在共同治理的问题①。改革开放以来，我国建立了社会主义市场经济体制，政府开始逐步退出市场，社会主体开始参与治理活动，形成了一种以政府为主导的“强政府，弱社会”共治形式②。当前，我国已经进入中国特色社会主义新时代，原有的共治形式也在发生转变，逐步从管理型政府下的“强政府，弱社会”形式向服务型政府下的“强政府，强社会”形式转变。

综上所述，当代中国共同富裕中的“共治”指的是政府主体与社会主体通过“强政府，强社会”的合作形式，共同治理国家、政府与社会各项事务的实际活动。

（4）共享的内涵分析

① 共享的概念

共享是共同富裕的必然要求和价值指向，也是保证共同富裕目标准确实现的重要因素③。与其他三个因素一样，对共享的准确理解同样可以转化为对三个具体问题的解决。

首先，“共享”是哪些主体之间的共享？“共享”指的是共同享有。马克思在《哥达纲领批判》中认为理想的共产主义社会中应当是“每一个生产者，在作了各项扣除以后，从社会领回的，正好是他给予社会的”。按照这个意思④，只有参与共同建设并做出实际贡献的主体才有资格享有共同富裕的最终成果。不过，这并不代表共享主体与共建主体完全一致。事实上，部分主体即便不参与共同建设，依然可以共同享有最终成果。为了准确区分不具有共建主体身份的人群中哪些具有共享主体身份，学者们将非共建主体的人群划分为三类⑤。其一，缺乏共建所需的适当劳动能力的人。主要包括因为年龄不适格或生理与精神残缺而无法参与共建的群体。此类群体由于受到客观不可控因素影响而难以参与共建，但其社会成员身份并未被剥夺，而且此类群体原本就属于被其他社会成员供养的群体，所以不应该剥夺其共

① 李晶，吴林桂．市场经济视域下的中国国家治理模式变迁［J］．江苏省社会主义学院学报，2015（06）：58-59.

② 张俊峰，韩松，吴贤丰．国家与社会共同治理模式分析［J］．合作经济与科技，2010（13）：112-113.

③ 杨文圣，李旭东．共有、共建、共享：共同富裕的本质内涵［J］．西安交通大学学报（社会科学版），2022（1）：10-16.

④ 中共中央马克思恩格斯列宁斯大林著作编译局．马克思恩格斯文集：第3卷［M］．北京：人民出版社，2009：434.

⑤ 杨文圣，李旭东．共有、共建、共享：共同富裕的本质内涵［J］．西安交通大学学报（社会科学版），2022（1）：10-16.

享主体身份。其二，具备积极的共建意愿和适格的共建能力，却因为身处贫困、落后区域，国家缺乏让其参与共建的条件而并未能实际参与共建的群体。此类群体同样是因为无法克服的客观因素而难以参与共建，且国家有义务为此类群体创造参与共建的条件，所以不应剥夺其共享主体身份。其三，具备参与共建的能力与条件，但自身无意参与共同建设的群体，包括反社会分子。此类群体不参与共同建设完全是基于自身的主观因素，且部分人员还会阻碍、破坏共建事业，所以不应赋予其共享主体身份。基于以上论述，可以将共享主体确定为全部共建主体和那些因为非主观因素而无法参与共建活动的群体。

其次，“共享”具体指的是主体对何物的共享？对共享对象的理解包含广义与狭义两个层面。一方面，多数共享主体都是基于其在共建中的实际作用而获得共享资格的，那么被共享的对象就应该是他们共同建设所得的最终成果。对于建设成果的解释可以引用习近平同志的原话：“共享发展就要共享国家经济、政治、文化、社会、生态各方面建设成果，全面保障人民在各方面的合法权益。”① 所以，广义上的共享对象就是经济、政治、文化、社会、生态五方面的全部建设成果，而不是其中的某一类成果。另一方面，马克思在批判资本主义社会时认为，资本主义的分配制度实质上是一种异化结构，它剥夺了建设者享有其成果的权利，出现了越生产越贫困的怪圈②。从这个角度来说，无论是“建享分离”还是“共建共享”，其实质都是一种分配制度。所以，狭义上的共享对象就是分配制度中被实际分配的对象，是人民从社会分配中实际取得的物质资料，虽然这些物质资料并不完全以特定物品的形式分发到人民手中。除这两种对共享对象的常见理解外，也有学者对我国共享对象的范围进行扩充，将政府面向公众提供的各类产品、服务也视为可被共享的客体③。不过需要注意的是，在我国这样的社会主义国家中，人民是决定国家前途命运的根本力量，为人民服务是中国共产党执政的根本宗旨，所以政府为公众提供的服务应该在共享客体中占据更大比重。

最后，主体间是通过什么形式实现“共享”的？立足于自上而下的视

---

① 习近平. 习近平谈治国理政：第2卷［M］. 北京：外文出版社，2017：215.

② 中共中央马克思恩格斯列宁斯大林著作编译局. 马克思恩格斯选集：第1卷［M］. 北京：人民出版社，2012：52.

③ 杨文圣，李旭东. 共有、共建、共享：共同富裕的本质内涵［J］. 西安交通大学学报（社会科学版），2022（1）：10-16.

角，实现共享的形式实质上就是分配成果的方式。准确来说，无论采取何种分配方式，基于社会契约而聚集在一起的社会成员对于这个国家的全部社会产品都应该是“共享”的，只是存在数量多少的问题。不参与社会共享的个体将会因为缺乏基本的生存资料而无法生产并最终消亡，所以在不同社会阶段中，共享的区别只在于是否公平，而非是否存在①。当前，我国正处于社会主义初级阶段，考虑到我国当前面临的主要矛盾，我国采取了以按劳分配为主体、多种分配方式并存的基本分配制度。这种分配方式同时照顾了社会成员对公平与发展的需求，能够在加快实现共同富裕的同时缩小贫富差距，减少社会矛盾。

综上所述，当代中国共同富裕中的“共享”指的是共建主体与那些因为非主观因素而无法参与共建活动的群体，在以按劳分配为主体、多种分配方式并存的基本分配制度之下，共同享有发展成果、公共产品与公共服务。

② 共享的特性

当代中国共同富裕中的共享并不是完全的平均享有，而是一种允许合理差距存在的共同享有，它强调分配方式的公平性而非平均性。何谓合理差距？从字面上来看，合理指的是合乎个体与整体的发展规律。那么合理差距就是指此类差距的存在是事物发展的必然结果，并未违反既定规律。简单来说，就是指衡量收入差距是否具有合理性的标准并非差距是否较小，而是差距的产生是否符合规律。收入差距是由市场经济的自由发展所导致的，其存在本身是符合事物发展规律的，但在不同的社会形态之下又被赋予了不同的含义。在资本主义社会中，分配制度的异化使商品的实际生产者无法获得与其付出等价的金钱回报，陷入了“劳者不得、不劳者得”的发展怪圈②。这种怪圈实际上是违背事物的发展规律的，所以资本主义社会中的收入差距无论多小都不具有合理性，因为资本主义的社会性质决定了这一差距必然会演化为贫富的两极分化。在社会主义社会中，合理分配制度的存在使承担不同分工的社会群体能够公平享有社会整体的发展成果，这意味着，即便不同群体间因为劳动种类的差异存在收入差距，这一差距也会在后续的分配过程中得到控制，并最终实现共同富裕。由此可见，是否具备社会主义性质是评判

① 杨文圣，李旭东．共有、共建、共享：共同富裕的本质内涵［J］．西安交通大学学报（社会科学版），2022（1）：10-16.

② 马克思恩格斯选集：第1卷［M］．北京：人民出版社，2012：52.

收入差距合理性的重要标准。

2. 如何通过共有共建共治共享实现共同富裕

（1）共有要素对实现共同富裕的意义

共有要素的存在奠定了全民公有、全民所有的生产资料公有制度，能够始终保证共同富裕的社会主义性质，防止两极分化。共同富裕是社会主义的共同富裕，脱离社会主义的共同富裕即便打着“共富”的旗号也只是由少部分人享有富裕。以2021年疫情防控期间的各国失业率为例，在各国经济都受到疫情影响的情况下，中国失业率在2021年1月达到了近几年的一个较高数值，约为4.24%①；同一时期美国的失业率为6.3%，而其近几年的最高失业率为2020年4月的14.8%②；英国在2021年1月的失业率为4.997%，近几年的最高失业率为2020年12月的5.1%③。可见，资本主义的经济繁荣只是一种表象，很难妥善应对突发性情况，或者说很难在面临突发性问题时保障多数社会成员的基本利益。生产资料私有制在经济秩序与社会秩序稳定时确实能够有效提高社会生产力水平，迅速积累大量社会财富，使无产阶级获得部分利益，但在面对疫情、金融危机等严重突发性社会问题时，无产阶级就是首先被抛弃的群体，而资产阶级则依然能够获得大量财富。所以，只有始终坚持生产资料公有制的主体地位，才能真正实现属于全体人民的共同富裕，才能有效缩小贫富差距。

（2）共建要素对实现共同富裕的意义

共建要素的存在营造了人人参与、人人尽力的良性发展环境，能够激发个体活力，凝聚社会力量。共建不仅是对全体社会成员提出的明确要求，更为相关政府指引了正确的工作方向，能够切实保障共同富裕的实现。

就个人层面而言，人民是历史的创造者，是决定国家前途命运的根本力量，只有做到人人参与才能真正实现共同富裕。首先，个体力量终有尽时，没有人能够完全凭一己之力在短时间内推动整个社会的发展进程。其次，个体的创造力与人民的创造力是无法比拟的。尺有所短，寸有所长，个体不可

---

① 中国失业率［EB/OL］.（2021-05-20）［2022-03-16］. https：//www.ceicdata.com/zh-hans/indicator/china/unemployment-rate.

② 美国失业率［EB/OL］.（2021-05-20）［2022-03-16］. https：//www.ceicdata.com/zh-hans/indicator/united-states/unemployment-rate.

③ 英国失业率［EB/OL］.（2021-05-20）［2022-03-16］. https：//www.ceicdata.com/zh-hans/indicator/united-kingdom/unemployment-rate.

能对一切专业都完全精通，只有结合群众的力量，取长补短、互相配合，才能更快、更好地实现共同富裕。

就政府层面而言，政府只有为人人参与营造发展环境，为人人尽力提供制度保障，才能充分调动民众劳动的积极性，真正实现共同建设，助推共同富裕①。首先，能否实现人人参与受到主客观双重因素的影响。人人参与的实现不仅需要个体自身的积极意愿，还需要具备一定的个人能力和加入共建的现实条件。一方面，个人的体力劳动只是最低级的建设行为，想要增强个体能力，使个体在建设活动中发挥更大作用，就必须为个体提供优质的教育环境和发展机会。另一方面，共同建设行为具有复杂性，不同主体间如果无法互相配合就可能会适得其反，且仅凭个体能力也很难为自己创造参与共建的现实条件。此时，就需要有关政府立足于宏观视角，进行全局统筹，为不同主体创造必要的共建条件，凝聚合力实现共同富裕。其次，人的自利本性决定了不可能完全凭借个人自觉实现人人尽力。人是理性动物，趋利避害是人类与生俱来的生存本能。只有通过合理的经济制度，使民众在参与共同建设的同时能够获得更大利益，才能有效激发广大人民的劳动热情，最终实现共同富裕。

（3）共治要素对实现共同富裕的意义

共治因素的存在树立了人人有责、人人负责的积极治理环境，能够汇聚集体智慧，激发市场活力②。一方面，共治与共建一样，都能实现对个体力量的整合，实现效果最大化，缩短共同富裕进程。共治涉及管理、监督、引导等多种内容，多元主体的介入不仅丰富了实际的治理方式，也强化了治理效果。以政府监督为例，政府自身的监督行为必然会有所欠缺，只有与外部监督结合才能更好地实现预期效果。此外，人民对社会中存在的现实问题最为了解，人民参与治理会使实际的治理重点与治理方式更加贴合社会的实际需要，更快解决现实问题，同时，也会强化人民的安全感，使治理结果更能得到人民的普遍接受，保证社会的长期有序发展，为推进共同富裕创造良好环境。另一方面，共治的实现在一定程度上限制了政府的权力范围，能够给予市场更多的自由发展空间，提高社会生产力的发展水平。计划经济时期的政府治理是一种自上而下的强制性治理模式，机动性与灵活性不足，难以根

---

① 金观平. 共建共享才能走向共富：论在高质量发展中促进共同富裕（中）［J］. 经济，2021（9）：31-32.

② 特约评论员. 在共建共治共享中迈向共同富裕［N］. 威海日报，2022-02-26（1）.

据经济市场的现实情况随时调整相关政策，这种滞后性严重影响了当时的经济发展，同时也抑制了人民群众参与致富活动的积极性。所以，只有坚持共同治理，才能充分激活市场自身的调节能力，实现经济的高速发展，尽早实现共同富裕。

（4）共享要素对实现共同富裕的意义

共享要素的存在形成了人人享有、人人受益的合理分配格局，能够在提高社会生产力水平的同时，始终让发展成果惠及全民。共同富裕不是严格坚持平均主义后的共同贫困，也不是过度追求经济发展后的两极分化，而是要兼顾“共同”与“富裕”两个核心。共享的意义不在于共享本身，而在于形成了“人人享有”的公平的分配制度。这一制度的存在使我国的共同富裕可以采取先富带动后富的模式，同时又能够妥善解决贫富差距问题，具有重要的积极意义。

首先，人人享有并不代表完全平均的分配制度和排斥一切差距的同步富裕。同步富裕排斥一切收入差距，要求社会成员完全同等同步地实现富裕。这种同步是不符合经济发展规律的，它忽视了不同地区经济条件和不同个体发展能力间的差异性①。同步富裕只会导致发达地区、发达领域、发达人群无法获得与其付出相匹配的收入，严重打击其生产、生活积极性，最终造成社会整体生产力水平的发展变缓，全民陷入共同贫困。可见，具备社会主义性质的公平共享打破了共同贫困的僵局，先富带动后富模式使我国生产力进入了高速发展时期，为实现共同富裕提供了必备的物质基础。

其次，市场经济的发展能够显著提高社会生产力水平，但同时也会带来诸多弊端。此外，商业的飞速发展虽然提高了社会的整体收入，但在缺乏公平共享方式的情况下，劳动者群体并不能参与享有发展成果，商人群体与劳动者群体间的收入差距也会逐渐拉大②。可见，只有具备社会主义性质的公平共享，才能使人民群众切实享有社会的发展成果，才能始终将贫富差距控制在合理范围内，并逐渐缩小差距，最终达到共同富裕。

最后，基于禀赋效应的存在，与未能得到即将拥有的东西相比，人们更加厌恶失去已经拥有的东西，也就是所谓的“损失厌恶”③。基于这种心理，

① 杨晋川．共同富裕不等于同步富裕［J］．党建，1992（Z1）：21-22．

② 杨文圣，李旭东．共有、共建、共享：共同富裕的本质内涵［J］．西安交通大学学报（社会科学版），2022（1）：10-16．

③ 泰勒．“错误”的行为［M］．王晋，译．北京：中信出版社，2016：39．

先富群体一旦富裕起来就不会愿意让出自己的既得利益，而在政府干预与社会主义公平分配制度的影响之下，如果社会整体财富不再增加，先富群体就必然需要让出部分既得利益。所以，为了不让自身利益遭受损失，先富群体必然会积极配合全面深化改革战略，带动其他群体实现共同富裕。可见，只有具备社会主义性质的公平共享才能迫使先富群体积极参与社会建设，在不降低社会整体发展速度的前提下缩小贫富差距，加快共同富裕进程。

（5）四大要素间的内部联系

共有、共建、共治、共享四大要素之间密切相关、相互支撑，它们和谐统一于实现共同富裕这个最终目标，无论缺少哪一个要素，都难以真正实现共同富裕。就实际作用而言，共有的存在奠定了共同富裕的社会主义发展方向；共建的存在调动起全体人民的劳动热情，使社会财富得以迅速累积；共治的存在在提升社会治理效果的同时也为实现共同富裕创造了良好的社会环境；共享的存在则使全体人民都能够公平享有全部的发展成果。这四大要素四位一体，相互配合，缺一不可。

二、共同富裕是乡村振兴的重要目标

就我国的发展现状而言，“三农”问题是当前经济社会发展面临的主要困境，实现乡村振兴则是纾解这些困境的必经之路①。为了更好地推进乡村振兴，需要将共同富裕作为乡村振兴的重要目标。一方面，共同富裕是中国式现代化的奋斗目标，是具体规划并明确了阶段性目标的，是切实可行而非虚无缥缈的。因此，共同富裕的目标设定，有助于乡村振兴明确衡量标准和发展方向，保持有序稳步推进。另一方面，共同富裕目标与乡村振兴战略相结合，以实际行动提升村民的生活质量，满足村民日益增长的美好生活需要，自然会获得村民的高度认可。村民也会基于对共同富裕这一目标的高度认可而积极配合，主动投身乡村振兴事业，为乡村振兴的实现提供不竭动力。明确如何经由乡村振兴走向共同富裕，必须深入分析共同富裕在我国农村基层的实现情况。

（一）促进城乡融合

促进城乡融合是我国乡村振兴工作中的重要内容之一。为了加快工业化

① 需要注意，乡村振兴解决的是农村、农业、农民问题，所以这里的乡村并非地域上的乡村地区，而是泛指农村，包括乡镇及以下地区。本书中的其他“乡村”也是基于这样的理解，它在概念上与农村等同，在需要区分乡镇与村时，书中会进行专门说明。

进程，我国早期一直将城市发展作为经济建设的主要内容，采取以农业孕养工业、以乡村孕养城市的基本发展政策，这使得城乡壁垒日益牢固，城市户口逐渐成为划分群众等级的身份标志，给农村经济发展带来了巨大的负面影响。立足于共同富裕的目标之下，想要打破城乡壁垒，促进城乡融合，需要从如下三个方面加以考虑。

1. 城乡基础设施互联互通

在城乡壁垒的影响之下，我国城市与农村的基础设施存在明显差异。这种差异体现在电力、能源、通信、道路、饮水安全和垃圾处理等诸多方面。以最基础的道路建设来说，如今的城市要道基本都为宽阔的柏油马路，内部小道也多是干净整洁的水泥道路，在发达地区的小型村庄中道路基本也是水泥路，但在部分偏远贫困地区却依然存在不少土路。当然，由于缺乏明确的数据加以佐证，关于道路建设方面的城乡差异很难得到客观体现。所以，接下来将以实际数据展现城乡地区互联网普及程度的差异，以体现网络设施上的城乡壁垒。根据中国互联网信息中心发布的第 49 次《中国互联网络发展状况统计报告》可知：截至 2021 年 12 月，我国城镇地区互联网普及率为 81.3%，较 2020 年 12 月提升 1.5 个百分点；农村地区互联网普及率为 57.6%，较 2020 年 12 月提升 1.7 个百分点。虽然城乡间的互联网普及差异较 2020 年有所减小，但差异依然较为显著①。

城乡基础设施的差异阻碍了城乡之间整体共建共享格局的形成，因此，为了凝聚发展合力，加快农村发展速度，应该考虑将城市基础设施向农村地区延伸，将农村基础设施与城市进行对接，弱化城乡壁垒，使城乡之间形成基础设施间的双向联通、融合，减少城市帮扶农村过程中的诸多阻碍，强化高新技术产业与新兴产业对农村发展的全面促进。

2. 农村公共服务优化

我国的城乡壁垒不仅体现在基础设施这些具体建设的差异上，也体现在公共服务体系这类社会福利政策方面。仅以我国最基本的教育资源分布为例，根据教育部《2020 年教育统计数据——小学校数、教学点数及班数》，

① 需要注意，关于城乡的具体定义，在不同机构的报告中存在不一样的理解，《中国互联网络发展状况统计报告》中将城乡表述为城镇与农村地区之间的差异，而《教育统计数据》中则专门区分了城区、镇区和乡村地区，在教育部网站中的答疑部分则将《中国教育经费统计年鉴》中的农村定义为乡镇及以下地区。考虑到本书中将乡村与农村等同，因此在数据统计中还是将镇区与乡村地区数据合计为农村地区，将城乡壁垒定义为城市与农村间的壁垒。

2020年城区小学数量为29207个，班级数量为952590个；镇区小学数量为42687个，班级数量为986760个；乡村小学数量为86085个，班级数量为921121个。可见，农村地区小学虽然在数量上占有优势，但多以小规模学校为主，大型学校较少，这意味着农村地区有限的教育资源必须被迫大面积分散，很难得到集中使用，学校的整体教学条件也会因为资源的缺失而处于较低水平。将城乡小学教师的数量与城乡小学的数量结合起来看，可以发现，城市地区平均每个学校占有的教师数量要超过农村地区学校的一倍。在年龄结构分布上，城市地区小学教师处于49岁以下不同年龄段的人数比例都要高于农村地区，农村地区仅50~54岁、55~59岁和60岁及以上三个年龄段中的小学教师比例要高于城市（见表3-1）。可见，相较而言，城市小学中的教师群体更偏年轻化。

表 3-1　2020 年全国小学教师数量、年龄结构统计表①

区域	合计	≤24 岁	25～29 岁	30～34 岁	35～39 岁	40～44 岁	45～49 岁	50～54 岁	55～59 岁	≥60 岁
城区小学教师数量/人	2299358	162800	398225	384242	374661	385634	313551	222829	56149	1267
占总数比		0. 0708	0. 1731	0. 1671	0. 1629	0. 1677	0. 1364	0. 0969	0. 0244	0. 0005
镇区小学教师数量/人	2347348	149329	360288	374239	386731	396485	303695	250753	124842	986
占总数比		0. 0636	0. 1535	0. 1594	0. 1648	0. 1689	0. 1294	0. 1068	0. 0532	0. 0004
乡村小学教师数量/人	1787472	121018	307050	270051	246678	265550	210697	203822	161309	1297
占总数比		0. 0677	0. 1718	0. 1511	0. 138	0. 1486	0. 1179	0. 1140	0. 0902	0. 0007
农村小学教师数量/人	4134820	270347	667338	644290	633409	662035	514392	454575	286151	2283
占总数比		0. 0654	0. 1614	0. 1558	0. 1532	0. 1601	0. 1244	0. 1099	0. 0692	0. 0006

① 基础数据来源于《2020 年教育统计数据——小学专任教师专业技术职务、年龄结构情况》。为保证百分比显示为小数点后两位，占总数比取到小数点后四位；因为四舍五入问题，总数比相加之和并不为 1，略有误差。这里的农村地区是镇区与乡村之和。

城乡之间这种公共服务的差异性，使农村地区得到的医疗、教育、财政等资源投入长期低于城市地区，资源的差异使城乡之间无法真正形成共有、共建、共治、共享的发展格局，更无法实现共同富裕。因此，只有平衡城乡之间的公共资源分配、优化农村公共服务体系、实现城乡之间公共服务的均等化，才能有效缩小城乡差距，助推共同富裕。这种优化主要由两部分内容组成：其一是加大对农村地区的资源投入，提高农村的公共服务效率，优化公共服务品质，使农村公共服务逐步赶上城市步调；其二是联通城乡公共服务体系，实现资源的均衡分配，实现城乡均等服务。

3. 产业发展互补互促

城乡壁垒在经济发展层面的具体体现就是城乡产业之间的孤立发展。长久以来，我国城乡地区缺乏交流，在产业发展层面同样习惯了独自发展，并未形成有效的整体规划①。事实上，只要不解决城乡产业的孤立发展问题，我国就永远不可能实现共同富裕。因为城乡地区不同的社会环境、自然条件决定了它们在产业选择上的差异性，即便同为农村地区，不同的自然条件下也会催生出不同的优势产业。不同产业间必然存在发展速度上的差异，这种速度的差异最终会表现为实际收入的差距。例如，农业与商业间的发展速度就存在显著差异。农村地区与城市地区在资源、人才、技术等不同生产要素上同样也存在差异，并且交通、电力等基础设施的差异也会影响产业的发展速度。举个简单的例子，农业发展过程中需要专业的技术人员进行指导，以达到减少损失、提高产量的最终结果，而农村地区的教育质量限制了高水平人才的出现，必须由城市向农村源源不断地输送专业型人才，才能始终保持相关产业的高速发展。

城乡壁垒导致的农村产业相对孤立发展，使农村产业难以借助外力解决自身的固有问题。只有统筹规划城乡产业发展，强化城乡产业间的互联互动关系，推动优势产业快速发展，促进县乡联动、产镇融合、产村一体，才能使农村产业真正受益，在城市与农村间形成体系性的发展结构，加快共同富裕进程。

（二）调节分配制度

要求农村与城市地区始终保持同一的经济发展速度是不现实的，那么在

① 曲延春. 从“二元”到“一体”：乡村振兴战略下城乡融合发展路径研究［J］. 理论学刊，2020（1）：99.

发展速度不一的前提下缩小城乡差距、实现共同富裕，就必须依靠有效的分配制度，通过再次分配的方式平抑初次分配导致的收入差距。本部分选择了两种较为重要的再分配方式进行详细论述。

1. 完善转移支付制度

转移支付制度主要包括政府的转移支付、企业的转移支付和政府间的转移支付。其中，用于调节地区收入平衡的主要是政府间转移支付，也称为财政转移支付。财政转移支付是一种以各级政府间财政能力差异为基础的资金平衡制度，能够将财政实力雄厚地区的财政资金向薄弱地区转移，通过这种人为外力介入，缩小不同区域的财力差距。当前，随着经济发展速度不断加快，转移支付的规模日益庞大，但调节效果日渐减弱。

一方面，庞大的资金转移项目缺乏完善的管理制度，致使转移过程中易发生贪腐问题，严重威胁资金安全，影响了转移支付效果的发挥。我国当前用以专门规范转移支付的法律法规，仅有财政部出台的部门规章《中央对地方专项转移支付管理办法》《中央对地方一般性转移支付办法》和《中央对地方均衡性转移支付办法》，不仅缺乏更高层次的专项立法，也未出台专门法律对各级政府间的转移支付加以规范，无法保证转移支付的法治化、透明化和公平化。

另一方面，我国当前的转移支付结构不尽合理，无法保证预期目标的圆满实现。我国当前的转移支付结构中主要包括一般性转移支付和专项转移支付。2014 年，《国务院关于改革和完善中央对地方转移支付制度的意见》中提出，应当增加一般性转移支付规模并将其作为转移支付制度中的主导结构。就目前的实践情况而言，一般性转移支付比重正在逐年增加，转移支付结构也在不断优化，但在我国现有的体制框架之下，一般性转移支付与专项转移支付之间极易发生混同，从而弱化整体调节功能的发挥①。

转移支付制度是我国一项极为重要的再分配方式，已经为我国加快共同富裕进程做出了巨大贡献。针对前文中提及的两个重要问题，优化转移支付制度、实现共同富裕，需要进行如下考量。其一，提升转移支付的立法位阶，完善立法质量。在原有部门规章基础上制定省级以下政府间转移支付的管理办法，条件具备时再制定有关转移支付的专门性法律法规。明确央地事权与支出责任，使转移支付有法可依，减少因为规定不明确而产生的权力滥

① 夏冬泓. 财政转移支付结构调整困境及其人权再定位［J］. 法学杂志，2018（2）：11-24.

用问题。其二，增加分类转移支付作为转移支付制度的结构性补充。分类转移支付介于一般性转移支付与专项转移支付之间，兼具双方特征，既可以通过对支出大方向的把控，推动中央政策的有效落实，促进弱势领域的发展；又可以通过不限定过细的使用方向，激发政府自身的积极性，提高资金使用效率。显然，这有助于弱化一般性转移支付与专项转移支付混淆而带来的消极影响。另外，横向转移支付的缺失同样也是我国转移支付结构存在的问题，但我国的《中央对地方均衡性转移支付办法》中已经强调要"建立均衡性转移支付规模稳定增长机制，确保均衡性转移支付增幅高于转移支付的总体增幅"。所以这一问题的解决只是时间问题，此处就不再赘述。

2. 优化税收制度

税收不仅是再分配的方式之一，也是实现转移支付的重要基础。税收是我国财政收入的主要来源之一，对于调节贫富差距、实现共同富裕具有重要意义。从2006年取消农业税开始，我国农业发展就进入了增速阶段，农民负担得以减轻，农业产业活力得到激发。农村税制的改革确实为农村经济的发展提供了诸多助力，却难以真正满足共同富裕的实际需求。当前的农村税收政策只是立足于农村或农民的角度，以减轻农民负担、惠民利民为基本指向，对如何通过税收政策吸引城市人才、资本下乡的考虑相对较少，这在一定程度上削弱了税收制度的调节作用，容易陷入"唯农民论"的观念误区。

要使税收制度的调节功能得到充分发挥，继而加快整体共同富裕进程，就需要充分考量如何吸引城市资源投入农村，帮助推动农村发展，缩小城乡差距。主要措施包括：一方面，适当降低城市企业参与农村项目的所得税税率，鼓励城市资本下乡。可以考虑减免设立在偏远、贫困、少数民族地区企业的企业所得税，鼓励资本向特殊区域投资；也可以通过税收优惠扶持当地企业，促进特殊地区的经济发展。另一方面，统一城乡间的个人所得税税率，制定综合性的税收制度，并为从事农业生产的人群设计专门的抵扣或退返项目，在防止城市人才因为税率差异而抗拒下乡的同时又能促进农业发展。

（三）实现产业振兴

习近平同志在河北承德考察时指出："产业振兴是乡村振兴的重中之重，要坚持精准发力，立足特色资源，关注市场需求，发展优势产业，促进一二三产业融合发展，更多更好惠及农村农民。"可见，振兴农村产业是实现乡村振兴、助推共同富裕的关键所在，本部分将其具体的实现方式归纳为如下三个方面。

1. 加大政策倾斜

实现产业振兴需要从多角度切入，适当的农业政策是激发乡村活力、加快产业发展的重要前提。农业政策对于农村产业的发展具有重要影响，导致我国农业不振的主要原因之一就是我国早期采取的以农业孕养工业、以乡村孕养城市的基本政策。现阶段，虽然我国已经将基本政策调整为以工业孕养农业，但就具体的政策内容而言，随着时代的转变，也出现了一些新情况与新问题，例如，支出水平整体较低，存在严重的结构性问题，市场作用难以得到充分发挥，农业补贴政策后继无力，等等①。以市场作用的发挥为例，当前的城乡户籍制度不仅阻碍了城乡地区的融合发展，而且阻碍了市场对农村产业发展调控作用的发挥。城市是农产品的主要消费地区，想要充分发挥市场的调控作用，就必须明确城市对农产品的消费数量与偏向类型等信息。只有根据市场实际需求调整种植类型与种植规模，才能减少不必要的商品浪费，使农村产业获取最大利益。然而，当前的农业政策并未解决农村地区孤立发展的问题，对农村地区的政策倾斜程度也较为有限。这使得农村产业的发展受到了极大限制。

农业发展会受到诸多不可控因素的影响，因此相较于商业而言处于弱势地位，只有继续加大对农村产业的政策倾斜力度才能为农业发展提供强有力的支持。如何体现政策倾斜，可以从以下几方面入手：其一，继续加大财政投入，为产业振兴提供充足的资金支持。其二，完善惠农政策和支农政策，尤其要完善金融方面的有关政策，增加经济供应，提供更多产品。其三，优化与土地、人才相关的有利政策，保障产业发展的土地和人才这两项基础性需求。

2. 强化科学指导

产业振兴是一项重要的科学任务，任何背离科学的发展方向都无法帮助实现产业振兴。以种植型农业为例，从选择具体作物开始，就需要专业人员的科学指导，因为不同地域的自然环境、社会条件，决定了特定地区的作物种植要科学，才能实现效益最大化。除了选取作物，无论是在种植过程中，

① 张晶．新常态下完善农业支持政策的总体思考——以美国农业政策新动向为借鉴［J］．世界农业，2018（6）：63-70.

抑或是在最后的销售阶段，科学指导也具有重要意义。可以说，科学指导贯穿产业发展的全过程，缺乏科学指导不仅无法有针对性地解决发展问题，而且会带来更多新的问题。2021 年 6 月，河北邢台部分地区基层干部以割麦激起的秸秆粉尘会污染环境为由，要求农民采取应对措施，使得当地农民不得不在收麦过程中花钱购买喷淋设施，一边割麦一边喷淋。这引起了众多媒体的广泛关注。最终，当地人民政府发布《关于媒体报道我区麦收需喷淋降尘问题的情况通报》，称经调查核实，该区阎里乡个别基层干部在工作中存在宗旨意识薄弱，作风不严不实，工作方法简单等问题，相关部门已介入调查处理①。可见，缺乏科学指导会带来诸多的“乱作为”现象，会严重打击农民的生产积极性，阻碍产业发展。

指导行为缺乏科学性是行政行为引发纠纷的重要原因之一，也就是俗话说的“外行指导内行”。强化科学指导可以从以下几方面入手：其一，加强对相关工作人员的专业性培训，提高公务人员工作能力，提高行政指导行为的科学性。其二，吸纳更多专业型人才为产业发展的全过程提供专门指导，不仅要积极解决农民遇到的现实问题，也要主动走访、询问，及时发现问题，准确解决问题。其三，在做出行政行为时要主动询问专业人士意见，仔细审查行政行为的合理性与合法性，切实减少“乱作为”现象。

3. 发展现代农业

随着时代的发展，层出不穷的高新技术在方便人们生活的同时也为产业发展注入了新的活力。机械化、数字化的发展不仅能为农村产业发展节约人力成本，还能减小自然环境对农业发展的影响，但就目前而言，我国的现代农业发展之路并不顺遂。一方面，中央提出要尊重农民意愿，以农民为主体发展现代农业，当然以农民为主体并不意味着完全拒绝其他主体的帮助，也不意味着绝对排斥市场经济、商业资本的进入。事实上，单纯依靠农民自身发展农业经济与我国数千年来的农业发展历史并无不同，也就不可能实现真正的产业振兴。另一方面，相关政策鼓励 100～150 亩“适度规模经营”，以实现土地向种田能手流转，但实际的流转结果可能是土地集中到少数人手

① 农民割麦需花钱喷淋降尘？官方回应：已介入调查见［EB/OL］.（2021-06-12）［2022-06-10］. https：//www. thepaper. cn/newsDetail_ forward_ 13118699.

中，形成新的地主阶层①。当前我国每户农民的平均土地约为10.3亩，完全施行“适度规模经营”意味着约有90%的农民要离开土地另谋生路，这在就业形势紧张的当下绝非易事，且土地的流转方向具有极强的不确定性，并不能保证大量土地被切实流入种田能手手中，甚至无法保证它们被有效地用于种植。因此，适度规模经营还需要制度规范与后续规划。

发展现代农业是顺应时代特征的必然结果，也是实现农村产业振兴的重要内容之一。一方面，发展现代农业，最重要的是改变相关主体的错误观念，认清“唯农民论”的消极影响，将资源型农业转变为资本型农业，充分发挥市场与资本的积极作用，提高种植环节与土地资源的开发程度，实现一、二、三产业的融合发展，帮助农民获取更多利益。另一方面，现代农业的发展路径是一条创新之路，这就意味着政府的一切动态都是一种崭新的尝试，而这些尝试必须要遵循一定的基本规律。首先，任何政策的制定都应该从农民的利益出发，不能为了达到所谓的正确认识（例如“唯农民论”）而损害农民利益。其次，要结合实际国情谋划思路、制定举措、推进落实，既不能盲目照搬西方发达国家的现代化模式，也不能在缺乏完善制度的前提下轻易推行某一政策。最后，要建立科学可行的评价机制，对改革效果开展全面评估，及时进行反馈并根据反馈情况迅速调整方案计划。只有在正确观念的指导下依据基本规律制定的有效政策，才能帮助我国真正实现农业现代化，继而帮助实现农村地区产业振兴，达到共同富裕。

第二节　共同富裕的实践要素与乡村善治目标的耦合

想要立足于共同富裕的视角讨论农村基层微腐败的治理问题，首先需要明确两者之间的相互关系。准确来说，共同富裕与农村基层微腐败治理之间并不直接相关，它们二者以乡村善治目标作为交叉点，需要将农村基层微腐败问题转化为乡村治理问题，再将共同富裕理论与乡村治理实践相结合，找到共通之处，明确二者之间存在的动态联系。

本书之所以不直接探讨共同富裕对农村基层微腐败治理的引导作用，是

---

① 孙北国．“三农”重大核心问题的十三个独立研究观点——中央党校“经济发展突破点论坛”演讲稿［EB/OL］．（2022-04-25）［2022-06-10］．https：//zhuanlan．zhihu．com/p/127161348．

因为共同富裕理论的自身内涵并不足以妥善指导微腐败治理工作，也无法与乡村治理紧密结合。只有以乡村善治作为分析共同富裕的基本标尺，才能顺利引出共同富裕在乡村治理中的实践路径，并经由这些实践路径和善治目标的主要内容指导乡村基层微腐败治理。

一、乡村善治目标的主要内蕴

“善治”就是指良好的治理，我国学术界目前使用的“善治”一词是西方的舶来品，最早由俞可平先生引入并引发了国内学者对其概念的探讨。俞先生认为，善治是一种能获取最大公共利益的社会管理过程，强调了政府与公民的合作管理，是一种存在于政府国家和公民社会间的全新关系①。周安平教授认为，善治之善并不在于多元主体合作治理，而在于实际的治理过程与成效。周教授指出，俞先生所谓的“公共利益最大化”是一种“目的主义的善”，无法确定最终结果是否为善，且具有一定的模糊性，因此需要认真推敲。张继亮则认为，俞可平先生的观点准确解释了西方学术界的“善治”概念，周安平立足于东方语境批判俞可平先生对这个西方舶来术语的解释不免失之偏颇。张继亮将善治定义为具有较高管理效率且能够得到公民广泛参与的社会管理过程②。本书认为，多元主体合作确实不能作为评判善治的独立标准，但善治一定少不了多元主体的广泛参与，实现公共利益最大化必然需要较高的管理效率，这也是善治追求的最终目标，但这并不仅仅是一种目的主义的善，也是一种结果主义的善，同时，公共利益的模糊性可以通过对善治内容的细化加以明确。因此，本书认为善治是多元主体参与治理且能够实现公共利益最大化的社会管理过程。据此，我们可以认为乡村善治就是在乡村地域中，通过坚持人民主体地位、强化政府与人民有机合作的方式实现乡村社会公共利益最大化的治理过程。立足于这一定义，本书将现阶段乡村善治的基本内容概括为民主、秩序、法治、服务、振兴。由于下一章中将单独分析农村治理法治化问题，因此这里将对其他四项内容的具体含义进

---

① 俞可平. 治理和善治引论［J］. 马克思主义与现实，1999（5）：37-41.

② 张继亮. 重思“善治”：兼评周安平对俞可平笔下“善治”概念的反思［J］. 天津行政学院学报，2016（2）：82-87.

行详细分析，对法治仅就其内容范围进行分析①。

（一）拓展基层民主发展

现代的民主概念起源于古希腊时期的“人民的统治”，是一个典型的政治概念②。我国的民主是人民民主，它以社会主义的存在为前提条件，指的是全体人民在共同享有对生产资料的不同形式的所有权、支配权的基础上，共享管理国家的最高权力。如何实现全体人民共同管理国家？这需要确定一个基本的原则。我国当前采取人人平等、少数服从多数且尊重少数人权利的基本原则。不过，考虑到做出决定的质量与效率，我国采取的是直接民主与间接民主相结合的国家制度，在乡村治理中体现我国的基本政治制度是实现“乡村善治”的重要内容。乡村治理是对村民的直接管理，以村民自治为主实施多元治理，因此格外强调人民的主体地位。必须通过基层选举的方式充分发挥人民当家作主的精神，将政府权力向社会转移③。此时，基层政府必须为保障乡村善治的实现不断拓展基层民主，为村民享有政治自由、行使政治权利开通渠道并提供保障。

（二）维护基层社会秩序

社会是否稳定或者说是否有稳定的社会秩序是评判是否构成善治的重要内容。在这里既有学者使用“稳定”一词，也有学者使用“秩序”一词，善治中稳定的社会秩序是社会所处的一种动态平衡状态。有的学者同时从治理模式和治理效果入手，认为这一秩序体现了乡村治理模式的系统性特征，是对内部治理、外部管理的有机结合，使乡村治理不仅具有秩序性而且具有活力性④。也有学者仅从治理效果入手，并未对治理模式提出特殊要求，认为这一秩序代表了社会安宁、人民团结、生活有序、政策连贯等⑤。秩序稳定对于乡村治理具有重要意义，没有稳定的秩序，乡村的一切发展措施都无

---

① 在俞可平先生和其他学者的观点中，善治的内容还包括参与、透明、公正、责任、有效、回应性等，这些内容其实都可以被囊括在本书的观点之中。同时，为了体现现阶段乡村治理的主要目标即实现乡村振兴，本书将振兴也作为现阶段乡村善治的目标。

② 梅宁华．民主究竟是什么？［EB/OL］．（2008-02-25）［2022-03-20］．https：//www.cnr. cn/luntan/sytt/200802/t20080225_ 504713511. html.

③ 丁坚钢，蒋晓冬．“乡村善治”：当前乡村社会管理的目标选择和路径依赖［J］．观察与思考，2012（3）：58-61.

④ 邢继雯．认同、互构：德孝文化与乡村善治的耦合机理［J］．领导科学，2021（24）：98-101.

⑤ 丁坚钢，蒋晓冬．“乡村善治”：当前乡村社会管理的目标选择和路径依赖［J］．观察与思考，2012（3）：58-61.

法得到实践，一切的治理行为都不会取得预期效果。因此，没有秩序也就不存在实现乡村善治的客观基础。需要注意的是，家庭是我国传统乡村社会的基本生产、生活单位，要重视家庭在乡村治理中的重要地位。同时，在乡村中，农业发展对劳动协作的强烈需求使乡村家庭之间及家庭内部的人际关系更为复杂，对社会治理造成的影响也更大。所以，在乡村善治中，秩序不仅仅是整体层面的环境稳定、管理者与村民间的相互配合、村民对管理行为的认可，还包括村民家庭之间和家庭内部的人际关系和谐。

（三）提升主体服务意识

服务是一种社会成员之间互相提供便利的行为，既包括有偿服务也包括无偿服务。将服务作为乡村善治的内容之一，主要是基于当代政府角色的转换。计划经济时期，管理型政府给社会发展带来的影响，使我们深刻认识到由政府掌握绝对主导权会严重削弱社会自身的发展潜力，限制人民的创造性。同时，在现代国际社会中，支持管理型政府的国家也并不多见。所以，实现管理型政府向服务型政府的转化是我国国家治理能力提升的必经之路。塑造服务型政府，首要内容就是转变公务人员的“官本位”意识，塑造服务意识。乡村治理中虽然除基层政府主体外还包括村民的自治主体，但由于自治主体的存在原本就是人民主体地位的体现，因此“为人民服务”的意识依然是善治的重要内容。提升主体服务意识的另一个重要意义在于能够有效缓解村民对乡村基层政权的信任危机。信任危机是我国“三农”问题中的重要内容，会严重影响乡村治理的有效性，甚至带来政治危机。所以，提升主体服务意识必然是乡村善治无法忽视的核心内容。提升主体服务意识，要求治理主体必须时刻将“为人民服务”作为行为宗旨，为村民提供优质的公共服务与公共产品，创造优质的生活环境，同时，还要不断提升自己的服务能力与服务水平，使村民能够更快、更好地享有服务。从这个角度来说，服务这一概念实际上也吸纳了俞可平先生“善治十要素”中的回应与有效要素。回应指的是管理人员对人民的实际要求及时做出反应或进行反馈，有效指的是管理行为的效率性。无论是回应还是有效，都对治理主体的服务行为提出了实际要求，因此可以直接被服务吸纳。

（四）贯彻乡村法律治理

乡村法律治理就是学者们所说的法治。事实上，笔者认为，学者们提出的许多关于乡村善治的内容都可以被纳入法治的范畴。以俞可平先生的观点来说，他将善治分为十项内容，包括合法性、法治、责任、透明性、回应、有效、参与、稳定、廉洁、公正①。其中，除回应、有效可以被服务意识吸收外，其余的合法性、责任、透明性、参与、廉洁和公正实质上都可以被纳入法治的范畴，它们都各是法治中某一部分内容的体现②。俞可平先生将合法性理解为人们自觉遵从社会秩序和权威的一种状态，认为它与法律规范没有直接关系，其实质是人民的认同感③。然而，在我国这样的社会主义国家，人民是国家的主人，法律是人民意志的体现，政府和村民委员会的权力与地位也是人民通过法律赋予的，所以从某种意义上说，在我国充分贯彻法治精神的公共管理活动必然能够获得人民的政治认同。责任指的是管理者要为自身管理行为承担公共责任，这与法治强调的“有权必有责、失责必追究、有责要担当”具有一致性。透明性指的是公开政府信息，参与指的是公民参与政治生活，二者的本质都是要求治理主体拓宽渠道保障人民政治权利的行使。这两部分内容既可以被归入民主，也可以被归入法治，因为我国的法治是立足于民主之上的法治，没有民主就没有现代法治，所以两者的内容也存在一定的交叉。廉洁指的是治理主体克己奉公、清正廉明，公正指的是公平正义，这二者是社会主义法治的应有之义，它们原本就是法治的重要内涵。由此可见，俞可平先生的“善治十要素”是对善治内容的扩张性理解，可以被吸纳进本书主张的五点内容之中。这两种观点在对善治的理解上分歧不大，只是在具体表达上存在差异。

（五）保障乡村振兴实现

民主、秩序、服务、法治是善治与乡村善治的共有内容，只是在主体范围或一些具体细节上有所不同，但保障乡村振兴的实现是我国乡村善治的特有内容。就当前的乡村局势而言，“三农”（农业、农村、农民）问题已经成为影响乡村发展和稳定的关键问题。如果乡村无法振兴，我国的农业发展就会持续低迷，农民与基层政府间的矛盾冲突也会愈加尖锐，农民收入会不断减少，大量农民将不得不放弃耕种外出打工。这不仅会使我国的农业生产受到严重打击，更会给整体的社会治安带来隐患，严重时甚至会危及国家政权的稳固。可见，只有实现乡村振兴、解决“三农”问题，才能推动我国农

① 俞可平．论国家治理的现代化［M］．北京：社会科学文献出版社，2014：68-69.

② 事实上，俞可平先生善治十要素中的廉洁要素不仅可以被法治吸纳，也可以被其他要素吸纳，但因为法律治理是治理腐败、实现廉洁的主要形式，因此本部分选择以法治吸纳廉洁。

③ 俞可平．治理和善治引论［J］．马克思主义与现实，1999（5）：37-41.

业改革，稳定乡村秩序，才有机会实现乡村善治。因此，实现乡村振兴必然是我国当下乡村善治的重要内容。何谓乡村振兴？中国共产党第十九次全国代表大会的报告指出，乡村振兴就是“产业兴旺、生态宜居、乡风文明、治理有效、生活富裕”①。要实现产业兴旺和生活富裕，需要基层政府依据一定的管理制度持续推进农业稳固发展，加快农业模式的现代化转型，实现一、二、三产业的融合发展，使乡村经济获得显著提升并最终实现共同富裕。要实现生态宜居，需要基层政府严格对环保法律的细化执行，优化政府决策，逐渐改变村民以环境为代价换取发展的错误观念。要实现乡风文明，需要基层政府为村民提供优质的教育服务，保障村民充分享有受教育的权利，全面提升村民的科技文化、卫生健康、思想道德、民主法制等个人素养。对于治理有效，由于前文中提升主体服务意识部分已经提及，所以这里不做赘述。

二、共同富裕在乡村治理中的实践途径

乡村发展水平的落后是影响我国实现共同富裕的重要因素，在乡村治理中推动共同富裕的实现需要通过如下途径。

（一）促进农民增收，激活乡村活力

1. 农业经济发展缓慢是影响共同富裕实现的主要问题

全体人民的物质富足是共同富裕的基本要求。当前，农业经济发展缓慢、城乡差距逐渐拉大是阻碍我国实现共同富裕的主要问题。一方面，受到农业产业发展特殊性的影响，农业经济的发展会受到来自社会、环境、经济等诸多因素的限制。耕地资源的减少与质量退化、小规模家庭经营模式的难以撼动、机械化水平的落后和水资源的污染与匮乏都会阻碍我国农业经济的发展②。这使得我国农业经济注定无法像商品经济一样在短时间内获得飞速发展。另一方面，我国的早期农业政策同样抑制了我国农业经济的发展，催化了我国城乡差距的产生与加剧。1953 年我国进入计划经济时代，为了紧跟席卷全球的工业化浪潮，我国采取了以农业养育工业的基本政策，采取多取

① 冯丹萌. 实施乡村振兴战略的总目标是农业农村现代化［EB/OL］.（2021－12－30）［2022－03－20］. http：//politics. people. com. cn/n1/2021/1230/c1001－32320785. html.

② 中国农业基本现状和发展趋势［EB/OL］.（2019－05－10）［2022－03－20］. https：//www. sohu. com/a/313207266_ 100014414.

少予的基本策略，通过低价收购农产品、施行特定财税政策构建城乡二元财税体制的方式为工业发展积累资本，通过减少农业财政投入的方式使农业的财政收入大于财政投入。1978 年我国进入改革开放时期，商品经济开始飞速发展，但农业经济依然因为新的农业养育工业政策而受到抑制。这一时期，虽然对农业的财政投入略有增加，但从农业中取得财政的方式也同样增加。近十年来，随着脱贫攻坚各项政策和乡村振兴战略的纵深推进，城乡居民收入相对差距持续缩小。当前，我国“三农”问题依旧严峻、城乡差距明显的社会现实，使得乡村经济发展水平成为我国能否实现共同富裕的关键因素，这同时也意味着促进农民增收、激活乡村活力成为我国实现共同富裕的重要途径。

2. 促进农民增收的有效思路

促进农民增收，激活乡村活力，需要从以下几方面加以考虑。首先，为促进农民增收，需要推动城乡产业融合，拓展农业发展空间；利用其他领域的先进技术助推农业发展，帮助农业产业转型升级，使农业产业链条得以延伸，农民收入渠道得到增加；保障农业发展的基本要素，防止农业发展因为人才、资源、技术等要素欠缺而陷入停滞。其次，为激活乡村活力，要进一步深化乡村土地“五项制度”改革①，优化体制机制，为农业升级发展提供可靠的制度保障；完善乡村治理体系，提高治理能力，强化服务意识，提升服务质量，激发村民的参与热情；强化村庄内部不同类型主体间的融合发展，创新经济形式，形成发展合力②。

（二）优化乡村生态，打造宜居乡村

1. 生态环境恶化是影响共同富裕实现的全新问题

马克思主义认为，物质生活的生产方式会影响人们的社会、政治与精神生活③，也就是说，人们的个人需求并不是恒定的，而是永无止境的，当获得基本的物质资料之后，人们会产生新的、更高层次的个人需求，而为了满足这些需求，人们又会推动生产力的继续发展。可见，生产力发展与个人需

---

① 乡村土地“五项制度”改革为土地利用综合改革、农村承包地“三权分置”改革、农村宅基地“三权分置”改革、农村集体产权制度改革、农村集体经营性建设用地入市改革，这是河南省新乡市的先进经验。

② 郑瑞强，郭如良．促进农民农村共同富裕：理论逻辑、障碍因子与实现途径［J］．农林经济管理学报，2021（6）：780–788.

③ 中共中央马克思恩格斯列宁斯大林著作编译局．马克思恩格斯选集：第 2 卷［M］．北京：人民出版社，1995：32.

求的满足之间其实存在相互促进的关系，人们为满足个人需求而推动生产力的发展，生产力的发展又反作用于个人需求，将其推向更高层次。所以，随着生产力水平的提高，人们的个人需求也会提高，大家将不再满足于获得基本的生存条件，还要求得到更好的生活条件。这就是为什么进入中国特色社会主义新时代后，我国社会的主要矛盾会从原本的人民日益增长的物质文化需要同落后的社会生产之间的矛盾转变为人民日益增长的美好生活需要和不平衡不充分的发展之间的矛盾，而人民日益增长的优美生态环境需要则又成为新时代社会矛盾的主要内容①。由此可见，立足于我国当前的社会现状，优化乡村生态、打造宜居乡村确实是实现共同富裕的重要途径之一。

2. 优化乡村生态的有效思路

优化乡村生态、打造宜居乡村需要在改善生态环境的同时兼顾经济发展。为优化乡村生态，首先要对当地的生态环境和资源进行全面统计，明确可用资源数量与布局，制定大致的生态补偿或利用机制；其次要加快乡村发展的绿色转型，坚持可持续发展，创造精品生态产品品牌，扩大优良生态产品供应，提高生态资源价值；最后要强化生态产品的市场开发，规范市场交易行为，构建完善的城乡联动治理机制。为打造宜居乡村，可以尝试将信息技术、大数据等先进科技引入乡村建设和乡村治理，提高村民生活的舒适度与便宜度。根据村民的实际需求，提供精准的公共服务，减少资源浪费，提高服务效率。

（三）畅通发展渠道，实现共建共享

1. 发展渠道受阻是影响共同富裕实现的本质问题

马克思批判了资本主义“建享分离”的畸形分配方式，并在《资本论》中提出了依据劳动时间分配生活资料的按劳分配思想②。按劳分配的实质就是共建共享，它强调只有参与社会建设的主体才能享有建设成果。按劳分配是社会主义初级阶段的分配方式，也是马克思主义共同富裕理论中的重要内容，所以实现共建共享必然是达到共同富裕的重要途径。相较于城市发达地区而言，乡村落后地区的群众受到经济发展、资源储备、教育情况、地理位置的影响，在部分情况下很难参与社会建设，更谈不上共享建设成果和实现

① 孙志刚．更好满足人民优美生态环境需要［EB/OL］．（2019-10-09）［2022-03-20］．http：//www.qstheory.cn/zoology/2019-10/09/c_1125081575.htm.

② ［德］马克思．资本论：第1卷［M］．北京：人民出版社，2004：96.

共同富裕。所以，就共同富裕在乡村治理中的实践路径而言，最重要的不是树立共建共享意识，而是为村民参与共建共享创造基本条件。

2. 畅通村民发展渠道的有效思路

依据乡村可能面临的现实困境，具体的畅通方式应该涉及以下两个层面。首先，制定完善的制度体系，保障教育资源的均衡化分配。当前，除少数偏远贫困地区无法保障村民受教育权利的实现外，大部分乡村地区面临的主要问题都是教育资源的分配不均。为使乡村人群能够更好地参与到现代化建设之中，应该向弱势地区投入更多教育资源，或通过网络、电视等其他方式平衡教育资源，使偏远乡村群众也能接受高质量的现代教育。其次，加大人才、资金、技术投入，引导村民以合适的方式参与社会建设。我国虽然已经在 2020 年全面建成小康社会，但这并不代表我国乡村已经具备和城市同等的发展渠道，防止返贫、预防贫困发生依然是当前乡村治理的重要内容。所以，政府的经济支持和资源扶持依然是畅通乡村发展渠道、帮助村民投入社会建设的基本方式。

（四）重视精神文明，助推全面发展

1. 精神文明落后是影响共同富裕实现的深层问题

实现人的自由全面发展是共同富裕的内涵之一。何谓全面？只有精神与物质同时丰沛才能称得上全面。所以，实现共同富裕同样也包括实现精神富裕。在乡村治理中实现共同富裕，精神文明的建设显得尤为重要，因为相较于城市而言，大部分乡村的经济发展水平偏低，再加上“三农”问题的影响，使得我国乡村长期将治理重点集中于经济层面，对村民精神层面的引导和精神需求的满足不够重视。以自杀为例，我国乡村的自杀情况要比城市严重（图 3-1）。根据我国相关部门的统计数据可知，虽然我国人口的自杀率自 2010 年起就一直在逐年下降，但农村居民自杀率较之城市居民的自杀率一直都处于一个较高数值，自 2011 年至 2019 年，自杀率基本是城市居民自杀率的 1.6 倍到 1.8 倍，平均达到了 1.78 倍①。造成城乡之间自杀率数值差异如此显著的原因除了城乡间生产力发展水平与公共保障体系的差距外，另一个尤为重要的原因就是精神文明建设的差异。与农村相比，城市地区无论在个人思想层面还是在外部公共服务层面都为精神文明的建设提供了充分保障。可见，在乡村治理中，只有强化精神文明建设，才能满足村民的美好生活需

① 根据《中国卫生健康统计年鉴（2012—2020）》中的统计数据计算得出。

要，缩小农村居民与城市居民间的实际差距，最终实现精神层面的共同富裕。

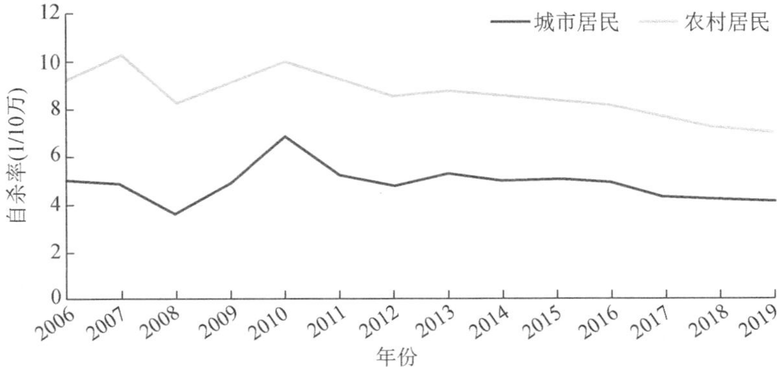

图 3-1　2006—2019 年城市居民和农村居民自杀率（1/10 万）①

数据来源：EPS 数据平台。

2. 建设乡村精神文明的有效思路

建设乡村精神文明的具体实践可以从以下几方面入手。首先，强化党和社会主义核心价值观的引领作用。通过党史学习教育、党章学习，强化中国共产党在乡村居民中的领导地位和对他们思想观念的引领作用。通过改进教育内容、拓展教育载体、优化教育过程的方式，加强社会主义核心价值观宣传教育，深化乡村地区的爱国主义、集体主义与社会主义教育②。同时，公开表彰优秀党员、模范人物，并积极宣传他们的感人事迹与重要贡献，鼓励其他村民主动学习榜样，引领村民在党的领导下践行社会主义核心价值观。其次，宣扬优秀传统文化，实现以文育人。利用文化专栏、文化公园、名人塑像等方式在乡村宣扬我国优秀传统文化，形成良好的文化氛围，逐步推动乡村居民的精神文明建设，并针对不同类型、不同年龄、不同学历的人群提供区别性的文化服务及有关产品，切实满足所有人群的精神需求③。最后，建立完善的公共文化服务体系，满足村民精神需求。利用大数据、互联网等高新科技助力乡村公共文化服务体系的建设与创新，提升乡村公共文化服务

① 最是人间留不住——中国自杀情况分析［EB/OL］.（2021-06-26）［2022-03-25］. https://zhuanlan. zhihu. com/p/340331061? ivk_ sa=1024320u.

② 柯狄祖. 如何深入进行爱国主义、集体主义、社会主义教育［EB/OL］.（2007-09-19）［2022-03-25］. https://www. gmw. cn/01gmrb/2007-09/19/content_ 672905. htm.

③ 罗明忠. 共同富裕：理论脉络、主要难题及现实路径［J］. 求索，2022（1）：143-151.

质量，增强村民的文化获得感。以实现互联互通为基本目标，构建街道、社区、乡村协同一致的城乡一体化公共文化服务体系，缩小城乡差距，提升服务公平性，增强村民生活幸福感。

（五）强化社会融合，缩小城乡差距

1. 城乡二元结构是影响共同富裕实现的现实问题

共同富裕虽然不是绝对的平均富裕，但也绝不会是两极分化。共同富裕是一种允许合理贫富差距存在的普遍富裕，是社会全体而非个体享有的普遍富裕，所以是否消灭不合理的贫富差距就是评判是否实现共同富裕的重要指标。就我国当前的社会情况而言，城乡差距是阻碍我们实现共同富裕的重要因素。城乡差距的形成是我国在发展过程中实施城乡二元结构体制带来的消极后果。城乡二元结构体制是我国计划经济时期为推动城市工业发展而采取的以城乡户籍制度为核心，包含诸多差异性制度的城乡不对等二元经济社会结构①。城乡户籍的差异，使乡村居民与城市居民间出现了不可逾越的身份壁垒，治理体制、财政投入、资源分配、公共服务体系等经济社会发展处处呈现出城乡不均衡。2002 年我国就已经为打破城乡二元结构提出要统筹城乡发展，并在 2006 年的一号文件中明确提出了以工促农的新时代农业政策，在 2012 年提出“推动城乡发展一体化”的战略思想。虽然我国城乡居民收入比的明显下降是在 2010 年以后才发生的，但考虑到政策效果的实现是一个长期而缓慢的过程，基本可以确定，打破城乡壁垒，实现一体化发展，确实是缩小区域差距、加快共同富裕进程的有效方式。

2. 促进城乡融合的有效思路

打破城乡壁垒、实现共同富裕需要城乡双方的共同努力，从乡村治理的角度来说，具体的实践方式包括以下几种。

首先，完善公共服务体系，提高治理水平，吸引城市农民工返乡和城市资本下乡。城乡融合不是简单地将城市发展的一切方式都运用于乡村，使乡村成为另一种形态的城市；也不是将乡村完全并入城市，最终消灭乡村。城乡融合不是单向的乡村向城市融合，而是双向奔赴。就乡村治理主体而言，可以村民实际需求为考量，构建适当的公共服务保障体系，创造更好的生活环境，吸引农民工返乡。同时，制定完善的融退机制，着力解决城市居民下

① 刘保中，邱晔．新中国成立 70 年我国城乡结构的历史演变与现实挑战［J］．长白学刊，2019（5）：39-47．

乡过程中可能面临的住房、公共服务等大家较为关注的问题，吸引城市资本下乡。

其次，增加村民的家庭储蓄与个人再就业能力，提高村民在城市生活中的抗风险能力，帮助村民更好融入城市生活①。村民无法融入城市不仅仅是城市政策的问题，也是乡村治理的问题。乡村治理主体应该为村民提供更多的教育机会和职业培训，使农村居民能够以更加多样的方式参与社会建设，而不仅仅局限于体力劳动参与。增加村民的家庭储蓄需要同时做到开源和节流。一方面，治理主体应该积极拓宽增加村民财产性收入的渠道、扶持村民创业、推进农村合作社改革，保障村民增收，从而增加家庭内部的储蓄存量。另一方面，治理主体应该强化对村民金融素质的培育与提高，转变错误金融观念，引导村民正确投资，减少不必要损失；同时，治理主体应该积极推进乡村金融体制的改革，提高乡村金融服务能力，为村民创造更多利益。

再其次，稳定乡村民心，合理实施利益划分，正确处理村民与外来投资者间的各项纠纷。农业政策的转变、城乡二元结构的逐渐瓦解在使乡村经济得到迅猛发展的同时，也带来诸多资源、利益分配引发的纠纷。村民认为自身利益受到侵害，投资者认为所得回报并未达到预期目标，如果治理主体无法妥善处理，就会使双方矛盾难以调和，甚至会引发激烈的冲突、对抗，不仅不利于乡村经济的良性发展，而且会削弱村民对治理主体的信任度，影响乡村治理效果。因此，治理主体应该时刻铭记自己的服务者身份，优化治理手段与治理形式，完善纠纷解决机制，做好协商工作。治理主体可以不定期组织村民与投资者进行会谈，增进彼此间的了解，缓解双方不满情绪，引导达成使双方都感到满意的投资、分配方式。

最后，优化村民自治，平衡自治权利与行政权力间的相互关系，正确认识乡村思维，激发村民自发参与乡村治理的积极性。乡村地区以村民自治、基层政府指导作为主要治理形式，这就意味着治理过程中必然存在城市思维与乡村思维的碰撞。当行政权力过度干涉自治权利时，乡村建设就会因为过度模仿城市建设而脱离乡村本土实际。因此，乡村治理主体必须正确认识立足于乡村思维建设乡村的重要性，积极召开村民会议引导村民理性看待社会舆论，切实保障村民议事决策权利的实现，减少行政权力对乡村治理的过度

---

① 王龙泉，曾贤勇．城乡融合发展的障碍是什么？如何打破？［EB/OL］．（2020-05-04）［2022-03-25］．https：//www. 163. com/dy/article/FBQQ4C820519D9DS. html.

干涉，鼓励村民踊跃参与乡村建设，使城乡融合更加自然、恰当。

三、共同富裕与乡村善治的耦合机理

（一）对乡村善治目标的诉求源于经济水平的不充分发展

当前阶段，乡村善治是实现乡村振兴的重要基础，能够为农业农村现代化提供稳定有序的发展环境①。乡村善治的提出是为了推动乡村治理模式的转型，帮助实现乡村振兴，解决“三农”问题，而“三农”问题则起源于乡村经济水平的不充分发展。2000 年，湖北省监利县棋盘乡党委书记李昌平在给朱镕基同志的信中首次提及了“三农”问题，表示“农民真苦、农村真穷、农业真危险”②。我国力图实现乡村善治，归根结底就是要解决乡村经济发展不充分的问题，概括而言，就是乡村善治目标的确立是为了解决我国因为尚未实现共同富裕而产生的各类社会问题，它与共同富裕在发展方向上具有一致性。

首先，乡村经济发展偏离共同富裕路线会使我国的城乡差距愈加显著，资源分配愈加不均，村民会承担更多的经济压力。只有通过治理模式的转型，强化城乡融合，平衡资源分配，才能有效增加村民家庭收入，缓解村民家庭负担。

其次，乡村经济发展偏离共同富裕路线会增加乡村地区的不稳定性，继而引发社会矛盾。只有实现乡村善治，使村民切实感受到生活受到保障，才能维护社会整体的安宁稳定。

最后，乡村经济发展偏离共同富裕路线会严重打击我国农村产业的发展活力，影响我国农业发展，威胁国计民生。只有实现乡村善治，为农业发展提供体制机制保障，才能有效促进我国农业进一步发展。

（二）对共同富裕要素的满足仰赖乡村治理能力的提升

实现乡村善治的实质就是提升乡村治理能力，乡村治理能力的提升不仅是我国实现乡村振兴的需要，也是实现共同富裕的需要。从整体层面来说，

---

① 吕德文. 人民日报新论：提高乡村善治水平——以更大力度推动乡村振兴［EB/OL］.（2021 - 01 - 26）［2022 - 03 - 25］. http://opinion. people. com. cn/n1/2021/0126/c1003 - 32011591. html.

② 郭高中. 2000 年李昌平上书总理：“农民真苦、农村真穷、农业真危险！”［EB/OL］.（2009-09-10）［2022-03-30］. https://news. ifeng. com/special/60nianjiaguo/60biaozhirenwu/renwuziliao/200909/0910_ 7766_ 1342837. shtml.

乡村是我国经济较为落后的地区，乡村地区的发展水平对于我国能否实现共同富裕至关重要，乡村治理能力的提升能够更好地保障乡村发展，继而推动共同富裕的实现。因此，对共同富裕要素的满足需要仰赖乡村治理能力的提升。

首先，实现共同富裕需要乡村治理提供稳定的发展环境。共同富裕虽然内涵丰富，且不完全局限于物质富裕，但无论是物质层面还是精神层面的发展都需要立足于稳定的社会环境之上。治安混乱、社会动荡会阻碍人们的自由全面发展。因为，根据马斯洛需求模型，只有当人们的低层次需求得到满足之后，才会产生更高层次的需求。社会环境秩序紊乱时，人民的不安感加重，此时，人民亟待满足的个人需求是安全需求。安全需求在整个需求模型中处于第二层，其下为人类基本的动物性需求——生理需求，也就是我们所说的生存需求；其上还有三层需求，自下而上分别是社会需求、尊重的需求、自我实现和自我超越的需求。可见，如果无法满足人民对社会的安全需求，为人民提供稳定的发展环境，人民就不会为满足更高层次的需求而推动生产力发展。人民的社会、情感等需求无法得到满足，也就无法达到共同富裕所要求的人的自由全面发展境界。所以，实现共同富裕需要稳定的发展环境。

其次，实现共同富裕需要乡村治理提供优质的服务。共同富裕虽然从实际数据上来说是城乡收入差距的消失，但却绝不仅止于此。个人收入是个人经由各种途径所得全部收入的总和，也就是说国家或他人的资助扶持同样也属个人收入。这意味着城乡收入数值上的差距完全可以经由外力解决，但这种方式并未解决根本问题，无法真正激发乡村自身发展活力，也不能长久存续。所以，激发乡村内在发展活力，真正提高乡村经济水平才是实现共同富裕的有效路径。如何激发发展活力？乡村治理主体提供更加优质的公共服务是关键所在，具体包括：为村民提供专门的农业产业培训或技术指导；加大投资，加快推进农业机械化；制定完善的灾害应急制度与合理的补偿机制；造桥修路，畅通农产品运输通道；开发市场，解决村民农产品销售的后顾之忧；优化工作流程，方便村民各项产业事务办理；等等。这些服务的优化能够有效减少村民从事农业生产的风险，集合集体力量共抗自然、减少成本，使村民能够更加积极地返乡耕种或创业，实现乡村农业经济的增快发展。

最后，实现共同富裕需要乡村治理提供畅通的公众参与渠道。做任何事都不可能一蹴而就，实现共同富裕也是如此，此时，如何解决发展过程中遇到的现实问题，就是决定发展是否能够继续的关键因素。村民是乡村区域参与生产活动的直接主体，这就意味着村民才是最了解影响生产活动效率、结果因素的关键人物，忽视村民意见，仅由管理者依据书面资料进行乡村治理，无疑是纸上谈兵，不仅无法有效解决问题，而且会阻碍乡村经济的有序发展。因此，治理主体在乡村治理中应当不断优化相关信息的开放方式，为村民提供更好的参与渠道，并就公众建议的落实情况进行跟踪评判，及时根据村民的反馈改进落实工作。只有这样才能显著激发村民参与乡村治理的热情，才能真正解决阻碍共同富裕实现的实际问题。

（三）共同富裕为乡村善治营造优质环境

共同富裕的实现与乡村善治目标间存在相互促进的关系，不仅乡村善治目标的实现能够满足共同富裕要素，共同富裕也能为乡村善治营造必备环境。

首先，共同富裕的实现能够为乡村善治的实现提供基本物质保障，保证物质环境的优越性。优越的物质环境是乡村善治的基础，没有物质支持，治理主体的一切治理行为都无法被有效施行，构建的一切公共服务体系也无法真正为村民提供便利。共同富裕为乡村社会带来生产生活资料的极大丰富。这种丰富的物质资料在满足村民个人生活需要之后，同样也会辐射到其他层面，经由交易、储蓄等经济行为在社会中流通，充实集体财产，丰富财政资金，为乡村治理提供必要的物质支持。

其次，共同富裕的实现能够有效缓解村民间的矛盾冲突，减少乡村治理的复杂性，保证治安环境的有序性。古语有云："仓廪实而知礼节，衣食足而知荣辱。"当基本生活质量都无法保证时，很少有人能够继续坚持礼义廉耻。亚当·斯密认为，人是理性的，利己是人的本能，也是人类一切活动的根本①。只有实现共同富裕，保证村民的生活美满，才能使村民始终保持优良品德，选择更好的方式解决纠纷；才能确保犯罪成本远大于获利，使理性人做出正确选择，保障社会秩序的安宁稳定。只有社会秩序稳定，治理主体的各项治理行为才能顺利施行，而不会因为各项突发事件被迫中断。

最后，共同富裕的实现能够丰富村民的精神世界，促进精神文明建设，保证精神环境的稳定性。精神环境的稳定是乡村善治的重要前提。精神是人的主观意识，是指导人外在行为的内部标准，精神的稳定意味着村民能够理

---

① 陈兴良．刑法的人性基础［M］．北京：中国人民大学出版社，2017：18.

性看待治理主体的各项治理行为并积极配合。乡村治理并不是一项单向活动，它需要村民与治理主体间的充分互动、相互配合。因此，一旦村民的精神环境出现问题，必然会影响善治目标的实现。

（四）乡村善治助推共同富裕的全面实现

乡村善治与共同富裕之间的相互促进关系最终会形成耦合效应，帮助推动共同富裕的全面实现。

首先，乡村善治能够为共同富裕政策的持续推进提供制度保障。前文中已经明确乡村善治的关键之处在于治理。治理指的是通行于规制空隙之间的那些制度安排，或许更重要的是当两个或更多规制出现重叠、冲突时，或者在相互竞争的利益之间需要调解时，才发挥作用的原则、规范、规则和决策程序①。也就是说，治理可能存在于社会的各个领域，它是各种制度安排的总和，它的目的就是解决利益纠纷及确保规制的有效施行。规制是政府的一种干预行为，用于管理和约束微观主体的具体行为。从这个角度来说，实施共同富裕政策就是政府的一种经济或民生领域的规制行为。这一政策在具体施行时，必然需要一定的制度与之配合。没有制度的保障，共同富裕也就无法得到全面实现。因此，乡村善治作为一种良好治理，同样也能为共同富裕提供制度保障，以减少其实施过程中可能发生的冲突、纠纷，确保其能够全面实现。

其次，乡村善治能够提高村民的个人素养，帮助村民更好地参与共同富裕建设，加快共同富裕进程。乡村善治的良好治理不仅存在于经济、民生领域，也存在于教育领域。为实现善治目标，治理主体会建立完善的教育制度以确保国家教育政策的有序推行。教育政策的有序推行能够显著提升村民的个人文化素养，使其能以更好的技术能力、更丰富的知识储备投身共同富裕建设，避免致富事业走上弯路、错路，缩短全面实现共同富裕的时间。

最后，乡村善治能够强化乡村社会内部关联关系，整合群众力量，使全体人民共建、共治、共享富裕。共同富裕是全体人民共建、共治、共享富裕，既非少部分人独享富裕，也非不参与建设就能共享富裕。人民群众是由一个个具有独立主观意识的个人所组成的，这意味着每个人对于同样的事物都会基于自身的个人经历形成自己的认识与看法，而不同看法的出现自然也

---

① ［美］詹姆斯·N．罗西瑙．没有政府的治理［M］．张胜军，刘小林，等译．南昌：江西人民出版社，2001：9.

就意味着分歧。如何解决不同个体间的观念分歧，如何使不同个体能够求同存异共同参与社会建设，如何使人民力量能够得到整合提升而非只是单纯叠加，是全面实现共同富裕必须要解决的问题。在乡村地区，村民间的联系较之城市居民间的联系更加紧密，基于农业经济发展需要而催生的农业合作化同样强调不同劳动者之间的合作。可见，只有经由乡村善治调整村民内部关系，强化村民内部联系，才能迅速整合集体力量，促进乡村经济发展，帮助实现共同富裕。

第三节　共同富裕理论引领农村基层微腐败治理

乡村善治是农村基层治理追求的目标，对善治最朴素的理解即良好的治理，是对治理手段、治理效果的具体要求。从治理维度分析，农村基层微腐败治理是乡村善治的题中应有之义。农村基层微腐败主要表现为相关权力主体利用法律赋予的权力，侵害农村集体或他人利益，为他人或自己谋利的行为。显然，这种对治理权力的滥用和对他人利益的侵害都有违乡村善治的要求。所以，农村基层微腐败治理实质上亦是践行乡村善治目标，二者在方向上具有同一性，内容上存在包含关系，乡村善治内蕴微腐败治理。基于上一小节的论述，可以明确，共同富裕内涵要素与乡村善治目标函数之间存在耦合关系，乡村善治与共同富裕之间能够相互影响、相互促进。乡村善治与农村基层微腐败治理存在包含关系，乡村善治又与共同富裕间存在耦合关系。由此推论，共同富裕与农村基层微腐败治理之间是治理目标涵摄治理方式，共同富裕理论对农村基层微腐败治理实践具有引领作用。本节将着重探讨这一引领作用是如何发生的，或者说如何立足于共同富裕理论视野治理农村基层微腐败。

一、弘扬廉洁文化，指导相关主体正确看待经济关系

立足于共同富裕理论视野治理农村基层微腐败问题，首先要弘扬廉洁文化，改变不良观念，帮助相关主体正确看待经济关系，使农村基层领导干部能够在经济飞速发展的过程中始终保持本心。

（一）弘扬廉洁文化的重要意义

想要实现共同富裕，提高乡村经济发展水平、缩小城乡差距是关键要

点。为此，国家出台了一系列政策推进农业改革，解决“三农”问题，激发乡村活力。在这一过程中，农民与土地的关系发生了翻天覆地的变化，农村经济产业也不再局限于农业经济，市场经济的介入打破了农村传统的经济发展秩序①。一方面，城乡壁垒的打破，以及工业化、城镇化的发展给农业经济发展带来了巨大冲击，这极大地削弱了村民对土地的依赖，使得乡村地区大量土地处于闲置状态，其他经济类型开始迅速发展。同时，科学技术与农业自动化的发展解放了劳动力，也减轻了土地对人的依赖。所以就当前的发展情况来看，农民与土地之间的依赖关系日渐削弱，乡村经济产业结构发生了巨大变化。另一方面，市场经济的介入改变了原本的小农经济模式，集体经济愈发兴盛，农产品在市场化的同时也使乡村经济关系愈加复杂。

当前，农村产业结构与经济关系的巨大变化虽然为共同富裕的实现创造了机会，但也催生了腐败问题，因为一些农村基层干部和村民还未做好面对这些变化的心理准备。

立足于农村基层干部的视角而言。首先，乡村经济飞速发展带来的巨大利润与乡村地区本就松散的法制结构会使一些农村基层干部逐渐迷失自己，为谋求个人或部分群体的利益而行差踏错，落入腐败的深渊。例如，有些地区农村基层干部为了获得巨大利益，不顾村民安危收受贿赂，纵容包庇污染企业，甚至帮助阻挠外来的调查人员②。其次，农民与土地间依赖关系的削弱与经济结构、经济关系的改变，增加了农村基层干部腐败的可能性。以土地为例，农民与土地间依赖关系的削弱，不少外出务工农民对于自己在家乡的闲置土地是否被农村基层干部非法流转或非法侵占并不了解，这使得农村基层干部的此类腐败行为很难被及时发现，极易助长相关主体的侥幸心理，催生更多的腐败行为。

立足于村民的视角而言。经济结构与经济关系的复杂化虽然使耕种不再是他们唯一的收入来源，但这种复杂性与传统农业经济的单纯性之间形成了巨大反差，在没有正确引导的情况下，村民很容易因为法律意识淡薄和迫切的趋利心理而走上歧路，主动行贿以换取所谓的“方便”。因此，为了有效减少农村基层微腐败对乡村经济发展的消极影响，应当在农村地区弘扬廉洁

---

① 李波，高靖添，高宇峰. 乡村振兴视阈下基层廉政建设问题与路径探析［J］. 农村・农业・农民（B版），2021（7）：10-13.

② 村霸连央视记者都敢扣押 污染难题如何破解［EB/OL］.（2018-04-19）［2022-03-30］. http：//news. cctv. com/2018/04/19/ARTI9dDoaVVPLSHWqKI6V1JE180419. shtml.

文化，帮助村民和农村基层干部正确认识当前复杂的经济关系，学会正确处理理想信念与经济利益之间的激烈冲突。

（二）弘扬廉洁文化的可行方向

立足于共同富裕理论视野弘扬廉洁文化，需要从以下几方面加以考虑。

首先，要着重引导村民、农村基层干部理智看待经济迅猛发展的社会现实，正确识别不同的利益类型。经济的迅猛发展致使相关主体无法及时对面临的问题做出正确反应，并最终在追逐利益的道路上迷失自己，是共同富裕发展过程中造成腐败的主要原因。只有及时进行引导，帮助相关主体梳理利益类型，区分合法利益与非法利益，明确何谓腐败行为，并对典型的微腐败行为具备正确认识，才能有效减少腐败发生。

其次，要帮助农村基层干部学会平衡不同经济主体间的利益关系，正确处理利益冲突。要教育农村基层干部始终坚持保护集体的合法利益，不得为获取个人或他人的非法利益而侵害集体利益。

最后，要帮助村民正确认识不同类型经济产业的运作形态，明确行贿行为的不必要性与危害性。对治理主体的不信任和对未知事物的任意揣度，会使村民们产生不行贿就无法顺利经营的错误观念。只有弘扬廉洁文化，帮助村民充分了解现有经济产业的运作路径，树立运用法律手段维护合法利益的基本观念，才能有效减少行贿行为的发生，保证乡村经济的良性发展。

二、强化人民主体地位，提高农村基层干部服务意识

立足于共同富裕理论视野治理农村基层微腐败问题，需要强化人民主体地位，在农村基层干部心中树立以人民为中心、以保障人民利益为基本工作目标、以为人民服务为基本行为准则的重要思想，使农村基层干部能够树立正确理想信念，主动约束自身行为。

（一）强化人民主体地位的重要意义

想要实现全体人民共同富裕，就必须始终坚持人民主体地位，减少治理主体的“官本位”思想。当前，虽然乡村经济水平已经得到显著提高，但乡村精神文化层面的提升并不显著。一方面，我国封建传统的“官本位”思想一直根植于部分农村基层干部心中。乡村地区受到经济发展的约束，文化层面的发展一直相对落后，存在一些封建残余，“官本位”思想就是其中的一种。在调研中，一些村民表示，村子里想做干部的人动机大多不纯，一些人

只是想借由村干部身份来获取额外利益，因此才会积极入党或参加干部竞选。而抱着这种心态的农村基层干部实施管理行为自然会出现腐败问题。另一方面，一些农村基层干部受到传统观念与现代思想的叠加影响，个人认识处于混乱状态，极易迷失本心，遗忘自己作为人民公仆的工作角色。

首先，“官本位”思想的影响会使乡村治理形式逐渐由法治转变为人治，使农村基层干部的个人欲望不断膨胀，最终将公权力变为攫取私人利益的武器。例如，有的农村地区存在农村基层干部利用集体资产为个人谋利，要求村民为自己提供服务或向自己行贿的问题，少数农村基层干部甚至成了当地有名的“村霸”。

其次，“官本位”思想会助长官僚主义风气，催生更多的渎职行为，影响共同富裕政策的推进效果。在“官本位”思想影响下，农村基层干部的履职行为将不再追求切实保障人民利益，而是追求对考核结果、任务目标的形式满足，会出现敷衍履职和不履职等渎职情况，或为了追求所谓政绩，不顾当地的社会现实，实施会严重侵害村民和集体利益的管理行为，例如花巨资兴建豪华建筑或巨型雕像等。

最后，“官本位”思想会削弱村民对治理主体的信任度与参与社会治理的积极性，催生更多的腐败行为。村民对治理主体信任度的降低，会使村民将治理主体贪污受贿的行为视为常态，甚至出现村民主动向官员行贿以获取自身合法权益的荒谬之举。而村民参与社会治理积极性的降低则会使社会监督的效果大打折扣，治理主体因为缺乏有效监督而更加肆无忌惮地实施腐败行为。因此，为了有效减少农村基层微腐败对推进共同富裕政策的消极影响，有必要强化人民主体地位，消除“官本位”思想，提高治理主体的服务意识。

（二）强化人民主体地位的可行方向

立足于共同富裕理论视野强化人民主体地位，需要从以下几方面加以考虑。

首先，要强化对村干部等治理主体的思想政治教育，帮助其明确自身政治立场，不忘初心、牢记使命①。治理主体自身的定位不明是腐败发生的重要原因之一。思想政治教育的意义在于帮助治理主体正确认识自己的职业定位，使他们能够以更加合适、有效的方式推行共同富裕政策。

---

① 曹延莉. 坚持人民主体地位的理论逻辑与实践要求［J］. 理论导刊，2020（10）：60-66.

其次，要健全基层人民当家作主的制度体系，推进基层民主协商制度，规范治理主体权力，保障村民能够真正参与村务，保障村民的知情权、话语权和参与权。共同富裕的目标函数指向与村民利益息息相关的各类村务的依法办理，村民的加入能在一定程度上限制治理主体的权力滥用，减少微腐败的发生概率。

最后，要强化对村民的教育引导，减少“官本位”思想对村民行为的影响，激发村民参与热情，培育村民的政治生活能力，使村民能够更好地监督治理行为。村民正确观念的树立不仅能够有效减少行贿行为的发生，最重要的是能够保证社会监督的始终在线，无处不在的社会监督会给潜在的腐败行为者带来巨大的心理威慑，迫使其放弃不法行为。

三、完善低收入群体帮扶制度，防止再次返贫

立足于共同富裕理论视野治理农村基层微腐败问题，需要重点关注扶贫领域的腐败治理。现阶段，帮扶低收入群体、推进乡村振兴是我国巩固脱贫攻坚成果、防止规模性返贫的重要政策，对于共同富裕的实现具有重要意义。

（一）完善低收入群体帮扶制度的重要意义

脱贫攻坚是我国为实现共同富裕而实施的重大举措，能够充分体现中国特色社会主义制度的先进性①。在我国，巨大的贫富差距是阻碍共同富裕实现的主要原因，如何缩小贫富差距，迅速提升贫困人群生活水平，增加贫困人群收入，使其能够充分享有社会建设成果、进入小康生活是核心与关键。正是基于这样的社会现实，我国确立了专门的扶贫开发政策，并在 1986 年从上至下设立了专门的扶贫机构。2020 年年底，我国正式实现全面脱贫，但扶贫工作并未就此结束，党中央要求坚持巩固拓展脱贫攻坚成果同乡村振兴有效衔接，全面推进乡村振兴，继续推进扶贫事业，防止低收入人群规模性返贫。由此可见，在我国实现全面共同富裕之前，扶贫工作将会长期展开，所以，想要基于共同富裕理论视野治理农村基层微腐败问题，就不可能避开

---

① 万建武. 走新时代共同富裕道路的成功实践与创新发展——习近平扶贫论述的重大意义[J]. 马克思主义与现实，2020（3）：1-7，195.

对扶贫领域微腐败的治理①。扶贫领域的微腐败问题主要由制度、行为、文化几方面原因导致，其中文化与行为方面的问题前文已经有所涉及，且不具有特殊性。所以，这里仅就扶贫领域的低收入群体帮扶制度问题进行专门分析②。当前，扶贫领域容易诱发微腐败的帮扶制度问题主要集中在两个方面，即帮扶制度失灵与正式制度虚置③。

首先，帮扶制度失灵。扶贫是一项庞大的系统性工程，我国现在已经实现脱贫，进入防止返贫阶段，不仅要在接下来的扶贫工作中持续巩固脱贫攻坚成果，接续推进脱贫地区的乡村振兴，还要加强对农村低收入人群的常态化帮扶④。所以，为保证以上目标能够有序实现，系统性是其必然特征。扶贫同样也是一项全面的国家工程，对帮扶对象的识别、帮扶方式、帮扶成效都提出了具体要求。面对如此庞大而全面的系统工程，帮扶政策在基层实施过程中难免会出现制度缺陷⑤。一方面，上级的帮扶政策内容不够细化具体，模糊性较强，这使得基层治理主体在具体实施时会出现随意解释或变通执行等问题，为贪污腐败创造了机会。另一方面，受到传统文化、技术能力的限制，基层帮扶的监督机制名存实亡，部分公务人员利用审核项目或管理资金的权力，明目张胆地为自己或亲朋好友谋取不法利益，侵害国家和真正需要帮扶的人员的合法利益。

其次，正式制度虚置。制度虚置指的是不以明面上的制度条文规范管理行为而以台面下的潜在规则作为行为标准，这种现象是致使特定领域政治生态恶化的关键⑥。基层帮扶经常会涉及农村、少数民族地区等传统文化留存较多或位置偏远、与外界交流不便的地域。这就意味着，当地在长久的日常

---

① 虽然我国已经于2020年年底全面建成了小康社会，国务院扶贫办也于2021年更名为“国家乡村振兴局”，但扶贫工作依然存在，只是在相关政策用语和部分政策内容上存在差异，受帮扶对象由贫困人群转称为低收入人群，为了便于衔接理解，也为了精简语言，本部分依然使用原本的“扶贫”术语。

② 当然，这里并不是说其他领域的制度问题不会构成基层腐败，而是因为从立足于共同富裕的视角来说，扶贫领域的帮扶制度问题是对其造成最大影响的因素，更能体现视角特色，所以这里选择分析扶贫领域的帮扶制度缺陷而不是对所有制度缺陷一起探讨。

③ 胡一凡．我国基层扶贫领域微腐败的成因及治理——基于政治生态理论框架的解释［J］．河南社会科学，2020（2）：105-112.

④ 见《中共中央 国务院关于全面推进乡村振兴加快农业农村现代化的意见》。

⑤ 由于下一部分会对扶贫工作中的资金管理进行专门分析，所以本部分的制度缺陷并不包括资金管理制度的缺陷。

⑥ 燕继荣．“制度虚置化”可谓是政治生态不良或恶化的总根源：治理“制度失灵”［N］．北京日报，2015-11-30（18）.

治理过程中早已自发形成了特有的村规民约、民间风俗、地域习惯、特殊道德标准等非正式性的制度规范。正式制度作为一种外来的且存在时间较短的行为规范，虽然能够与非正式制度相互渗透，但在实际使用过程中极难撼动非正式制度的重要地位。尤其是乡村地区以村民自治为主，基层政治秩序的主导权威性有限，正式制度在乡村治理中的实际作用也因此受到限制①。非正式制度的存在确实在很长一段时间中对乡村地区的社会稳定、经济发展起到了积极作用，但这种积极作用是有限的，而且当非正式制度与正式制度相互渗透之后，非正式制度的存在分散、消解了正式制度的权威性，继而易导致腐败行为的发生。例如，家族、宗族势力有可能在帮扶过程中拉帮结派、以权谋私，甚至演化为家族派系间的资源争夺等。

（二）完善低收入群体帮扶制度的可行方向

首先，要构建可行的帮扶工作管理监督机制。管理混乱是乡村治理中的常见问题，在帮扶过程中，需要高度重视对以下几个方面的制度进行完善。其一，根据本地实际情况制定细化可行的帮扶制度，减少制度虚置与制度失灵发生的可能性，尤其要注意完善对帮扶行为的规范和对帮扶对象认定程序的规范，确保不会因为相关政策的原则性过强而引发腐败行为。同时要完善防止返贫的动态监测机制，规范监测行为，确保返贫风险较大区域能够及时得到帮扶资助，返贫风险较小区域能够持续推进发展。其二，要明确帮扶官员的权力边界与责任义务，威慑相关主体，防止权力滥用。其三，要根据地域特色建立完善专门的动态帮扶监督机制，实现对防止返贫工作的跟踪监督和常态化监督。

其次，要完善对相关主体的帮扶成果考核。帮扶成果考核是帮扶制度建设中的重点内容，也是减少农村基层微腐败问题的关键之一。必须始终坚持实效考核，严防形式主义；根据地域特征，选择合适的方式落实民主评议制度与干部述职制度；创新公开制度，切实保障外部监督的有效运行；赏罚分明，在严格处罚违规违纪人员、警醒其他治理主体的同时，也要表彰宣传工作成果优秀的帮扶干部，从正反两面遏制贪腐思想。

最后，要切实践行对帮扶责任的追究制度。帮扶责任的有效落实能够显著减少治理主体的侥幸心理，为腐败治理提供明确的制度依据，防止腐败发生。一方面，可以将扶贫领域的帮扶干部责任和实践问题以清单的形式加以

---

① 马华，王红卓．从礼俗到法治：基层政治生态运行的秩序变迁［J］．求实，2018（1）：50-59.

罗列公示，明确不同主体的法定职责。另一方面，可以将当前的纪检监察工作与扶贫领域反腐工作加以结合，强化地方监察机关与乡村振兴主责部门的信息交流、工作配合，形成治理合力，提高治理成效①。

四、借助高新技术，优化资金管理

立足于共同富裕理论视野治理农村基层微腐败问题，必然会涉及对扶贫资金的管理。只有不断优化资金的分配与使用方式，才能使资金被真正应用于人民，才能有效防止返贫。

（一）优化资金管理的重要意义

无论是 2021 年之前的脱贫攻坚阶段，还是现在的防止返贫阶段，资金管理都是扶贫领域的重要内容，大部分腐败行为基本都出现在扶贫资金领域，与专项资金的使用或管理密切相关。可见，优化扶贫资金管理能够有效减少农村基层的微腐败问题，使低收入人群能够得到精准帮扶，防止返贫发生，继而推进共同富裕的进一步实现。当前，由资金管理不当导致的微腐败问题主要体现在以下几个方面。

首先，扶贫资金的管理制度需要进一步完善。上下级治理主体间帮扶信息沟通不够畅通，难以确保扶贫资金的数量充足和使用恰当。不同地区情况不同，对扶贫资金的依赖程度也存在差异。上级如果不能准确把握基层帮扶信息，在资金的分配上就会出现急需大量资金的地区只能分得少量资金，而资金并不过分缺乏的地区却能获得大量资金的情况。由此产生的弊端是，不仅无法及时防止情况较为严重的区域出现返贫问题，获得大量资金的地区还易催生出腐败行为。下级如果不能准确把握上级的帮扶资讯，无法了解项目合同的申报信息，那么必然会导致扶贫资金无法顺利到账，出现资金滞留，在影响扶贫效率的同时，也为基层腐败提供了机会②，极可能导致处于临界状态的区域因为资金延迟而重返贫困。

其次，扶贫资金的分配使用未成体系，难以确保资源的均衡分配和提高资金的使用效率。从扶贫资金的分配来看，在越落后的地区，民众整体文化水平越低，接收外界讯息情报的速度越慢，越缺乏好的项目，在资金分配上

---

① 胡一凡. 我国基层扶贫领域微腐败的成因及治理——基于政治生态理论框架的解释［J］. 河南社会科学，2020（2）：105-112.

② 彭晶晶. 财政扶贫资金管理研究［J］. 中国市场，2021（27）：41-42.

也就越处于弱势，这无疑会极大影响此类地区的发展速度，甚至可能致使相关主体为争取更多资源而走上歧路。从扶贫资金的使用来看，除了少部分定向使用的资金需要考虑投入与产出之间的关系外，不少项目资金的投入都不会对产出提出具体要求，这将难以保证所有资金的使用都具有较高价值，也无法有效杜绝资金被挪作他用。

最后，扶贫资金的监管与使用效果评价机制并不完善，难以落实责任追究，也无法保证扶贫资金的使用能有效防止返贫发生。一方面，当前的扶贫资金监管体系相对复杂，发放人员责任不明，中间环节较多，权责相对模糊且对资金使用过程的监管不足，容易出现监管漏洞，使资金支出目的与实际使用情况不符。另一方面，当前的扶贫资金使用效果评价机制主要以使用的经济性和分配的合理性作为评价标准，因此就考核范围而言并不全面①。这种对经济性的过度强调，极易造成乡村地区治理主体为追求经济效益而不择手段，或侵害少数个体利益换取所谓的更大利益。

（二）优化资金管理的可行方向

首先，针对扶贫资金管理制度。要重点完善帮扶信息管理制度，利用高新技术构建内部信息网络，实现上下级信息对等，减少因帮扶信息滞后、错漏而出现的资金非法流失或权力滥用现象。为了保证帮扶信息的准确、全面，要通过管理和教育，强化基层治理主体的责任感，确保其搜集、传递信息的真实性；要通过宣传教育，鼓励低收入人群主动申报个人情况，对官方信息进行补充，防止治理主体因权力滥用而致使信息错位。

其次，针对扶贫资金分配机制。要建立长效资金分配机制，均衡资源分配，保障投资效果，防止扶贫资金被挪用。具体方式包括：其一，整合当前可用资源，统筹管理扶贫项目，根据不同地区的实际需求与返贫发生概率分配资金，而非完全局限于项目本身。其二，通过对资金支出的强化管理，保障投资效果，要求特定地区根据当地的资金需求，规划资金支出项目，制订使用计划，上级主体可以帮助优化支出结构并依据这一规划和计划分配扶贫资金。

最后，针对扶贫资金监管和效果评价体系。就扶贫资金监管而言，可以从两方面进行完善。其一，要对扶贫资金设立专职管理人员，明确权责，细化到个人，减小资金风险。可以构建从资金个人分管制到最终环节核查制的

① 彭晶晶. 财政扶贫资金管理研究［J］. 中国市场，2021（27）：41–42.

监管闭环，确保能够在问题发生时第一时间找到责任归属人。同时，还可以鼓励广大群众参与资金监管，及时发现不法行为，减少实际损害。其二，要积极运用大数据技术实现对资金使用的全程、动态监管。通过大数据技术可以弥补原本资金监管中过程监管不足的缺陷，对资金使用过程进行全程跟踪，并通过对数据的深度采集与计算提前预警资金风险，确保资金分发到人，防止被挪作他用①。就扶贫资金使用效果评价体系而言，应当结合经济性、社会性、环境性三方面情况加以考量，同时将受帮扶群众的个人情况也纳入评价标准，例如群众的满意度、参与度和实际收益等，使扶贫资金的使用能够切实保障低收入人群的合法利益②。此外，返贫发生概率是否得到有效降低也应被纳入资金使用效果评价体系，以客观呈现扶贫资金起到的帮扶作用。

五、引导村民参与，实现协同治理

立足于共同富裕理论视野治理农村基层微腐败问题，需要高度重视引导村民参与治理，实现村民与治理主体的协同治理，充分发挥人民力量。

（一）实现协同治理的重要意义

从实现共同富裕的角度来说，引导村民参与，实现协同治理具有重要意义。一方面，共同富裕是与村民个人利益息息相关的重要政策，政策施行的具体结果，只有村民才能切实感受。因此，村民参与治理农村基层微腐败具有重要性与必要性。另一方面，农村基层微腐败的行为主体是基层管理人员，治理主体与管理人员都属于公职人员，即便分属不同系统，在实际治理过程中也会存在相互影响。因此，仅靠管理系统内部的治理行为很难有效治理农村基层微腐败问题。况且，农村基层微腐败的发生会给共同富裕进程带来极大的消极影响，侵害村民切身利益，所以相较于公职人员而言，村民具有更强的治理积极性，也能在其中发挥更大的作用。由此可见，只有联合群众力量，形成治理合力，才能有效强化治理成效，保障共同富裕的顺利推进。

共同富裕要求共建、共治、共享，所以村民参与协同治理本就是其中的应有之义，立足于共同富裕理论视野治理农村基层微腐败问题自然也离不开

① 胡一凡．我国基层扶贫领域微腐败的成因及治理——基于政治生态理论框架的解释［J］．河南社会科学，2020（2）：105-112.

② 彭晶晶．财政扶贫资金管理研究［J］．中国市场，2021（27）：41-42.

村民的协同治理。具体而言，因为缺乏民众参与而诱发的农村基层微腐败问题主要包括以下方面。

首先，腐败行为（尤其是微腐败行为）的隐蔽性较强，外在力量很难发现并介入调查，村民作为牵涉其中的相关主体，如果不主动举报或提供证据，腐败行为很难被及时发现并制止。可见，民众参与度的高低会严重影响腐败行为被追究问责的概率。缺乏民众参与会增加潜在腐败人员的侥幸心理，继而提高腐败行为的发生率。

其次，缺乏村民参与会使具体的政策施行难以与实际完美结合，出现资源浪费或政策执行错误等问题，这些问题的出现为不法分子创造了更多的腐败机会。因为公众参与的缺失会使相关主体对资源浪费与政策执行错误的容忍度升高，提高对此类问题的容错率，这就意味着不法分子完全可以假借常规错误的理由实施腐败行为，这些腐败行为因为处于预设的容错范围之内将会更加隐蔽。

（二）实现协同治理的可行方向

立足于共同富裕理论视野强化村民参与，实现协同治理，需要从以下几方面加以考虑①。

首先，要帮助村民正确认识共同富裕政策的基本内涵，明确自身具有的共建、共治权利与义务，明确腐败行为对缩小城乡贫富差距的消极影响，使村民能够主动积极参与协同治理，提高治理效率。

其次，要通过各种手段主动公开政府信息，尤其是共同富裕政策推进过程中的相关举措，对各项举措的落实情况进行长期跟踪，并定期发布相关信息，使村民能够对当前的管理工作具备基本了解，帮助村民更好参与协同治理，强化社会监督。同时，要有目的地整合公众参与行为与治理主体行为，使二者之间能够互相配合、互相影响，减少不必要的资源浪费，加快共同富裕实现进程。

最后，要减少非正式制度的消极影响，充分发挥其积极作用，使村民能通过“新乡贤”、村民议事堂等习惯方式更好地参与协同治理。

① 强化村民参与虽然与强化人民主体地位存在一定的相似性，但后者更强调对公职人员行为观念的约束，前者更强调鼓励村民参与并为其提供方便，所以本书对这两点进行分开讨论。

第四章

法治政府理论构建农村基层微腐败治理的实践范式

法治政府理论与农村基层微腐败治理密切相关。一方面，法治政府建设是实现依法治国的核心关键，而依法治国是我国反腐倡廉建设的重要保障，所以法治政府建设与反腐倡廉活动密切相关。另一方面，在上一章中我们已经明确农村基层微腐败治理是我国反腐倡廉建设中的重要内容，所以与我国反腐倡廉建设密切相关的法治政府建设自然就与农村基层微腐败治理存在紧密联系。此二者之间的实际关系表现为以下两点：其一，法治政府建设能够为农村基层微腐败治理提供合适的法治环境。法律是治理腐败问题的基本手段，既可以约束人们的行为，也可以通过威慑约束人们的贪利心理。法治政府的建设能够有效限制政府权力、增强行政行为合法性、增加行政透明度、强化行政监督、塑造廉洁风气，这将极大地减少基层微腐败问题的发生。其二，法治政府建设能够增强干部群众的法治意识，有效抑制农村基层微腐败行为的发生。农村基层干部的法治意识主要体现为尊法、学法、守法、用法意识齐备，确保不滥用权力，让权力接受监督。村民的法治意识离不开农村基层干部的示范和法治文化的熏陶，村民增强法治意识后将会更加积极地参与公共治理，主动开展社会监督，及时阻断微腐败行为。由此可见，开展法治政府建设对于农村基层微腐败治理工作具有重要的积极意义。因此，本部分将从法治政府理论入手，通过三方面内容分析法治政府理论如何规范农村基层微腐败治理。

第一节　法治政府理论中的基层政府界定

法治政府理论并不是一个新兴话题，也不是一个独属于我国的特殊概念。西方早在古希腊时期，相关理论就已经萌芽。即便是在我国，最早的法治政府理论也可以追溯到先秦时期。法治政府是一个不断发展的理论，经过中外学者几千年的政治实践才形成了如今内容翔实、观点众多、日趋成熟的理论体系。即便如此，关于法治政府理论相关概念的争议也从未停止，甚至于随着社会的发展涌现出许多新的问题。所以，想要准确理解法治政府理论就必须探寻其理论源头，并对其相近概念进行辨析。只有在正确认识法治政府理论的前提下准确定义基层政府，才能明确其与农村治理法治化之间的相互关系，才能进一步规范农村基层的微腐败治理。

一、法治政府的基本内涵

法治政府是一种特殊的政府形态，在法治国家建设中具有十分重要的地位，就如人治与法治的对立一般，法治政府与人治政府间同样存在对立关系①。“法治政府”由“法治”与“政府”两部分组成，想要理解“法治政府”就必须首先把握“法治”和“政府”的基本内涵。由于学者们对“法治”的内涵并不存在较大争议，因此这里不再赘述，仅在简单分析“政府”内涵的前提下界定“法治政府”的基本内涵。

简单来说，政府实质上是治理国家的权力机关，负责处理国家的各项事务。在广义学说中，政府包括立法、执法、司法等一切国家权力机关。在狭义学说中，政府则仅指中央与地方的各级行政机关。立足于广义、狭义两个视角，法治政府的内涵也存在差异。广义上的法治政府指的是在一切活动中始终贯彻法治精神的政府，其核心在于保障公民权利、实现依法治国，在含义上等同于法治国家。狭义上的法治政府以依法行政为核心概念，指的是在一切行政机关的行政活动中贯彻法治精神的政府。

我国现代最早提出的并非法治政府概念，而是法制政府概念，直至 20 世纪 90 年代中期才开始在区分法制与法治的基础上逐步转化为法治政府概念②。法治概念的开放性与丰富性，使学者们对法治政府的理解难以达成共识。有的学者认为，法治政府是能够体现人民意志与利益的政府，是生态型政府，具有权责有限、信息公开、坚持诚信、勇于担责的基本特征③。也有学者认为，依法设立与依法行政同样是法治政府的重要内涵④。还有学者认为，法治政府必须具有廉洁性和服务性特征⑤。通过对学者观点的梳理可以

① 施彦军．当代中国法治政府理论与实践研究［D］．泉州：华侨大学，2019：25.

② 杨海坤，樊响．法治政府：一个概念的简明史［J］．法律科学（西北政法大学学报），2016（1）：28-34.

③ 施彦军．当代中国法治政府理论与实践研究［D］．泉州：华侨大学，2019：26-28.

④ 张英俊．法治政府的概念探析［J］．山东行政学院山东省经济管理干部学院学报，2004（5）：5-6.

⑤ 孙红军．中国地方政府法治化：目标与路径研究［D］．苏州：苏州大学，2016：90-91.

发现，法治政府具有极为丰富的理论内涵，受篇幅限制，在此仅选取较为重要的部分展开分析。

（一）法治政府是依法产生且代表人民意志与利益的政府

依法产生是法治政府的基本要求，也是区分法治与人治的重要标准。人治的典型特征就是以人的意志作为治理依据。如果政府的设立不再以法律为基本依据，那就意味着政府将变成领导者的“一言堂”，一切组织架设、人员调配都将以个人意志为转移，此时的政府就将成为实质上的人治政府。民主是实现法治政府的基础与前提，所以代表人民意志与利益同样也是法治政府的基本要求。依法设立并不意味着必然成立法治政府，如果所依据的法律只代表少数人的意志与利益，那么这样设立的政府同样不满足法治政府的要求。

（二）法治政府是依法行政的政府

依法行政是法治政府的核心概念，大致包括两方面内容。首先，无论是抽象行政行为还是具体行政行为，一切政府行为都要以法律为依据。抽象行政行为针对不特定对象与事务，具体行政行为针对特定对象和事务，两者都会对相对人的权利义务造成影响。只有严格依据法律的相关规定，才能有效阻止公务人员的权力滥用，切实保障公民的合法权利，减少社会冲突，维护国家稳定。其次，政府要依法做出决策行为。政府决策牵连较广，涉及国家建设的方方面面，对社会稳定、国家发展具有重要意义，一旦决策失误就会带来极为严重的不良后果。政府在做出具体决策时应该严格遵循法律规定，充分考虑地方特性，不得随意曲解、抵触上级规定，更不能为减少自身工作量而肆意侵害公民个人权利。

（三）法治政府是权责有限的政府

法治政府的关键内容是限制政府权力，保障公民权利①。政府的权力来自人民，是人民为了更好地保护自身权利而集体让渡出的部分权利。换句话说，政府权力的取得是有条件的。首先，政府必须为保障公民权利而运用权力；其次，政府只能获取公民让渡的权利而非全部权利，换言之，政府权力具有界限。政府权力以法律规定的内容为限，行政机关必须严格依据法律规定实施行政行为，公务人员必须时刻树立“法无授权即禁止”的基本理念。

---

① 张英俊. 法治政府的概念探析［J］. 山东行政学院山东省经济管理干部学院学报，2004（5）：4–6.

一旦政府权力过度扩张，不仅可能会使政府面临巨大压力，甚至会对私人领域造成侵害，严重影响社会的自我调节能力，降低社会活力与行政效率。

政府的有限性除了权力有限外，还包括职能有限、责任有限，这两类有限性都是以权力有限为基础的。政府职能既包括其功能也包括其具体职责，指的是政府在国家各项社会事务中所起的实际作用与承担的相应职责①。政府的职能范围是由其权力范围所决定的，同样也以是否存在法律授权为判定标准。政府职能的有限性决定了其责任的有限性，要求政府对社会中的一切事务都承担责任，这既是不可能的，也是不必要的。以国家建设来说，政府的责任就应该是为社会的全部群体创造参与建设的机会，提供整体方向的指导和相关基础服务的保障，而非包办一切建设行为。因为人民才是历史的创造者，人民不仅在人数上占据绝对优势，他们具备的创造力与行动力也是难以想象的，政府的无限责任只会扼杀人民的创造力，打消其参与建设的积极性与主动性，是对人民创造力的极大浪费。

二、基层政府的概念辨析

（一）基层政府的内涵

对于基层政府的内涵主要存在两种理解：其一，就城市而言包括市辖区政府和街道办事处，就农村而言包括县、乡（镇）两级政府；其二，就城市而言包括街道办事处和社区，就农村而言包括乡（镇）政府和村委会②。第一种解释中只包含了我国法定的行政机关及其派出机构，是立足于国家政权结构上的解释。第二种解释既包含国家行政机关也包括基层群众自治组织，是立足于政府管理职能上的解释。除这两种典型的狭义解释之外，还可以从广义的角度解释基层政府。立足于我国广义学说的视角，基层政府应该是市辖区和县级以下的所有国家机构，也就是说，除了第一种解释中的机构外，还包括同一级别的所有国家机构。除这种较为普及的广义解释外，也有学者从公共治理的角度提出了对“广义政府”的不同理解。他们认为，从公共治理的角度来说，广义政府的概念是为了强调中国共产党与国家体系属于同一个治理体系，所以广义政府就应该是党和国家的统和，由国家性质党组织和

---

① 金太军. 政府职能梳理与重构［M］. 广州：广东人民出版社，2002：4.

② 黄大熹，张浩舟. 基层政府的廉政生态：概念·困境·出路［J］. 吉首大学学报（社会科学版），2018，39（3）：59-60.

国家机构组成①。立足于这种理解，基层政府的概念就会在原本的广义视角上被再次扩充，将同级党组织也囊括在内。就当前而言，虽然对基层政府存在多种解释，但由于本书的重心放在农村基层地区，本章的讨论重点是法治政府理论在农村基层治理中的适用，所以本部分所指的基层政府是包含同级党组织的县、乡（镇）两级政府。

（二）基层政府的特点

由于基层政府的“基层”主要强调其在国家治理中的第一线位置，因此主要呈现出以下几种特点：

第一，直接性。根据我国宪法的有关规定，基层政府既接受中央政府和上级政府的领导，也要向本级人大负责，接受其监督。这就意味着，基层政府需要在各自管辖领域中贯彻执行本级人大与上级和中央政府的各项方针政策、决定命令。可见，基层政府在整个国家政权结构中位于最底层，基层政府是与人民直接接触的政府，也是直接执行各项方针政策的政府。据此可以认为，基层政府具有直接性。基层政府的直接性充分体现了其在国家治理体系中的重要地位，它是国家与人民间的沟通桥梁，对政策法规的准确落实具有重要意义。

第二，自由性。古语有云：“千里不同风，百里不同俗。”不同地区存在不同的社会情况，自然也会对同样政策的实际施行带来影响。这就意味着，上级政府在制定相关法规、政策时只有具备一定的原则性，同时赋予基层政府特定的自由裁量权限，才能保证政策的普适性，确保同一政策能够在不同区域得到有效适用，实现基本的公平正义。因此，基层政府虽然较上级政府而言具有更小的权力，但其在职权范围内具有更高的自由性。正是这种自由性的存在，使上级或中央的大范围政令能够与地方实际充分结合，得到更好落实。

第三，区域性。与其他特点不同，区域性并不是基层政府的独有特点，而是所有政府的共同特点，但基层政府的所辖区域范围最小。基层政府的区域性指的是无论中央或上级政府赋予其何种权限，它的权限范围都只覆盖自身的管辖区域，也只能处理本区域的相关事务，其他区域的基层政府想要干涉本区域事务必须经由本区域基层政府同意。区域性特征与自由性特征之间

① 陈国权，皇甫鑫，等．功能性分权：中国的探索［M］．北京：中国社会科学出版社，2021：80-81.

存在密切联系，或者说自由性的存在实际上要求了区域性的存在。允许基层政府拥有一定的自主裁量权，是为了实现上级政策与地方实际的完美结合，这就要求基层政府必须掌握当地情况。而对于辖区以外的地域，基层政府不具备了解当地实际情况的条件，也就不可能做出符合当地要求的具体决策。可见，丧失区域性特征不仅会使同级政府间出现决策冲突，还会因为做出了不正确的决策而浪费大量行政资源。

第四，权力微小性。权力微小性是基层政府的典型特征。这种微小不仅指影响范围小，也指权力本身的微小、常见。一方面，基层政府的区域性特征决定了其权力辐射范围只在其管辖区域内，而基层政府的管辖范围通常为某一县或乡（镇）地区，相较于中央和上级政府的权力辐射范围而言，基层政府权力能够影响的地域极小。以江苏省为例，全省共有 13 个设区市，下辖 95 个县（市、区），合计 718 个乡镇、519 个街道，一个县级政府的权力辐射范围较之省级政府而言相差甚远。另一方面，基层政府位于社会治理的第一线，需要直接与群众接触交流，解决群众遇见的诸多问题。这种直接交流，不仅使基层政府工作更具复杂性，也会涉及更多微小权力的行使问题，例如与执行方式、执行态度等内容相关的权力行使等。基层政府权力具有微小性，并不意味着规范基层政府权力的行使不具有重要性。事实上，正是对基层政府微权力行使的重视不够，才使得微腐败蔓延，拉低了社会整体对腐败行为的容忍下限。

三、基层政府与法治社会的互动关系

（一）基层政府保障法治社会的建立与发展

法治社会是一种社会形态，在这一形态的社会中，公民在享有权利的同时也履行义务，不仅认同法治权威，也承接了法治建设使命①。基于对法治社会的这种理解，本书认为，基层政府的治理行为对于社会的运行状态具有重要影响。

其一，基层政府的社会解纷功能，能够有效解决社会纠纷，保障人民权利。政府的产生源自人类对自然状态的恐惧。霍布斯将自然状态总结为“一

① 刘芝澄．略论法治政府与法治社会的互动关系［J］．中共福建省委党校学报，2016（12）：24-29.

切人反对一切人”的战争①。在这一状态下，人们的一切行为都产生于趋利避害的本能，而人们对一切事物又都享有完全同等的权利。这种人类行为的完全利己性与自然资源之间的有限性冲突，决定了人与人之间必然会各自为政、互相为敌，时刻处于战争状态。出于对这种战争状态的恐惧，人类开始自发联合以壮大己身，共同应对来自外界的侵袭。联合体不断完善发展，随之就产生了政府。政府通过行政力量保证社会资源得到合理分配，使社会能够按照既定的规范有序运转，使人民的合法权利得到妥善实现。而基层政府作为与人民直接联系的行政主体，同样也会直接影响社会的运行状态。

其二，基层政府的社会兜底功能，能够为法治社会的建设提供稳定的社会保障。基层政府提供的社会保障，是对自然风险与社会风险的预防与化解。这些风险既有可能来自于无法控制的自然力量，也可能产生于日常的人际交往，但它们都拥有共同的特点，即可能会对人民安全、社会稳定带来负面影响。基层政府作为第一线政府，需要通过必要的措施控制或消除这些风险带来的不良影响，维持社会的平稳运作。只有通过明确的规范保证社会的稳定运行，才能使法治理念真正深入人心，为建设真正的法治社会奠定基石。

其三，基层政府的社会治理功能，能够有效推动法治社会的全面实现。社会治理的内涵非常丰富，广义的治理包含定分止争、社会保障等，此处的治理侧重强调政府与社会的合作共治。法治社会就是社会建设法治化，必然离不开基层政府的依法引领。基层政府发挥引领功能的前提是基层政府自身要守法，依法行政、依法行权、依法办事相统一。同时，在法治轨道运行的基层政府，必须充分发挥治理职能，不断创新社会治理方式，优化城乡社会治理体系。可以说，基层政府为法治社会建设提供了实践引领和充分保障。

（二）法治社会规范基层政府的权力行使

法治社会除了是一种特殊的社会运行状态外，也隐含了这样的概念，即通过社会权利约束国家权力。我国政府的权力来自人民的赋予，而政府权力行使的目的，必须是保障人民的合法权益或者说保障人民美好生活的实现。具体到农村治理，基层政府的行政行为必须与村民是否能够实现美好生活紧密相连，而满足人民美好生活需要则是法治社会建设理论产生的必然要求。可见，法治社会的实现必然会约束基层政府权力的过度行使，这种约束的存

① 徐大同．西方政治思想史［M］．天津：天津教育出版社，2002：149.

在，使国家权力能够更好地保障人民利益，符合人民赋予政府权力的初衷，具有正向意义，也具有必要性。法治社会对政府权力的规范可从以下两方面加以体现：一方面，法治社会是一种和谐有序的社会状态，这一状态要求政府的一切行为都以保障人民利益为出发点，不断优化行为方式、修正错误思想，减少矛盾冲突对人民合法权益的侵害。另一方面，法治社会是一种法治化的社会状态。在这一状态下，政府的一切行为都要严格依据法律规定，做到“法无授权即禁止”，任何违反法律规定的行政行为，都要承担相应的法律责任，只有切实做到依法行政，才能有效保障人民的安居乐业，实现美好生活。

总而言之，法治社会是一种理想的社会运行状态，而实现这一状态的前提是正确行使政府权力。所以，法治社会建设本身就一直在规范基层政府的权力行使，只有保障权力的正确行使，才能保证法治社会的全面建成。

第二节　基层法治政府推进乡村治理法治化

立足于法治政府理论视野下治理农村基层微腐败问题，最重要的是明确法治政府理论与农村基层微腐败治理之间的相互关系。事实上，法治政府理论与农村基层微腐败治理之间是通过基层法治政府建设和乡村治理法治化联系起来的。首先，基层法治政府建设是全面实现我国法治政府、法治国家建设的重要基础，基层政府是体现中国共产党领导能力与外在形象的直接主体，是切实推进人民民主的直接责任人，也是贯彻践行国家法律与政策的最终主体①。所以，法治政府理论的核心内容能够在基层法治政府建设过程中得到最为全面和充分的体现。其次，乡村治理法治化与基层法治政府建设相辅相成，互为助力。所以对基层法治政府建设的完善能够有效推进农村治理法治化的实现。最后，法治是治理腐败问题的关键手段，法治文化的缺失是我国腐败形势严峻的重要原因之一。所以，乡村治理的法治化能够有效缓解农村基层微腐败问题。由此可见，认识基层法治政府建设与乡村治理法治化之间的相互关系是贯通法治政府理论与农村基层微腐败治理的重要桥梁，本部分就将围绕这个问题进行深入分析。

---

① 郭祎，孟大川．新时代基层法治政府建设理论定位与实践任务［J］．理论与现代化，2019（5）：109-120.

一、基层法治政府建设的现实意义

（一）基层法治政府建设是全面推进依法治国的基础和关键

依法治国是党的十五大以来确立的基本方略，是发展社会主义市场经济、推动社会文明现代化的客观需要，也是建设中国特色社会主义法治体系、维护国家长治久安的根本保障①。实现依法治国，法治政府建设是其中的重要内容，而实现法治政府建设关键在基层，核心在于基层党员、干部及政府工作人员能够严格遵循法律规定进行行政活动，真正做到“法无授权不可为，法定职责必须为”，绝不允许任何形式的越权行为与权力滥用。

当前，受到地域、经济、制度、能力等多重因素的影响，我国基层政府的法治建设情况尚不均衡、不充分，应该在实践中进一步强化其在整体法治政府建设中的基础性地位。

基层政府作为我国政府系统的基石，在数量上占有绝对优势，也是我国政府系统与群众间的直接纽带。我国法治类型属于非内源型，早期的法治化是一种自上而下的灌输过程。我国地域辽阔、人口众多，如何将上级法律、政策、命令转化为符合所在地域实际情况的行政活动，切实保障人民的合法权利，是推进我国法治现代化的重要命题。由此可见，基层法治政府建设是我国全面推进依法治国的基础与关键。基层法治政府建设存在缺失，上级制定的各项依法治国政策就难以得到具体实践，又何谈建设法治国家和实现国家治理能力的现代化。只有优先保证基层政府对法治政策的实际转化，才能切实保障法治政府建设目标的最终实现，继而全面推进依法治国。

（二）基层法治政府建设是坚持中国共产党领导的重要保障

中国共产党是我国的执政党，但党组织本身并不是具有实权的行政主体，党的一切方针政策都要经由人民代表大会转化为可以被实际执行的国家法律、相关政策，再由各级政府分别施行②。其中，基层政府是主要的执行主体，作为数量最多也是直接面向人民的政府，基层政府的一切行政行为都会影响普通民众对中国共产党的信任程度，都是对党的领导地位的直接体现。

---

① 于语和．依法治国方略的历史发展综述［J］．天津行政学院学报，2015（1）：47-55.

② 郭祎，孟大川．新时代基层法治政府建设理论定位与实践任务［J］．理论与现代化，2019（5）：109-120.

基层政府是国家政策的直接执行者，是党在人民群众间的代表，它的多数行政行为都会对公民的权利造成直接影响。因此，如果基层政府滥用权力、随意违背法律规定、消极怠工、玩忽职守，就会对行政相对人的权利造成实际侵害，削弱党在人民心中的权威。早在 1941 年，邓小平同志就发现了基层政府行为对共产党形象的影响，他指出，当党权高于一切时，群众会将政府的一切问题都归咎于党，最终使党脱离群众①。虽然我国目前并不存在党权高于一切的问题，但党对政府具有领导之职，这种特殊关系决定了基层政府行为能够体现党的意志、代表党的形象。因此，只有严格实行依法行政，努力保障公民的合法权利，加快实现基层法治政府建设，才能有效保障中国共产党在我国人民心中的权威性，从而巩固党的领导地位。

法律的生命在于执行，共产党的领导意志体现在具体的法律规范与国家政策中，所以只有通过具体的执行行为，才能使党的领导意志得到有效贯彻，才能真正实现党的领导。基层政府是法律与政策的实际执行主体，因此，只有基层政府严格遵循法律规定，完善法治政府建设，才能确保党的领导意志被付诸实践，才能从实际意义上保证党的领导地位。

（三）基层法治政府建设是实现全过程人民民主的重要保障

人民民主是社会主义的生命，是一种全过程的民主，是中国共产党与中国人民始终坚持的重要理念②。人民代表大会制度是实现我国全过程人民民主的重要制度载体③。为使政府的各项方针政策都能体现人民意志，无论是具体政策的制定还是执行，人民代表大会在其中都发挥了非常重要的作用。但是，人民代表大会并不是规范或政策的直接执行主体，虽然将人民意志转化为决定、确定各级政府的组成人员都是由人大及其常委会完成的，但真正将人民意志付诸实践、执行本级人大决议的是各级政府。换句话说，如果各级政府无法在实际的执行行为中充分体现人民意志，那么我们依然无法真正实现人民民主。

依据我国宪法的有关规定，政府是一个自上而下的垂直领导系统，上级

---

① 邓小平文选：第 1 卷 [M]. 北京：人民出版社，1994：10-12.

② 习近平这样阐释人民民主 [EB/OL]. (2021-10-21) [2022-04-05]. http://news.cyol.com/gb/articles/2021-10/21/content_9vBP3ca3X.html.

③ 2021 年 10 月 13 日至 14 日，习近平在中央人大工作会议上发表重要讲话强调 [EB/OL]. (2021-10-21) [2022-04-05]. http://news.cyol.com/gb/articles/2021-10/21/content_9vBP3ca3X.html.

政府领导下级政府，下级政府不仅要执行本级人大及其常委会的决议，还要执行上级政府的相关命令。这就意味着，整个政府系统中最底层也是数量最多的基层政府，是人民意志主要的且直接的执行主体，它对人民民主的贯彻决定了我国整体的民主化程度。如果基层政府在行政活动中罔顾人民民主，即便上级政府的决定始终体现人民意志，也无法在群众中实现真正的民主。

基层政府对人民民主的贯彻体现在两个方面。就实际组成而言，县、乡人民政府的行政首长由本级人大选举。县、乡两级的人大代表是由选民直接选举的，也就是说，基层人大代表的行为最能体现人民的意志，经由它们决定而组成的基层政府相较于其他政府而言能够更直接地代表人民。就行政行为而言，基层政府直接管理本辖区内的各项行政事务，对人大负责，受人大监督，是整个政府系统体现人民意志的终端执行者，所以基层政府的行为能够直接决定人民民主的实现与否。由此可见，基层政府对法治精神的贯彻是保障其始终代表人民意志的重要前提，也是保障人民意志能够被切实转化，真正实现人民民主的核心关键①。

（四）基层法治政府建设是实现乡村振兴的重要保障

2017 年，党的十九大报告提出，“三农”问题是有关国计民生的重要问题，中国共产党应当将“三农”问题列为工作的核心重点，努力实施乡村振兴战略②。2018 年中共中央、国务院印发了《乡村振兴战略规划（2018—2022 年）》，要求各地结合区域实际情况充分贯彻落实。2021 年，国务院直属机构国家乡村振兴局正式挂牌，同年 4 月，全国人大常委会表决通过了《中华人民共和国乡村振兴促进法》。由此可见，乡村振兴是我国当前的重要发展战略，是关乎民生大计、国家命脉的根本性战略。如何保障这一战略被准确实施，坚持法治国家、法治政府、法治社会一体化建设是其中的关键内容，基层法治政府建设则是其中的重中之重。

党的十九大报告对乡村振兴战略提出了二十字的总体要求，即“产业兴旺、生态宜居、乡风文明、治理有效、生活富裕”③。因此，基层法治政府

---

① “对法治精神的贯彻”在这里是指在政府成员的组成上严格遵循法律规定的必要程序，由选民选举的乡镇人大决定行政首长，由同级人大常委会决定其他成员。

② 昌朋淼．十九大报告首提“乡村振兴战略”党代表共话农业农村现代化［EB/OL］．（2017-10-22）［2022-04-05］．http：//finance. cnr. cn/txcj/20171022/t20171022_ 523995721. shtml.

③ 冯丹萌．实施乡村振兴战略的总目标是农业农村现代化［EB/OL］．（2021-12-30）［2022-05-16］．http：//politics. people. com. cn/n1/2021/1230/c1001-32320785. html.

建设对实现乡村振兴的意义就体现在以下层面：

其一，基层法治政府建设能够保证乡村产业兴旺、村民生活富裕。一方面，我国传统的乡村发展模式一直都是以牺牲环境为代价换取经济利益，对科技的关注和引入程度与其他领域相比相对较低。这使得我国的乡村经济长久以来难以取得显著发展，“三农”问题日趋严峻。想要在短时间内提高农村产业发展水平，提高村民生活水平，就必须坚持科学发展观，努力实现乡村产业的全面、协调与可持续发展，结合现代科技，积极推进乡村产业的市场化、现代化发展①。此时，就需要由基层政府严格依据中央出台的相关法律、政策，立足于所辖区域的实际情况与主要问题，有针对性地构建与完善当地的乡村产业发展法制体系，保证乡村发展的正确方向，确保党和国家的一系列惠农、助农政策能够被有效施行。另一方面，乡村产业兴旺需要技术人才的参与，村民生活富裕离不开社会保障体系的发展。必须保证广大村民都能够切实享有义务教育政策的红利，获得必要的学习补助；必须保证我国的社会保障制度能够在农村基层得到充分贯彻，实现幼有所育、病有所医、老有所养、弱有所扶。而唯有法治政府建设能够保证基层政府严格按照党和国家的战略部署，遵循相关的法律规范，加强依法行政；也唯有法治政府建设能够保证国家的一系列乡村发展政策，都能在农村基层得到实际转化与准确执行。

其二，基层法治政府建设能够规范村容、乡风，使乡村变得生态宜居、乡风文明。想要实现农村生态宜居，需要从两方面入手。首先，将现有的《中华人民共和国森林法》《中华人民共和国水法》等与环境相关的国家法律与当地的社会现实加以结合，使基层政府的行政活动在不违反国家法律的前提下兼顾对环境的保护和对公民权利的保障。其次，在农村建设过程中强化对《中华人民共和国建筑法》《中华人民共和国质量法》等相关法规的贯彻执行，严格执行对有关项目的审核与监督工作，对水、电、煤气、绿化等公共设施的布局与建设进行规范。要实现乡风文明，重点在于农民个人素养的培育，既包括道德素养也包括法律素养。基层政府对区域内的群众负有教化之责，也具备实际进行教化工作的客观条件与必备能力，能够在日常生活中对群众实施法治教育，利用法律，规范、引导、约束人民行为，帮助群众

---

① 孟大川．基层法治政府建设的宏观背景与重要意义研究［J］．成都行政学院学报，2008（4）：60-62.

塑造正确的道德观念，培育正确的法治意识。如果基层政府本身无法严格遵循法律规范，实施行政行为，就会削弱其在群众心中的权威地位，影响其教化职能的实现。综上所述，基层法治政府的建设是规范乡村建设行为、提高农民道德修养、引导农民树立法治意识的重要前提，是实现生态宜居、乡风文明的重要保障。基层法治政府建设有助于规范乡村建设行为，促进村民道德水准和法治修养的提高，实现生态宜居、乡风文明。

其三，基层法治政府建设能够规范基层治理行为，实现治理有效。相较于其他政府而言，基层政府与行政相对人之间的关系更为密切，涉及的行政行为也更为多样。人们在从出生到死亡的过程中会与基层政府产生诸多交集，基层政府的治理行为也会涉及公民的生活、工作、家庭等方方面面。不仅基层政府的治理行为会对公民产生影响，公民行为也会影响其治理效果的发挥。公民可以参与听证会对重大决策进行监督与评估，并提出个人意见，帮助完善治理行为。公民可以对政府治理行为提出优化建议，可以检举政府公务人员的不当行为。因此，只有强化法治政府建设才能有效限制政府权力，防止其过度侵入私人领域、威胁公民权利和公平正义，才能减少治理纠纷；也只有坚持法治政府建设才能切实保证公民的参与权，提高治理效率，优化治理效果。由此可见，基层法治政府建设同样也是实现治理有效的重要保障。

（五）基层法治政府建设能够有效维护社会的和谐稳定

经济与科技的飞速发展使社会局面愈加复杂，数据权利、元宇宙概念的提出使虚拟与现实的联系愈加紧密，这些无不影响着当前的社会现状。当今社会，经济形式多样化、社会主体多元化、权利类型多样化、价值观念复杂化，由此催生的社会矛盾也愈加复杂深层，社会发展呈现出一种割裂态势，表面愈加繁荣，内里的社会风险却愈加严重，整个社会系统的内部联系日趋紧密，即便只是某一方面发生问题，也极有可能因为引起连锁反应而导致整个社会秩序的全面崩盘。因此，及时、尽快地发现并解决问题对于稳定社会秩序、维护国家长治久安具有重要意义。

作为整个政府系统的终端成员，也是直接参与社会治理的行政主体，基层政府经常处于社会争端爆发的风口浪尖，是控制社会矛盾发展、抑制纠纷情况恶化的关键节点①。这对于基层政府的应急处理能力和法治能力都是一种极大的挑战。为此，基层政府只有时刻遵循法律规范，以保障人民合法权益为根本追求，严格依法行政，正确理解与落实国家的相关防疫政策，才能真正获得群众的信任与理解，才能从社会纠纷中超脱而出。可见，基层政府只有在行政活动中始终贯彻法治精神，才能从根本上阻止或减少社会矛盾的发生，才能在任何情况下都有效维护社会的和谐稳定。

二、基层法治政府建设的实践路径

法治政府的核心概念在于依法行政，基层法治政府的概念则指遵循法律规定，贯彻法治精神，坚持依法行政的县、乡级人民政府及有权主体②。据此我们可以认为，基层法治政府具有如下特点，即行政主体的法定性、政府职能的法定性、行政委托的法定性、政府决策的法定性、政府指令的法定性，所以具体的实践路径也应该围绕这些特点加以展开。由于我国的法治政府建设目标尚未实现，现有的基层法治政府建设路径还有待优化，对于农村基层微腐败治理尚需标本兼治。因此，关于实践路径，本部分虽然同时分析了实然与应然视角，却更多从应然角度加以诠释。

（一）厘清政府利益关系与权责划分，明确政府权力

基层政府对所辖区域的直接管理，决定了其内部利益关系的复杂性。从身份上来说，基层政府是代表国家行使行政权力，所以其行为代表了国家利益。从行为性质上来说，基层政府由基层人大产生，对基层人大负责受其监督。基层人大经由人民直接选举组成，是人民的代表。所以，基层政府的行为必然会体现本辖区人民意志，代表辖区内民众的利益。同时，基层政府必须接受上级政府的领导，利益指向上呈现纵向全局利益与横向地方利益交织的样态，其中还可能夹杂个人利益与小群体利益。这种复杂的利益关系使基层政府的行政行为极易因为利益冲突而发生变形，并最终使其偏离法治轨道。因此，协调不同利益类型对于强化基层法治政府建设具有重要意义。

首先，应当赋予基层政府更多的自主管理权限，使其能够根据自身需要

---

① 孟大川．基层法治政府建设的宏观背景与重要意义研究［J］．成都行政学院学报，2008（4）：60-62.

② 郭祎，孟大川．新时代基层法治政府建设理论定位与实践任务［J］．理论与现代化，2019（5）：109-120.

有目的性地发展区域经济①。一方面，有效激发行政主体的积极性与主动性，使其在行政活动中发挥更多的创造性，优化政府权力的行使方式。另一方面，防止因条块关系失衡导致基层政府的积极性受挫。

其次，基层政府应当明确自身服务型政府的正确定位。计划经济时期的管制型政府使政府权力过度侵入私人领域，也导致了诸多的权力滥用问题。乡村治理法治化场域中的基层政府必须是服务型政府，而且必须权责分明，否则基层政府的行政行为会因为利益冲突而无法贯彻法治原则。中共中央办公厅国务院办公厅在2015年印发了《关于推行地方各级政府工作部门权力清单制度的指导意见》，推行权力清单制度，对各级政府权责进行清晰划分。权力清单制度能够将政府的职能、权力、责任，以及相关的法律、主体、行为流程等内容逐一呈现给社会公众，以便使政府部门更好地接受社会监督②。这种权力清单使政府权力的边界更为清晰，对于规范政府行政行为、提升政府服务效能具有积极意义。

（二）完善依法行政制度体系，规范行政行为

强化法治政府建设，除了要明确政府的权力边界，最重要的就是构建一套内容完善、协调有序、符合事实、可供执行的制度体系。只有通过具体制度规范行政行为，才能切实保障依法行政。就推进基层法治政府建设而言，具体的制度构建内容大致涉及如下方面：

1. 完善保障依法行政的立法工作

首先，基层政府相较于其他政府而言更易受到法律滞后性的影响，因为基层政府是治理社会的直接主体，需要时刻根据社会的现实状况调整行政行为。同时，基层政府在行政活动中更强调对重点问题的及时解决，因为对重点问题的放任极易引发民众的不满情绪。这就要求基层政府应当踊跃参加并鼓励辖区群众主动参与相关有权主体的行政立法意见征求活动，围绕当地的实际情况与主要矛盾提出立法建议。对于已经出台的行政法律，基层政府应当根据本地具体实际情况依法解释和细化，在坚持法治原则的前提下以保障辖区民众合法权益为基本目标，提出可行的贯彻细则。

其次，受到治理能力的限制，部分基层政府可能无法准确理解并执行上

---

① 吴庆悦，胡莎莎．我国基层法治政府的建构及其可行性路径探析［J］．前沿，2010（20）：78-80．

② 徐润道．推行行政权力清单制度的法理反思与制度完善方法分析［J］．理论观察，2022（3）：122-124．

级立法的重要内容，尤其在面临不同层级法律法规存在冲突、重合等情况时更是如此。这就要求上级政府能够及时实施行政法律制度的立改废释工作，规范立法行为，明确责任主体，确保国家意志能够被准确传递给基层政府，使基层政府的行政活动不会因为对法律、政策的误读而丧失合法性。

2. 完善政府决策机制

保证依法决策是各级政府行政行为具有合法性的关键，也是新时代法治政府建设过程中面临的重要难题。基层政府的决策行为对辖区民众的生产、生活具有直接影响，如果存在违法违规情况，就会对人民权益造成实际侵害，极易引起民众不满。所以，就基层法治政府建设而言，实现依法决策的重要性更为显著。完善基层政府的依法决策制度至少需要作两个方面的考虑。

首先，考虑到基层政府的决策能力和上级政策向下级传递过程中可能出现的曲解、选择性解释的问题，应当对基层政府规范性文件的合法性进行严格审查。2018 年国务院办公厅发布《关于全面推行行政规范性文件合法性审核机制的指导意见》（以下简称《指导意见》），其中明确：“县（市、区）人民政府部门、乡镇人民政府及街道办事处制定的规范性文件，已明确专门审核机构或者专门审核人员的，由本单位审核机构或者审核人员进行审核；未明确专门审核机构或者专门审核人员的，统一由县（市、区）人民政府确定的审核机构进行审核。”基层政府的规范性文件与社会现实密切相关，其内容涉及各行各业、各个领域，存在的法律问题也更加复杂、多元。这意味着，仅凭政府自身的组成人员很难切实保证合法性审查的实质有效性与准确性，需要引入由政府法制机构组织的专业律师、专家学者等专业人士提供的法律咨询论证服务①。目前，我国政府虽然早已推行政府法律顾问制度，但在实际的审核过程中很难保证其发挥实质性作用。因此，为保证对基层政府决策合法性审查的准确性，不仅要明确审查主体、优化审查机构的人员构成，还应当明确具体权责划分与审查目标，使审核机构的法定职能得以充分发挥。

其次，对政府决策的合法性审查并不能真正保证政府的依法决策，因为领导干部的个人选择同样会影响依法决策的实现。在实际过程中，部分领导干部会在决策中罔顾专家与公众意见，出于某些私人目的或为维护某些私人

---

① 袁曙宏. 健全依法决策机制［J］. 行政管理改革，2014（11）：4-8.

利益，不听从审核机构意见，违规做出一些侵害公众利益的政府决策①。尤其在基层政府中，内部利益关系的复杂加上基层与中央政府之间的距离较远，会降低领导人员对合法性审查的重视程度，仅将其视为一种形式性审查。为了保证政府领导干部能够严格依法决策，国务院办公厅在《法治政府建设与责任落实督察工作规定》（以下简称《规定》）中明确指出，要将依法决策作为考核督察政府部门党组和行政机关主要负责人的重要内容，依法追究单位或个人因为做出“造成重大损失或恶劣影响”的违纪违法决策而应当承担的有关责任。因此，为了保证基层政府领导能够做到依法决策，应当在基层政府中严格贯彻相关规定的内容，将依法决策与政府领导个人考核相关联，迫使其规范决策行为。

3. 完善监督与问责机制

法治政府建设的核心在于实现依法行政，而实现依法行政的核心在于坚持“有权必有责、用权受监督、违法必追究”②。因此，健全权力监督体系，强化政务公开，实现行政透明，建立重大决策终身责任追究制度和责任倒查机制，一直是我国法治政府建设中的重要内容。考虑到基层政府的特殊性，对于基层政府监督与问责机制的完善应该采取如下措施：

首先，畅通人民监督渠道，整合多种监督方式，形成监督合力。监督合力的形成对于各级政府的法治建设都具有重要意义，它使不同形式的监督之间能够相互补足、有效衔接，从而减少空白点，提升监督效果。对于基层政府来说，它们与群众关系最为紧密，人民监督能够直接反映当前辖区内存在的主要矛盾。因此，对于基层政府来说，强化人民监督与形成监督合力需要齐头并进。

其次，强化执法监督，严格执法管理，完善行政执法的公示制度、全过程记录制度和重大执法决定法制审核制度。基层政府直接面对群众实施行政行为，它们的行为会影响群众对公平正义的感知，所以在基层政府中贯彻行政执法“三项制度”尤为关键。

最后，落实政务公开，实现信息透明，保证公众参与。政务公开是畅通人民监督渠道、强化执法监督的重要前提。若群众与政府间存在信息偏差，

---

① 韩春晖. 国家治理体系现代化的制度样本——评析《重大行政决策程序暂行条例》［J］. 行政管理改革，2020（1）：26-35.

② 胡建淼. 法治政府建设——全面依法治国的重点任务和主体工程［M］. 北京：人民出版社，2021：158.

就无法真正实现对政府行为的有效监督与积极参与，政府信息的不透明化也会催生更多的违法乱纪行为。因此，利用互联网络科技，采取线上线下结合，公开政府重大决策目录、重大问题处理情况、日常政务等可能影响公众参与的相关信息，对于强化依法行政、推进基层法治政府建设至关重要。

4. 健全科技保障体系

互联网、大数据、人工智能等现代科技的飞速发展，为法治政府的建设方式创造了更多可能，也以科技力量为依法行政的实现提供了技术保障。这一保障体系也被称为“数字法治政府”，数字法治政府建设就是指通过大数据、人工智能、区块链等新兴技术保障依法行政。例如，通过初级人工智能指导和规范行政行为，利用高科技记录装备监督行政行为，等等。此类技术能够有效弥补基层政府工作人员的能力不足，强化执行监督，帮助其针对性地改善行政行为。总体而言，这一保障体系可以分为三部分内容，即信息化平台的建设、政务数据的有序共享及“互联网+”监管执法的深入推进①。信息化平台建设就是通过网络技术逐步推进网上政务的全面覆盖，利用技术手段弥补不同区域间政府服务能力的现实差距，实现公共服务资源从城市到农村的均等化分配，为更广泛的民众提供更多便利，使国家政策能够真正深入基层②。对政务数据有序共享的进一步推进，需要建立在对政府信息化平台的建设之上。一方面，通过信息化平台实现规范性文件、公共数据、政务信息的开放共享。另一方面，通过对不同政府部门或不同政府信息平台的整合，实现政务数据的全面共享和电子证照的统一认证，提高政府工作效率，并运用整合的数据辅助行政活动，提高政府治理水平③。“互联网+”监管系统是在 2018 年 10 月国务院常务会议中为促进政府监管规范化、智能化、精准化而确定建立的。这一监管系统能够显著提升基层政府的监管能力与监管水平，从耗时耗力的人力监管、孤立监管转向更为高效、准确的智慧监管，减少多头执法情况的发生，降低执法行为对人民正常生活的不良影响④。

---

① 胡建淼. 法治政府建设——全面依法治国的重点任务和主体工程［M］. 北京：人民出版社，2021：178-199.

② 胡建淼. 法治政府建设——全面依法治国的重点任务和主体工程［M］. 北京：人民出版社，2021：180-182.

③ 胡建淼. 法治政府建设——全面依法治国的重点任务和主体工程［M］. 北京：人民出版社，2021：188-193.

④ 李军，彭志芳，孙陶. 县乡法治政府建设现状及存在的问题与破解——以浙江省杭州市为例［J］. 中国司法，2021（7）：40-47.

（三）培育法治文化，提高全民法律素养

作为整个政府系统中的最终端，基层政府无论在技术水平、经济实力还是人员能力方面都处在最底层。这导致基层政府中的公务人员在法律素养上有所欠缺，会影响依法行政的实现。同时，基层政府与群众间的密切联系也决定了群众个人的法律素养会对政府的行政行为造成影响。所以，培育法治文化、提高全民法律素养是建设基层法治政府的重要途径。优秀的法治文化氛围能够为全民法律素养的提高输送养料，既是推进法治政府建设工作的重要基础，也是实现依法行政的重要保障，以下将从普通群众与公务人员两个视角分别切入，回答为什么要培育法治文化及如何提高法律素养。

就普通群众而言，法治文化的熏陶能够促使其主动学法，对法律形成准确认识，并自觉遵守法律，在面对纠纷时也能积极选择法律方式解决问题。群众主动守法、用法，能够强化群众参与意识、监督意识与对行政行为的配合意识，不仅能实现社会纠纷的源头治理，还能强化对行政行为的监督效果，推动政府依法行政。提高群众的法律素养，需要基层加大普法工作力度，创新宣传教育形式。例如，组建专门的普法宣传教育团队，定期入村、入校、入社区开展普法活动；利用多媒体、互联网等新媒介，通过电视节目、视频直播等新方式进行宣传教育；在村镇、社区建造法治宣传栏、法治文化长廊、法治公园等，使法治文化全方位浸润基层社会。

就公务人员而言，法治文化的引导能够帮助其树立正确的法治观念，严格约束自身行为，严格规范行政决策，从思想上保证依法行政。提高公务人员的法律素养，除了要强化普法宣传教育外，还需要一定的制度保障。其一，要完善针对公务员的专门法治教育机制，开展具有针对性、专业性与区分性的法治教育，确保教育内容的日常化、有效化。其二，要构建完善的法治意识考核与评估机制，强调实质性考核，并根据考核结果反馈，随时调整针对个体的教育内容，以此提高政府内部对法治教育的重视程度，防止法治教育走向形式主义。其三，要构建专门的行政能力培养机制，使公务人员能够准确运用法治思维进行行政决策，并在行政行为中充分贯彻法治精神。

三、乡村治理法治化的现实需求

想要确定基层法治政府是否能够推进乡村治理法治化，需要明确两个问题：首先，乡村治理法治化的实现有哪些实际需求；其次，基层法治政府是

否可以满足这些需求。只有在基层法治政府能够满足这些需求的前提下，才能得出“基层法治政府对于乡村治理法治化的实现具有推进作用”这一结论。

基层政府指的是县、乡两级政府，其中与乡村治理存在直接关联的是乡镇级政府。根据《中华人民共和国村民委员会组织法》的有关规定，我国农村通过村民委员会的形式实行村民自治，乡、民族乡、镇的人民政府仅对村民委员会工作承担指导、支持与帮助职责，并不直接干涉村民自治，村民委员会则需要协助乡镇政府开展工作。由此可知，县级政府与乡村治理间并不存在直接联系，所以本部分所探讨的基层法治政府主要是乡镇政府。

（一）乡村治理法治化需要正确的方向引领

正确的方向引领是实现乡村治理法治化的重要前提。只有保证前进方向的正确性，才能保证最终实现的法治化符合建设中国特色社会主义法治体系的相关要求。就我国当前的实际情况而言，乡村治理法治化需要的方向引领主要来自两个层面：一要强化党的领导，二要强化对国家政策的解读。

1. 强化党的领导

中华人民共和国成立以来自，就形成了以中国共产党领导为核心的现代国家治理体系。中国共产党是中国特色社会主义事业的领导核心，始终代表最广大人民的根本利益，党的主张与人民意志高度统一。只有始终坚持党的领导地位才能真正实现全面依法治国，才能在基层实现乡村治理法治化。当前，党对我国乡村治理的领导主要体现在两个层面：其一，村党委作为党的基层组织机构直接参与乡村内部的治理活动，贯彻党的领导；其二，国家法律与国家政策是党和人民意志的直接体现，村委会对国家政策与法律的充分贯彻，能够体现党的领导。我国当前的村书记既包括支部党员自主选举的，也包括上级党组织委派的第一书记或大学生村干部，村委会成员是村内居民，因此村“两委”成员的个人素质参差不齐，部分村“两委”成员很难正确领导或实施相关治理行为，无法在基层真正贯彻党的领导。

基层政府及同一层级的党组织对村“两委”治理行为负有指导之责，这种指导不仅体现在国家政策的解读上，同样也体现在对村“两委”实际治理行为的指导上。基层法治政府所恪守的依法行政原则能够确保它在指导过程中准确传达党的意志，减少因为农村基层干部能力问题而导致的不当治理行为，确保其治理行为符合党的要求，在农村基层真正落实党的领导。

2. 强化对国家政策的解读

当前，我国乡村治理以村民自治为主要形式，直接治理主体一般是当地村民，他们由其他村民直接选举产生，并未接受与国家公务员相当的专业教育，这意味着他们对国家法律、方针政策的解读能力可能较弱，或政治敏感度不够，无法真正领会政策背后蕴含的实际目标。一方面，这可能导致相关主体在治理过程中因为误解国家的政策内涵而向村民传达的指令决定不够准确，使政策的最终执行情况偏离国家预期，使乡村治理行为失去法律依据。另一方面，这可能会导致相关主体过度追求治理行为的形式正确，放松对执行结果的关注程度，从而影响政策目标的实际达成，最终阻碍国家整体布局的有序实现。

基层政府对乡村治理负有指导之责，而基层法治政府建设能够有效保障政府行为的法定性、规范性，提高政府工作人员的专业性。所以，基层法治政府完全有能力帮助农村基层干部强化对国家政策解读的准确性，继而保障我国的乡村治理能够始终符合国家的政策预期，坚持正确的前进路线。只有这样才能保证我国的一切乡村治理行为都有法可依，推进乡村治理的法治化进程。

（二）乡村治理法治化需要完善的制度保障

制度保障分为法律制度保障和治理制度保障。强化制度保障一直是我国各级政府推进法治化进程的重要内容，但在乡村治理的实践过程中，现有制度并不能充分满足治理法治化的实际需要。

1. 完善法律制度

就法律制度而言，我国农村当前的法律制度体系还不够完善，现有规定不够全面、细化、具体，难以保障一切治理行为都有法可依。一方面，我国当前乡村治理的主要法律依据是《村民委员会组织法》，具有较强的原则性，而我国不同地区农村的社会现实各不相同，法律的可适用性、针对性较弱①。另一方面，经济、科技的发展与乡村振兴战略的实施，使当代农村发生了翻天覆地的变化，同样也催生了一系列的新问题与新矛盾，而法律固有的滞后性决定了现行法律很难在这些问题上发挥作用。可见，法律制度体系的缺失使我国乡村治理从实质层面失去了法治基础，是我国乡村治理法治化过程中需要关注的重点问题。

① 李营．乡村治理法治化转型困境及破解之策［J］．领导科学，2019（22）：48-51.

基层法治政府建设与乡村治理法治化一样，都以实现良法善治为最终目标。面对上级法律条文较为概括和抽象、现行法律法规如何与当地实际相结合等具体问题，基层法治政府可以帮助乡村治理主体将上级政策与条文转化得更加细致、具体。基层法治政府建设的重点应当是指导农村基层干部结合村域特色依法办事，帮助农村基层干部降低执行过程中的困难程度，减少治理行为可能受到的抵触。基层法治政府建设还应当着力于更加有序的信息公开与更加规范的公众参与，鼓励村民积极参与相关有权主体的行政立法意见征求活动。这样亦能够有效推进法律条文的立改废释工作，在一定程度上化解乡村法律滞后性的问题。

2. 优化治理制度

就治理制度而言，我国基层农村当前的治理制度法治内涵不足，权责规定模糊，治理行为较为随意，容易受到人治因素的影响。其一，我国法律目前只规定基层政府与村委会之间是指导和协助的关系，对于二者的权责内容并没有明确规定，致使实际的治理行为中会出现重复治理或治理空白问题，容易造成权力滥用，侵害村民的合法权益。其二，我国传统的乡村治理是一种人治模式，村规民约与家族宗族在整个治理体系中占有重要地位，部分农村基层干部同时具有较强的政治权力与家族势力，其行为极少受到约束。这使得在部分农村地区治理制度的诸多正常功能无法得到良好的发挥，难以真正解决社会矛盾，反而会影响农村社会的安宁稳定。其三，一些传统基层政府对社会组织、社会成员的自主治理行为缺乏信任，常在需要放权、赋能的领域诸多限制，以强硬的手段向农村自治主体下达或发布命令，变相违反协同治理的相关制度要求，伤害了自治主体参与乡村治理的积极性，削弱了治理成效。可见，完善并得到准确施行的治理制度是实现乡村治理法治化的重要保障，能够有效规范领导行为，促进治理生态的良性发展。

基层法治政府能帮助村民委员会厘清自身职责范围，明确双方权力边界。基层法治政府的存在，明确了政府职能和行政主体的法定性，不仅在一定程度上减少了基层政府对乡村治理的过度干涉或变相限制，也能间接限定村委会的职能范围，防止村委会滥用权力或推卸责任。也就是说，村委会只接受依据法律规定设置的乡镇政府的指导与帮助，属于乡镇政府法定职权内的事务村委会只能协助，无实际职权且不承担责任。当然，基层法治政府的建设并不能使村委会责任得到具体细化，但这种“法定职责必须为，法无授权不可为”的基本理念，有助于削弱家族宗族在乡村治理中的分量，也为乡村治理的法治化奠定了基础。

（三）乡村治理法治化需要坚实的法治基础

1. 培育法治人才

乡村治理法治化的实现离不开法治人才的参与。一方面，乡村治理需要将国家政策和相关法律与当地实际相结合，提出可行的实施细则。这不仅需要熟知村内情况的法治人才积极参与有关部门的立法活动，提出切实可行的立法意见；还需要法治人才在乡村治理过程中对现有的原则性法律规范、笼统性国家政策进行准确的细化理解，实现国家政策的地方性转化，使治理行为能够兼顾法律规定与当地实情。另一方面，乡村治理法治化建设需要具备专业知识的法律人才参与法律执行，严格依据法律要求的方式方法实施治理行为。目前的农村基层，由于受到传统观念的影响，一些领导干部在开展治理活动的方式方法上存在过于粗暴、忽视法定程序、侵犯公民法定权利的问题，例如忽视基层民主、阻断人民监督权利的行使等。这就需要具备基本法律知识、善于执行法律的法治人才参与乡村治理，确保基层民主的实现，缓和民众与干部间的紧张关系①。

不仅乡村治理法治化的实现离不开法治人才的参与，法治政府的建设同样离不开法治人才的参与。所以，培育法治人才原本就是基层法治政府的工作重心之一。基层法治政府不仅能够指导乡村培育法治人才，还能直接参与培育活动，为乡村提供可行经验，提高培育行为的专业化程度与实际效率，显著推动乡村治理法治化进程。

2. 提升法律素养

优秀法治文化的熏陶能够提升村民整体的法律素养，有效减少一些地方家族宗族势力对乡村治理的负面影响。家族宗族势力对乡村治理的影响主要存在于两个方面。首先，家族宗族势力会通过各种形式、手段操纵、干涉村内的选举活动，将换届选举视为不同势力的斗争场合，推举己方势力中意的人选②。这种干涉使选举活动的民主性名存实亡，使不受到外在势力支持但具备优秀潜力的候选人只能被迫埋没。其次，家族宗族势力会限制村“两委”干部的实际权力，通过势力威慑或血缘压制直接影响村内纠纷的合法解

① 孟莉．乡村治理法治化建设的现实困境与路径［J］．领导科学，2019（24）：108-110.

② 陈晓莉．新时期乡村治理主体及其行为关系研究［M］．北京：中国社会科学出版社，2012：156.

决，阻断村民对自身权益的合法救济①。这种干涉会逐渐削弱村“两委”在村民心中的政治权威，继而影响政府与法律在村民心中的崇高地位，影响乡村治理的法治化进程。综上所述，村民法律素养的高低与家族宗族势力对乡村治理的影响具有直接关系。因为如果村民具备基本的法律素养，乡村家族宗族势力就不可能无限壮大直至威胁村“两委”权力。所以厚植法治文化、提升村民整体的法律素养，对于实现乡村治理法治化具有重要的积极意义。

厚植法治文化、提高民众法律素养原本就是基层法治政府的实践路径之一，所以与法治人才的培育一样，对于村民法律素养的提升，基层法治政府同样可以提供必要的指导与帮助。最重要的是，基层法治政府的确立使法治精神在政府行为的每一方面都得到充分贯彻，切实做到了限制政府权力、保障人民权利，提高了基层政府在村民心中的权威地位，为削弱宗族势力的消极影响、提高村民法律素养创造了有利条件，也为乡村治理法治化的实现排除了阻碍。

第三节　法治政府依法规范农村基层微腐败治理

法治政府既是一种实践也是一种理念，相较于上一章节中共同富裕理论与农村基层微腐败治理的关系而言，法治政府与农村基层微腐败治理间的关系同样紧密。首先，就乡村治理法治化与农村基层微腐败治理而言，法治方式是治理微腐败主要的也是最有效的方式。所以，乡村治理法治化的实现能够有效保障农村基层微腐败问题得到妥善处理。其次，乡村治理法治化是一种治理形式，法治政府是一种政府形式，二者在基层法治政府这一层面存在交叉。最后，通过上一小节的论述可知，乡村治理法治化作为一种治理形式，与基层法治政府密切相关。虽然基层政府只对村委会负有指导之责，但基层法治政府的建设与乡村治理法治化之间能够相互促进、互相成就。基于以上关系，本书认为，法治政府与农村基层微腐败的法律治理间同样存在相互影响、相互促进的正面关系，因此利用法治政府规范农村基层微腐败治理具有较强的积极意义，值得我们展开深入研究。

① 覃晚萍，王世奇．新时代多元主体推进乡村治理法治化路径探讨［J］．广西民族大学学报（哲学社会科学版），2019（3）：97-101．

一、强化观念矫正，遏制贪腐思想

利用法治政府规范农村基层微腐败治理首先要强化观念矫正，遏制贪腐思想，从源头上减少腐败行为的发生。

（一）强化观念矫正的重要意义

正确的处世观念不仅是法治政府建设的基础，同样也是治理腐败的重要基础，它的缺失一直是乡村地区微腐败案件频发的重要原因之一。正确的处世观念不仅包括正确的法治观念，也包括正确的为官观念、正确的治理观念和正确的家族观念。对于普通人来说，虽然不需要具备专业的法律知识，但具备基本的法律常识、树立正确的法治观念依然具有必要性。法律具有社会认识功能，能够帮助人们认识哪些行为是法律所禁止的，并明确实施这些行为所可能带来的法律后果①。这就意味着，只有具备一定的法律知识、树立正确的法治观念，才能明确什么行为是法律所禁止的腐败行为，什么行为是可以实施的正常交际行为；才能了解实施腐败行为会造成什么样的损害结果，要承担什么样的法律责任。治理观念、为官观念和家族观念决定了治理主体个人的行为选择，只有在正确观念的指导之下，相关行为人才能明确什么样的行为是正确的治理行为，才能正确认识治理主体与普通民众间的关系定位，才能正确区分治理行为与家族事务，才会主动规范自身行为、减少腐败发生。

当前，社会的飞速发展在带来新事物的同时，也使社会关系愈加复杂，新旧观念在乡村地区发生的冲突，不仅影响了乡村地区人民正确观念的树立，也带来了诸多的腐败问题。

首先，受到经济文化发展水平的影响，乡村地区无论是治理主体还是普通村民，文化水平都普遍较低，对于法律这种专业性较强的知识体系，一般只具备简单的初步了解，并未树立正确的法治观念，只能识别严重的贪腐类犯罪，无法正确判断不法性较为轻微的腐败行为。微腐败行为通常指极为微小的公权滥用，它的特点就是小、多且多数行为模棱两可、很难定性，这就对所涉主体能力提出了较高要求。因此可以认为，法治观念的缺失会催生更多的微腐败行为。

---

① 常绍舜．论法的社会功能［J］．理论探讨，2015（3）：47-50.

其次，乡村地区的传统文化思想遗留较多，治理主体在未树立正确为官观念的前提下，同时又受到传统观念的影响，极易产生错误认知，将人情、关系视为理所应当，将微腐败行为认定为正常的人际交往行为，或因为无法识别他人不怀好意的交往行为而被逐渐牵引堕入腐败深渊。微腐败行为的“微”不仅指损害结果微小，同样也指行为本身的微小。它可能是面对村民时表现出的冷漠态度，也可能是随手接受一盒香烟、一包特产，又或者是简单地为亲友在特定场合说一句话。受到“官本位”思想影响的治理主体自然不会对这些日常小事特别关注，这也导致了微腐败行为发生的必然性。

再其次，乡村地区受传统“父母官”思维的影响，产生了错误的治理理念，以完全包办乡村居民的各项事务为基本工作原则。这种包办思维使基层权力对乡村居民生活干涉过多，不仅增加了基层主体的工作内容，也制造了更多的腐败机会。最重要的是，在长期被此类琐碎事务缠身的情况下，治理主体的个人信念会因为长期疲劳而逐渐麻木，最终忘记自身的服务者定位和为官初衷，逐步走入腐败深渊。

最后，乡村地区家族联系紧密，在传统家族观念的影响之下一些乡村治理主体会将一切腐败行为都曲解为家族内部事务，而法律对家族内部事务的介入程度有限。因此，如果治理主体的家族观念不够正确、法律信仰不够坚定，就极易在家族成员的推动之下走上歧路。在传统家族观念中，家族宗族权力凌驾于政府之上，家族事务应当由家族自行解决；家族利益具有崇高性，任何成员都应该为了家族利益牺牲个人利益①。一些乡村治理主体长期受到此类观念的影响，容易形成一切行为都要优先考虑家族利益的固定思维。所以，难免会在治理活动中为家族成员大开方便之门，损公肥私，并对此类行为进行合理化解释。即便治理主体早期能够坚定信仰忽视家族利益，其行为也会受到家族内部成员的非议，如果承受的家族压力过大，有可能会选择妥协。因此，立足于法治政府理论遏制微腐败思想的泛滥，对于农村基层微腐败治理具有重要意义。

（二）强化观念矫正的可行方向

首先，要充分发挥观念教育的主体功能，确保观念矫正工作能够实际展开。教育是塑造正确观念的主要手段，以法治观念的树立为例，虽然当前确实存在明确的法治教育主体，但这些主体通常为政府的法制部门或当地的司

---

① 袁兆春．中国传统宗法家族观念在当代的表现及影响［J］．河北法学，2001（5）：2-5．

法机关，它们与乡村地区尤其是偏远乡村地区的联系并不紧密，很难保持长期、频繁且规律的法治教育，这使得乡村地区的法治教育极易沦为“表演”或“作秀”，很难产生实际效果。此时，可以考虑在村中设定专门的法治教育主体，或引导村民成为教育主体，使法治教育能够真正融入村民生活，落到实处。除了法治观念之外，其他观念的矫正很难通过具有普及性及体系性的教育完成。因此，法治观念教育需要进一步通过明确教育主体加以强化。

其次，要明确受教育对象，根据不同个体的不同特性，以不同形式开展矫正工作，防止形式主义。一方面，乡村地区的受教育对象是乡村居民及农村基层干部，受到传统农业家庭式劳作特性和农村地区平面分散居住结构的影响，乡村地区的居民结构较为松散，很难大规模聚集，通常以家庭为基本生产生活单位。因此，在乡村地区开展大规模普法教育不具有可行性，逐一上门进行法治宣传教育也难以实现①。在同样的社会条件之下，其他观念教育自然也与法治观念的塑造一样面临着同样的问题。另一方面，受到城乡经济差异与人口流动的影响，我国相当一部分乡村地区呈现出“空心化”“老龄化”特征，大量青壮年劳动力外流，村内人口以儿童和老年人为主。此两类群体对观念教育的接受程度和理解程度有限，如果只是开展常规性的灌输教育，而不根据他们的接受程度改进教育方式，则观念矫正只会沦为空谈。同时，针对外出务工的青壮年人群，也应该通过互联网技术帮助他们进行观念矫正，增加乡村观念教育受众，帮助他们塑造正确观念。

最后，要优化观念教育内容，注重思维培育与信仰塑造，实现观念教育成果的最大化。当前，在乡村观念教育内容中依然充斥着大量的城市思维，并未结合乡村微腐败行为特点，就内容来说也是千篇一律，忽视群众需求，难以激发群众的学习热情。而且，当前的观念教育更加强调对条文、政策、工作方针的普及，不太关注处世思维与个人信仰层面，这使得相关主体即便明确正确观念的具体内容，也依然会受到传统观念的影响，或依然固执地坚持原本的错误观念，这样的观念矫正对于乡村微腐败的源头治理很难有明显的作用。

① 徐铜柱，杨海莺．乡村治理中法治文化的缺失与建构——兼论村干部腐败的治理［J］．湖北民族学院学报（哲学社会科学版），2017（6）：135-141．

二、完善制度建设，实现权责法定

利用法治政府规范农村基层微腐败治理，完善制度建设工作是重要基础。

（一）完善制度建设的重要意义

法治政府的重要标志就是政府依法行政，而依法行政的前提就是存在可靠的法律依据，因此立足于法治政府视角同样需要高度重视农村基层微腐败治理中的制度建设问题。明确的法律规范作为法治的基础，无论是在法治政府建设中还是在实现乡村治理法治化的过程中，都具有重要地位。

（二）完善制度建设的可行方向

如何完善制度建设，实现权责法定，需要关注两方面内容。其一，需要经由一定的细化规定，完善农村治理主体的权力分配制度，明确不同主体的法定权责，划清权力界限，减少因权力使用不当而产生的微腐败问题。一方面，乡村地区的治理主体构成复杂，不仅包括政府主体、基层党组织，也包括村干部等自治主体，一旦不同主体间权责不清，就极易出现互相推诿或重复执行等权力使用不当问题，这些都是典型的微腐败行为。另一方面，乡村地区治理主体需要直接面对乡村群众，身处的社会环境、利益关系相对复杂，如果权责规定不明，就极易导致其做出错误的利益衡量，催生腐败行为。其二，需要通过制度建设确保法条中的原则性、概括性规定能够得到明确细化，切实保障具体条文与地方实际有机结合，提高权力运作的准确性，减少因为条文误读或恶意曲解带来的权力滥用行为。乡村地区治理主体本就因为传统观念的影响缺乏对抗腐败行为的知识储备和坚定立场，这就意味着一旦在条文解读或适用过程中赋予乡村治理主体较强的自主裁量权，就极易使其迷失自我、忘记初心，走上贪腐之路。由此可见，缺乏必要的细化规定和规章制度，会给乡村治理主体带来较大影响，这一问题应当引起大家的高度重视。

完善制度建设工作的具体方式与完善立法工作近似，前文中在论及基层法治政府建设路径时就已经详细探讨过对于立法工作的完善，所以这里只简要提及。一方面，针对法律条文中对治理主体权责规定不明的问题，可以通过权力清单制度加以明确。另一方面，针对法律规范中条文内容原则性较强的问题，则可以通过制定更为具体的权力运作制度加以明确。

三、优化干部管理，规范治理行为

利用法治政府规范农村基层微腐败治理，需要优化干部管理，规范治理行为，从源头减少微腐败发生的可能性。

（一）优化干部管理的重要意义

就基本概念而言，公权力是公共组织根据公共意志，组织、协调和控制社会与个人的力量，简单来说就是依据公共意志管理社会的力量。从这个角度而言，似乎并不需要通过制度规范公权力的行使，因为基于公共意志做出的行为必然是广大人民群众普遍同意的，但问题在于，公权力需要由特定的人来行使，人是具有自我意识的个体，当一个具有自我意识的个体掌握公权力时，就无法保证公权力的行使始终体现公共意志。所以，管理制度的存在具有必要性，是保障公权力行使始终体现公共意志的关键，只有体现公共意志才能有效避免腐败问题的发生。

由于部分乡村基层地区受传统思想影响较深，治理主体的个人能力较弱，所以干部管理制度的缺漏对微腐败发生的催化作用就较为明显，具体表现在以下几个方面：

其一，乡村地区干部选拔与任期制度不够严格规范，容易引发微腐败问题。一方面，在我国，村民委员会由村民直接选举产生，虽然这一规定确实保障了人民民主的实现，但也存在很多现实问题。例如，相关候选人会利用家族关系破坏选举的公正性，保证自己顺利上位，或通过金钱、暴力等不法手段威逼利诱其他村民选择自己。另一方面，《中华人民共和国村民委员会组织法》虽然规定委员会每届任期五年，到期必须进行换届选举，却并未明确禁止村委会干部连任，这使得不少地区的村委会成员出现终身任职的情况，极易造成村级岗位中出现“权力沉淀”，而“权力沉淀”的出现又使委员会成员能够轻易利用自身地位影响换届选举，有的村级治理主体甚至出现“家族传承”的现象。需要注意的是，一旦委员会成员能够随意掌控乡村选举结果，那么腐败发生的风险就会急剧上升。所以，农村基层干部选拔与任期制度的完善与否，会严重影响农村基层干部治理行为的廉洁性。

其二，乡村地区尤其是村干部中用以防止利益冲突的制度不够完善，极易产生家族式腐败。所谓防止利益冲突，就是指防止公职人员利用公权力为自己或特定关系人谋取不当利益。我国主要通过回避制度和个人重要事项报告制度来防止利益冲突①，但是就回避制度而言，乡村地区很难做到贯彻执行。例如，云南省委办公厅虽然在2021年出台了《云南省加强村干部管理激励若干规定（试行）》明确规定："实行村干部任职回避，存在配偶、父母、子女、兄弟姐妹、祖父母、外祖父母、孙子女、外孙子女关系的，不得同时在同一村'两委'班子任职。村民委员会成员及其近亲属、村财务人员、村文书、村集体经济组织负责人不得担任村务监督委员会成员。"但问题在于，第一，村务监督委员会由村民选举产生，是否实施了任职回避并无上级审查，而受到上级审查的村干部人选并未明确表示是否包括财务人员、村集体经济组织负责人等广义主体，存在极大的可操作性。第二，规定中仅要求村"两委"成员及其近亲属和相关职责人员不得担任村务监督委员会成员，但并未要求上述人员回避本村财务、审计等工作。第三，一些乡村地区存在家族、宗族势力残余，需要回避的社会关系远不止规定中罗列的关系，同宗、同族、姻亲关系都可能影响治理主体的廉洁性。

其三，乡村地区微腐败行为的惩治制度不够健全，难以遏制贪腐思想。乡村腐败行为情节一般都较为轻微，通常会涉及"四种形态"中的前两种，但是这两种形态的监督执纪又过于轻微，难以有效遏制贪腐思想；而后两种形态又过于严重，无法与微腐败的危害程度相匹配。所以，完善惩治制度，使前两种问责形态具有更强的惩治效果，是减少微腐败发生的重要因素。

（二）优化干部管理的可行方向

立足于法治政府视角优化干部管理制度、规范治理行为，可以从以下几方面入手：

首先，从乡村基层干部选拔与任期制度着手。一方面，要严厉处分破坏选举公正性的行为，严格规范选举程序畅通监督渠道，防止相关人员以非法方式混入干部队伍；要通过任前公示、试用期等方式将经由非法方式进入干部队伍的人员予以剔除。另一方面，要禁止干部连任或规定一定任期，在乡村基层中予以充分贯彻，防止发生终身任职的情况。同时，要合理扩张村干部选拔范围，防止出现无人接替、村干部只能连任的情况。

其次，从乡村地区防止利益冲突的制度着手。一方面，回避制度在乡村地区的实际效用极为有限，单纯依靠回避制度减少家族式腐败较为困难。因

① 卜万红．全面从严治党视域下乡村"微腐败"的成因及其治理［J］．学术研究，2021（3）：68-71．

此，除了要严格执行回避制度外，还要强化对村民及领导干部的思想教育。对于家族式腐败较为严重的地区，还应实行异地任职以减少相关主体为特定关系人牟取不法利益。另一方面，应当在村干部中同样执行重大事项报告制度，遏制贪腐思想，防止利益冲突。

最后，从惩治制度着手。在运用前两种问责形态时可以加入党内忏悔制度，通过村民大会或媒体公开的方式，强化违纪干部的“痛苦感”，既教育了涉事主体又能给予其他潜在人员足够的警示作用，能够提高党内处分对微腐败的惩治效果①。

四、扩大基层公开，减少微腐败概率

利用法治政府规范农村基层微腐败治理，需要注重扩大基层公开以减少微腐败概率。

（一）扩大基层公开的重要意义

基层公开既包括乡镇政府的信息公开，也包括村务公开。信息公开是确保政府行为能够始终处于有效社会监督之下的重要前提，也是建设法治政府的重要内容。它是指政府或相关组织在实施行政行为过程中，依据特定程序将有关政府信息向社会发布或依据特定人申请而向其公开的一种制度②。这一制度能够有效缓解政府与个人之间因为能力差异而产生的信息不对等问题，使民众能够充分了解政府权力的运作状态并进行实时监督，形成权力制衡机制，减少权力的随意运行，继而减少腐败发生③。在乡村治理过程中，除了要重视基层政府信息公开外，还要重视村务公开。村“两委”是治理农村的直接主体，村民对村务信息了解得翔实与否决定了村民监督的实际效力，所以村务公开对于治理农村基层微腐败问题来说同样至关重要。

相较于其他腐败行为而言，微腐败行为无论从内在程度还是从外在表现上来说都呈现出“小”的特征，这意味着它极其隐蔽，很难被发现，如果相关治理主体不适当公开必要信息，畅通社会监督渠道，那么将很难阻止微腐败问题的发生。就目前而言，因为政府信息与村务信息公开不当而催生微腐

---

① 徐铜柱，张恩．乡村微腐败的异质性表现及其法治化治理之维［J］．湖北民族大学学报（哲学社会科学版），2021（2）：108-117.

② 程凡．阳光是最好的防腐剂——从政府信息公开看腐败治理［J］．学理论，2012（19）：57-58.

③ 曹冬梅．廉政建设视野下的政府信息公开制度［J］．情报科学，2008（9）：1310-1313.

败的情况不容轻视。具体来说，基层公开有以下几点不足。

第一，在公开信息中，帮助村民监督的关键性信息较少，无法保证村民监督的有效施行，更无法及时发现微腐败问题或威慑相关主体减少实施腐败行为。在目前公开的信息中，大量信息为领导干部活动信息或抽象的文件，仅有少部分信息涉及民生或办事程序。其中，受村民关注的重大事项或财务、执法等易生腐败的重点领域信息公开较少，且仅有的民生信息也以结果性信息为主，较少会针对某一事项进行全程跟踪公开①。这使得社会监督逐步沦为形式主义，很难对微腐败治理产生实际效果。

第二，一些乡村地区由于经济落后，不重视对村务公开平台的建设，致使村务公开存在覆盖面不足、纸质保质期不长、公示期无法保障等诸多问题，严重影响村民监督效果的发挥。此外，信息更新不及时，缺乏村民或社会评价，也难以保证社会监督及时、有效。

第三，公开信息界定不明，导致一些治理主体恶意规避监督。以“三公”中的“公车”信息为例，公车指为执行公务而配备的车辆，而何谓“执行公务的车辆”，相关部门并未对此做出明确规定，部分地方将公务用车仅限于领导用车，部分地方则包括领导用车、执法用车、业务用车等所有官方属性用车，这就使具体信息的公开范围存在差异②。尤其是将公务用车仅限于领导用车的地方，为规避监督，会将超出限额的领导用车纳入执法、业务这两类用车以免于公开信息的界定限制，继而催生诸多公车私用型腐败。

（二）扩大基层公开的可行方向

立足于法治政府视角扩大基层公开，从而减少腐败发生概率，可以从以下几方面入手：

首先，强化对基层公开工作的监督审查。针对政府信息公开，我国目前除垂直领导的部门的办公厅（室）主管本系统的政府信息公开工作外，县级以上地方人民政府办公厅（室）是该行政区域的政府信息公开工作主管部门，负责推进、指导、协调、监督该行政区域的政府信息公开工作③。这是

① 杨亚佳. 政府信息公开存在的问题及其完善［J］. 人民论坛，2013（8）：26-27.

② 杨亚佳. 政府信息公开存在的问题及其完善［J］. 人民论坛，2013（8）：26-27.

③《中华人民共和国政府信息公开条例》第三条：“各级人民政府应当加强对政府信息公开工作的组织领导。国务院办公厅是全国政府信息公开工作的主管部门，负责推进、指导、协调、监督全国的政府信息公开工作。县级以上地方人民政府办公厅（室）是本行政区域的政府信息公开工作主管部门，负责推进、指导、协调、监督本行政区域的政府信息公开工作。实行垂直领导的部门的办公厅（室）主管本系统的政府信息公开工作。”

一种同级政府内部的监督行为，其效果会受到人情、利益等诸多因素影响，因此，建议将上级政府工作部门一并列为监督主体，以提高监督审查效果。针对村务信息公开，我国法律中并未规定基层政府可主动进行监督审查，只规定由村务监督委员会进行监督，村民在发现问题时可要求主管部门进行村务调查。监督委员会的监督作为一种内部同级监督，监督效果有限，而且村务信息公开无论在公开形式的选择还是在公开内容的确定上，都对监督主体的能力提出了一定的要求。因此，仅凭村务监督委员会的监督，很难保障村务信息得到规范公开。而经由村民申请调查存在时间上的滞后性，这就会为腐败行为的发生和踪迹的隐藏提供便利条件从而难以及时纠正、制止腐败行为。所以，可以考虑由基层政府有关部门对村务信息公开工作进行日常指导和监督检查，以完善村务信息公开，强化腐败治理效果。

其次，强化对部分易生腐败的重点领域信息的公开工作。对于部分重点领域的政府信息和村务信息，应当明确要求公开，并统一规范公开内容与公开形式。例如，针对之前提及的公车概念问题，就应该统一明确公车包括领导用车、业务用车和执法用车。主管部门在监督审查时，也应将重点领域的信息内容与公开形式作为重点审查对象。同时，对于未规范公开的责任主体，应该视其情节轻重予以相应处罚，保障信息公开的统一规范，以预防农村基层微腐败的发生。

中篇

农村基层微腐败治理的典型案例剖析

第五章

农村基层经济型腐败案例评析

第一节　典型案例一：非法出租村集体土地案

案情介绍

万载县株潭镇亭下村非法出租村集体土地案①——本以为是壮大集体经济、增进村民福利的善举，却因非法出租村集体土地而落入涉嫌犯罪的陷阱。

万载县隶属江西宜春市，位于江西省西北部，以盛产爆竹而著名，是有名的“花炮之乡”。万载县历史悠久，早在汉初即设立县级建制，号称建成县。南北朝时期首次使用万载县县名。万载县境内历史遗存丰富，是著名的革命老区，保留了中共湘鄂赣省委旧址等在内的土地革命时期的红色文化遗存。万载县人口约 60 万，面积 1700 多平方公里，气候温暖湿润，日照充分，适宜农耕，属于传统的农业县。但万载县境内多为低山丘陵，河流纵横，耕地相对较少，土地资源极为珍贵。

大埚组隶属万载县株潭镇亭下村，村民大多姓邱，属于同一祖先几百年来繁衍生息的后裔。

大埚组在株潭镇边上的株潭城西加油站旁拥有一处山地，2007 年政府颁发的林权证确立了大埚组对该处地块的土地使用权。因该地块靠近株潭镇往黄茅方向的公路，交通较为便捷，一个名叫周某庚的老板通过亭下行政村与大埚组协商，租用该地块开办了一家机砖厂烧制红砖。那些年农村村民建房，红砖需求很大，砖厂生意红火。几年下来，该地块上的红土基本挖得差不多了，砖厂关闭，但原本的小山包却由此成了一处平坦开阔的空地。砖厂老板周某庚想继续租用该地块，在这块平坦的地块上盖房，遭到大埚组全体

---

① 江西省高级人民法院“万载县株潭镇亭下村大埚村民小组、邱某山非法转让、倒卖土地使用权案再审刑事裁定书”【（2019）赣刑再 1 号】［EB/OL］.［2022-04-28］. https：//wenshu. court. gov. cn/website/wenshu/181107ANFZ0BXSK4/index. html? docId = 9526b38bfe80473ea879aca300eb034e.（书中所引案例中的人名均进行了处理）

村民的反对。村民反对的理由倒不是反对将该地块用于建房，而是觉得砖厂老板周某庚给大埚组支付的租金太低。双方的这一土地租赁纠纷持续了一两年，一直无法得到解决。

2012 年 7 月，大埚村民小组选出邱某山担任大埚村民小组组长后，邱某山就想彻底解决大埚组和砖厂老板周某庚的砖厂地块租赁纠纷。正在此时，邱某山的一个熟人高某忠找上门来，对邱某山说，两位经营花炮生意的老板熊某发、张某秋想租用砖厂地块建设花炮仓库，而且给的租金很高。邱某山一想，这是自己解决砖厂地块租赁纠纷的好机会。于是在高某忠的安排下，与熊某发、张某秋见面商谈。同时，邱某山又托人联系周某庚，劝说对方打消继续租赁砖厂地块的念头，同时自己也数次上门和周某庚商谈，软磨硬泡。可能是碍于情面，也可能是不胜其烦，或者觉得自己无望继续承租，最终，周某庚退出了砖厂地块的争夺。于是，邱某山一鼓作气，加快和熊某发、张某秋的商谈，同时向村民进行解释说服工作，最终谈妥以 138 万元的价格将土地租赁给熊某发、张某秋。这一价格，比周某庚当初的报价高了近一倍。更让村民满意的是，这 138 万元是合同签订后一次性支付。

2012 年 8 月 16 日，经大埚组村民会议讨论决定，大埚村民小组与熊某发、张某秋签订了名为《荒地租赁协议书》的土地租赁协议。包括邱某山在内的大埚组 127 名村民都在协议书上签字捺印。《荒地租赁协议书》约定，大埚组将砖厂地块以 138 万元的价格租赁给熊某发、张某秋，租期 60 年。《荒地租赁协议书》最后一行赫然写着："一租千秋，万代富贵。"

协议签订后不久，熊某发、张某秋很快如约支付了 138 万元。钱到账的当天，大埚组村民欢欣无比，毕竟对大埚组而言 138 万元并不是一个小数目。而且村民们觉得，砖厂地块那么小的一块荒地（后经有关部门实地测量，该地块土地面积为 1663. 99 平方米，约合 2. 5 亩），只是租赁出去，地还是大埚组的，一下子就可以拿到 138 万元，这是多好的事。村民们对邱某山赞誉有加，都夸他是大能人。邱某山内心也充满了十足的成就感，觉得自己作为大埚组的组长，作为邱氏后裔，为同祖同宗的村民谋取了利益，这是自己"新官上任三把火"烧起的第一把大火。后面自己还要动脑筋、想办法，为大埚组村民致富奔小康干更多实事，为村民赚更多钱。

138 万元巨款可谓从天而降，大埚组在高兴之余，很快面临着一个新的问题，那就是 138 万元的巨款到手后怎么处理。是拿去投资办企业，还是用于公共设施建设，或者干脆拿来全组村民平分，村民意见莫衷一是，并不统一。邱某山内心琢磨，投资办企业，既没有好的项目，大埚组也缺乏创办、管理企业的能人。而在国家新农村建设的政策支持下，组里这几年路也通了，路灯也装上了，并不存在急迫的公共设施建设需求。这百万级的巨款留在组里的账户上，也不是长久之计。万一大队（亭下村）干部们打这些钱的主意，就更麻烦了。于是，邱某山把自己的想法和大埚组村民说出来，并提议按照绝对公平原则，按照全组人口平分这笔巨款。全组男女老幼分，各有一份。

邱某山的意见获得绝大多数村民的赞同。于是，经大埚组村民大会表决，在巨款到账后的第三天，大埚组按照全组 127 名村民每人 10860 元的标准，将 138 万元土地款分得一干二净。未分尽的余款仅剩下 780 元。分钱的那天，大埚组简直比过年还要热闹，甚至有人特意去买了鞭炮、花炮燃放。

很快，大埚组村民分钱的消息就在附近四乡八镇不胫而走，成了人们茶余饭后的谈资。消息传到大埚村民小组所属的亭下村，村“两委”中就有人提出，农村集体土地使用权、所有权的变更，起码要履行一定的批准手续。大埚组作为亭下村的村民小组，现在甚至都没向亭下村报备，就这样把土地长期租赁出去，这种做法可能涉嫌违法。郑重起见，2012 年年底，经过村“两委”集体研究，亭下村决定向万载县株潭镇政府汇报这一事件。

株潭镇政府一时也拿不定主意。一种意见认为，大埚组没有出卖集体土地，只是长期租赁，且该《荒地租赁协议书》经过大埚组全体村民签字同意，不是一种违法行为。另一种意见认为，大埚组的《荒地租赁协议书》虽然名为租赁，但其实这种长达 60 年的租期本质上就是变相出让集体土地所有权，不但是违法行为，还涉嫌违反《中华人民共和国土地管理法》（以下简称《土地管理法》）和《中华人民共和国刑法》（以下简称《刑法》），构成犯罪。同时，经全体村民同意并不能阻却违法行为或者犯罪行为的成立。无奈之下，2013 年 5 月，株潭镇政府将事件进一步向县里做了汇报。

接到报告的万载县政府对这事的看法也不统一。一些人认为这是违法犯罪行为，或者至少是违法行为。一些人认为这是正常的农村土地使用权流转。经过多次研究，2014 年 2 月，县里决定将这一事件交给万载县公安局、县检察院进行研究处置，责成县公安局、县检察院进行研究。县公安局、县检察院经多次会商研究，认为大埚组这起出租农村集体土地的行为构成违法，涉嫌犯罪，决定由县公安局立案侦查。2014 年 7 月 14 日，株潭派出所的办案民警出现在大埚组，宣布对邱某山采取刑事拘留的强制措施。

2014年12月，万载县人民检察院对万载县株潭镇亭下村大埚村民小组、邱某山非法转让、倒卖土地使用权向万载县人民法院提起公诉。检察院的公诉意见认为，大埚村民小组、邱某山与熊某发、张某秋未经政府批准签订《荒地租赁协议书》，未履行《土地管理法》规定的批准程序，所谓60年长期租赁是以租赁的名义变相转让集体土地使用权，并变更了土地性质和用途，将林地变更为建设用地，违反《土地管理法》第十五条第二款、第六十三条和《刑法》第二百二十八条的规定，构成非法转让、倒卖土地使用权罪①。

2015年8月，万载县人民法院经审理认为，大埚村民小组与熊某发、张某秋签订的《荒地租赁协议书》并未规定该地块可以改变土地使用的性质用于非农建设，虽然公诉机关提供的熊某发、张某秋的证据证明了该地块是用于建仓库，但是这些证据不足以证明签租赁协议时熊某发、张某秋告知了大埚村民小组是用于建仓库及大埚村民小组也同意熊某发、张某秋用于建仓库。事后，熊某发、张某秋在租赁的土地上打了地桩用于建仓库，未获得有关土地行政管理部门的批准，是熊某发、张某秋的违法行为，并非大埚村民小组的行为，故公诉机关提供的证据不足以证明大埚村民小组当时的租赁行为系要改变该土地的使用性质，大埚村民小组的租赁土地行为不构成非法转让、倒卖土地使用权罪，作为村民小组的组长，邱某山同样也不构成非法转让、倒卖土地使用权罪。故公诉机关指控的罪名不成立，法院不予支持。判决大埚村民小组、邱某山无罪。

一审宣判后，检察机关按照二审程序提出抗诉。二审法院江西省宜春市中级人民法院认为：

（1）一审法院认为公诉机关未提交足够的证据证实签订租赁协议时，承租人熊某发与张某秋告知了大埚村民小组租赁土地是用于建仓库，大埚村民小组租赁行为系要改变该土地的使用性质，从而判决两原审被告无罪。但现有证据反映，熊某发和张某秋在租赁前，明确告知了邱某山租地用于建房，

① 2004年修正后的《土地管理法》第十五条第二款规定：“农民集体所有的土地由本集体经济组织以外的单位或者个人承包经营的，必须经村民会议三分之二以上成员或者三分之二以上村民代表的同意，并报乡（镇）人民政府批准。”第六十三条规定：“农民集体所有的土地的使用权不得出让、转让或者出租用于非农业建设；但是，符合土地利用总体规划并依法取得建设用地的企业，因破产、兼并等情形致使土地使用权依法发生转移的除外。”2019年《土地管理法》再次修正，修正的重点之一在于农村经营性土地直接入市流转，故上述第十五条第二款、第六十三条均已删除。

该无罪判决理由不成立。

（2）大埚村民小组在未经政府批准的前提下，擅自将本集体所有土地出租给本集体经济组织以外的个人，用于非农业建设，其行为违反了《土地管理法》第十五条第二款、第六十三条的规定，大埚村民小组的行为已构成行政违法。

（3）现有证据《荒地租赁协议书》、邱某山在公安机关的供述及证人高某忠的证言均能证实，大埚村民小组的本意系将土地租赁给他人经营 60 年，而非将土地使用权转让或是倒卖给他人，而《刑法》规定，转让、倒卖土地使用权才构成犯罪，并未规定违法出租土地的行为构成犯罪，故大埚村民小组不构成非法转让、倒卖土地使用权罪，作为时任该村民小组组长的邱某山也不构成本罪。由此，宜春市中级人民法院 2017 年以（2017）赣 09 刑终 187 号刑事裁定书裁定驳回抗诉，维持原判。

宜春市中级人民法院二审裁定驳回抗诉，维持原判后，江西省人民检察院依照审判监督程序向江西省高级人民法院提出抗诉。2019 年，江西省高级人民法院经审理认为：虽然大埚村民小组和邱某山经村民讨论决定将集体所有的农用地租赁给他人用于非农建设使用，违反了《土地管理法》的相关规定，但不构成非法转让、倒卖土地使用权罪。其理由如下：

首先，大埚村民小组不符合单位犯罪的主体要件。我国《刑法》第三十条规定了单位犯罪的主体及责任，即公司、企业、事业单位、机关、团体实施的危害社会的行为，法律规定为单位犯罪的，应当负刑事责任。大埚村民小组显然不属于该法条规定的能构成单位犯罪的主体。

其次，大埚村民小组出租土地的行为不符合非法转让、倒卖土地使用权罪的客观要件。按我国《刑法》第二百二十八条的规定，非法转让、倒卖土地使用权罪是以牟利为目的，违反土地管理法规，非法转让、倒卖土地使用权，情节严重的行为。

据此，构成本罪必须是非法转让、倒卖土地使用权的行为。而现有证据《荒地租赁协议书》证实大埚村民小组的本意系将其拥有所用权的土地租赁给他人经营 60 年，并非将土地使用权转让或是倒卖给他人。江西省高级人民法院以（2019）赣刑再 1 号刑事裁定书裁定：驳回抗诉，维持江西省宜春市中级人民法院（2017）赣 09 刑终 187 号刑事裁定。

案例评析

本案属于近年来农村基层频发的涉及农村集体土地的腐败案类型，在当下农村基层微腐败中具有一定的典型意义。从预防、矫治农村基层微腐败的视角，结合本案发生的背景、案情、司法判决结论，基于政纪、道德、法律等不同规范对本案继续评析，至少可以强调以下三点：

第一，本案是一种新类型的农村基层微腐败案例，一定程度上颠覆了我们对“微腐败”这一概念的认知。学理上对“微腐败”这一概念缺乏明晰的框定。究竟何为“微腐败”，一定程度上见仁见智。一般而言，所谓“微腐败”，往往表现为腐败本身的微小性。微腐败可以表现为腐败金额小；也可以表现为腐败的主体层级低，腐败主体是最基层、最普通的人员；还可以表现为腐败发生的模糊性、高频率，具有一定的普遍性和麻痹性，以至于司空见惯，不容易引起注意，甚至被视为一种正常现象。

对比学术界对微腐败这些基本含义的总结，可以看出本案中的腐败既有符合学术界总结的微腐败特征的一面。如腐败发生的层级很低，腐败主体是村民小组和村民小组组长。也有与学术界总结的微腐败特征不一样的一面，那就是本案涉及的金额高达138万元，从腐败金额看，似乎很难用微腐败来形容。我们认为，虽然本案中涉及的腐败金额不小，但本案仍然可以看成是一种农村基层微腐败案件。首先，本案发生在基层、腐败主体层级低、此类案件在当下的农村发生的频率较高、腐败具有一定的典型性等，完全符合基层微腐败的特征。亦即是说，本案满足了学术界对“微腐败”这一概念总结的主要特征。其次，本案中涉及的腐败数额虽然高达百万元之巨，但这一巨大数额是以集体土地使用权出租交易对价这种表面形式上貌似合法的方式呈现，这显然与职务犯罪中贪污百万元或者受贿百万元完全不同。后者的百万元属于赃款，明目张胆地违法，又数额巨大，显然不属于微腐败。而前者虽然是巨款，但体现出一种表面的合法性。由此，我们认为，本案属于一种特殊的、新类型的农村基层微腐败典型案件。基于此类案件，我们应该修正和完善“微腐败”这一概念本身。

第二，本案作为农村基层微腐败案件，具有一定的迷惑性。虽然总体上而言，微腐败案件因为金额小、发生层级低、发生频率高等别具特别之处，但本案作为农村基层微腐败案件具有特别之处，那就是本案具有极为独特的道德迷惑性，甚至让人对本案作出错误的道德判断，对本案中腐败的当事人难以作出负面评判。本案中涉及的腐败主体包括大埚村民小组和小组组长邱某山，检察机关正是以大埚村民小组和小组组长的邱某山为被告人提起公诉。但站在大埚村民小组村民的角度甚至站在一般社会大众角度看，被检察机关提起公诉的大埚村民小组和邱某山完全不应该被贴上坏人的标签。大埚村民小组只不过出租了一块村集体土地的使用权，还是为了村民的集体福利，且全部土地出租租金收入在全组男女老幼中平分，可谓公平合理。而作为大埚村民小组组长的邱某山，更是完全为了村民的利益张罗这事，自始至终忙活，不但没有从交易中拿好处、中饱私囊，更没有比其他村民多分一点土地租金款。既然如此，为什么给大埚村民小组和邱某山贴上坏人标签？

我们认为，这正是本案特别的地方，即本案的道德迷惑性。即便不考虑本案是否构成犯罪这样的具体法律适用争议，姑且以本案的最终判决结论（本案不构成犯罪）为根据对本案进行道德审视，也不能得出本案并无负面评价的结论。因为本案的最终生效裁判，虽然否定了大埚村民小组和邱某山构成犯罪，但却坐实了大埚村民小组和邱某山构成行政违法，这足以让我们对大埚村民小组和邱某山的行为作出否定性的道德评价，否则就是在此类农村基层微腐败案件道德判断上的是非不分。

第三，从本案法律适用的视角分析，应该认为本案中村组集体及村组集体负责人的行为构成了犯罪，而不是仅仅止于违法。本案中微腐败行为究竟是止于违法，还是涉及犯罪，属于具体的法律适用问题。虽然从农村基层微腐败治理视角看，本案中微腐败行为究竟是止于违法，还是涉及犯罪，都不应该影响对本案属于农村基层微腐败的判断结论，更不应该影响我们从此案中汲取教训，但还是有必要对本案这一具体的法律适用问题进行探讨厘清。

我们认为，本案的终审裁判值得商榷，基于案件发生的背景、案件事实及农村基层微腐败治理的需要，应该确认本案构成非法转让、倒卖土地使用权犯罪。具体理由如下：

首先，大埚组村民小组和邱某山的行为明显违反当时的《土地管理法》。当时生效适用的2004年修正的《土地管理法》第十五条第二款规定："农民集体所有的土地由本集体经济组织以外的单位或者个人承包经营的，必须经村民会议三分之二以上成员或者三分之二以上村民代表的同意，并报乡（镇）人民政府批准。"大埚村民小组和邱某山在将本村的林地出租给熊某发、张某秋这两位非本村村民时，虽然经大埚村民小组全体会议表决通过，但未报乡（镇）人民政府批准。同时，当时的《土地管理法》第六十三条规定：“农民集体所有的土地的使用权不得出让、转让或者出租用于非农业建设；但是，符合土地利用总体规划并依法取得建设用地的企业，因破产、兼并等情形致使土地使用权依法发生转移的除外。”依照当时的《土地管理法》，农村集体土地使用权的出让、转让、出租用于非农建设除了特定情形外，属于法律禁止的行为。而大埚村民小组及邱某山将大埚组林地出租给熊某发、张某秋用于建设仓库，改变了农地性质，使得原本的林地变成了建设用地。虽然2019年修正后的《土地管理法》规定了农村集体土地依照特定程序和条件可以作为建设用地上市交易，但本案显然应该适用当时的《土地管理法》①。本案审理过程中，虽然一审法院基于其对证据的认定否认大埚村民小组和邱某山违反当时的《土地管理法》，但二审和再审中都撤销了一审法院的这一对证据的不当认定，在裁判中确认了大埚村民小组和邱某山违反当时的《土地管理法》，构成行政违法行为。

其次，大埚村民小组和邱某山违反当时的《土地管理法》的行为，构成《刑法》第二百二十八条规定的非法转让、倒卖土地使用权罪。本案中二审法院和再审法院否定大埚村民小组和邱某山构成《刑法》第二百二十八条规定的非法转让、倒卖土地使用权罪的理由不尽相同。二审法院认为大埚村民小组和邱某山的本意系将土地租赁给他人经营60年，而非将土地使用权转让或是倒卖给他人，不属于《刑法》第二百二十八条规定的转让、倒卖土地使用权。《刑法》第二百二十八条并未规定违法出租土地的行为构成犯罪。再审法院否定大埚村民小组和邱某山构成非法转让、倒卖土地使用权罪，在二审法院主张不构成犯罪的基础上增加了一条理由，即大埚村民小组不符合单位犯罪的主体要件。我国《刑法》第三十条规定了单位犯罪的主体及责任，即公司、企业、事业单位、机关、团体实施的危害社会的行为，法律规定为单位犯罪的，应当负刑事责任。大埚村民小组显然不属于该法条规定的能构成单位犯罪的主体。

综合考量，二审法院、再审法院关于大埚村民小组和邱某山不构成非法

① 实际上，即便依照2019年修正后的《土地管理法》，大埚村民小组和邱某山的行为仍然不合法。2019年修正后的《土地管理法》第六十三条第一款规定：“土地利用总体规划、城乡规划确定为工业、商业等经营性用途，并经依法登记的集体经营性建设用地，土地所有权人可以通过出让、出租等方式交由单位或者个人使用，并应当签订书面合同，载明土地界址、面积、动工期限、使用期限、土地用途、规划条件和双方其他权利义务。”大埚村民小组和邱某山出租给熊某发、张某秋建设仓库的林地，显然是并未依照法定程序登记的集体经营性建设用地。

转让、倒卖土地使用权罪的判决是正确的，但理由还有进一步研讨的空间，可分别从法律解释、责任主体、社会效果逐一分析。

（1）大垧村民小组和邱某山出租农用地用于非农建设，属于《刑法》第二百二十八条并未规定的违反《土地管理法》第六十三条、非法转让土地使用权的行为。2005 年国土资源部关于印发《查处土地违法行为立案标准》的通知（国土资发〔2005〕176 号）规定了六类情况为非法转让土地，其中就包括“将农民集体所有的土地使用权非法出让、转让或者出租用于非农业建设的行为”。2014 年国土资源部印发的《国土资源违法行为查处工作规程》（国土资发〔2014〕117 号）附录 A《主要土地违法行为、法律依据与法律责任》中明确了“将农民集体所有的土地使用权非法出让、转让或者出租用于非农业建设的行为”属于违法转让。虽然从语义角度看“出租”与“转让”不是同一概念，但针对“土地使用权”这一概念而言，“出租土地使用权”与“转让土地使用权”均是对土地使用者的变更，具有实质一致性。因为“土地使用权”不是“土地所有权”，“转让土地使用权”也不涉及所有者主体变更问题。这也是国土资源部上述两份文件将非法出租农村集体土地使用权与非法出让、转让农村集体土地使用权并列列为违反《土地管理法》的违法行为的原因。从本案中大垧村民小组和邱某山非法出租本村林地使用权的客观行为看，租赁合同写着“租期 60 年”，合同最后写着“一租千秋，万代富贵”。法律规定林地使用权最长是 70 年，考虑到在此之前该林地已使用几年，60 年的租赁期限基本上接近了该林地地块使用权的最后期限。这种超长期限的土地使用权租赁协议更与土地使用权转让协议无异。

（2）大垧村民小组属于《刑法》第三十条规定的单位犯罪主体。一方面，相关法律、司法解释规定，村民小组是农村集体经济组织的类型之一，是被广泛承认的民事法律关系主体，故其应该属于《刑法》第三十条规定的“团体”，属于单位犯罪主体。将村民小组作为农村集体经济组织的类型之一，承认其民事法律关系主体身份的法律、司法解释很多。如《村民委员会组织法》第二十八条第三款规定：“属于村民小组的集体所有的土地、企业和其他财产的经营管理以及公益事项的办理，由村民小组会议依照有关法律的规定讨论决定，所作决定及实施情况应当及时向本村民小组的村民公布。”《民法典》第二百六十二条第二项规定：“分别属于村内两个以上农民集体所有的，由村内各该集体经济组织或者村民小组依法代表集体行使所有权。”《最高人民法院关于审理涉及农村土地承包纠纷案件适用法律问题的解释》

第二十四条规定：“农村集体经济组织或者村民委员会、村民小组，可以依照法律规定的民主议定程序，决定在本集体经济组织内部分配已经收到的土地补偿费……”另一方面，在司法实践中，通常都是将村民小组作为《刑法》第二百二十八条规定的非法转让、倒卖土地使用权罪的单位犯罪主体予以惩罚。查阅中国裁判文书网，可以找到大量此类案例。而否定村民小组作为《刑法》第二百二十八条规定的非法转让、倒卖土地使用权罪的单位犯罪主体的案例极少。

（3）从法律适用的社会效果看，如果将此类行为认定为触犯《刑法》第二百二十八条规定的非法转让、倒卖土地使用权罪，在当前土地保护日益严格的形势下，可能具有更好的社会效果。该案中法院裁判仅仅认定大埚村民小组和邱某山构成违反《土地管理法》的行政违法，长远来看不利于遏止此类涉及农村土地权属的农村基层微腐败。如果在今后的类似案例中，法院视具体情况依法作出有罪判决，将更有利于打击日益增加的涉及农村集体土地使用权的农村基层微腐败。

案例警示

近十多年来，涉及农村集体土地使用权的农村基层腐败案件一直呈现高发态势。2019 年《土地管理法》修正后，作为建设用地的农村集体土地使用权获得了和国有土地使用权几乎相同的地位，一样可以作为建设用地上市流转，农村集体土地使用权流转的宏观环境进一步放宽，涉及农村集体土地使用权的农村基层腐败案件越来越多。土地是价值庞大的不动产，而属于农村集体经济组织所有的农村集体土地的使用权，在当下的政策、法律环境下，更是基层农民赖以安身立命而又能通过一定法律程序变现的大额财产。基于以人民为中心的执政理念，对此类直接侵害基层农民利益的涉及农村集体土地使用权的农村基层腐败案件，应当加大打击力度。这一点固然是本案留给我们的警示之一，却不是本案给予我们的最大警示。我们认为，结合本案的特殊案情，本案给予我们的最大警示在于：作为农村基层组织的负责人，需要精准把握政策、法律界限，不能简单出于为群众做好事的良好心态而落入微腐败的陷阱①。

本案中，大埚村民小组组长邱某山就是落入了这样的微腐败陷阱。作为

① 微腐败往往介于罪与非罪之间，但一定是违反法律规范或道德规范的现象。

大埚村民小组组长同时又是大埚村邱氏宗族一员的邱某山，正是出于为大埚、为邱氏宗族子孙谋利益的想法，才将本案中空置林地的土地使用权出租给非本村的人作为非农用地。获得了 138 万元的租金后，很快以不分男女老幼人均一份的原则将 138 万元租金在全体大埚村民中平分。整个过程中，邱某山忙前忙后，努力促成了这起让全体大埚村民欢欣鼓舞、十分满意的交易，既没有捞一丝一毫的好处，也没有比别的村民多分一分钱。但是，他不知道的是，他的这种行为已经涉嫌违法，甚至涉嫌犯罪。不但他自己面临承担违法、犯罪的风险，他也将大埚组全体村民带入了这一陷阱，让大埚村民小组涉嫌构成单位犯罪。倘若邱某山对相关的政策、法律有一定的了解，就不会犯害人害己的无心之过。

规范指引

1.《中华人民共和国刑法》

第二百二十八条："以牟利为目的，违反土地管理法规，非法转让、倒卖土地使用权，情节严重的，处三年以下有期徒刑或者拘役，并处或者单处非法转让、倒卖土地使用权价额百分之五以上百分之二十以下罚金；情节特别严重的，处三年以上七年以下有期徒刑，并处非法转让、倒卖土地使用权价额百分之五以上百分之二十以下罚金。"

2.《中华人民共和国土地管理法》

第六十三条："土地利用总体规划、城乡规划确定为工业、商业等经营性用途，并经依法登记的集体经营性建设用地，土地所有权人可以通过出让、出租等方式交由单位或者个人使用，并应当签订书面合同，载明土地界址、面积、动工期限、使用期限、土地用途、规划条件和双方其他权利义务。

前款规定的集体经营性建设用地出让、出租等，应当经本集体经济组织成员的村民会议三分之二以上成员或者三分之二以上村民代表的同意。

通过出让等方式取得的集体经营性建设用地使用权可以转让、互换、出资、赠与或者抵押，但法律、行政法规另有规定或者土地所有权人、土地使用权人签订的书面合同另有约定的除外。集体经营性建设用地的出租，集体建设用地使用权的出让及其最高年限、转让、互换、出资、赠与、抵押等，参照同类用途的国有建设用地执行。具体办法由国务院制定。"

第二节　典型案例二：村支书贪腐案

案情介绍

商水县固墙镇王店村村支书刘某安贪污案①——骗取低保，虚报、套领种粮补贴，弄虚作假、冒领村干部工资，让五岁孙子和三岁孙女享受村干部“待遇”，中央纪委、国家监委网站中通报的“爱财的村支书”大肆贪污，最终落得锒铛入狱的下场。

周口市商水县位于河南省东南部，属冲积洪积平缓平原过渡区，地势平坦，土地肥沃，境内河流纵横，沙颍河、汾河、清水河等顺势流过全境，灌溉条件优越，是农业生产大县。

商水县固墙镇王店村，是固墙镇下辖的37个行政村之一。王店村附近有邓城叶氏庄园、顿国故城遗址、马村遗址、商水寿圣寺塔、阳城故城遗址等众多文物古迹，其中最知名的是叶氏庄园。叶氏庄园建于清康熙年间，占地20000平方米，是硬山式四合院组群建筑，门楼威武高大，院落富丽华贵。建筑整体布局严谨，气势恢宏。叶氏庄园是国家AAA级旅游景区、全国重点文物保护单位。

叶氏庄园有一个关于诚信、不取不义之财等美德的传说。进入叶氏庄园参观的游客，都会从导游的讲解中聆听到这个关于叶氏庄园由来的故事。据说，叶氏先祖叶绍颐明末战乱时从山西洪洞县出发，一路颠沛流离来到王店村附近的邓城镇（邓城镇因三国大将邓艾屯兵而得名），在邓城镇边上的沙河码头开小饭馆艰难谋生。当时沙河是商水县的主要水道，航运发达，行旅商贾多在邓城镇沙河码头中转、留宿。一天晚上，一位陕西珠宝商乘船夜抵邓城镇码头，在叶绍颐的小店安歇。第二天一大早，珠宝商仓促开船西去，将一装满珍稀玉器宝石、价值连城的包裹遗忘于店内。叶绍颐发现后，不为所动，追去码头想给珠宝商送还包裹，奈何珠宝商已经远去。于是叶绍颐将包裹原封不动包好，放置在房梁之上，以待珠宝商回头来取。等了一年，第二年差不多同样的时节，珠宝商又进入店中投宿。叶绍颐一眼认出珠宝商

① 河南省商水县人民法院“刘某安贪污一审刑事判决书”【（2019）豫1623刑初44号】[EB/OL]. [2022-04-29]. https：//wenshu. court. gov. cn/website/wenshu/181107ANFZ0BXSK4/index. html?docId=9526b38bfe80473ea879aca300eb034e.

后，迅即让伙计爬上房梁，将包裹取下，双手奉上，将珠宝商遗失的包裹还给对方。珠宝商甚是感动，对叶绍颐说："此包裹遗失何处，吾已忘却，未曾想遗落贵店。尔拾金不昧，今又完璧归赵，原物奉还，不差分毫，吾当重谢。"叶绍颐坚辞不受。珠宝商对叶绍颐更为敬佩，遂与叶绍颐结为异姓兄弟。从此双方过从甚密，亲密无间。后珠宝商生意越做越大，获利丰厚，屡赠巨款为叶绍颐置田建宅，并资助叶绍颐的生意经营。叶绍颐由此发达，遂成当地巨富，并最终建造了恢宏庞大的叶氏庄园。

然而，历史上强烈彰显诚实守信、不取不义之财等传统价值和美德的叶氏庄园边上的王店村今天却上演了背离传统美德的"爱财的村支书"的故事。

2019 年 5 月，中央纪委、国家监委网站通报了一起农村基层经济型腐败案件，涉案当事人是时任王店村的村支书、通报中被称为"爱财的村支书"的刘某安。刘某安的作案手法，就是严重丧失诚信，通过毫无底线地造假、虚报、冒领，不择手段、不计后果、毫无廉耻、赤裸裸地非法牟取经济利益，甚至利用村集体财务管理漏洞，以自己五岁孙子和三岁孙女的名义冒充村干部，虚列账目，套领村干部工资。在农村经济型腐败案件中，其作案手法之恶劣、敛财之疯狂，都堪称典型。

2010 年 11 月，53 岁的刘某安当上了固墙镇王店村的村党支部书记。但身为共产党员的刘某安，其实严重欠缺党性修养，早已忘却了入党誓词，抛弃了入党初心，内心想的无非是权钱交易的龌龊勾当。在宣布任命的当天，刘某安志得意满、神采奕奕。在刘某安看来，王店村的大权已经被他收入囊中。从此，在王店村，他刘某安就是说一不二的"老大"。

刘家是当地的大族。刘某安是王店村 4 组人，不只在这个组，在整个王店村甚至整个固墙镇，刘姓都是大姓。某种程度上来说，这也正是刘某安能成功当选的因素之一。

政治上已经严重退化到毫无政治品格和政治操守的刘某安，上任伊始就走上不择手段的敛财之路。

刘某安先是盯上了低保，他发现，自己作为村支书在决定低保户人选上有着几乎不受约束的权力。2010 年 12 月，当村支书没多久，刘某安便以其五弟刘某征、弟媳刘某梅、儿媳智某娟的名义违规办理了低保，而这些人其实都不符合办理低保的条件。王店村 6 组有一村民与刘某安儿子刘某同名，经济困难，符合办理低保的条件。刘某安却在该村民不知情的情况下，以其名义申请办理低保，并把低保金打到自己儿子刘某的账户上，侵吞了这笔低保金。

“我是村支书，这低保金还不是我说了算？我让谁拿谁就拿！”一次在酒桌上，酒足饭饱、酒酣耳热之际，志得意满的刘某安不无得意地对在场的众人说。

除了低保，刘某安很快又瞄准了耕地地力保护补贴，也就是俗称的种粮补贴。2011 年年初，固墙镇组织申领发放耕地地力保护补贴。刘某安提出他想在耕地地力保护补贴的申领和发放上做手脚，时任王店村文书的马某不但不阻拦制止，还积极配合。于是刘某安很顺利地以其妻子高某和其儿子刘某的名义虚报了 27 亩耕地，冒领政府发放的耕地地力保护补贴。

以欺骗手法骗取低保、耕地地力保护补贴后，刘某安不但不满足，反而胃口越来越大。通过观察，刘某安注意到王店村财务管理混乱，村干部工资发放有“漏洞”可钻。于是刘某安又先以其五弟刘某征、儿媳智某娟的名义数次虚报骗取村干部工资。得手后，看到无人发现，便更加胆大妄为，一犯再犯，甚至其年仅五岁孙子刘某博和三岁孙女刘某阁也摇身一变，以村干部名义领取工资，享受起了“村干部待遇”。

多行不义必自毙。刘某安毫无诚信、极其贪婪，无所不用其极，他骗取、冒领低保、种粮补贴、村干部工资的行为，引起王店村一些富有正义感的党员及群众的义愤，他们纷纷通过各种方式向当地政府机关举报。

2013 年至 2018 年，固墙镇纪委三次对刘某安立案调查，但每次调查都大事化小小事化了，最终无果而终，不了了之。这其中的原因很复杂，既有调查机关主观努力不足的问题，也有一些客观的因素。比如，每次调查前，刘某安从各种渠道得到消息或者听到风声后，便销毁证据，组织相关人员进行串供，采取一切手段对抗调查。刘家在整个王店村甚至在固墙镇都是大族，固墙镇、王店村很多党员干部、村民都是刘某安的同族，使得固墙镇的调查阻力重重，无法取得实质进展。

三次调查刘某安都侥幸过关，更加增强了其贪腐欲望和对自己可以轻易蒙混过关的自信，甚至在调查进程中刘某安也抓住一切时机进行敛财。

2018 年 2 月，数名王店村村民实名举报刘某安。得到举报线索的商水县纪委监委认识到问题的严重性后，开始对刘某安立案调查。办案人员克服重重困难，排除一切阻力，开展了认真细致的调查取证工作。整个办案期间，商水县纪委监委办案人员开展谈话 112 人次，询问证人 56 人，制作笔录 82

份，调取民政、财政部门材料及银行交易明细350页，逐步达到了物证、书证、证人证言互相印证，最终查清刘某安伙同他人涉嫌贪污170383元的职务犯罪事实。2018年11月19日，刘某安受到开除党籍处分，并被移送司法机关。

在中国裁判文书网上查询到的商水县人民法院【（2019）豫1623刑初44号】刑事判决书显示：刘某安因涉嫌职务侵占，于2018年10月23日被商水县公安局刑事拘留。因涉嫌贪污，经商水县人民检察院批准，于2018年11月20日被商水县公安局逮捕。商水县人民检察院指控刘某安犯贪污罪，以商检公诉刑诉〔2018〕570号起诉书于2019年1月4日向商水县人民法院提起公诉。商水县人民法院受理后，依法组成合议庭，于2019年1月23日公开开庭对本案进行了审理。案件审理中，商水县人民检察院指派检察员刘玮出庭支持公诉。

商水县人民检察院指控刘某安的犯罪事实包括：（1）2011年至2018年，在任固墙镇王店村党支部书记期间，利用职务之便安排本村文书马某（另案处理），违规以刘某2、刘某3、智某娟等人的名义办理低保，骗取低保金53012.2元。（2）2015年伙同本村文书马某预谋后，以其妻高某及马某的名义虚报耕地39亩，骗取耕地地力保护补贴款18055.83元。（3）2013年以其儿子刘某1的名义虚报耕地7亩，骗取耕地地力保护补贴款4833.15元。（4）2010年至2018年，将本村村民刘某2、智某娟、李某章等人虚报为干部，冒领干部工资款94482元。从检察机关指控的犯罪事实看，除了在一些细节上与商水县纪委监委调查报告有出入外，基本上采纳了商水县纪委监委调查报告中的指控。例如，也许是因为数额较小或者保护未成年人隐私等其他原因，商水县纪委监委调查报告中提及的刘某安以其五岁孙子和三岁孙女名义冒领村干部工资的事实，并未出现在商水县检察院的起诉书中。起诉书同时认定，案发后赃款已全部退回。

作为公诉机关的商水县检察院认为，被告人刘某安利用其担任村支部书记的便利，在协助人民政府从事公务管理的过程中，单独或者伙同他人采用虚报、冒领等手段，贪污公款170383.18元，其行为已构成贪污罪。本案系共同犯罪，被告人刘某安在共同犯罪中起主要作用，系主犯，已全部退赃，且认罪态度较好，建议判处三年以下有期徒刑。

被告人刘某安对公诉机关指控的犯罪事实无异议；同时表示愿意认罪服法，请求从轻处罚。

经审理，商水县人民法院确认了公诉机关指控的全部犯罪事实。商水县人民法院认为，被告人刘某安利用其担任村支部书记的便利，在协助人民政府从事公务管理的过程中，自己或伙同他人采用、虚报、冒领等手段，贪污公款170383.18元，其行为已构成贪污罪，公诉机关指控其所犯罪罪名成立。本案系共同犯罪，被告人刘某安在共同犯罪中起主要作用，系主犯。庭审中被告人刘某安认罪态度较好，且已退出全部赃款，可酌情对其从轻处罚。

最终，商水县人民法院依照《刑法》第三百八十二条，第三百八十三条第一款，第二十五条第一款，第二十六条第一、第四款，第五十二条，第五十三条，第六十一条，以及《最高人民法院、最高人民检察院关于办理贪污贿赂刑事案件适用法律若干问题的解释》第一条之规定，经合议庭评议、商水县人民法院审判委员会讨论决定，判决被告人刘某安犯贪污罪，判处有期徒刑一年六个月，并处罚金人民币十万元。

至此，这起发生在弘扬以诚信为本、不取不义之财的价值观的国家AAA级景区叶氏庄园边上的村落，现代村干部不讲诚信、毫无廉耻、大贪不义之财的农村基层腐败案件，终于画上了句号。留给我们的，应该是一些严肃的思考。

案例评析

虽然本案中的当事人是村委会党支部书记这类农村基层党员干部，从腐败行为主体看似乎符合“微腐败”的定义，但如果从本案高达17万余元的涉案金额来看，显然已经很难用微腐败来形容。本案作为典型的农村基层经济型腐败案件，在中央纪委国家监委网站上被通报，一方面是因为其在某些方面具有一般此类案件所不具备的另类“特色”，另一方面是其具备此类案件的所有特点并将这些特点体现得更为完整和典型。两方面相加，使得此案可以视为此类案件的代表性案例。分析本案，我们认为需要强调如下三点：

第一，本案作为农村基层经济型腐败案件，作案手法十分恶劣，政治影响极坏。本案中犯案者是行政村村支部书记，属于典型的“村官”。俗话说，“别拿村官不当干部”。虽然村党组织书记没有行政编制，不属于国家干部系列，但村党组织书记又是农村基层自治组织事实上的“一把手”，就基层自治组织的自治权而言，可谓大权在握。同时，农村基层自治组织又大量协助乡镇政府行使行政管理权，使得村书记很多时候事实上掌握和行使了政府的行政权。此时的村书记，看起来就完全是“一个干部”。因此，如果把村书记作为“干部”来看待，一方面其代表政府，展现的是政府在农村基层的形象；另一方面其又代表党在农村的基层组织，展现的是党在农村基层的形象。可以说，很多农村地区基层民众，正是从村书记的言行中获得对党和政府形象的认知。因此，村书记的一言一行，直接关乎党和政府在农村基层民众中的形象。而这位被中央纪委、国家监委网站通报中称呼为“爱财的村支书”的刘某安，几乎用尽一切恶劣手法，毫无底线、毫无节制、赤裸裸地敛财，违法办理、冒领低保，虚报、骗取种粮补贴，甚至以自己五岁孙子和三岁孙女的名义套领村干部工资。凡此种种，将共产党人的理想信念、入党初心抛却至九霄云外，极大地破坏了党和政府在农村基层民众中的形象。

第二，本案作为农村基层经济型腐败案件，暴露了一些地方基层党员干部道德水平低下。以道德水准去衡量，本案中村支书刘某安甚至完全低于一般农村基层普通民众。如前文所述，离本案的发生地固墙镇王店村不远，有一处国家 AAA 级景区叶氏庄园，而叶氏庄园恰恰是以彰显诚实信用、不受不义之财等道德价值为旅游主题的。但本案中刘某安作为固墙镇王店村村支书，在诚实守信和不取不义之财这两条道德准则上可以说已经完全堕落。刘某安毫无诚信可言，为了敛财，可以不择手段地弄虚作假。而在刘某安眼里，从保命的低保款，到促进粮食种植的耕地地力保护补贴款，再到村干部工作补贴，只要是钱，只要有空子可钻，他都毫无底线地去骗取、掠夺，对“不取不义之财”哪有一丝一毫的敬畏？

第三，本案作为农村基层经济型腐败案件，在法律适用上存在一定弹性。本案中，商水县人民检察院是以贪污罪对作为被告人的村支书刘某安提起公诉的，商水县人民法院也是以贪污罪对刘某安定罪量刑的。但在案件侦查阶段，商水县公安局曾经以刘某安涉嫌职务侵占而对其采取刑事拘留的强制措施。也即是说，本案在侦查阶段的罪名与审查起诉阶段和审判阶段的罪名不一致，检察机关在审查起诉阶段变更了罪名。这正是本案中存在的法律适用弹性的表现。事实上，对此类农村基层自治组织人员涉嫌的经济型腐败案件，到底是以《刑法》第三百八十二条规定的贪污罪起诉还是以《刑法》第二百七十一条规定的职务侵占罪起诉，在司法实践中往往难以精准把握，各地在具体判断上也各有侧重，从而导致对此类案件的法律适用出现一些差异。依照《刑法》第九十三条第二款，协助政府执行公务的村级自治组织人员以国家工作人员论。依照《刑法》第三百八十二条第二款，协助政府执行公务的村级自治组织人员利用职务便利谋取不当利益以贪污罪论处。学理上一般认为，如果村级自治组织人员只是利用自己担任村级自治组织人员的职务便利敛财，不涉及任何协助政府进行行政管理的公务，则应该依照《刑法》第二百七十一条定职务侵占罪。如果相反，村级自治组织成员敛财是基于协助政府进行行政管理的公务，而不是利用自己担任村级自治组织人员的职务便利，就应该依照《刑法》第三百八十二条定贪污罪。这里的关键点和难点，是如何理解和把握村级自治组织人员哪些行为属于协助政府从事行政管理且又利用自身职务便利的公务行为，哪些行为纯粹是利用职务便利的行为。

2000 年 4 月发布的《全国人民代表大会常务委员会关于〈中华人民共和国刑法〉第九十三条第二款的解释释义》中对这一问题进行了解释，将村民委员会等村基层组织人员协助人民政府从事行政管理工作列举为以下七类：（1）救灾、抢险、防汛、优抚、扶贫、移民、救济款物的管理；（2）社会捐助公益事业款物的管理；（3）国有土地的经营和管理；（4）土地征用补偿费用的管理；（5）代征、代缴税款；（6）有关计划生育、户籍、征兵工作；（7）协助人民政府从事的其他行政管理工作。虽然已有明确的解释，但是如何具体界定每一类的含义，仍然存在弹性空间。以本案为例，商水县人民检察院起诉书中指控刘某安的三项犯罪行为中，违法办理、冒领低保金与虚报、冒领耕地地力保护补贴，应该具有协助政府进行行政管理的公务色彩，此两类行为适用贪污罪指控似无疑义。但刘某安的第三项犯罪行为即虚构人员身份冒领村干部工资，很难说具备协助政府进行行政管理的公务色彩，而更像是利用担任村支书的职务便利的行为。因而对该项犯罪行为似应以职务侵占罪起诉。当然，本案中商水县人民检察院可能认为在刘某安 17 万余元的犯罪数额中，第三项冒领村干部工资的数额较小，基于吸收原则，统一以贪污罪起诉，而非严格区分三项犯罪行为以数罪并罚处罚，既简便、易于操作，也不与法律明显抵触。毕竟将刘某安虚构资料冒领村干部工资的行为识别为协助政府进行行政管理的公务行为，也未尝不可。因为村干部工资的发放，基本是基于政府规定的标准，也可以视为政府行政管理事项。

案例警示

农村经济型腐败，本质上不仅仅是当事者的经济问题，更是涉及当事者的政治素养与道德水准的问题。因此，预防和遏制农村经济型腐败，除了要从农村自治组织财务管理制度等方面入手外，还是需要从政治和道德层面去找原因、想办法。基于这一理念，我们认为，从这起典型的农村基层经济型腐败案件中，应该明确以下两点警示：

第一，应该提升农村基层党员干部的政治、道德素养，增强农村基层党员干部的廉洁性。中国共产党是无产阶级先锋队，而每一个共产党员是先锋队中的战士。《中国共产党章程》第二条第一款规定：“中国共产党党员是中国工人阶级的有共产主义觉悟的先锋战士。”农村基层党员干部虽身处农村，但其作为党员入党时的标准、要求与城市地区党员入党时的标准、要求完全一样，应该具有一般群众所不具备的理想信念、政治觉悟与道德情操。这是对农村基层党员干部政治素养、道德素养的基本要求。如果达不到这样的要求，则不符合加入中国共产党的条件。如果在入党后忘却初心，政治素养退化，道德情操流失，就应该通过不断的政治学习和政治教育，牢记入党时的誓词，强化作为党员的初心与理想信念，找回失落的道德情操。只有具备了良好的政治素养与道德素养，才能够正确看待物质财富，保持共产党员良好的廉洁性。农村基层党员干部的廉洁性，可以通过提升政治素养与道德素养继而以廉洁自律来保持和提升。2015 年 10 月，党中央专门发布了党员廉洁自律的党内法规《中国共产党廉洁自律准则》，提出四条具体要求：廉洁从政，自觉保持人民公仆本色；廉洁用权，自觉维护人民根本利益；廉洁修身，自觉提升思想道德境界；廉洁齐家，自觉带头树立良好家风。本案中，作为党员、村支书的刘某安，显然没有达到应有的政治素养要求，因而也难以做到廉洁自律，从而导致腐败案件的发生。

第二，应该完善农村基层自治组织包含财务管理制度在内的一切经济管理制度，筑牢制度篱笆，不给农村基层党员干部经济腐败留下任何制度漏洞。农村经济型腐败案件的发生，有农村经济管理制度不够完善的原因。尤其在当下，随着新农村建设和城乡一体化的推进，农村基层自治组织获得越来越多协助基层政府在农村地区进行经济管理、行政管理的机会与权限。同时，2019 年以来的农村集体所有土地使用权制度改革，也增强了农村基层自治组织的经济活力和财力，进一步突显了完善农村基层自治组织经济管理制度的重要性与紧迫性。只有建立起一套完善的包括财务管理制度在内的农村基层自治组织经济管理制度，才有可能消除农村基层自治组织中党员干部的寻租空间，堵上农村经济腐败的制度漏洞。本案中，刘某安正是利用了王店村有关低保办理、种粮补贴发放、村日常财务管理等方面的制度漏洞，得以疯狂敛财，最终因贪污罪遭受刑罚。

规范指引

1.《中华人民共和国刑法》

第九十三条：“本法所称国家工作人员，是指国家机关中从事公务的人员。

国有公司、企业、事业单位、人民团体中从事公务的人员和国家机关、国有公司、企业、事业单位委派到非国有公司、企业、事业单位、社会团体从事公务的人员，以及其他依照法律从事公务的人员，以国家工作人员论。”

第二百七十一条：“公司、企业或者其他单位的工作人员，利用职务上的便利，将本单位财物非法占为己有，数额较大的，处三年以下有期徒刑或者拘役，并处罚金；数额巨大的，处三年以上十年以下有期徒刑，并处罚金；数额特别巨大的，处十年以上有期徒刑或者无期徒刑，并处罚金。

国有公司、企业或者其他国有单位中从事公务的人员和国有公司、企业或者其他国有单位委派到非国有公司、企业以及其他单位从事公务的人员有前款行为的，依照本法第三百八十二条、第三百八十三条的规定定罪处罚。”

第三百八十二条：“国家工作人员利用职务上的便利，侵吞、窃取、骗取或者以其他手段非法占有公共财物的，是贪污罪。

受国家机关、国有公司、企业、事业单位、人民团体委托管理、经营国有财产的人员，利用职务上的便利，侵吞、窃取、骗取或者以其他手段非法占有国有财物的，以贪污论。

与前两款所列人员勾结，伙同贪污的，以共犯论处。”

第三百八十三条第一款：“对犯贪污罪的，根据情节轻重，分别依照下列规定处罚：

（一）贪污数额较大或者有其他较重情节的，处三年以下有期徒刑或者拘役，并处罚金。

（二）贪污数额巨大或者有其他严重情节的，处三年以上十年以下有期徒刑，并处罚金或者没收财产。

（三）贪污数额特别巨大或者有其他特别严重情节的，处十年以上有期徒刑或者无期徒刑，并处罚金或者没收财产；数额特别巨大，并使国家和人民利益遭受特别重大损失的，处无期徒刑或者死刑，并处没收财产。”

2.《最高人民法院、最高人民检察院关于办理贪污贿赂刑事案件适用法律若干问题的解释》（法释〔2016〕9号）

第一条第一款、第二款：“贪污或者受贿数额在三万元以上不满二十万元的，应当认定为刑法第三百八十三条第一款规定的‘数额较大’，依法判处三年以下有期徒刑或者拘役，并处罚金。

贪污数额在一万元以上不满三万元，具有下列情形之一的，应当认定为刑法第三百八十三条第一款规定的‘其他较重情节’，依法判处三年以下有期徒刑或者拘役，并处罚金：

（一）贪污救灾、抢险、防汛、优抚、扶贫、移民、救济、防疫、社会捐助等特定款物的；

（二）曾因贪污、受贿、挪用公款受过党纪、行政处分的；

（三）曾因故意犯罪受过刑事追究的；

（四）赃款赃物用于非法活动的；

（五）拒不交待赃款赃物去向或者拒不配合追缴工作，致使无法追缴的；

（六）造成恶劣影响或者其他严重后果的。

3.《全国人民代表大会常务委员会关于〈中华人民共和国刑法〉第九十三条第二款的解释释义》（2000年4月29日第九届全国人民代表大会常务委员会第十五次会议通过）

“村民委员会等村基层组织人员协助人民政府从事下列行政管理工作，属于刑法第九十三条第二款规定的‘其他依照法律从事公务的人员’：

（一）救灾、抢险、防汛、优抚、扶贫、移民、救济款物的管理；

（二）社会捐助公益事业款物的管理；

（三）国有土地的经营和管理；

（四）土地征用补偿费用的管理；

（五）代征、代缴税款；

（六）有关计划生育、户籍、征兵工作；

（七）协助人民政府从事的其他行政管理工作。

村民委员会等村基层组织人员从事前款规定的公务，利用职务上的便利，非法占有公共财物、挪用公款、索取他人财物或者非法收受他人财物，构成犯罪的，适用刑法第三百八十二条和三百八十三条贪污罪、第三百八十四条挪用公款罪、第三百八十五条和第三百八十六条受贿罪的规定。”

4.《中国共产党章程》（中国共产党第十九次全国代表大会部分修改，2017 年 10 月 24 日通过）

第二条第一款：“中国共产党党员是中国工人阶级的有共产主义觉悟的先锋战士。”

第四十条第二款：“坚持惩前毖后、治病救人，执纪必严、违纪必究，抓早抓小、防微杜渐，按照错误性质和情节轻重，给以批评教育直至纪律处分。运用监督执纪‘四种形态’，让“红红脸、出出汗”成为常态，党纪处分、组织调整成为管党治党的重要手段，严重违纪、严重触犯刑律的党员必须开除党籍。”

5.《中国共产党廉洁自律准则》（2015 年 10 月发布）

“党员领导干部廉洁自律规范：

第五条　廉洁从政，自觉保持人民公仆本色。

第六条　廉洁用权，自觉维护人民根本利益。

第七条　廉洁修身，自觉提升思想道德境界。

第八条　廉洁齐家，自觉带头树立良好家风。”

第三节　典型案例三：扶贫办主任贪污扶贫款、利用扶贫项目受贿腐败案

案情介绍

贺州市平桂区原扶贫办主任刘某业贪污、受贿案①——扶贫款与扶贫项目成了“唐僧肉”，从 2010 年至 2018 年的 8 年多时间里，单独或者伙同他人贪污扶贫款 110 多万元，利用扶贫项目受贿近 70 万元。

贺州市是广西壮族自治区下辖的地级市，2002 年撤地设市，属南岭山地丘陵范畴，全市面积 11753 平方公里，山多平地少②。贺州的地形地貌崎岖，

① 广西壮族自治区贺州市中级人民法院“黄某忠、蔡某贞、刘某业等贪污罪二审刑事判决书”【（2020）桂 11 刑终 40 号】[EB/OL]．[2022-04-28]．https：//wenshu. court. gov. cn/website/wenshu/181107ANFZ0BXSK4/index. html? docId＝11897ea6b03649d8bea0abd50036162e.

② 其中，构造侵蚀中、低山地面积约 7480 平方公里，占全市总面积的 63%；岩溶地貌和岩溶化地貌面积约 2160 平方公里，占总面积的 18%；侵蚀剥蚀丘陵地貌面积约 1600 平方公里，占总面积的 14%；侵蚀堆积河谷平原面积约 600 平方公里，占总面积的 5%。

不利于工农业生产、交通运输。经济区位优势不明显，地处祖国大西南湘、粤、桂三省区交界处，基层群众贫困率较高。“十三五”时期，贺州所辖的“两区三县”（八步区、平桂区和钟山县、富川瑶族自治县、昭平县）均为贫困县，是全国为数不多的贫困县全覆盖的设区市。当时，贺州市全市共有贫困村281个，贫困人口29.35万人，特别是贺州市平桂区，贫困情况尤为严重。平桂区“土瑶”聚居的6个行政村，2017年年底贫困发生率高达51.73%，是该市贫困程度最深的地区。放眼全国，广西是全国的扶贫主战场；放眼广西壮族自治区，贺州是广西扶贫的主战场；放眼贺州市，平桂区是贺州市扶贫的主战场，真真切切是“脱贫攻坚战的硬骨头”。

然而，就在这样的深度贫困地区，却发生了一起性质恶劣的扶贫办主任贪污扶贫款、利用扶贫项目受贿的农村基层经济型腐败案件。身为贺州市平桂区政府办公室副主任、贺州市平桂区扶贫办公室主任、党组书记的刘某业，在长达8年多的时间里，单独或者伙同他人贪腐国家扶贫款110余万元，利用扶贫项目受贿近70万元。2020年5月，刘某业被广西壮族自治区贺州市中级人民法院二审以贪污罪判处有期徒刑六年，并处罚金人民币40万元；以受贿罪判处有期徒刑二年八个月，并处罚金人民币20万元，数罪并罚，决定执行有期徒刑六年十个月，并处罚金人民币60万元。2020年12月24日，广西壮族自治区高级人民法院公布2016年以来广西壮族自治区涉扶贫领域腐败犯罪八大典型案件，“原平桂区扶贫办主任刘某业贪污、受贿案”赫然在列，排在第七。

关于刘某业犯案的具体细节、特定时段心路历程的变化等，公开报道缺少这方面的资料，笔者无从探知。但是，刘某业作为一个主抓作为政府善政和社会良知象征的扶贫工作的扶贫办主任，却能将扶贫款和扶贫项目视为“唐僧肉”，狠下心对扶贫款和扶贫项目下手，其内心一定经历了天翻地覆般的心路历程。一般而言，如此“强大”的内心，绝对不是一朝一夕能够锻造出来的。

根据媒体对刘某业案片言只语式的新闻报道及广西壮族自治区纪委监委对案件的通报，以公布在中国裁判文书网的广西壮族自治区贺州市中级人民法院（2020）桂11刑终40号刑事判决书为基础，笔者大体能够还原这起农村基层经济型腐败案件的概貌，梳理出案件的来龙去脉。

1966年6月8日出生的刘某业是土生土长的贺州市人，汉族，大专文化。刘某业大学毕业后就进入贺州市的政府机关工作，经历多个岗位后，

2010年开始，刘某业担任贺州市平桂管理区（平桂管理区是平桂区的前身，2016年6月8日平桂管理区改设为平桂区）扶贫开发办公室党组书记、主任。他还有另一个身份，是区政府办公室副主任。但他基本不需要分担政府办的具体工作，这是为了方便他在主抓扶贫工作时与当地各部门的沟通协调，让其全部时间、精力都投入平桂区的扶贫之中。

2018年10月刘某业涉扶贫贪污、受贿案案发，10月12日被刘某业贺州市监察委员会留置。2019年1月21日广西纪检监察网刊登一则简短的新闻报道——《贺州市平桂区扶贫办原主任刘某业被“双开”》。全文仅仅469个字，没有透露详细的案情与刘某业犯案的细节。但其中提到的刘某业“严重违反国家法律法规，利用职务上的便利，侵吞、骗取国家扶贫资金，数额巨大，涉嫌贪污犯罪；利用职务上的便利，为他人谋取利益，非法收受他人贿赂，数额巨大，涉嫌受贿犯罪”等表述，让读者感到刘某业案情节恶劣、案情重大。

也正是因为刘某业案案情重大、性质恶劣，被广西壮族自治区纪委监委作为典型案例公开通报。2019年7月5日，广西纪检监察网刊登通报《自治区纪委通报四起扶贫领域腐败和作风问题典型案例》。其中，对刘某业涉扶贫贪污、受贿案表述如下：2010年至2018年，刘某业任贺州市平桂区（管理区）扶贫开发办公室主任期间，在平桂区扶贫办建设茶叶苗繁育基地和茶叶苗采购项目中，伙同他人骗取、侵吞扶贫资金120.61万元。此外，刘某业利用职务上的便利为他人谋取利益，非法收受工程老板、苗木供应商等人的贿赂90.44万元。2019年1月，刘某业受到开除党籍、开除公职处分，涉嫌犯罪问题被移送司法机关依法处理。

而贺州市中级人民法院【（2020）桂11刑终40号】刑事判决书显示，刘某业因本案于2018年10月12日被贺州市监察委员会留置，于2019年1月8日被贺州市公安局以涉嫌犯贪污罪、受贿罪刑事拘留，同月22日被逮捕。由此可以推断，刘某业被留置调查的时间持续了两个多月。一般而言，留置两个月以上算是比较长的期限。耗时两个月以上才查清楚问题，除了一些极端情况如被留置调查对象配合度低、消极对抗，或者态度恶劣、抗拒调查、拒不交代之外，只能说明案情重大、复杂。

这在贺州市平桂区人民法院、贺州市中级人民法院关于刘某业案的一审、二审判决书中得到了印证。一审、二审的裁判文书中对刘某业案的事实认定完全一致。贺州市中级人民法院【（2020）桂11刑终40号】刑事判决书罗列了刘某业贪污扶贫款、从扶贫项目中受贿的大量犯罪事实。从中可以看出，刘某业涉扶贫腐败的犯罪事实时间跨度大，犯罪行为的种类繁多，同一种类的犯罪行为发生频率高。例如，刘某业利用扶贫项目受贿，时间跨度长达数年，接受贿赂的对象达十多人，很多人数年内多次向刘某业行贿。

贺州市平桂区人民法院和贺州市中级人民法院裁判文书中一致确认的刘某业涉扶贫腐败案的主要犯罪事实包括：

第一，贪污扶贫款。

（1）利用职务便利，通过苗木基地项目骗取国家扶贫款 27.79308 万元。2010 年，贺州市平桂管理区扶贫开发办公室以该办名义，建设平桂区鹅塘镇盘谷村扶贫产业优质苗木基地。该基地建成后，实际上由刘某业胞弟刘某、表弟何某及平桂区扶贫办工作人员蔡某贞等人经营并受益。2012 年，刘某、何某陆续退出盘谷苗木基地的经营，刘某业与蔡某贞等商定合伙接手该基地的经营和管理。2013 年 1 月，经刘某业授意，平桂区扶贫办向平桂区管理委员会申请拨付 40 万元用于扩建盘谷苗木基地，实际批准拨付资金 30 万元。2013 年下半年，刘某业等四人经商量，决定将盘谷苗木基地搬迁到平桂区羊头镇金竹村，以平桂区扶贫办金竹村茶叶苗木繁育基地的名义进行建设，并隐瞒其四人实际经营和管理金竹茶叶苗基地的事实。2013 年下半年，刘某业利用职务上的便利，将扩建盘谷苗木基地的 30 万元资金用于金竹茶叶苗基地建设。其中将 3.79308 万元用于基地租地开支，将 6.5 万元用于基地的修路和打井，将 17.5 万元用于基地的排水工程、土地平整、厂棚建设等，剩余的 2.20692 万元于 2016 年上缴平桂区财政局。项目完工后，刘某业交代平桂区扶贫办项目股工作人员谢某江进行报账，得款 27.79308 万元，全部私吞。至此，国家下拨的 30 万元扶贫款中，除了上缴财政的 2.20692 万元，剩下的 27.79308 万元被刘某业以重复报账的方式中饱私囊。

（2）伙同平桂区扶贫办工作人员谢某江、蔡某贞等人以低价购买茶叶苗后高价转卖给本单位的非法手段，通过虚增价格的方式侵吞国家扶贫资金共 83.2334 万元。2015 年年初，刘某业提议与谢某江、蔡某贞等人合伙，从昭平县的茶叶苗供应商廖某等人处低价购买茶叶苗后，再高价转卖给平桂区扶贫办，从中赚取差价。刘某业负责确定茶叶苗的政府采购价格及拨款等关键环节，蔡某贞负责联系购苗、结算等，谢某江负责联系各乡镇村委、发放茶叶苗及补办招投标手续。之后，刘某业等人陆续以 0.15 元至 0.2 元每株的价格从廖某等人处采购 315.8 万株茶叶苗（购苗成本共计 59.296 万元），供给平桂区扶贫办发放到平桂区各乡镇。与此同时，刘某业与茶叶苗供应商黄某忠等人商量，由刘某业确定每个标段的单价及数量后，通过串通招投标的方式由黄某忠挂靠的福安市绿云茶叶专业合作社、昭平县全盛农业科技发展有限责任公司中标平桂区扶贫办组织实施的茶叶苗采购项目，并将刘某业等人转卖给平桂区扶贫办的315.8万株茶叶苗，以0.293元每株的价格，安排在黄某忠挂靠的福安市绿云茶叶专业合作社、昭平县全盛农业科技发展有限责任公司中标的茶叶苗采购项目中结算。结算后，黄某忠通过银行转账等方式将刘某业等人转卖给平桂区扶贫办的315.8万株茶叶苗款92.5294万元支付给蔡某贞，刘某业、蔡某贞等人从中获利33.2334万元，并将该笔获利款项瓜分。

第一次尝到甜头后，2016年年初，刘某业等人再次如法炮制，合伙从福建省茶叶苗供应商刘某处低价购买茶叶苗高价转卖给平桂区扶贫办，从中赚取差价。刘某业等人陆续以0.15元至0.17元每株的价格从刘某处采购522.4万株茶叶苗，供给平桂区扶贫办发放到平桂区各乡镇。同样采用与黄某忠通过串通招投标的方式，让黄某忠挂靠的福安市绿云茶叶专业合作社中标，并将刘某业等人转卖给平桂区扶贫办的522.4万株茶叶苗以0.285元每株的价格安排在福安市绿云茶叶专业合作社中结算，黄某忠将刘某业等人获利的50万元通过银行转账的方式转给蔡某贞控制的银行账户，尚余8.049万元未与刘某业、蔡某贞等人结算。两项合计，刘某业单独贪污扶贫款27.79308万元，伙同他人贪污扶贫款83.2334万元。

第二，利用扶贫项目受贿。

2012年至2018年，刘某业利用担任平桂区扶贫办主任的职务便利，收受平桂区扶贫工程的项目承建商谢某等10人财物共24次，共计69.99万元，并为以上人员在扶贫项目的承揽、合同签订、工程款拨付等业务上谋取利益。具体如下：2011年至2012年，刘某业利用职务上的便利，为工程老板谢某承揽平桂区扶贫办组织实施的工程项目提供帮助，非法收受谢某财物2次，共计6万元；2011年至2013年，刘某业利用职务上的便利，为工程老板刘某承揽平桂区扶贫办组织实施的工程项目提供帮助，非法收受刘某财物3次，共计13万元；2012年至2018年，刘某业利用职务上的便利，为工程老板何某和白某承揽平桂区扶贫办组织实施的工程项目提供帮助，非法收受何某、白某财物5次，共计12万元；2013年年初，刘某业利用职务上的便利，为工程老板黎某承揽平桂区扶贫办组织实施的工程项目提供帮助，非法收受黎某财物1万元；2013年至2016年，刘某业利用职务上的便利，为工程老板万某承揽平桂区扶贫办组织实施的工程项目提供帮助，非法收受万某财物3次，共计7.99万元；2017年4月，刘某业利用职务上的便利，为工程老板唐某承揽平桂区扶贫办组织实施的工程项目提供帮助，非法收受唐某的银行储蓄卡一张，银行卡内存有10万元；2011年至2015年，刘某业利用职务上的便利，为工程老板蔡某等承揽平桂区扶贫办组织实施的工程项目提供帮助，非法收受蔡某等财物9次，共计20万元。综上，刘某业单独贪污国家扶贫款27.79308万元，伙同他人贪污国家扶贫款83.2334万元，收受他人贿赂69.99万元。

基于以上犯罪事实，一审法院贺州市平桂区人民法院以刘某业犯贪污罪，判处有期徒刑六年，并处罚金人民币40万元；犯受贿罪，判处有期徒刑三年，并处罚金人民币20万元。决定执行有期徒刑七年，并处罚金人民币60万元。刘某业上诉后，二审法院贺州市中级人民法院综合考虑刘某业退赃等因素，将刘某业受贿罪的刑期改判为二年八个月，处罚罚金不变。决定执行有期徒刑六年十个月，并处罚金人民币60万元。

案例评析

本案分别被广西壮族自治区纪委监委和广西壮族自治区高级人民法院作为涉扶贫领域的违法违纪典型案件及职务犯罪典型案件通报，至少有以下两点值得深思。

第一，本案突破了社会最基本的道德底线，严峻考验了人们对农村经济型腐败案件的心理承受能力。农村扶贫在我国持续进行了四十多年，到目前为止，取得了巨大的成就。中国政府全力主导、中国社会全方位参与的扶贫运动，不但造福了千千万万的中国贫困人口，更为世界减贫事业做出了巨大的贡献。中国扶贫领域空前绝后的成果，在国际上享有崇高的声誉。扶贫是政府善政的最鲜明体现，更是直接承载了全社会的道德良知。作为贫困百姓救命钱的扶贫款与扶贫项目资金，不是政府从紧张的财政资金中节省出来的，就是社会捐赠的。将扶贫款、扶贫项目资金视为“唐僧肉”，以扶贫资金为侵害对象的农村基层经济型腐败案件，相对其他类型的农村基层经济型腐败案件性质更为恶劣。本案就是这样一起性质恶劣、情节严重的深度贫困地区扶贫办主任贪污扶贫款、利用扶贫项目受贿的农村基层经济型腐败案件。案件本身所包含的一些关键点，如案件发生在深度贫困地区、犯罪主体是扶贫办主任、大肆贪污扶贫款及利用扶贫款受贿高达一百余万元等，已经足够冲击公众的心理防线。

如果再细致分析本案的具体案情，会发现更多的恶劣情节，进一步冲击公众的心理和社会的道德底线。例如，本案中，作为平桂区扶贫办主任、党组书记的刘某业，从 2010 年到 2018 年长达 8 年的时间里，屡屡犯案。光是利用扶贫项目收受贿赂就达 24 次，接受贿赂的行贿对象达十多人。再例如，本案中刘某业作为扶贫办主任、党组书记，不但自己贪污扶贫款，更是组织、指使其下属全方位参与犯罪，在长达数年的时间里，整个扶贫办里领导和下属一起犯罪，一起分赃。作为政府机构的扶贫办，俨然堕落为犯罪集团。凡此种种，不需要上升到共产党员理想信念、入党初心等政治高度，仅仅从社会最基本的道德良知去判断，就已经让人深深感觉到内心道德良知底线被冒犯，十分愤慨、义愤填膺。可以说，本案突破了社会最基本的道德底线，严峻考验了人们对农村经济型腐败案件的心理承受能力。

第二，本案具有很强的伪装性和高度的隐蔽性。与一般的农村基层经济型腐败案件相比，本案似乎有一些“技术含量”，从而使得整个案件展现出较强的伪装性和较高的隐蔽性，可称之为“隐腐败”，继而给案件的发现增添了难度。本案中，刘某业贪污扶贫款的犯罪行为，并非赤裸裸地将扶贫款放入自己的腰包，而是经过精心设计安排，将整个贪污行为以一种表面上看似合法的形式包装起来。某种程度上来说，这也正是刘某业作案长达八年才最终被发现的原因之一。以刘某业单独贪污国家扶贫款 27. 79308 万元为例。刘某业通过私下控制苗木基地并隐瞒这一真相后，将苗木基地作为扶贫项目，以扶贫项目名义申请 40 万元扶贫款（实际获得 30 万元），再将获得的 30 万元扶贫款通过该苗木基地扶贫项目进行支出后合法报账，为制造支出扶贫资金合理合法的假象，故意将剩余的 2. 20692 万元及时上缴平桂区财政局，最终神不知鬼不觉地将报账所得的 27. 79308 万元中饱私囊，完成整个贪污扶贫款的最后一步。而刘某业伙同其下属分两次贪污国家扶贫款 83. 2334 万元的犯罪行为，就更加隐蔽，甚至可以称得上“滴水不漏、天衣无缝”。在刘某业的组织安排下，数人分工合作，通过私下采购、转卖、串通招投标让相关方中标，再让相关方协助以合法方式收取转卖的差价，从而完成贪污国家扶贫款的整个犯罪链条中的最后一环。

案例警示

结合本案案情的特点，笔者认为本案至少在两个方面给人们以深刻警示。

第一，一定要加大对农村基层涉扶贫经济型腐败案件的打击力度。如前所述，本案突破了社会最基本的道德底线，严峻考验了人们对农村经济型腐败案件的心理承受能力。无论从本案的基本情节看还是仔细分析本案的细节，都会让人强烈感觉到本案的性质之恶劣。为了保护贫困百姓的合法权益，为了维护中国扶贫事业的良好声誉，更为了拯救全社会基本的道德良知，毫无疑问应该以前所未有的力度，加大对此类案件的违法违纪查处和司法打击力度。事实上，全国各地一直在不断进行这类努力，加大对侵害扶贫资金的违法违纪案件的查处力度，对侵害扶贫资金的职务犯罪案件强力打击，严惩不贷，并取得了很大的成绩。以广西壮族自治区为例，2020 年 12 月 24 日，在公布 2016 年以来广西壮族自治区涉扶贫领域腐败犯罪八大典型案件的新闻通报会上，自治区高级人民法院审判委员会专职委员周腾透露，从广西法院案件审理的情况看，扶贫领域腐败案件呈现出案件占比不断降低的趋势。2019 年广西法院一审新收扶贫领域腐败犯罪案件占受理职务犯罪案件的比例已经降至 10. 8%，数量从 2016 年的 133 件减少至 2019 年的 26 件。而本案中刘某业得以被及时发现和查处，也正是这种努力的结果。

第二，要完善包含涉及扶贫资金使用制度在内的扶贫领域监督制度，及时发现农村基层涉扶贫经济型腐败案件。完善制度是堵住制度漏洞的不二途径，只有堵住制度漏洞，才有可能不给刘某业之流留下任何空子。本案较强的伪装性与较高的隐蔽性，很大程度上源自刘某业等人的精心设计、刻意伪装，这与扶贫领域的监督制度不完善不无关系。一定程度上，刘某业等人正是利用了这些制度漏洞，才得以将性质恶劣的贪污扶贫款犯罪行为冒充为正常的扶贫活动。因此，应该尽快完善相关制度，堵住制度漏洞，尽可能最大限度地预防和遏制农村基层涉扶贫经济型腐败案件的发生。

规范指引

1.《中华人民共和国刑法》

第三百八十二条第一款：“国家工作人员利用职务上的便利，侵吞、窃取、骗取或者以其他手段非法占有公共财物的，是贪污罪。”

第三百八十三条：“对犯贪污罪的，根据情节轻重，分别依照下列规定处罚：

（一）贪污数额较大或者有其他较重情节的，处三年以下有期徒刑或者拘役，并处罚金。

（二）贪污数额巨大或者有其他严重情节的，处三年以上十年以下有期徒刑，并处罚金或者没收财产。

（三）贪污数额特别巨大或者有其他特别严重情节的，处十年以上有期徒刑或者无期徒刑，并处罚金或者没收财产；数额特别巨大，并使国家和人民利益遭受特别重大损失的，处无期徒刑或者死刑，并处没收财产。

对多次贪污未经处理的，按照累计贪污数额处罚。

犯第一款罪，在提起公诉前如实供述自己罪行、真诚悔罪、积极退赃，避免、减少损害结果的发生，有第一项规定情形的，可以从轻、减轻或者免除处罚；有第二项、第三项规定情形的，可以从轻处罚。

犯第一款罪，有第三项规定情形被判处死刑缓期执行的，人民法院根据犯罪情节等情况可以同时决定在其死刑缓期执行二年期满依法减为无期徒刑后，终身监禁，不得减刑、假释。”

第三百八十五条：“国家工作人员利用职务上的便利，索取他人财物的，或者非法收受他人财物，为他人谋取利益的，是受贿罪。

国家工作人员在经济往来中，违反国家规定，收受各种名义的回扣、手续费，归个人所有的，以受贿论处。”

第三百八十六条：“对犯受贿罪的，根据受贿所得数额及情节，依照本法第三百八十三条的规定处罚。索贿的从重处罚。”

2.《中国共产党纪律处分条例》（2018 年修订发布）

第二十七条：“党组织在纪律审查中发现党员有贪污贿赂、滥用职权、玩忽职守、权力寻租、利益输送、徇私舞弊、浪费国家资财等违反法律涉嫌犯罪行为的，应当给予撤销党内职务、留党察看或者开除党籍处分。”

3.《中国共产党党内监督条例》（2016 年 10 月发布）

第五条：“党内监督的任务是确保党章党规党纪在全党有效执行，维护党的团结统一，重点解决党的领导弱化、党的建设缺失、全面从严治党不力，党的观念淡漠、组织涣散、纪律松弛，管党治党宽松软问题，保证党的组织充分履行职能、发挥核心作用，保证全体党员发挥先锋模范作用，保证党的领导干部忠诚干净担当。

党内监督的主要内容是：

……

（四）落实全面从严治党责任，严明党的纪律特别是政治纪律和政治规矩，推进党风廉政建设和反腐败工作情况；……”

第十五届中国廉政研究论坛献礼之作

廉政文化建设探索与实践丛书

主　编

颜晓红

廉政文化建设探索与实践丛书

江雪松　刘同君　著

镜鉴基层

下册

新时代农村
微腐败治理的
理论视域与实践探索

江苏大学出版社
JIANGSU UNIVERSITY PRESS
镇江

图书在版编目(CIP)数据

镜鉴基层：新时代农村微腐败治理的理论视域与实践探索：全二册 / 江雪松，刘同君著. -- 镇江：江苏大学出版社，2022.8
(廉政文化建设探索与实践丛书 / 颜晓红主编)
ISBN 978-7-5684-1853-9

Ⅰ. ①镜… Ⅱ. ①江… ②刘… Ⅲ. ①农村－廉政建设－研究－中国 Ⅳ. ①D638

中国版本图书馆 CIP 数据核字(2022)第 155272 号

镜鉴基层:新时代农村微腐败治理的理论视域与实践探索
Jingjian Jiceng:Xinshidai Nongcun Weifubai Zhili de Lilun Shiyu yu Shijian Tansuo

著　　者/江雪松　刘同君
责任编辑/柳　艳
出版发行/江苏大学出版社
地　　址/江苏省镇江市京口区学府路 301 号(邮编：212013)
电　　话/0511-84446464(传真)
网　　址/http://press.ujs.edu.cn
排　　版/镇江市江东印刷有限责任公司
印　　刷/江苏凤凰数码印务有限公司
开　　本/718 mm×1 000 mm　1/16
总 印 张/27.75
总 字 数/520 千字
版　　次/2022 年 8 月第 1 版
印　　次/2022 年 8 月第 1 次印刷
书　　号/ISBN 978-7-5684-1853-9
定　　价/85.00 元(全二册)

如有印装质量问题请与本社营销部联系(电话:0511-84440882)

目 录

中篇 农村基层微腐败治理的典型案例剖析

下篇 农村基层微腐败治理的机制构建

第六章

农村基层失职渎职型腐败案例评析

第一节　典型案例一：村干部滥用职权、贪污案

案情介绍

河池市巴马县所略乡弄阳村村干部陈某忠、张某平、龙某元、吴某教等滥用职权、贪污案①——村干部胆大妄为，集体合谋，给死人发放低保金，在长达 6 年多的时间里骗取、滥发、截留、挪用及贪污全村 54 户低保户的低保金 88 万余元。

广西河池市巴马瑶族自治县是著名的长寿之乡，同时也是经济不发达的贫困地区。长期以来，巴马县经济发展水平落后，属于国家级贫困县。2019 年广西壮族自治区公布的 100 个极度贫困村名单中，有 18 个在巴马瑶族自治县。在打赢脱贫攻坚战的 2021 年之前，巴马县有 33 个国家级深度贫困村。所略乡地处巴马县西南部，全乡总面积 219.94 平方千米，辖 18 个村委会，总人口约 2.5 万人，由壮族、汉族、瑶族三个民族构成，其中壮族人口占 53.12%，瑶族人口占 20.48%，其余的为汉族。从民族构成看，所略乡属于少数民族乡。全乡境内东北面为石山地区，海拔 800 米至 1000 米，西南面为丘陵山地，土壤、水利条件相对较好，是所略乡内主要产粮区和油茶的生产地。但所略乡人多地少的矛盾突出，全乡耕地面积 12571.56 亩，人均耕地仅 0.51 亩。受限于自然条件、民族构成等因素，在经济发展水平上所略乡在巴马县又处在落后位置。

然而就是在这样一个经济发展水平相对落后、人民生活水平不高、部分

---

① 广西壮族自治区河池市中级人民法院“龙某元、吴某教滥用职权、贪污二审刑事裁定书”【(2017) 桂 12 刑终 87 号】[EB/OL]. [2022-03-28]. https://wenshu.court.gov.cn/website/wenshu/181107ANFZ0BXSK4/index.html?docId=c442bd3a2d0e4fdfb0daa7d10031f62a；广西壮族自治区巴马瑶族自治县人民法院“陈某忠、张某平、龙某元滥用职权、贪污，吴某教滥用职权一审刑事判决书”【(2017) 桂 1227 刑初 173 号】[EB/OL]. [2022-03-28]. https://wenshu.court.gov.cn/website/wenshu/181107ANFZ0BXSK4/index.html?docId=8a0d990eb78d4c669de7a8c9003175d9.

贫困人口的日常衣食住行等基本生活需求仍然严重依赖国家低保金的地方，却发生了一起包括村支书、村委会主任在内的5名村“两委”成员集体串通，在长达6年多的时间里弄虚作假、滥用职权，骗取、滥发、截留、挪用及贪污低保金88万余元，涉及全村54户低保户的恶性农村基层失职渎职型腐败案。

案发地弄阳村，是巴马县所略乡18个行政村之一。涉案的当事人是弄阳村前后两任村“两委”5名成员，分别是：（1）时任弄阳村村支书张某平。张某平出生于1957年，男，汉族，中专毕业，中共党员，2005年9月至2008年8月任巴马瑶族自治县所略乡弄阳村村民委员会党支部书记，2008年9月至2011年8月任弄阳村村民委员会党支部书记、主任，2011年9月至2014年8月任弄阳村村民委员会党支部书记、村委委员，同时还是所略乡第十四届人民代表大会代表。（2）时任弄阳村村委会主任陈某忠。陈某忠出生于1957年，男，汉族，初中毕业，2005年9月至2008年8月任巴马瑶族自治县所略乡弄阳村村民委员会主任，2008年9月至2011年8月任弄阳村村民委员会党支部宣传委员、副主任，2011年9月至2014年8月任弄阳村村民委员会党支部副书记、主任，是所略乡第十四届人民代表大会代表。（3）时任弄阳村村委会副主任龙某元。龙某元出生于1967年，女，汉族，初中毕业，中共党员，2005年9月至2008年8月任巴马瑶族自治县所略乡弄阳村村民委员会副主任，2008年9月至2011年8月任弄阳村村民委员会党支部副书记、村委委员，2011年9月至2014年8月任弄阳村村民委员会副主任，是所略乡第十四届人民代表大会代表。（4）时任弄阳村村支书、村民委员会副主任吴某教。吴某教出生于1967年，男，汉族，初中毕业，中共党员，2011年9月至2014年8月任巴马瑶族自治县弄阳村村民委员会副主任，2014年8月至案发任弄阳村村民委员会党支部书记、弄阳村村民委员会副主任。（5）时任弄阳村村民委员会副主任吴某繁。吴某繁出生于1970年，男，汉族，初中文化，中共党员，2011年9月至2014年8月任巴马瑶族自治县弄阳村村民委员会副主任。

自2008年以来，以村支书张某平为首的上述五人，通过编造虚假材料为不符合低保条件的农户申请低保，甚至为已经死去的村民申请低保，以代领、代管名义控制低保户低保卡（存折）大肆骗取和截留低保金。总额达80多万元的低保金，被张某平等人以村“两委”集体决议的名义截留，继而滥发、挪用甚至私吞。那些被利用作为白手套套取低保金的村民，不管是符合条件的低保户还是以虚假材料骗取低保的农户，都没有拿到一分钱。起初，村民看到被冒领来的低保金，由村里截留后确实将其中一部分用于修桥补路、村民临时救济等公共福利开支。而且，当初所有冒领、截留、支出低保金的决议都是张某平等人以村委会名义组织村里12个村民小组组长开会，以会议决议的方式做出的。因此那些被以低保户名义申领了低保金的村民心中虽有怨言，一时隐忍未说。但是随着时间的推移，那些符合低保条件却没拿到钱的村民积怨太多，最终暴发，在与张某平为首的村“两委”据理力争无果后，开始向所略乡、巴马县两级党委、政府反映问题。

2013年开始，弄阳村村民的举报开始引起所略乡、巴马县两级党委、政府的重视。2014年1月，巴马县纪委（现巴马县纪委监委）决定对弄阳村村干部涉及低保的腐败问题进行调查。2014年4月，巴马县民政局宣布停止发放弄阳村全部低保金。停发全村低保金，这让一些无辜的低保户因此案遭受牵连，引起弄阳村村民更大的不满，一些年轻的村民开始在天涯等网站发帖曝光。

2014年9月9日，一篇《举报：死人竟然领低保十多年，腐败如此横行竟无人管》的帖子在天涯社区的“天涯杂谈”栏目发布，引发网友的持续关注，大量评论、跟帖纷至沓来。该帖后来被删除。

由此，弄阳村村干部低保腐败案件被广西壮族自治区党委政法委列为广西政法网络舆情日报的内容，广西壮族自治区、河池市、巴马县三级纪委书记同时签名阅处。

2015年6月17日，巴马县纪委官网“巴马纪检监察网”的“纪律审查”栏目发出《巴马县所略乡弄阳村五名村干部截留、非法占有农村低保金被查处》的通报：根据群众举报，巴马县纪委查实，巴马县所略乡弄阳村原党支部书记张某平、原村民委员会主任陈某忠和原副主任吴某繁等5名村干部，截留全村54户低保农户低保金860320.00元，仅发放给低保户379884元，发放给政府非低保户的数额达438242元，造成低保户低保金非法占有。此外，陈某忠还利用掌管所截留低保金之机涉嫌贪污18660元。经巴马县纪委审议并责成所略乡党委，给予陈某忠开除党籍处分，对其涉嫌犯罪线索移送司法机关处理；给予张某平留党察看二年处分，给予吴某繁留党察看一年处分，给予党支部书记吴某教撤销党内职务处分，给予党支部副书记龙某元留党察看一年处分。

由巴马县纪委的官方通报可知，除了陈某忠被开除党籍、对其涉嫌犯罪线索移送司法机关处理外，其余 4 人都是留党察看或者撤销党内职务的党纪处分，未提及移送司法机关处理。

2015 年 9 月 8 日，对此案的通报又出现在广西壮族自治区纪委（现广西壮族自治区纪委监委）官网“广西纪检监察网”的“要闻”栏目上。这次通报的主体变成了河池市纪委（现河池市纪委监委），通报文章的标题是《河池市通报 11 起发生在群众身边的“四风”和腐败问题》。在通报的 11 起案件中，本案排序第二。文章中对此案的内容通报得更为详细：巴马瑶族自治县所略乡弄阳村 5 名村干截留、非法挤占低保资金问题。2008 年至 2014 年间，弄阳村党支部书记吴某教、副书记龙某元、原书记张某平，村民委员会主任陈某忠、副主任吴某繁等 5 名村干部在协助所略乡人民政府从事弄阳村低保的申请、审批等管理工作中，截留低保金共 860302 元，其中发放给低保户 379884 元，违规发放给非低保户 438242 元（其中上述 5 名村干部每人获得 332 元），陈某忠将截留的 42176 元低保金存在其私人存折。另外，陈某忠还收取 622 名参加新农保群众每人 30 元共 18660 元并占为己有；龙某元在分管的工作中不负责任，致使未能对已过世的 3 名群众停发低保金，造成国家财产损失 8494 元；张某平在申请低保的审批工作中不负责任，明知马洞屯邓某已过世，仍以邓某为户主为邓某儿子申请低保，造成该户骗取国家资金 20682 元。陈某忠受到开除党籍处分；吴某繁受到留党察看一年处分；吴某教受到留党察看二年处分；龙某元受到留党察看一年处分；张某平受到留党察看二年处分。

河池市纪委的通报列举了一些诸如“给死人发放低保金”等更详细的案件细节。而“给死人发放低保金”正是此前网友曝光的情节。

巴马县纪委对弄阳村低保失职渎职腐败进行查处后，巴马县当地有关部门对农村低保户进行了重新审查复核，剔除一些不符合低保条件的低保户，杜绝弄虚作假冒领骗领低保资金的现象，以图亡羊补牢。包括湖南省长沙市纪委监委的官网“清廉长沙”在内的全国网络媒体于 2015 年 7 月 26 日至 27 日之间，以“广西巴马 5 名村干部截留低保金 80 余万元被处分”为题对此进行了集中转载报道。“记者从巴马县纪检监察部门了解到，目前巴马县所略乡已完成 811 户低保户的核查工作。经核查，当地已清退不符合低保政策的低保户近 130 户。”仅仅一个所略乡，全部 811 户低保户中就清退出不符合低保条件的低保户 130 户，占比达 16%。可见低保金被冒领、骗领的现象并不少见。

巴马县人民法院“陈某忠、张某平、龙某元滥用职权、贪污，吴某教滥用职权一审刑事判决书”【（2017）桂1227刑初173号】、河池市中级人民法院“龙某元、吴某教滥用职权、贪污二审刑事裁定书”【（2017）桂12刑终87号】均显示，张某平、陈某忠、龙某元涉嫌犯滥用职权罪、贪污罪，吴某教涉嫌犯滥用职权罪，四人均于2016年12月15日被巴马县人民检察院批准逮捕，羁押于巴马县看守所。巴马县人民检察院向巴马县人民法院指控张某平、陈某忠、龙某元犯滥用职权罪、贪污罪，指控吴某教犯滥用职权罪。

这与2015年巴马县纪委的处理结论有所出入。当时巴马县纪委的处理结论提及了将被开除党籍的陈某忠及其涉嫌犯罪的线索移送司法机关处理。而现在，涉案的五名村干部中除了弄阳村村民委员会副主任吴某繁外，其余4人均被起诉。这多少有点出乎意料。

2016年12月15日，巴马瑶族自治县人民法院作出【（2016）桂1227刑初173号】刑事判决书。判决书认定：一、被告人陈某忠、张某平、龙某元、吴某教身为所略乡弄阳村支部委会、村民委员会人员，利用协助所略乡人民政府民政办发放农村低保金存折工作的职务便利，通过集体讨论，决定截留低保金存折不发放到低保户手中，并由村干部持低保金存折到信用社领取低保金后违规发放或挪作他用，涉案金额达88万余元。二、被告人陈某忠、张某平、龙某元在掌管和发放低保金过程中，将低保金77660元共同私分占为己有。被告人陈某忠私自取出并侵吞低保金30000元。2014年3月，陈某忠听闻县纪委将到弄阳村调查违规发放低保金问题，遂通知张某平、龙某元将各自分得的低保金退回，并与其他低保金一起结算后发放给低保户。案发后，陈某忠退赔19846元到巴马县人民检察院。从法院认定的事实看，除了在数额上略有出入外，基本与此前巴马县纪委和河池市纪委的通报的事实相吻合。

巴马县人民法院认为：被告人陈某忠、张某平、龙某元、吴某教身为所略乡弄阳村“两委”基层组织人员，在协助乡镇人民政府发放低保金等救济款物过程中，违规操作，致使公共财产遭受重大损失，并造成恶劣社会影响，其行为均已构成滥用职权罪。被告人陈某忠、张某平、龙某元共同侵吞低保金人民币77660元，陈某忠又私自侵吞低保金人民币30000元，其行为又均已构成贪污罪。被告人陈某忠、张某平、龙某元在判决宣告以前一人犯数罪，依法应当数罪并罚。在共同犯罪过程中，陈某忠、张某平、龙某元均起主要作用，均是主犯，依法应当按照其所参与的或者组织、指挥的全部犯罪处罚。在滥发低保金的共同犯罪过程中，被告人吴某教于2011年才成为村“两委”成员，跟随其他“两委”成员按照从2008年起就已经形成的惯例滥发低保金，其起到次要作用，系从犯，依法应当从轻处罚。被告人陈某忠、张某平、龙某元、吴某教自首，依法可以从轻或减轻处罚；被告人陈某忠、张某平、龙某元积极退赃，减少损害结果的发生，依法可以从轻处罚。法院决定对陈某忠减轻处罚，对张某平、龙某元、吴某教从轻处罚。

依照《中华人民共和国刑法》和《最高人民法院 最高人民检察院关于办理贪污贿赂刑事案件适用法律若干问题的解释》的相关规定，巴马县人民法院作出如下判决：（1）被告人陈某忠犯滥用职权罪，判处有期徒刑一年四个月；犯贪污罪，判处有期徒刑二年，并处罚金人民币十四万元。总和刑期有期徒刑三年四个月，决定执行有期徒刑三年二个月，并处罚金人民币十四万元。（2）被告人张某平犯滥用职权罪，判处有期徒刑一年；犯贪污罪，判处有期徒刑一年六个月，并处罚金人民币十万元。总和刑期有期徒刑二年六个月，决定执行有期徒刑二年四个月，并处罚金人民币十万元。（3）被告人龙某元犯滥用职权罪，判处有期徒刑一年；犯贪污罪，判处有期徒刑一年六个月，并处罚金人民币十万元。总和刑期有期徒刑二年六个月，决定执行有期徒刑二年四个月，并处罚金人民币十万元。（4）被告人吴某教犯滥用职权罪，判处有期徒刑六个月。

一审判决作出后，被告人龙某元、吴某教向河池市中级人民法院提起上诉。上诉理由是：滥发低保金是经村委集体和村民代表讨论的单位行为，且低保金被滥发滥用的原因在于县民政管理部门及乡政府的疏于管理，不应该认定为滥用职权；村委成员受乡政府委托代为发放低保金存折，不属于法律规定的其他依照法律从事公务的人员，不符合滥用职权罪的构成要件。

经审理，河池市中级人民法院确认了一审法院认定的全部事实和证据。河池市中级人民法院认为：《全国人大常委会关于〈中华人民共和国刑法〉第九十三条第二款的解释》规定，村民委员会等村基层组织人员协助政府从事“救灾、抢险、防汛、优抚、扶贫、移民、救济款物的管理”行政管理工作，属于刑法第九十三条第二款规定的“其他依照法律从事公务的人员”。《全国人民代表大会常务委员会关于〈中华人民共和国刑法〉第九章渎职罪主体适用问题的解释》规定：在依照法律、法规规定行使国家行政管理职权的组织中从事公务的人员，或者在受国家机关委托代表国家机关行使职权的组织中从事公务的人员，或者虽未列入国家机关人员编制但在国家机关中从事公务的人员，在代表国家机关行使职权时，有渎职行为，构成犯罪的，依照刑法关于渎职罪的规定追究刑事责任。根据《广西壮族自治区人民政府办公厅转发自治区民政厅财政厅关于农村特困群众最低生活保障制度的实施方案的通知》（桂政办发〔2007〕2 号）的规定，农村特困群众最低生活保障制度实行地方政府负责制，村（居）民委员会要协助做好对保障对象的管理、服务等工作。本案中，弄阳村委成员代为领取、保管低保户低保金存折，在低保户实际可以控制、支配低保金之前，弄阳村委成员的工作均属于协助政府从事救济款物的管理，依法属于刑法第九十三条第二款规定的“其他依照法律从事公务的人员”，是滥用职权罪的适格主体。上诉人认为其委托发放低保金存折，不属于法律规定的其他依照法律从事公务的人员的上诉理由不成立。原审被告人陈某忠、张某平及上诉人龙某元、吴某教身为农村基层组织人员，在协助乡镇人民政府发放低保金等救济款物的过程中，截留低保户的低保存折，违反专款专用的规定，将部分低保金发放给非低保户或用于其他开支，致使公共财产遭受重大损失，并造成恶劣社会影响，其行为均已构成滥用职权罪。原判认定事实清楚，证据确实、充分，定罪准确，审判程序合法。依照《中华人民共和国刑事诉讼法》第二百二十五第一款第一项的规定，裁定如下：驳回上诉，维持原判。

2020 年 12 月 24 日，广西壮族自治区高级人民法院公布 2016 年以来广西壮族自治区涉扶贫领域腐败犯罪八大典型案件，“原巴马弄阳村‘村官’滥用职权、贪污案”排名第五，赫然在列。

案例评析

本案作为农村基层失职渎职型腐败案例，具有自身的一些特点。这主要体现在以下三个方面：

第一，农村基层自治组织人员是否属于适格的滥用职权罪的犯罪主体？这是本案中法律适用的一个焦点问题。《刑法》第三百九十一条第一款规定的滥用职权罪的犯罪主体是国家工作人员。而本案中四名被告人作为农村基层自治组织人员，显然不属于国家工作人员。这也正是两名被告人上诉的理由。但这一表面看起来正确的理由，其实是不成立的。这里的关键点是《刑法》第三百九十一条第一款规定的滥用职权罪的犯罪主体国家工作人员一直是被扩张解释的。这一点与本书第五章第二节“典型案例二”的“案例评析”中提及的贪污罪犯罪主体的扩张解释类似，所不同的是对滥用职权罪的犯罪主体存在两种扩张解释路径。一是可依照贪污罪犯罪主体的扩张解释路径来认定滥用职权罪的犯罪主体。即依照《刑法》第九十三条和《全国人民代表大会常务委员会关于〈中华人民共和国刑法〉第九十三条第二款的解释释义》（2000 年 4 月 29 日第九届全国人民代表大会常务委员会第十五次会议通过），即可将协助乡镇政府行使公务的农村基层自治组织人员扩张解释为国家工作人员，从而直接适用第三百九十一条第一款。这也是本书第五章第二节“典型案例二”的“案例评析”中提及的贪污罪犯罪主体的扩张解释方法与依据。二是适用《全国人民代表大会常务委员会关于〈中华人民共和国刑法〉第九章渎职罪主体适用问题的解释》来认定滥用职权罪的犯罪主体。该《解释》是专门针对《刑法》第三百九十一条第一款规定滥用职权罪的主体时扩张解释条款。依照全国人大常委会的该《解释》，滥用职权罪的犯罪主体由国家机关工作人员进一步扩张到了在依照法律、法规规定行使国家行政管理职权的组织中从事公务的人员、在受国家机关委托代表国家机关行使职权的组织中从事公务的人员或者虽未列入国家机关人员编制但在国家机关中从事公务的人员等三类。农村基层自治组织中协助乡镇政府进行农村地区行政管理的人员，显然可以视为第一类或者第二类国家工作人员，从而直接适用第三百九十一条第一款。

第二，以会议决议形式作出的违法决定是否影响滥用职权罪的认定？这也是本案的焦点之一。本案中几乎所有的骗取、截留、滥发低保金的决策，都是四名被告人外加一名未追究刑事责任的违纪人员共谋后，以村“两委”的名义召集全村 12 个村民小组长召开村“两委”扩大会议，对相关决策进行民主投票表决通过后，以村“两委”扩大会议的名义作出正式会议决定，然后再付诸实施。这种正式会议决策程序，确实在一定程度上增加了相关决定的正当性。五名涉案的村干部可能是抱着侥幸心理，想以此种方式为自己摆脱或者减轻未来可能受到的罪责。但需要注意的是，这种想法是错误的，其隐含的企图也根本无法实现。因为这些违法决策本身的违法性，即便通过合法的程序包装，也无法从根本上消除。《最高人民法院 最高人民检察院关于办理渎职刑事案件适用法律若干问题的解释（一）》（法释〔2012〕18 号）第五条第二款规定：“以‘集体研究’形式实施的渎职犯罪，应当依照刑法分则第九章的规定追究国家机关负有责任的人员的刑事责任。对于具体执行人员，应当在综合认定其行为性质、是否提出反对意见、危害结果大小等情节的基础上决定是否追究刑事责任和应当判处的刑罚。”这一司法解释规范已经对此作出明确规定。

第三，司法机关追究刑责并不以党纪处分中“开除党籍并移送司法机关处理”为前置条件。如前文所述，本案在 2015 年巴马县纪委的党纪处分中，只有一人被开除党籍并移送司法机关处理。但最后的结果是，被党纪处分 5 名村干部中，有 4 人被追究了刑事责任。这纠正了长期以来关于纪法衔接程序的一个误解。既往的实践中，前期纪委监委党纪处分中被开除党籍并移送司法机关的，后期则会被追究刑事责任；前期纪委监委党纪处分中未提及被开除党籍并移送司法机关的，后期则基本不会被追究刑事责任。由此，一些人往往形成一种错觉，将党纪处分中“开除党籍并移送司法机关处理”作为司法机关追究刑事责任的前置条件，这一看法是不正确的。这一问题涉及党纪处分、政务处分与追究刑事责任之间的关系。《中国共产党纪律处分条例》（2018 年修订发布）第二十八条至第三十三条对此进行了明确规定。虽然此三者之间确实有密切关联，但“开除党籍并移送司法机关处理”不是司法机关追究刑事责任的前置条件。

案例警示

结合本案案件事实与法律适用上的特点，我们认为本案留给我们的警示有以下三点：

第一，要明确农村基层自治组织人员是适格的滥用职权罪的犯罪主体。作为村干部，千万不要受俗语中那句“别拿村长不当干部”的影响，以为自己人微言轻，无职无权，就不会有什么履职风险。在一定程度上，农村基层自治组织人员还真要把自己“当干部”。当然，这里把自己“当干部”的意思，不是强调自己是个“官”，摆官架子，搞官僚主义，而是强调农村基层自治组织人员应当知道自己手里握有职权，要慎重、合法地行使这些职权，否则就可能如本案中的村干部一样，成为滥用职权罪的犯罪主体，构成滥用职权罪，带来法律上的风险。

第二，要明确会议决策、集体研究等正当程序不能改变违法行为的违法属性。农村基层自治组织人员应当坚持合法决策，不能出于规避责任的动机，尝试以会议决策、集体研究等正当程序，包装一个实质上违法的决策。这种做法注定会失败。

第三，要理解党纪处分、政务处分与追究刑事责任之间的关系。不要以为党纪处分可以替代政务处分，更不要以为党纪处分可以替代刑事责任。要明确追究刑事责任并不以党纪处分阶段“开除党籍并移送司法机关处理”的宣告为前置条件。

规范指引

1.《中华人民共和国刑法》

第三百九十七条第一款：“国家机关工作人员滥用职权或者玩忽职守，致使公共财产、国家和人民利益遭受重大损失的，处三年以下有期徒刑或者拘役；情节特别严重的，处三年以上七年以下有期徒刑。本法另有规定的，依照规定。”

第三百八十三条【贪污罪的处罚规定】对犯贪污罪的，根据情节轻重，分别依照下列规定处罚：

（一）贪污数额较大或者有其他较重情节的，处三年以下有期徒刑或者拘役，并处罚金。

（二）贪污数额巨大或者有其他严重情节的，处三年以上十年以下有期徒刑，并处罚金或者没收财产。

（三）贪污数额特别巨大或者有其他特别严重情节的，处十年以上有期徒刑或者无期徒刑，并处罚金或者没收财产；数额特别巨大，并使国家和人民利益遭受特别重大损失的，处无期徒刑或者死刑，并处没收财产。

对多次贪污未经处理的，按照累计贪污数额处罚。

犯第一款罪，在提起公诉前如实供述自己罪行、真诚悔罪、积极退赃，避免、减少损害结果的发生，有第一项规定情形的，可以从轻、减轻或者免除处罚；有第二项、第三项规定情形的，可以从轻处罚。

犯第一款罪，有第三项规定情形被判处死刑缓期执行的，人民法院根据犯罪情节等情况可以同时决定在其死刑缓期执行二年期满依法减为无期徒刑后，终身监禁，不得减刑、假释。

2.《全国人民代表大会常务委员会关于〈中华人民共和国刑法〉第九章渎职罪主体适用问题的解释》（2002 年 12 月 28 日第九届全国人民代表大会常务委员会第三十一次会议通过）

“全国人大常委会根据司法实践中遇到的情况，讨论了刑法第九章渎职罪主体的适用问题，解释如下：

在依照法律、法规规定行使国家行政管理职权的组织中从事公务的人员，或者在受国家机关委托代表国家机关行使职权的组织中从事公务的人员，或者虽未列入国家机关人员编制但在国家机关中从事公务的人员，在代表国家机关行使职权时，有渎职行为，构成犯罪的，依照刑法关于渎职罪的规定追究刑事责任。

现予公告。”

3.《最高人民法院 最高人民检察院关于办理渎职刑事案件适用法律若干问题的解释（一）》（法释〔2012〕18 号）

第五条第二款：“以‘集体研究’形式实施的渎职犯罪，应当依照刑法分则第九章的规定追究国家机关负有责任的人员的刑事责任。对于具体执行人员，应当在综合认定其行为性质、是否提出反对意见、危害结果大小等情节的基础上决定是否追究刑事责任和应当判处的刑罚。”

4.《中国共产党纪律处分条例》（2018 年修订发布）

第二十八条：“党组织在纪律审查中发现党员有刑法规定的行为，虽不构成犯罪但须追究党纪责任的，或者有其他违法行为，损害党、国家和人民利益的，应当视具体情节给予警告直至开除党籍处分。”

第二十九条：“党组织在纪律审查中发现党员严重违纪涉嫌违法犯罪的，原则上先作出党纪处分决定，并按照规定给予政务处分后，再移送有关国家机关依法处理。”

第三十一条：“党员犯罪情节轻微，人民检察院依法作出不起诉决定的，或者人民法院依法作出有罪判决并免予刑事处罚的，应当给予撤销党内职务、留党察看或者开除党籍处分。

党员犯罪，被单处罚金的，依照前款规定处理。

第三十二条：“党员犯罪，有下列情形之一的，应当给予开除党籍处分：

（一）因故意犯罪被依法判处刑法规定的主刑（含宣告缓刑）的；

（二）被单处或者附加剥夺政治权利的；

（三）因过失犯罪，被依法判处三年以上（不含三年）有期徒刑的。

因过失犯罪被判处三年以下（含三年）有期徒刑或者被判处管制、拘役的，一般应当开除党籍。对于个别可以不开除党籍的，应当对照处分党员批准权限的规定，报请再上一级党组织批准。”

第三十三条：“党员依法受到刑事责任追究的，党组织应当根据司法机关的生效判决、裁定、决定及其认定的事实、性质和情节，依照本条例规定给予党纪处分，是公职人员的由监察机关给予相应政务处分。

党员依法受到政务处分、行政处罚，应当追究党纪责任的，党组织可以根据生效的政务处分、行政处罚决定认定的事实、性质和情节，经核实后依照规定给予党纪处分或者组织处理。”

第二节　典型案例二：村支书涉黑案

案情介绍

河北省保定市曲阳县恒州镇七里庄村村支书刘某民涉黑案①——一次受贿 10 公斤黄金，敛财 7000 余万元，对“不听话”村民动辄殴打、烧房烧车，被检察机关指控 11 项罪名，一审死刑，二审死缓。

河北省保定市曲阳县恒州镇七里庄村村支书刘某民在 2013 年引发巨大的舆论关注，乃至“名扬”全国。在担任村主任、村支书的十多年时间里，刘某民失职渎职，大肆贪污、受贿，非法敛财达 7000 余万元；指使其手下欺压百姓，横行乡里，实施故意伤害、妨害公务、寻衅滋事等案件 50 余起，造成多人重伤、轻伤，甚至冲击县政府、县检察院等国家机关；用非法手段操纵基层选举，把持农村基层自治组织，逐渐发展成为黑社会性质犯罪组织。刘某民被坊间冠以“保定黑老大”“曲阳第一村领袖”的称呼。2013 年，刘某民被检察机关以 11 项罪名提起公诉，一审被保定市中级人民法院判处死刑立即执行，二审被河北省高级人民法院改判死刑缓期二年执行。刘某民案可谓是近十多年来农村基层失职渎职腐败案件中罪行最严重、性质最恶劣的案例。

保定市隶属河北省，是国家历史文化名城，曾经的直隶省省会，自古号称“北控三关，南达九省，地连四部，雄冠中州”，在地理位置上与北京、天津构成黄金三角，是区位优势明显的通衢之地。改革开放的几十年来，保定社会、经济发展迅速，土地开发、城市建设突飞猛进。保定市下辖的曲阳

① 查阅中国裁判文书网，除了找到三份刘某民等人涉黑案刑事附带民事诉讼裁决的执行实施类裁定书外，无法查阅到刘某民等人涉黑案的一审、二审刑事裁判文书。本案例主要根据《河北青年报》《海峡都市报电子版》《保定晚报电子版》《人民网》等媒体关于刘某民等人涉黑案的公开报道撰写。

县在保定市西南部，地处太行山与华北平原的交界处，历史悠久，已有2000多年的建县历史。曲阳县相如村是战国名相蔺相如的出生地，曲阳作为燕赵之地典型代表，颇得荆轲、刘备、赵匡胤等燕赵名士之承绪，民风多豪侠。

而七里庄村号称“曲阳第一村”，位于县城东南部，紧临京昆高速，交通便捷。如果说曲阳是保定土地开发、城市建设的热点地区，那么，七里庄村又是曲阳土地开发、城市建设的热点地区。曲阳县新兴工业园区、曲阳县教育城等重大土地、房地产开发项目，都在七里庄村地界。

刘某民1963年出生于七里庄村，祖祖辈辈都是土生土长的曲阳人。在七里庄村村民眼里，青年时的刘某民话不多，但保定人、曲阳人那种与生俱来的燕赵之风、豪爽之气，在他身上体现得特别明显。在村子里的同龄人中，刘某民说话做事从不拖泥带水，说一不二，颇有人缘和威信。

和七里庄村的其他年轻人一样，20多岁时，刘某民的父母给他张罗了一门婚事，女方是邻村的姑娘，模样周正，性格也好，这是刘某民的第一次婚姻。十几年后，和很多同类故事中的情节相似，“发达”了的刘某民因为有钱有权，很快有了更年轻美貌的女人，抛弃了发妻。此是后话。

刘某民的前岳父是曲阳县一家国有企业的工人。在刘某民结婚后第三年，他前岳父退休了。按照当时的就业政策，国有企业退休人员的子女可以继承父辈身份，进入父辈退休前的企业工作，成为国有企业工人。由此，刘某民的前妻获得了进入国有企业当工人的机会。

当时，刘某民前妻已经为刘家生下一儿一女，加上其本分老实的个性，内心早已安于一辈子待在七里庄村，田间地头、房前屋后，忙碌操持一辈子，本本分分做刘家儿媳。于是，刘某民的前妻毫不犹豫地把这一进城当工人的机会让给了自己的丈夫。刘某民前妻的这一善良举止，不但彻底改变了刘某民的人生轨迹，也间接地为自己和刘某民的婚姻走向破裂埋下祸根。

彼时还不到30岁的刘某民，有出人头地的强烈愿望，有想通过自己的努力使老婆孩子过上更好的日子的强烈动机。同时，刘某民人缘好，会处关系，这一切让进城后的刘某民如鱼得水，很吃得开。进城当工人的第一年，刘某民就入了党。进城当工人的第二年春天，刘某民就凭自己的公关能力，将自己的工作关系调入曲阳县城建局，以“以工代干”的方式变身成了一名曲阳城建局的干部①。

---

① “以工代干”是指未办提干手续选调工人从事干部岗位的工作。

要知道，负责土地开发、城市建设的城建局在曲阳县是颇有实权的政府部门，具有干部身份的人要从曲阳县内其他政府部门调入城建局都是一件不容易的事，何况刘某民只是工人的后代顶职上来的，这让七里庄村的村民一下子对刘某民刮目相看。谁知仅仅几个月后，刘某民更让七里庄村村民瞠目结舌，他成功坐上曲阳县城建局收费股股长“宝座”。收费股直接掌握城市建设名目繁多的各种规费的收费大权，在有所企图的人眼中是城建局最有实权、最有“油水”的内设机构。

在当时那个土地开发、城市建设热火朝天的年代，担任县城建局收费股股长的刘某民干得风生水起。年富力强、精力旺盛、善于应酬的刘某民利用工作机会，结识了一大帮朋友，从政府机关公职人员，到房地产商人，乃至一些混迹社会的所谓“社会人”，可谓三教九流，无所不包。尤其是在当时一些不规范的土地征用、拆迁中被房地产公司临时聘用的社会闲散人员，与刘某民习性颇为相投，彼此过从甚密。日后形成的以刘某民为首的黑社会性质犯罪组织的很多成员均来自这批人。

干了几年曲阳县城建局收费股长，刘某民捞足了油水。但不安生的刘某民远未满足，他很快就发现一个更好的发大财机会：回七里庄村当“村官”。

如前所述，七里庄村具有优越的地理位置。曲阳县政府驻地是七里庄村所在的恒州镇，而七里庄村又紧挨着恒州镇。那个年头，随着曲阳县土地开发、工业建设、房地产开发的不断推进，七里庄村几乎完全被纳入曲阳县城市建设区划内。作为曲阳县城建局收费股股长的刘某民，第一时间洞察到七里庄村的大片土地在不久的将来会被征用、开发，土地会大幅度升值，这是一个千载难逢的致富机会。而要抓住这个机会，回村去竞选村支书、村委会主任是最佳的策略。

刘某民的家族在七里庄村本来就有很大的家族势力，刘某民的老婆孩子也一直在七里庄村生活。这么多年，刘某民与七里庄村的村民尤其是他的那帮“发小”也一直保持着密切联系。2001 年刘某民顺利当选七里庄村村委会主任，2003 年又当选七里庄村村支部书记。转瞬之间，刘某民大权在握，成了七里庄村最有权势的人。

时间不长，那些投票给刘某民的善良村民就后悔了。因为他们发现，刘某民作风粗暴、专权独断，做事情只考虑自己和自己身边人的利益，甚至公然违法乱纪。刘某民只对和自己亲近的人好，对与自己疏远的村民不理不睬。如果有村民对其表达哪怕一丝不满，刘某民都会想尽办法打击报复。

一方面依然是城建局收费股股长、国家干部，另一方面是村干部，这种双重身份让刘某民在七里庄村土地开发项目、集体经济、日常村务管理方面享有更多便利条件，也让其更加大胆地进行不法勾当。善于欺上瞒下的刘某民，很快又为自己谋得另一个头衔——恒州镇党委委员。这让刘某民在七里庄村更加肆无忌惮，为所欲为。

正是在这一阶段，刘某民把自己的爪牙大量塞进七里庄村“两委”班子，架空、控制了七里庄村“两委”。2013 年 5 月刘某民等人涉黑一案审理，在公诉人宣读的起诉书中有如下一段表述：被告人刘某民自 2001 年担任曲阳县七里庄村村主任、2003 年任村书记以来，通过非法手段操纵基层选举，把持基层政权。被告人刘某民先后将被告人刘某强、井某会、刘某军、袁某、刘某谦、刘某会、刘某成、马某州、刘某龙、张某杰、刘某利、刘某明、井某等人笼络到其身边，通过安排进入村“两委”会、安排入党、发奖励、发补助、为违法犯罪者“平事”等手段，拉拢、控制组织成员，并将多名组织成员提拔为村干部，使其言听计从，从而掌控了七里庄村的管理权。该组织以七里庄村村委会为依托，通过职责和分工使成员之间形成较为明确的层级制约关系，将七里庄村“两委”班子逐步蜕变成为黑社会性质犯罪的组织团伙，逐渐形成了以刘某民为首，以刘某强、井某会、刘某军、袁某为积极参加者，刘某谦、刘某会、刘某成、马某州、刘某龙、张某杰、刘某利、刘某明、井某为成员的等级分明、成员固定、分工明确的黑社会性质犯罪组织。起诉书中历数了刘某民失职渎职、违法乱纪、腐败堕落的情节，可谓触目惊心。

随着时间的推移，刘某民及其领导的黑社会组织日益穷凶极恶、变本加厉地危害七里庄村村民。对不顺从自己意志的村民，刘某民非打即骂，甚至烧房烧车。村民井某在七里庄村党支部换届选举时未投票给刘某民，刘某民二话不说，即当众扇其耳光。不但村民会挨打，连县里的干部都被刘某民殴打过。

除了用打人手段压服村民，刘某民还采用更极端的烧房烧车的犯罪手法，吓阻村民的反抗意志。村民刘某某向有关部门反映刘某民的不法行为，刘某民指使井某会纠集刘某强、刘某谦、刘某会、刘某利将刘某某家的门窗玻璃砸毁。村民刘某某及其家属被刘某民等人殴打，导致刘某某上访告状。刘某民怀恨在心，遂指使井某会等人进行报复。2007 年 2 月 1 日凌晨，井某会纠集多人将刘某某之子家的房屋点燃，造成物品损失 12698 元。刘某民因与本村村民张某某有矛盾，遂指使刘某强等将张某某的货车毁坏。2007 年 3 月 15 日晚，刘某强等携带柴油到本村村东公路旁，见到张某某女婿的斯太尔豪沃货车，误认为系张某某车辆，便用柴油将货车点燃，造成损失 50558 元。

如此黑老大式的村支书，不但没有被有关部门发现、查处，相反，刘某民的“仕途”似乎还越走越宽广。2010 年 3 月份，曲阳县委、县政府成立了曲阳县工业园区管委会。刘某民被县委、县政府任命为曲阳县工业园区管委会土地开发部副部长，负责协助政府开展工业园区的征地工作。这让本就权倾一时的刘某民拥有了更多的权力。刘某民兼任管委会土地开发部副部长之后，充分发挥擅弄权柄的“天赋”，利用多重身份攫取了更多的经济利益。他一面是征用土地方成员，了解政府的征地政策、出价底牌；另一面又是出让方的代表——七里庄村的村干部，和政府讨价还价。如此这般，在动辄几亿几十亿元的土地交易中，刘某民就仿佛是自己和自己做交易，可以为所欲为，毫无制约，全无顾忌。

根据媒体对“保定市中级人民法院 2013 年 8 月作出的刘某民等人涉黑案一审判决书中认定的犯罪事实”的披露，2011 年 6 月，曲阳县人民政府与大同市某房地产开发有限责任公司签订曲阳县教育城项目建设合同。可能是考虑到曲阳县教育城项目基本都在七里庄村地界，主要征用七里庄村土地，曲阳县委、县政府任命刘某民为谈判代表，代表曲阳县与对方进行谈判，洽谈征地及补偿事宜。刘某民在与该公司负责人李某某谈判过程中，用尽职务和身份便利牟取私利。刘某民在 2011 年 6 月至 2011 年 10 月间，分多次收受李某某好处费人民币共计 5270 万元。其中，2011 年 7 月某日，他一次收取李某某 9999 成色黄金 10 公斤。按照当时市价，10 公斤黄金合人民币 311.6 万元。

刘某民不但明目张胆非法攫取经济利益，权力膨胀的他甚至公然与政府对抗。2007 年 6 月 25 日，刘某民因对曲阳县人民检察院办理其子刘某涛被伤害一案的处理结果不满，遂指使井某会纠集刘某谦、刘某会、马某州、刘某龙、刘某利等人带领百余名村民围堵曲阳县人民检察院。2009 年 10 月的一天上午，刘某民指使井某会纠集刘某军、刘某谦、刘某会、刘某成、刘某利等人组织七里庄村村民以某污水处理厂蓄水池渗水为由到该厂滋事。曲阳县城建局副局长宫某某来到现场询问情况时被井某会、刘某军等人殴打。当日下午，刘某民指使人组织数名村民到曲阳县城建局找宫某某讨要说法。

2011年8月8日，刘某民以该污水处理厂排放污水为由，指使井某会、刘某军、刘某谦等人带领数百名七里庄村村民冲击曲阳县人民政府，严重影响了国家机关的办公秩序。

实际上，从刘某民担任七里庄村村委会主任时起，就有村民对刘某民的违法乱纪行为进行举报。根据2012年河北省公安厅对刘某民等人涉黑恶一案的通报，2001年起，公安部门就已连续接到群众举报。但是直到11年后的2012年3月，在河北省公安厅的责成下，才成立专案组对刘某民立案侦查。2012年4月4日收网那天，河北公安出动警力高达300余名，将刘某民团伙成员一网打尽。

2013年5月21日，刘某民涉黑案在保定中院公开开庭审理，包含刘某民在内的20名被告人出庭受审。公诉机关指控刘某民共11项罪名，分别是受贿罪、贪污罪、组织领导黑社会性质组织罪、故意伤害罪、妨害公务罪、寻衅滋事罪、非法拘禁罪、故意毁坏财物罪、破坏生产经营罪、强迫交易罪和敲诈勒索罪。这样一串长长的罪名，让人瞬间对刘某民失职渎职腐败的严重程度产生了震撼性的感知。

2013年8月9日，刘某民等20人涉黑案在保定中院一审宣判。法院经审理查明：刘某民受贿6024.60万元；贪污744.48万元；犯组织领导黑社会性质组织罪；组织、指挥、故意伤害5起，致1人重伤、7人轻伤、1人轻微伤；妨害公务3起；寻衅滋事3起；非法拘禁1起；故意毁坏财物4起，数额巨大；破坏生产经营2起；强迫交易6起；敲诈勒索1起。共构成11项犯罪的刘某民被判处死刑立即执行，剥夺政治权利终身，没收个人全部财产。团伙中其余19人分别被判处一年四个月至无期徒刑。

刘某民对一审判决不服，提起上诉。2015年1月，河北省高级人民法院将刘某民的死刑立即执行改为死刑缓期二年执行。

二审判决生效后，刘某民被解送山西临汾监狱服刑。2017年11月30日，山西高院发布公告称，将于2017年12月6日上午在临汾监狱公开审理罪犯刘某民拟减刑一案。

山西高院发布的公告中披露的临汾监狱提请减刑建议书提及刘某民在服刑期间的表现："在近期改造中，认可判决书中的犯罪事实，能遵守监规纪律，服从管理，接受教育改造；积极参加思想、文化、职业技术教育；虽有眼疾看不清，仍能参加力所能及的劳动，努力完成劳动任务，2016年7月、2017年4月二次获监狱表扬奖励。"

临汾监狱呈报给山西高院的对于刘某民的减刑建议是：建议对刘某民予以减为无期徒刑，剥夺政治权利终身。

就算刘某民后面还有减刑机会，按照相关司法解释规定，被判处死刑缓期执行的罪犯经过一次或者几次减刑后，其实际执行的刑期不得少于十五年，死刑缓期执行期间不包括在内。前文已述，刘某民出生于1963年，即便以最低的服刑十五年计算，刘某民在出狱之日至少年届古稀。曾经坐拥几千万元财富、指挥着几十位“马仔”，无恶不作、猖狂至极的黑老大，落得如此凄惨没落的晚景，又能怪谁呢？

案例评析

长期以来，个别农村基层自治组织遭黑恶势力控制和操纵，沦为黑恶势力为害一方的工具，这一直是农村基层治理中的一个突出问题。随着农村基层党组织建设的加强，党对农村基层组织的领导力和执行力不断巩固，此种现象已经大为减少。本案中的刘某民及其团伙组织在2013年被彻底取缔，受到法律的严厉制裁，既是党的十八大之后政法领域扫黑除恶的结果，也是在意识形态领域强化农村基层党建和在基层社会治理领域强化农村基层自治组织建设的结果。

披着农村基层党组织负责人的光鲜外衣，而这光鲜外衣之下，其实是一具黑社会老大的行尸走肉。这正是本案中河北省保定市曲阳县恒州镇七里庄村党支部书记刘某民2001年至2013年期间的人生写照。生于燕赵之地的刘某民，可能承袭了燕赵之风而在个人性格上展现出更多豪侠成分，喜交友，善处事，且内心有抱负，深具领导力与执行力。上述这些特质，正是作为一个农村基层党组织负责人所应具备的，也会对一个农村基层党组织负责人的工作产生正面的影响，让其在工作中更加得心应手，顺风顺水。然而，本案中深具这些优良个性和特质的村支书刘某民，不但没能做一个合格的村支书，甚至完全搞砸了七里庄村的党的基层组织和自治组织，并最终把自己送进监狱，注定将孤独面对失去自由、风烛残年的人生，主演了对其个人、家庭乃至七里庄村全体村民都造成戕害的悲剧。那么，这场悲剧产生的原因在哪里呢？我们认为，既有内因也有外因。

内因方面是主因。作为村支书的刘某民从来就没有真正建立起一个共产党员的政治信仰。信仰的力量深刻影响着一个人行动的方向，牢牢掌控着一个人的价值选择。建立起共产主义的理想信念，对每一个共产党员而言，既是一种最基本的政治自觉，也是党章的基本要求。共产党员的理想信念是确保其行走在正确的人生轨道上的指南针，一个共产党员如果没有建立起共产党员的政治信仰，就一定会迷失人生的方向。本案中，担任了七里庄村十多年村支书的刘某民，从党龄看可谓是老党员。但是，作为一个从来就没有建立起共产党员政治信仰的人，他其实还没有从思想上入党，本质上就不是一个真正的共产党员。这正是他一步一步、由微腐败到肆无忌惮深入犯罪深渊的最主要内因。刘某民从一个农民因为偶然的机遇而进城当了工人，并在当上国有企业工人后很快入党。这一过程中，刘某民也许根本就不知道共产党员的政治信仰为何物。而在调入曲阳县城建局工作后，他作为党员的组织生活估计也是流于形式，没有对他的思想产生任何影响，甚至连一丝触动都没有。他内心所思所想，是江湖道义与哥们义气，而恰恰是这些东西，让他在工作和生活中都能吃得开，甚至得心应手，顺风顺水。以致他当了村委会主任、当了村支部书记后，还是依葫芦画瓢，继续按照那些江湖义气、人情世故等老一套开展工作，最终不但严重失职渎职，甚至构成严重的黑社会性质犯罪。

应该说，从豪爽的个性、良好的组织协调能力及丰富的基层工作经验等各方面衡量，对担任村支书而言，刘某民都堪称合格甚至优秀。但正是因为缺少了政治信仰这种最根本的素养，他在个性、能力与工作经验方面的长处反而给他带来了更大的危害。因为政治信仰的缺失导致其迷失人生方向，这种个性、能力与工作经验方面的长处反而被他用在了组织领导黑恶势力犯罪方面，让他在长达十多年时间里把持七里庄村的农村基层自治组织和农村基层党组织，打造了一个几十人规模、拥有七千余万元财产的庞大黑社会集团。

外因方面，复杂而不可忽略。刘某民违法乱纪的时期，一些地区以经济建设为绝对工作重心，忽视农村基层党组织建设；过于看重一个基层自治组织的领导人的开拓精神、工作能力，而忽视其道德品性。很显然，这类社会心理预期对刘某民这种道德品性低下而个性、能力占优的人是较为有利的，这也是其能长期把持七里庄村“两委”，运用农村基层自治组织达成自己黑社会犯罪目标的原因。但我们认为，上述这些都不是重点。导致刘某民一步步犯下严重黑恶罪行的重要外因是农村基层自治组织建设制度不健全。结合本案看，至少有两个方面体现得非常明显：

第一，关于村委会主任、村支书的任职条件。虽然《村民委员会组织法》第十三条对包含村委会主任的村委会成员的选举条件作了较为具体的规定，《中国共产党章程》第二十八条第一款、第三十条第一款、第三十一条等对村支书的主要任职条件也做了规定，但这些对村委会主任、村支书任职条件的规定，要么还不够具体，要么过分偏重形式，要么规定的门槛相对较低，从而使得刘某民这类在实质要件上不符合村委会主任、村支书任职条件的人，却可以通过形式上合法的选举手段当选为村委会主任、村支书。例如，《村民委员会组织法》第十三条对包含村委会主任的村委会成员的选举条件的规定，只有“户籍在本村”算是稍微明确具体的条件，而就是这样稍微明确的条件，仍然可以轻松突破。因为依照该条规定，即使户籍不在本村，但只要在本村居住一年以上，本人申请参加选举，并且经村民会议或者村民代表会议同意其参加选举，仍然可以参加本村村委会主任的选举。刘某民利用国家法律法规的空白，在当上村“两委”负责人之后，不但没有辞去县城建局收费股股长职务，还先后出任镇党委委员、县工业园区管委会土地开发部副部长、项目开发政府方代表等职务，多头任职，多方牟利，严重损害了国家利益和社会公共利益。

第二，村民委员会的当选无效制度。本案是一起通过操作农村基层选举继而控制农村基层自治组织进行黑恶犯罪的农村基层失职渎职型腐败典型案例。预防和阻止黑恶势力操作农村基层选举的主要手段之一，就是村民委员会的当选无效制度。虽然《村民委员会组织法》第十七条第一款规定了村民委员会当选无效制度，第二款概略地对村民委员会当选无效制度的处理程序作了规定，但针对现实中以合法的农村基层选举制度来达到控制、把持农村基层自治组织的非法目的的纷繁复杂、花样繁多的做法，这些规定显然缺乏足够的可操作性，全然不敷应用，难以发挥其预防和阻止黑恶势力操控农村基层选举的企图。本案中，以刘某民为首的黑恶势力，在长达十多年的时间里，非法操控村“两委”选举，完全把持农村基层自治组织和党在农村的基层组织，为非作歹，为害一方，造成恶劣的社会影响和极坏的政治影响，也间接证明了当下村民委员会的当选无效制度存在一定的问题。

案例警示

本案至少给我们两点警示：

第一，作为一名党员，特别是作为党的各级组织的领导干部，最首要的是要树立起共产党人的理想信念，确立自己牢不可破的政治信仰。要深信信仰的力量对个人生涯中与命运前途发挥的巨大作用。一谈到信仰，有些人可能觉得不以为然，认为信仰是空洞的说教。其实，一个人的行为方式与行动逻辑，总在无时无刻地受到他内在价值观的引导和影响。共产党员如果内心不确立共产党人的理想初心与政治信念，自然会被一些落后、错误乃至反动的思想信念所充盈，继而让自己的人生偏离方向，走上错误的道路。如前所述，本案中，刘某民正是因为没有确立自己作为一个共产党员和党的农村基层组织领导干部应当确立的政治信仰，虽有抱负，亦不缺少才干，但内心充斥着江湖道义、哥们义气、升官发财等落后、错误乃至反动的理想信念，最终走上歧途，对社会造成了极大破坏。

第二，党的上级组织和各级政府及其部门应该强化对农村基层自治组织的支持、领导和监督。如前所述，我国农村基层自治制度还存在一些需要完善之处。以本案为例，如果当时、当地的党的上级组织、各级人民政府及其部门对七里庄村的农村基层自治能够给予足够的支持、领导与监督，刘某民有可能就根本无法通过操纵基层选举的手段当选七里庄村村委会主任和村支书。即便侥幸当上七里庄村村委会主任和村支书，也不可能在长达十多年的时间里把持七里庄村“两委”，将农村基层自治组织变成了黑恶势力为非作歹的工具。毋庸讳言，当时的曲阳县委、县政府一些具体做法甚至给刘某民的不法行为在客观上创造了条件。如曲阳县委、县政府仅仅因为曲阳县工业园区位于七里庄村地界、主要征用七里庄村集体土地建设而任命时任七里庄村村支书的刘某民担任曲阳县工业园区管委会土地开发部的副部长。曲阳县委、县政府这种人事任命，明显违反了职务回避制度，造成了公然的职业道德与职务伦理冲突。而刘某民正是利用了这一任命带来的更多的便利条件，在土地征收谈判中上下其手，欺上瞒下，大肆受贿，牟取了大量非法利益。

规范指引

1.《中华人民共和国刑法》

第二百九十四条第一款："组织、领导黑社会性质的组织的，处七年以上有期徒刑，并处没收财产；积极参加的，处三年以上七年以下有期徒刑，可以并处罚金或者没收财产；其他参加的，处三年以下有期徒刑、拘役、管制或者剥夺政治权利，可以并处罚金"

第二百九十四条第五款："黑社会性质的组织应当同时具备以下特征：

（一）形成较稳定的犯罪组织，人数较多，有明确的组织者、领导者，骨干成员基本固定；

（二）有组织地通过违法犯罪活动或者其他手段获取经济利益，具有一定的经济实力，以支持该组织的活动；

（三）以暴力、威胁或者其他手段，有组织地多次进行违法犯罪活动，为非作恶，欺压、残害群众；

（四）通过实施违法犯罪活动，或者利用国家工作人员的包庇或者纵容，称霸一方，在一定区域或者行业内，形成非法控制或者重大影响，严重破坏经济、社会生活秩序。"

2.《中华人民共和国村民委员会组织法》

第四条："中国共产党在农村的基层组织，按照中国共产党章程进行工作，发挥领导核心作用，领导和支持村民委员会行使职权；依照宪法和法律，支持和保障村民开展自治活动、直接行使民主权利。"

第十三条："年满十八周岁的村民，不分民族、种族、性别、职业、家庭出身、宗教信仰、教育程度、财产状况、居住期限，都有选举权和被选举权；但是，依照法律被剥夺政治权利的人除外。

村民委员会选举前，应当对下列人员进行登记，列入参加选举的村民名单：

（一）户籍在本村并且在本村居住的村民；

（二）户籍在本村，不在本村居住，本人表示参加选举的村民；

（三）户籍不在本村，在本村居住一年以上，本人申请参加选举，并且经村民会议或者村民代表会议同意参加选举的公民。

已在户籍所在村或者居住村登记参加选举的村民，不得再参加其他地方村民委员会的选举。"

第十七条："以暴力、威胁、欺骗、贿赂、伪造选票、虚报选举票数等不正当手段当选村民委员会成员的，当选无效。

对以暴力、威胁、欺骗、贿赂、伪造选票、虚报选举票数等不正当手段，妨害村民行使选举权、被选举权，破坏村民委员会选举的行为，村民有权向乡、民族乡、镇的人民代表大会和人民政府或者县级人民代表大会常务委员会和人民政府及其有关主管部门举报，由乡级或者县级人民政府负责调查并依法处理。"

3.《中国共产党章程》（中国共产党第十九次全国代表大会部分修改，2017 年 10 月 24 日通过）

第三十六条："党的各级领导干部必须信念坚定、为民服务、勤政务实、敢于担当、清正廉洁，模范地履行本章程第三条所规定的党员的各项义务，并且必须具备以下的基本条件：

（一）具有履行职责所需要的马克思列宁主义、毛泽东思想、邓小平理论、'三个代表'重要思想、科学发展观的水平，带头贯彻落实习近平新时代中国特色社会主义思想，努力用马克思主义的立场、观点、方法分析和解决实际问题，坚持讲学习、讲政治、讲正气，经得起各种风浪的考验。

（二）具有共产主义远大理想和中国特色社会主义坚定信念，坚决执行党的基本路线和各项方针、政策，立志改革开放，献身现代化事业，在社会主义建设中艰苦创业，树立正确政绩观，做出经得起实践、人民、历史检验的实绩。

（三）坚持解放思想，实事求是，与时俱进，开拓创新，认真调查研究，能够把党的方针、政策同本地区、本部门的实际相结合，卓有成效地开展工作，讲实话，办实事，求实效。

（四）有强烈的革命事业心和政治责任感，有实践经验，有胜任领导工作的组织能力、文化水平和专业知识。

（五）正确行使人民赋予的权力，坚持原则，依法办事，清正廉洁，勤政为民，以身作则，艰苦朴素，密切联系群众，坚持党的群众路线，自觉地接受党和群众的批评和监督，加强道德修养，讲党性、重品行、作表率，做到自重、自省、自警、自励，反对形式主义、官僚主义、享乐主义和奢靡之风，反对任何滥用职权、谋求私利的行为。

（六）坚持和维护党的民主集中制，有民主作风，有全局观念，善于团结同志，包括团结同自己有不同意见的同志一道工作。"

第三节　典型案例三：村干部滥用职权案

案情介绍

湖北省黄梅县五祖镇张思永村委副主任何某荣涉嫌妨害公务案①——滥用职权，以抗疫之名阻止警车出入村庄，煽动村民围攻民警，村委副主任涉嫌妨害公务罪被刑事拘留。

湖北省黄梅县，建县始于汉，初名寻阳，得名于其县境北面的黄梅山、黄梅水。黄梅县位于湖北、安徽、江西三省交界处，属吴头楚尾，荆楚文化与吴越文化在此激荡交融。黄梅县不仅是黄梅戏发源地，也是佛教禅宗发祥地。黄梅县五祖镇的东山之上，有佛教禅宗发源地——五祖寺。五祖寺原名东山寺，由禅宗五祖弘忍大师于唐永徽五年（654）创建，是弘忍的讲法道场。五祖镇也正是因五祖寺而得名。

如果说唱词婉约、调门缠绵的黄梅戏内蕴一些软绵绵的吴越文化，那么自古就与中国武术（尤其是少林武术）有着密不可分关系的佛教禅宗自带硬朗的荆楚文化。黄梅县获得“全国武术之乡”的称号，与禅宗、五祖寺不无关联。作为全国武术之乡，黄梅县民风剽悍，黄梅人大多呈现一种柔中带刚、尚武逞强的个性特征。在一般外来者眼中，黄梅人很像《亥下歌》中的项羽那样，给人以“力拔山兮气盖世”的印象。

本案发生地张思永村，是黄梅县五祖镇下辖的行政村。张思永村位于五祖寺山脚下，古角水库泄洪道下游东河的北边。城柳公路穿村而过，距镇政府所在地约 1 千米。全村纳入五祖风景区规划建设之内。张思永村可谓是处于黄梅县尚武文化的核心区域。

张思永村约有 2000 人。绝大部分村民都是同祖同宗的何氏一族，村民之间几乎都有着基于家族族谱记载的清晰血缘关系和辈分关系。可以说整个张思永村就像一个何氏大家族，村民之间团结友爱，互帮互助。

2020 年 2 月 4 日 14 时左右，黄梅县公安局五祖派出所副所长李怀宇、民警李浩然、辅警方友先及洪松四人接群众报警前往五祖镇张思永村出警。

---

① 煽动村民围攻民警，黄梅一村干部被刑拘［EB/OL］. 楚天都市报，(2020-02-08)［2022-04-29］. https://baijiahao.baidu.com/s?id=1657962193413304552&wfr=spider&for=pc.

彼时，正是新冠肺炎疫情暴发早期，全国防疫形势严峻。张思永村也制定了严格的封闭隔离防疫措施。村委会组织村民在进村道路上设置了路障，派专人 24 小时值班，严防外人入村。

李怀宇一行开着警车到达张思永村村口将要进村时，遇到了路障，只能停车观察。但见周围空无一人，更找不到值班人员，于是开车的辅警方友先摁了几下喇叭，还是不见有人现身。因为急着去办案，李怀宇只好指挥李浩然等人把路障搬开，开车进村去处警了。

约一个小时后，处警完毕返回的李怀宇一行开着警车要经过村口出村时，发现移开的路障又合在一起，阻挡了警车出村。当天值班的村民何某良站在路障边上，以李怀宇等人破坏路障、未经许可私自进村为由，拦着警车不让走。何某良要求李怀宇等人下车解释为何要强行清除路障，未经许可进村，并赔偿路障损失。

李怀宇向其表明身份并说明缘由，并表示自己回派出所还有工作要做，希望何某良放行警车。同时以人民警察的身份指出张思永村这样简单粗暴的防疫措施有所不妥，应该给救护车、警车等留下应急车道。

但何某良根本不听，不但拒绝李怀宇他们的批评，更阻止警车离开。

李怀宇无奈之下指挥民警下车，再次强行移除路障，并表示等车辆通过路障处后，再由民警将其恢复。

看到民警第二次强行移除路障，何某良情绪激动，大声呵斥，并极力用身体阻挡民警。双方的行为越来越激烈，肢体接触也越来越频繁。

此时，李怀宇多次对何某良予以口头警告，提醒其这是在阻止民警执法，涉嫌妨害公务。但性格倔强的何某良哪里听得进去，还是一边大喊大叫，一边奋力阻止。

民警见状对何某良进行口头传唤，告知要将其带离现场，到派出所接受调查，希望他配合。

何某良当然不肯配合。于是民警上前想控制何某良，依法对其进行强制传唤，并将其带离。

越来越大的吵闹声引来了张思永村副主任何某荣。在张思永村，1957 年出生的何某荣和何某良是同辈，二人是族兄族弟的关系，何某良称呼何某荣哥哥。按照村里的防疫值班安排，当天正是何某荣带领何某良在此值守。

作为族兄的何某荣见到警察要抓走自己的族弟，立即上前阻止，还对着村子的方向大喊："快来人哪，警察要抓走何某良！"听到喊声、吵闹声的村民飞奔而出，几分钟就集聚了三十多个身强力壮的男性村民，把警车围得水泄不通。

何某荣一边指挥村民围住警车，逼迫警察打开车门放何某良下车，一边召集更多的村民前来助阵。

人群越聚越多。见李怀宇他们一直不打开车门放人，何某荣情绪越来越激动。在何某荣的鼓动下，一些村民开始踢踹警车，甚至试图掀翻车辆，以此逼迫民警放人。村民何某更还朝民警吐口水，态度十分蛮横。

为避免与群众发生正面冲突，李怀宇他们只能一边紧锁车门，隔着车窗玻璃与现场群众交涉，劝导他们不要聚集闹事并要佩戴口罩，做好防疫，一边将现场情况立即向上级汇报。

在接到报告后，黄梅县公安局党委立即组织特巡警大队、五祖派出所集中警力赶至现场进行增援，当场将何某荣、何某良、何某更等三人控制，并对现场聚集的群众进行驱散。

三人被强制传唤到黄梅县公安局后，对煽动群众围攻民警、阻碍民警正常执法的违法犯罪事实供认不讳。

何某荣更对警方表示，自己是村干部，又是村里的长辈、长者，看到自己的族弟要被警察抓走，不能不管。

何某良因阻碍民警执法被依法予以行政拘留 10 日的处罚。何某荣、何某更因涉嫌妨害公务被黄梅县公安局立案侦查，并被采取刑事拘留的强制措施。

案例评析

本案是一起发生在抗击新冠肺炎疫情背景下的较为特殊的农村基层失职渎职型案件。之所以说它特殊，一方面是本案中的村委会副主任是在抗疫值班过程中因为不当甚至违法履行值班职责而存在失职渎职；另一方面是当事人还以涉嫌妨害执行公务这种犯罪形式，表现出村干部更深层次的一种失职渎职。这种更深层次的失职渎职，本案的当事一方张思永村副主任何某荣并没有意识到，而且很可能少部分农村基层自治组织党员干部如果遇到此类事件，也难以意识到。

首先，从第一个层面的失职渎职看，自治已经突破法律界限对抗公权力。正如本案中的警察李怀宇对张思永村防疫措施的批评所指出那样，张思永村这样简单粗暴的防疫措施其实过头了，涉嫌违法。这种以设置路障阻断交通的行为，本身就没有充足的法律依据，特别是在物理隔离时，连警车、救护车都不许通行，不留出应急车道，更是明显违法。从这个角度看，这是张思永村村委会的失职渎职，自然也是作为村委会副主任的何某荣的失职渎职。

其次，从第二个层面的失职渎职看，张思永村副主任何某荣应该是基于两个方面的认知缺陷而陷入失职渎职陷阱中的。

第一，法律认知的缺陷。因为没有基本的法律知识储备，缺乏基本的法律意识，导致其认为阻止警车出入村子是执行村里防疫政策，不是违法。鼓动村民围攻警车是为了救出本村的族弟，不是严重的违法行为。其完全没有认识到此类行为要么涉嫌违反《治安管理处罚法》第五十条，构成妨害执行公务的行政违法行为；要么更严重，涉嫌触犯《刑法》第二百七十七条第一款至第四款，构成妨害执行公务罪，甚至涉嫌违反《刑法》第二百七十七条第五款，构成袭警罪。

这里需要特别说明的是，为了凸显对警察执行公务的保护，2015 年《刑法修正案（九）》在《刑法》第二百七十七条中增加第五款，明确“暴力袭击正在依法执行职务的人民警察的，依照第一款（妨害公务罪）的规定从重处罚”。2020 年 12 月 26 日通过的《刑法修正案（十一）》，将袭警罪作为单独罪名予以明确，并配置两档独立的法定刑，使得暴力袭警行为不再是妨害公务罪的从重处罚情节，而成为独立罪名。司法实践中，在适用袭警罪时，一般都将袭警罪与妨害公务罪之间定位为一般法条与特殊法条的关系，将袭警罪作为妨害公务罪的特殊法条。当行为人使用暴力袭击正在依法执行职务的人民警察时，适用袭警罪；当行为人使用暴力方法阻碍国家机关工作人员等非人民警察执行职务时，适用妨害公务罪。这反映了法律在打击袭警行为上的力度不断强化。同时，司法实践中，妨害公务违法行为与妨害公务犯罪行为的界限不太容易区分，各地司法机关掌握的尺度也有所差异。这对涉嫌妨害公务的人而言，意味着多了一层风险。如果本案中的何某荣认知到此类行为包含这么多的法律风险，其大概率不会如此鲁莽行事。

第二，宗族观念认知的缺陷。本案中的张思永村委副主任，既是“村官”，又是张思永村这个何姓家族的长者与长辈，自觉对族内晚辈持有保护义务与责任。这种基于对传统封建文化的传承而产生的宗族文化，在当前一些农村基层地区仍然非常盛行。本案中的村副主任何某荣，正是凭着一股家族伦理风俗情绪，不顾一切冲在违法前线，导致了这种失职渎职，也给自己带来了刑事追责的后果。

案例警示

结合本案的案情，我们应从本案中得出重要警示。农村基层自治组织人员应该学会用法律思维和法治逻辑思考问题，用法律手段解决问题。千万不能背离法治思维与法治逻辑，仅从地域文化、宗族观念等角度去看问题和解决问题。

无论是国家公务员还是农村基层干部，都要不断充实自己，尤其是要多学习法律知识，养成法律思维和法律逻辑，只有这样才能确保自己有足够的辨识力，增强公务行动中是非判断的准确性，进而避免落入失职渎职的陷阱。本案中，如果张思永村的领导班子具备上述能力，在制定本村的防疫举措时，就不会采用物理隔离这样简单粗暴的措施，更不会以此阻止执行公务的警车出入。如果本案中张思永村委副主任何某荣具备上述能力，就不会鼓动村民围堵警车，阻止警察执行公务，最终让自己陷入涉嫌构成妨害公务犯罪的泥潭。

规范指引

1.《中华人民共和国刑法》

第二百七十七条："以暴力、威胁方法阻碍国家机关工作人员依法执行职务的，处三年以下有期徒刑、拘役、管制或者罚金。

以暴力、威胁方法阻碍全国人民代表大会和地方各级人民代表大会代表依法执行代表职务的，依照前款的规定处罚。

在自然灾害和突发事件中，以暴力、威胁方法阻碍红十字会工作人员依法履行职责的，依照第一款的规定处罚。

故意阻碍国家安全机关、公安机关依法执行国家安全工作任务，未使用暴力、威胁方法，造成严重后果的，依照第一款的规定处罚。

暴力袭击正在依法执行职务的人民警察的，处三年以下有期徒刑、拘役或者管制；使用枪支、管制刀具，或者以驾驶机动车撞击等手段，严重危及其人身安全的，处三年以上七年以下有期徒刑。"

2.《中华人民共和国治安管理处罚法》

第五十条："有下列行为之一的，处警告或者二百元以下罚款；情节严重的，处五日以上十日以下拘留，可以并处五百元以下罚款：

（一）拒不执行人民政府在紧急状态情况下依法发布的决定、命令的；

（二）阻碍国家机关工作人员依法执行职务的；

（三）阻碍执行紧急任务的消防车、救护车、工程抢险车、警车等车辆通行的；

（四）强行冲闯公安机关设置的警戒带、警戒区的。

阻碍人民警察依法执行职务的，从重处罚。"

第七章

农村基层作风堕落型腐败案例评析

第一节　典型案例一：政治作风堕落型腐败案

案情介绍

湖南怀化市溆浦县双井镇 10 名村干部违反政治纪律被查处案①——胆大包天，私自组织聚会，公然搞非组织活动对抗上级组织。

2016 年 4 月 9 日傍晚，一个极为普通的黄昏时分，对时任湖南省怀化市溆浦县双井镇镇长的易某生而言，这一天却极为特别。虽然时间已经过去了好几年，目前担任溆浦县大江口镇党委书记、离开溆浦县双井镇好几年的易某生，对当天发生的事仍然记忆犹新。

不是因为易某生记性好，也不是因为他喜欢回忆一些乱七八糟的小事，而是因为当天发生的事在易某生大半辈子的公职生涯中，是第一次遇到。人们对人生的第一次，往往会产生难以磨灭的记忆，终生难忘。

更主要的是，遇到这事时，四十出头、已经在双井镇当了三年多镇长的易某生产生的念头是：怎么会发生这样的事？这怎么可能？因为在他看来，这样的事发生的概率在当时的政治生态中几乎为零。事情的发生，颠覆了他的认知。

1975 年出生的易某生，是土生土长的溆浦县人，大学文凭，1996 年从湖南省长沙农业学校农作专业毕业后，一直在溆浦县当地工作。在担任溆浦县双井镇镇长前，先后在溆浦县县委党校等不同岗位担任过副职。从受教育经历与工作履历都不难看出，易某生是科班出身且基层工作经验丰富的干部。这样的干部，具备相对完善的知识体系与成熟的政治思维，对基层工作中的各种问题可谓见多识广，对哪怕是一些小概率的极端问题，其看法一般也会从容平和，轻易不会对事物大惊小怪。换句话说，能让易某生瞬间感觉

① 湖南 10 名村干部违反政治纪律 私下聚会对抗组织［EB/OL］.（2016-04-27）［2022-04-30］. http：//www. xinhuanet. com/politics/2016-04/27/c_ 128934800. htm.

颠覆自己认知的，肯定不是一般的少见多怪的事，而是真的有点离谱。

那么，那个春日的黄昏，到底发生了什么事呢？

2016 年 4 月 9 日下午 7 点左右，太阳刚刚落山，已经下班吃过晚饭正在镇政府宿舍里准备打开电视看新闻联播的镇长易某生，忽然看到放在桌子上的手机来电话了。

易某生拿起电话一看，是双井镇下属一个村的纪检员打来的电话。易某生与这个纪检员打交道也不算多，都是工作接触。

易某生也没多想，拿起手机，先简单问候了一句，大约是“晚饭吃了没有”之类的话。然后问对方：“有什么事吗？”

对方半天没吱声。易某生正准备再问时，这位纪检员压低了嗓门说了一句：“易镇长，您现在说话方便吗？”

易某生觉得有点怪怪的，心想干吗这么神神秘秘的。于是赶紧回答说：“方便，有什么事情请说。”

对方略微停顿了几秒钟，仍然用刻意压低的声音说：“易镇长，我有一件重大的事情要向您报告。明天岩家垅片区各村村‘两委’准备抵制镇里明天的会议，凤凰村的杨书记和云坡村的朱书记他们中午在祖师殿镇吉月大排档聚会，已经商议好了。”

易某生当时以为自己听错了。岩家垅片区各村村“两委”集体商议抵制镇里的会议，这不是搞非组织活动公然对抗镇党委、镇政府吗？意识到事态的严重性后，易某生赶紧向对方一五一十问明事情的详细情况，不放过每一个细节。

据该纪检员的汇报，4 月 9 日上午，双井镇岩家垅片区的凤凰村村党支部书记杨某英给同属双井镇岩家垅片区的云坡村村党支部书记朱某东打电话，提议组织岩家垅片区各村村干部到与双井镇毗邻的祖师殿镇吉月大排档聚会。聚会的主题是商议不参加 4 月 10 日镇党委和政府组织的工作会议。朱某东表示同意。之后，杨某英、朱某东又分别电话联系了岩家垅片区 8 个村的 11 名村干部，大家都同意当天中午在祖师殿镇吉月大排档聚餐喝酒，进一步商议此事。除 2 名村干部在外办事没有参加聚会外，参与聚餐的 9 名村干部都对杨某英、朱某东的提议表示赞同和响应，决定 8 个村都不参加双井镇党委、政府 4 月 10 日召开的工作会议。该村纪检员还特别提到，事件的导火索，是杨某英他们对乡镇合并后双井镇最近实行的“村财乡管”制度改革不满。

这里，需要补充说明一下本案件发生的两个背景：第一个是关于“村财乡管”制度；第二个是关于乡镇合并。

原来，事情的起因与双井镇按照溆浦县统一安排推进的“村财乡管”制度改革有关。这里有必要“科普”一下“村财乡管”制度及其与溆浦县乃至怀化市的渊源。所谓“村财乡管”制度，顾名思义就是把村集体的财产交给乡镇代为管理的制度，这是一项在全国很多地方都在推行的农村集体经济组织财务管理制度。1998 年《村民委员会组织法》出台后，我国开始在广大农村全面推行村民委员会自治制度。村民委员会自治制度中的一项重要内容就是村级财务管理制度。财务管理的核心是管钱，钱管不好，人往往就会出问题。也正是出于对村级财务管理这一问题的预见，《村民委员会组织法》施行的当年，《中共中央办公厅 国务院办公厅关于在农村普遍实行村务公开和民主管理制度的通知》（中办发〔1998〕9 号）对村级财务管理提出了民主管理、财务公开的原则要求。2004 年 6 月 22 日，《中共中央办公厅 国务院办公厅关于健全和完善村务公开和民主管理制度的意见》（中办发〔2004〕17 号），发布对村级财务管理的公开、透明与民主管理提出了更具体的要求。

然而，在贯彻《村民委员会组织法》、推进村民委员会自治制度的实践中，一些地方频繁暴露出村级财务管理混乱的问题，出现村干部贪污、挪用、侵占、私分村集体财产的违法犯罪现象。为了遏制这种村级财务管理混乱的势头，“村财乡管”制度应运而生，在全国很多地方推行。而本案的发生地湖南省怀化市在“村财乡管”制度的推行中又具有一定的典型性，走在湖南全省乃至全国前列。实际上，早在《村民委员会组织法》出台前的农村基层自治制度改革试点阶段，怀化市一些地方就已经推行“村财乡管”制度。1995 年第 8 期的《中国行政管理》杂志上就发表过一篇署名牟永刚、张梁的文章《村有乡管：改革村级财务管理好形式——湖南芷江县农村财务管理调查》，文章对隶属于怀化市的芷江县的“村财乡管”制度的出台背景、基本做法和效果进行了基本介绍与评析。双井镇所在的溆浦县和芷江县同属于怀化市，相隔不远。

一直以来，溆浦县在推进“村财乡管”制度上的力度很大，先后制定了《溆浦县村财乡管村用操作手册》《溆浦县农村财务管理办法》《溆浦县财务规范化管理实施意见》《溆浦县村级财务规范化管理操作规程》《溆浦县农村集体资金资产资源规范化管理暂行办法》等一系列制度和办法，从集体资金收入到支出、从资产购建到资产评估、从资源清查到租赁等多个方面做了规定，特别是严格按照农村基层党风廉政建设的要求，对村干部开支、使用村集体财产从实体和程序两方面制定了严密的制度规范。例如，按照溆浦县全面推行“村财乡管”制度的具体做法，由乡镇经济服务中心统一核算村级财务，实行账户统设，按村设账，对较大支出和各种票据实行村“两委”、村务监督委员会、乡镇经济服务中心三层审核，确保资金使用规范透明。全县659个村委会全面实行报账制，推行财务电算化，财务管理实行集中办公。对村级财务支出严格审计监督，按照三年一审计的要求，每年确定1/3以上的村进行村级财务审查。

乡镇合并是与本案相关的另一背景。本案的发生，还与乡镇合并后产生的人事、财务等方面的结构性矛盾在短时间内难以消解有关。本案发生地的双井镇，是溆浦县开展乡镇合并后由原岩家垅乡和老双井镇合并组建的。原岩家垅乡和老双井镇合并组建新的双井镇时，易某生也由原来的老双井镇镇长变为新的双井镇镇长。原来的双井镇，无论是人口数量还是土地规模，都没有原来的岩家垅乡大。新组建的双井镇有两个社区、21个行政村。在21个行政村中，隶属原岩家垅乡的就有12个。原岩家垅乡和原双井镇合并后，原来设在凤凰村的岩家垅乡政府机构搬到了双井镇。因为新双井镇政府就设在原来的老双井镇。所以名义上是原岩家垅乡和原双井镇的合并，实际上无异于是原来的双井镇吸收了原来的岩家垅乡。由此，原来属于岩家垅乡的一部分乡村两级干部，有一些失落感，甚至在工作中有一些抵触情绪。新的双井镇成立以来，作为镇长的易某生，对此亦有觉察。

前不久，为了响应县里严格执行“村财乡管”制度的最新规定，双井镇党委、政府经过会议研究，出台了更加严格的措施。例如，规定同城不得安排公务接待，所有会议参会人员自行解决就餐、各村自行承担打印及复印资料相关费用。这些措施把一些存有漏洞可能被各村利用来进行虚报费用的财务报销方式彻底堵死了。原来村干部们可以借着到镇上或者到县里开会的机会，以伙食补贴的名义报销一些餐饮发票或者以公务接待的名义报销餐饮费用，现在基本不可能了。原来各村可以到镇上报销一些资料打印之类的费用，现在也被禁止了。这也正好解释了为什么第一个跳出来组织这次非组织活动的，正是原岩家垅乡所在地的凤凰村的村支书，参与非组织活动抵制镇党委、政府会议的8个村，全部是双井镇岩家垅片区的村，也即是隶属原岩家垅乡的行政村。

向来电的纪检员问明全部情况后，易某生马上给时任双井镇党委书记的贺某海打电话，将情况一五一十向贺某海作了汇报。作为镇党委书记的贺某海也着实吃惊不小。

二人简单一合计，决定火速将情况向溆浦县委主要负责人和县纪委主要负责人报告。县委主要负责人和县纪委主要负责人了解到这一突发情况后，经过简单研究，决定先防止事态扩大，第一时间将问题消灭在萌芽状态，后续再进行详细调查与问责处理。

于是，溆浦县委、县纪委立即指示双井镇党委、政府马上安排镇党政领导班子分别联系参与非组织聚集的岩家垅片区 8 个村党支部书记和村主任，摸清情况后，通过政治思想工作进行说服教育，明确事态的严重性，指出其错误，晓以利害，尽最大努力争取相关人员改正错误，打消抵制第二天召开的镇党委、政府会议的念头，回到正确道路上来。

易某生还记得，那天晚上他和镇党委书记贺某海一直在镇政府办公室打电话，一直到第二天即 4 月 10 日的半夜一点，他和贺某海才离开办公室。

也许是双井镇镇领导班子苦口婆心的说服教育发挥了效用，也许是参与非组织活动的 11 名村干部意识到了问题的严重性，4 月 10 日，该镇岩家垅片区 12 名村党支部书记中，除云坡村党支部书记朱某东请假没有参加会议外，其他 11 人均按时参加了会议。

到此为止，易某生总算长出一口气，事情总算没有发生，好歹避免了事态的恶化。

然而事情本身的恶劣性质摆在那里，不可能视而不见。按照溆浦县委和县纪委的指示，双井镇纪委牵头组织了对事件的进一步调查。

根据双井镇纪委的调查报告，2016 年 4 月 21 日，原中共溆浦县纪委办公室向全县发布了《关于对双井镇 11 名村干部违反政治纪律和组织纪律情况的通报》（以下简称《通报》）。《通报》将事件定性为一起违反党的政治纪律和组织纪律的典型案件，严重损害了党员干部的形象，造成了不良的政治影响和社会影响。《通报》中列出了对相关当事人的处理决定：对非组织活动的发起者杨某英、朱某东予以组织处理，免去党支部书记职务；对组织、参与非组织活动的杨某英、朱某东、朱某银、朱某启、李某茂、刘某尧、朱某、朱某会等 8 人，取消其双井镇第十届党代会代表正式候选人资格；对杨某英、朱某东、朱某银、朱某启、李某茂、朱某、朱某会、刘某尧、樊某枝、樊某枚等 10 人予以立案调查；对凤凰村村主任朱某进（非中共党员）参加非组织活动问题进行调查。

案例评析

《中国共产党章程》（中国共产党第十九次全国代表大会部分修改，2017年10月24日通过）第四十条第一款："党的纪律主要包括政治纪律、组织纪律、廉洁纪律、群众纪律、工作纪律、生活纪律。"《中国共产党纪律处分条例》（2018年修订发布）第二编分则中，依照党员的政治纪律、组织纪律、廉洁纪律、群众纪律、工作纪律、生活纪律的分类，分别设有专章对违反上述各类党员纪律的行为规定了具体的处分措施，其中第六章"对违反政治纪律行为的处分"对应的即是政治纪律。纪律决定作风，党员纪律类型化是党员作风类型化的重要基础和参考。对应党员纪律中政治纪律这一种类，党员优良作风中应该划分出政治作风这一类型。从《中国共产党纪律处分条例》分则的排序看，政治纪律与政治作风排在第一位，足见政治纪律与政治作风的重要性。在农村基层微腐败案件中，因违反政治纪律、政治作风堕落的案件，属于性质恶劣、情节严重的农村基层微腐败案件，应该予以高度重视，而本案正是这样一起典型的政治作风堕落型农村基层微腐败案件。

基于包含习近平新时代中国特色社会主义思想在内的当代中国马克思主义理论关于共产党员政治作风的基本要求，对照《中国共产党章程》《中国共产党纪律处分条例》《中国共产党廉洁自律准则》《中国共产党党内监督条例》等党内法规的具体规定，剖析本案并不复杂的案情，至少可以归纳出本案中涉案的农村基层党员干部在以下三个方面存在严重的政治作风堕落，表现极其恶劣：

第一，胆大妄为，公然对抗上级党组织和政府机关。本案中，同一乡镇内涉及8个行政村的"两委"负责人，累计10名党员干部和1名非党员干部，在镇党委、政府组织的全镇所有行政村参加的工作会议召开的前一天，公然以集体抵制会议来对抗镇党委、政府。依照《中国共产党章程》等一系列党内法规，行政村的党支部是乡镇党委的下级党组织，理应无条件接受乡镇党委的领导。《中国共产党章程》第十六条第二款规定："党的下级组织必须坚决执行上级组织的决定……"依照《村民委员会组织法》等法律法规，行政村村委会是农村基层自治组织，应该接受乡镇政府的指导。《村民委员会组织法》第五条规定："乡、民族乡、镇的人民政府对村民委员会的工作给予指导、支持和帮助，但是不得干预依法属于村民自治范围内的事项。村民委员会协助乡、民族乡、镇的人民政府开展工作。”此种道理，姑且不要说担任行政村党支部书记和村委会主任的党员干部应该了然于心，就是一般普通基层群众，也都能十分确定地知道。但是，本案中的 10 名党员村干部和 1 名非党员村干部公然以农村基层党组织对抗镇党委、以农村基层自治组织对抗镇政府，严重违反国家法律与党内法规，真是胆大妄为。

第二，无组织无纪律，公开组织聚会，搞非组织活动。中国共产党是中国工人阶级的先锋队，与资本主义政党的不同之一在于其具有高度的组织性，因而排斥党员的非组织活动。《中国共产党纪律处分条例》（2018 年修订发布）第四十九条规定：“在党内搞团团伙伙、结党营私、拉帮结派、培植个人势力等非组织活动，或者通过搞利益交换、为自己营造声势等活动捞取政治资本的，给予严重警告或者撤销党内职务处分；导致本地区、本部门、本单位政治生态恶化的，给予留党察看或者开除党籍处分。”《中国共产党党内监督条例》（2016 年 10 月发布）第二十七条规定：“纪律检查机关必须把维护党的政治纪律和政治规矩放在首位，坚决纠正和查处上有政策、下有对策，有令不行、有禁不止，口是心非、阳奉阴违，搞团团伙伙、拉帮结派，欺骗组织、对抗组织等行为。”上述两部党内法规均旗帜鲜明地禁止搞非组织活动，并且规定了对搞非组织活动的处分措施。2015 年 1 月 13 日，习近平总书记在十八届中央纪委第五次全会上发表讲话时曾经特别提到不允许搞非组织活动的政治纪律。“讲规矩是对党员、干部党性的重要考验，是对党员、干部对党忠诚度的重要检验。……必须服从组织决定，决不允许搞非组织活动，不得违背组织决定。”① 对本案中 11 名涉案的村干部而言，他们不可能不知道搞非组织活动的违法属性与政治上的极端恶劣性。但是因为政治作风的堕落，他们完全放任这种违法属性与政治上的极端恶劣性的存在，悍然脱离政策的党内组织生活基本程序，私自组织聚集，搞非组织活动，通过非组织活动商讨集体抵制镇党委、政府会议，为对抗上级党组织和政府而协调立场，统一行动。这完全是无组织无纪律的行为。

第三，利欲熏心，利令智昏，公然寻求非法利益合法化。公然对抗上级党组织和政府，搞非组织活动，均是严重违反政治纪律、政治作风严重堕落的行为，影响极坏。然而本案中反映出的农村基层党员干部政治作风堕落还

---

① 习近平在十八届中央纪委五次全会上发表重要讲话［N］. 人民日报，2015-01-14（1）.

不仅仅止于此。仔细分析本案，还能挖掘出其政治作风堕落的更多恶劣情节。倘若本案中11名村干部是为了维护自身的正当利益，采用搞非组织活动对抗上级党委和政府的手段，也足够构成严重的违反政治纪律事件。本案中，11名村干部之所以搞非组织活动对抗镇党委、政府，原因在于乡镇合并后严格执行“村财乡管”财务管理制度，导致原有的“灰色”乃至违法的不当利益丧失，继而心生不满。这11名村干部想维系不合法利益，居然采用性质如此恶劣的严重违反政治纪律的手段，足见农村基层个别干部政治作风堕落的严重程度几乎已经到了毫无底线、不可救药的地步。

案例警示

在全面贯彻执行习近平新时代中国特色社会主义思想的当下，结合当下农村基层政治生活的实际，我们认为本案有两点警示值得我们关注。

第一，一定要把政治纪律放在第一位，时刻牢记政治纪律，锤炼优良、可靠的政治作风，严防政治作风堕落型农村基层微腐败案件的发生。与生活作风腐败、工作作风腐败等农村基层微腐败案件相比，一般而言，政治作风腐败的农村基层微腐败案件发生的概率确实较低。这是因为，一方面，在政治作风这种大是大非的问题面前，大多数党员干部基本能做到明辨是非从而能在关键时刻做出正确选择；另一方面，党的各级组织一直将政治问题置于各项工作的中心位置，时刻绷紧政治这根弦。然而，我们千万不能因此而放松对农村基层政治堕落型微腐败的预防。政治作风严重堕落微腐败案件，不发生则已，一旦发生，其性质之严重，影响之恶劣，远远超越其他类型的作风堕落微腐败案件。本案作为一起严重违反政治纪律、政治作风严重堕落的农村基层微腐败案件，万幸之处在于上级党委、政府处置及时，相关涉案党员干部及时认识到了问题的严重性和自身错误，果断采取纠正措施，避免了事态的进一步恶化。若非如此，案件会演变成更加恶劣的政治作风堕落腐败案件。因此，农村基层干部一定要通过学习深刻领悟党内法规、党的方针政策，不断加强自己的政治修养，增强自己的政治辨识能力，提升自己的政治敏感度，从而严守政治纪律，保持优良的政治作风。唯此，才有可能预防农村基层政治作风堕落型微腐败的发生。

第二，要明确组织或参加非组织活动严重违反政治纪律，是一种严重的政治作风堕落行为，一定不能有意或者无意中落入组织或参加非组织活动的陷阱。一些人可能认为，只要在政治上严格要求自己，农村基层党员干部一般不会涉及政治作风问题，主要是较高层次的党员领导干部才会遇到政治作风、政治纪律等问题。本案的发生，明白无误地告诉我们，农村基层党员干部同样会面临政治作风、政治纪律的问题。组织或参与非组织活动之类的违反政治纪律的问题，也有可能发生在农村基层党员干部身上。

实际上，搞非组织活动，关键点不仅仅在于“非组织”，还在于“活动”。此处的“活动”，即意图达成的目的或者意图表达的诉求，其内涵外延非常广泛。如果此类“活动”不能依照正常的党组织生活程序展开，很多在农村基层政治生活中的事项都有可能属于落入此处的“活动”的范畴，如农村基层选举中以拉票为目的的不当聚会。“此前，很多人误以为‘非组织活动’只发生在少数高级领导干部身上，对普通党员来说‘很遥远’。现在看来，‘非组织活动’指的是一种形式，可以视作那些不按组织程序、未经组织允许的活动行为，而其‘活动’的具体内容可以是‘政治问题’、拉票贿选、干扰组织审查，也可以是‘对抗上级组织’。”① 特别值得指出的是，与城市地区不同，农村地区作为典型的“熟人社会”，客观上存在着一些宗族等传统乡土社会网络，农村基层党组织和党员开展工作，面临着更多的干扰和更复杂的局面，有时往往身不由己地被裹挟参加非组织活动。

因此，一定要增强自己的政治辨识力，不主动或者被动、有意或者无意参与非组织活动。即便在农村基层组织生活中遭遇一些矛盾，例如确实有正当利益需要维护的情况，也不能病急乱投医，参与非组织活动。而是应该依照正常的组织程序进行申辩，表达诉求。实际上，《中国共产党章程》等党内法规规定了健全的党员、基层党组织合理表达诉求的程序与机制。如《中国共产党章程》第十六条第二款规定：“党的下级组织必须坚决执行上级组织的决定。下级组织如果认为上级组织的决定不符合本地区、本部门的实际情况，可以请求改变；如果上级组织坚持原决定，下级组织必须执行，并不得公开发表不同意见，但有权向再上一级组织报告。”在这一点上，务必引起高度注意。

---

① 任红禧. 搞“非组织活动”违反了什么“规矩”？[J]. 党的生活（黑龙江），2016（6）：37.

规范指引

1.《中华人民共和国村民委员会组织法》

第四条："中国共产党在农村的基层组织，按照中国共产党章程进行工作，发挥领导核心作用，领导和支持村民委员会行使职权；依照宪法和法律，支持和保障村民开展自治活动、直接行使民主权利。"

第五条："乡、民族乡、镇的人民政府对村民委员会的工作给予指导、支持和帮助，但是不得干预依法属于村民自治范围内的事项。

村民委员会协助乡、民族乡、镇的人民政府开展工作。"

2.《中国共产党章程》（中国共产党第十九次全国代表大会部分修改，2017 年 10 月 24 日通过）

第三条："党员必须履行下列义务：……（三）坚持党和人民的利益高于一切，个人利益服从党和人民的利益，吃苦在前，享受在后，克己奉公，多做贡献。（四）自觉遵守党的纪律，首先是党的政治纪律和政治规矩，模范遵守国家的法律法规，严格保守党和国家的秘密，执行党的决定，服从组织分配，积极完成党的任务。（五）维护党的团结和统一，对党忠诚老实，言行一致，坚决反对一切派别组织和小集团活动，反对阳奉阴违的两面派行为和一切阴谋诡计。……"

第十六条第二款："党的下级组织必须坚决执行上级组织的决定。下级组织如果认为上级组织的决定不符合本地区、本部门的实际情况，可以请求改变；如果上级组织坚持原决定，下级组织必须执行，并不得公开发表不同意见，但有权向再上一级组织报告。"

3.《中国共产党纪律处分条例》（2018 年修订发布）

第四十九条："在党内搞团团伙伙、结党营私、拉帮结派、培植个人势力等非组织活动，或者通过搞利益交换、为自己营造声势等活动捞取政治资本的，给予严重警告或者撤销党内职务处分；导致本地区、本部门、本单位政治生态恶化的，给予留党察看或者开除党籍处分。"

4.《中国共产党党内监督条例》（2016 年 10 月发布）

第二十七条："纪律检查机关必须把维护党的政治纪律和政治规矩放在首位，坚决纠正和查处上有政策、下有对策，有令不行、有禁不止，口是心非、阳奉阴违，搞团团伙伙、拉帮结派，欺骗组织、对抗组织等行为。"

第二节　典型案例二：违反群众工作纪律案

案情介绍

山东平度市一干部言语粗暴对待群众被依法查处案①——“我有一百种方法刑事（拘留）他儿子”。

2021 年 12 月，一段被标以“山东平度女官员威胁上访者事件”的电话录音文件在互联网流出。打开该音频文件，听完整个电话录音，听众大体能了解这是一通为了解决上访问题的电话交谈，交谈双方分别为山东省平度市云山镇党委书记王某和一位居中沟通的第三方。录音中，平度市云山镇党委书记王某以一副急切、显得颇为烦躁且语带威胁的口吻和第三方说着话，表达的意思大体是希望该第三方协助做上访者的工作，劝说其不要再进京告状了。在王某滔滔不绝的谈话中，直接地、露骨地说出了以下威胁性的言辞：“如果这一家人（指上访者一家）都不怕死的话，我们就举全市之武力、物力、人力、财力、精力跟他（指上访者）耗……他们（指上访者）家可还有两个小孙子，肚子里还有一个，嗷嗷待哺……我们正在研究怎么能刑事拘留他（指上访者），现在行政拘留，档案里边也没有太大的障碍，就是拘留十五天，下一步我们就再研究怎么能刑事（拘留）他（指上访者）……你放心，我豁上了，我有一百种方法去刑事（拘留）他儿子（指上访者儿子）……要学会及时止损，不及时止损的话，后果真的是，可能就会超乎他们（指上访者）的想象……”

这样一份极大可能是在说话者不知情的情况下被偷录的电话录音音频文件，谈话的内容是负责处理上访问题的农村基层官员通过第三方意欲转告上访者的，谈话中威胁口气明显，措辞十分严厉而又明显不当，更主要的是音频文件中的说话者被精准锁定为农村基层某乡镇党委书记，姓名、单位、职位等详细个人信息一应俱全，一经发出，迅速传播，被微博、微信朋友圈、各种自媒体公众号等广泛转发，引发巨大新闻轰动效应。继而，人民网、央视网等官方的新闻网站也纷纷转发、评论，迅速形成了舆情事件。

---

① 基层干部言语粗暴对待群众，山东已派联合调查组赴平度调查［EB/OL］．（2021－12－28）［2022－04－30］．https：//focus. szonline. net/shehuiyao/20211228/202112116893. html.

有好事网友进一步查证事件，搜集、公布了更多的相关资料，还原了整个事件的来龙去脉。当事人是平度市云山镇党委书记王某，1981 年 11 月生，汉族，山东莱西人，2004 年 8 月参加工作，2007 年 2 月加入中国共产党，大学学历。担任平度市云山镇党委书记前，她历任原平度市马戈庄镇团委干事、共青团平度市市委科员、共青团平度市市委组宣部副部长、共青团平度市委组宣部部长、共青团平度市委副书记、共青团平度市委书记、云山镇党委副书记和镇长。2021 年 8 月，时任平度市云山镇党委书记的王某，委托一位上访者的亲戚去和上访者沟通时被录音。而事件中的上访者，是平度市云山镇一户谢姓居民，该谢姓居民一家因为举报当地一家企业偷税漏税而持续上访。

2021 年 12 月 26 日，涉事的当地政府对事件首次作出回应。平度市委宣传部官方微博对事件进行了通报："近日，网民反映平度市云山镇党委书记王某在做群众工作时，方法简单、言语失当、作风粗暴，造成不良影响。问题发生后，平度市委高度重视，12 月 26 日，对王某作出停职调查处理，责令其向当事人赔礼道歉。平度市委已成立调查组，对事件进行调查，依法依规处置。"

随即，王某在云山镇镇长的陪同下，第二天连夜登门向录音中被威胁的上访当事人道歉。但上访当事人一家斩钉截铁地回答：不接受道歉！

2021 年 12 月 28 日，平度市召开全市干部作风整顿会议，全面查摆整改有关问题。

2022 年 3 月 23 日，山东省省市联合调查组发布《关于平度市云山镇一基层干部言语粗暴对待群众问题调查处理情况的通报》（简称《通报》），公布了调查结论。《通报》开篇提到：针对平度市云山镇一基层干部言语粗暴对待群众问题，山东省委高度重视，派出省市联合调查组深入开展调查工作。省市联合调查组约见了当事人，对其反映的问题全面调查核实。《通报》基本印证了此前网络上关于此事件的描述，并补充了更具体的细节。

关于事件中涉及的上访者谢姓居民，《通报》证实是谢某武、田某娟（女）、谢某祥。谢某武、田某娟（女）二人原为夫妻关系，2018 年 6 月离婚，但一直在平度市云山镇共同居住生活。谢某武于 2018 年 4 月至 6 月在青岛蓝树谷文化传媒旅游集团股份有限公司工作，因个人原因自行离职。田某娟于 2016 年 10 月至 2019 年 7 月在青岛蓝树谷文化传媒旅游集团股份有限公司工作，因对公司调整其工作岗位不满自行离职。谢某祥系谢某武父亲，现在云山镇务农。被谢某武投诉偷税的青岛蓝树谷文化传媒旅游集团股份有限公司成立于2015年11月，注册地址为云山镇，2019年11月更名为青岛蓝树谷教育集团股份公司。而偷录这份电话录音并将其交给谢某武的是任某明，系谢某武的表哥，即与王某通电话的第三方。

《通报》确认王某存在言语粗暴对待群众的问题，称：现查明，王某在参与化解谢某武、田某娟信访问题过程中，与相关人员通电话时言语粗暴，造成严重不良影响。

根据《通报》中的描述，2019年9月29日以来，谢某武、田某娟多次拨打青岛市12345政务服务热线、到相关部门上访，主要反映蓝树谷公司组织员工办理个体工商户营业执照、偷税漏税、洗钱等问题。平度市市场监管局、税务局、信访局等相关部门和云山镇党委、政府共同负责化解工作。2021年8月16日至18日，田某娟连续3天越级到相关部门上访。2021年8月18日，王某找到任某明，通过其做谢某武的思想工作，劝田某娟回当地解决问题，任某明同意做工作。2021年8月22日，任某明向王某转达谢某祥提出的谢某武、田某娟不再上访的3项条件：一是将谢某武的行政拘留处罚记录全部“抹掉”；二是对田某娟遭当地工作人员“殴打”的问题进行补偿；三是由云山镇政府将谢某祥、仲某利（系谢某武舅舅）的20亩承包地进行流转，按照每年租金10万元、租期38年（第二轮农村土地承包期剩余8年和将来第三轮农村土地承包期30年）计算，转包费380万元。王某表示将向上级汇报。2021年8月23日，田某娟再次到相关部门上访。当天，王某得知后，情绪激动，与任某明通电话沟通情况时言语粗暴，任某明对通话进行录音并将录音转给谢某武。2021年8月24日，王某等人与谢某武在村委会见面，谢某武要求在3个月内解决谢某祥、仲某利承包地流转问题，每年租金可以降到6万元，转包费相应由380万元降为228万元。2021年9月6日，王某等人与谢某武、田某娟当面协商承包地流转问题，田某娟要求必须在2个月内解决。王某联系有关公司进行转租。经测绘公司测绘，相关地块实际面积为16.86亩；当地土地流转市场价格为每年每亩约1000元，按照38年租期计算，该地块租金约64万元，外加果树补偿费评估约70万元，转包费共约134万元。在协商过程中，谢某武、谢某祥对测绘结果不认可，坚持土地面积为20亩，需一次性付清228万元转包费。双方因数额差距较大，未能达成一致。此后，谢某武、田某娟继续上访反映蓝树谷公司的问题，并在2021年12月中旬通过网络发布王某与任某明通话录音。

关于蓝树谷公司偷税漏税问题，《通报》给出的结论是：蓝树谷公司组织员工办理个体工商户营业执照、虚开发票问题属实，但未造成少缴税款的后果。关于上访者反映的其本人及家人在举报、上访过程中遭受的不公正待遇问题，《通报》认为平度市公安局依据《治安管理处罚法》有关规定，对谢某武、田某娟分别处以行政拘留处罚，案件违法事实清楚、处罚依据明确。谢某武、田某娟以其次子谢某康下颏外伤缝线脱落为由（患儿外伤系自己磕伤），拒绝医疗事故鉴定，以到上级有关部门反映相要挟，向平度市某医院索要了3万元“赔偿”的行为涉嫌寻衅滋事犯罪，被平度市公安局立案侦查并采取刑事强制措施，案件办理符合法定程序，不存在超期羁押等情况。谢某武反映的田某娟被“殴打”问题，经调查，没有证据证明当地工作人员对田某娟实施殴打行为。

《通报》公布了基于上述调查事实对王某等的责任追究。除了事件主角平度市云山镇党委书记王某外，事件中涉及的平度市市场监管局、平度市税务局、平度市委、平度市政府均有相关领导受到党纪政纪处分。其中《通报》对事件主角云山镇党委书记王某的处理结论是：王某宗旨意识不牢，法治观念淡薄，工作方法不当，违反群众纪律，对待群众态度恶劣、简单粗暴，造成严重不良影响。免去王某云山镇党委书记职务，给予党内严重警告、政务降级处分。

案例评析

本案是一起典型的群众工作作风堕落农村基层微腐败案。一名长期在农村基层一线工作的乡镇党委书记，在通过第三方给基层上访民众做工作的过程中，几乎无节制地大量使用语言威胁，且这些语言威胁具体描述了威胁的措施、办法等细节，让人听后毛骨悚然。其言辞之间显露的冰冷的态度、胁迫的企图，昭然醒目，让听者心寒。无论从哪个角度看，这都不应该是习近平新时代中国特色社会主义农村基层干部的应有之举，更不是一名从事农村基层党务工作的乡镇党委书记能够说出口的话。王某口中的一些言辞，诸如“我们就举全市之武力、物力、人力、财力、精力跟他耗”，“你放心，我豁上了，我有一百种方法去刑事（拘留）他儿子”，完全是将基层民众放到农村基层党委、政府的对立面，其荒诞程度已经突破底线。此种言辞，几乎与黑道无异。事件发生后不久，新华每日电讯官方微信公众号于2021年12月28日刊发评论文章《干部用“匪气”语言威胁上访者？党的队伍容不下

“官老爷”!》，直指平度市云山镇党委书记王某对待群众充满“匪气”。

那么，一位2004年参加工作、2007年入党、大学学历、有着近二十年农村基层工作经验且还是女性的农村基层乡镇党委书记，何以沦落到浑身充满“匪气”的地步？是王某不懂这样说话、办事涉嫌违纪违法吗？显然不是。不要说王某这样有教育背景、工作经历的乡镇党委书记，就是普通的基层民众，也知道这样说话明显不妥。唯一的解释是王某的群众工作作风出了问题，放松了党的群众纪律对自己的要求，由此导致王某放任了自己的飞扬跋扈、胆大妄为，为了追求自己的工作目标，不择手段，肆意威胁、恐吓基层群众，终于酿成大祸。之所以说王某的所作所为属于典型的群众工作作风堕落农村基层微腐败，还有两个方面原因：

一方面，王某的所作所为公然违反了《中国共产党章程》《中国共产党纪律处分条例》等党内法规关于群众纪律、群众工作作风的具体规范。《中国共产党章程》在“总纲”中阐述党的建设必须坚决实现的五项基本要求中，第三项要求是“坚持全心全意为人民服务”。关于“坚持全心全意为人民服务”的基本要求，《中国共产党章程》中有以下具体表述：“党在任何时候都把群众利益放在第一位，同群众同甘共苦，保持最密切的联系，坚持权为民所用、情为民所系、利为民所谋，不允许任何党员脱离群众，凌驾于群众之上。我们党的最大政治优势是密切联系群众，党执政后的最大危险是脱离群众。党风问题、党同人民群众联系问题是关系党生死存亡的问题。”同时，《中国共产党章程》第三条规定：“党员必须履行下列义务：……（七）密切联系群众，向群众宣传党的主张，遇事同群众商量，及时向党反映群众的意见和要求，维护群众的正当利益。……”《中国共产党纪律处分条例》分则第九章是“对违反群众纪律行为的处分”，规定了党的群众纪律。其中第一百一十六条规定：“有下列行为之一，对直接责任者和领导责任者，情节较重的，给予警告或者严重警告处分；情节严重的，给予撤销党内职务或者留党察看处分：……（三）对待群众态度恶劣、简单粗暴，造成不良影响的……”上述党内法规，既从正面规定了党的群众纪律和群众工作作风的具体要求，又从反面规定了违反党的群众纪律、群众工作作风的处罚措施。

另一方面，王某的所作所为公然违背了作为习近平新时代中国特色社会主义思想重要内涵的以人民为中心的理念。早在2015年10月党的十八届五中全会上，习近平总书记就提出必须坚持以人民为中心的发展思想。2021年2月在党史学习教育动员大会上，习近平总书记说出了“江山就是人民，人民就是江山”的金句。2021 年 7 月 1 日，在庆祝中国共产党成立 100 周年大会上，习近平总书记深刻指出：“新的征程上，我们必须紧紧依靠人民创造历史，坚持全心全意为人民服务的根本宗旨，……践行以人民为中心的发展思想。”2021 年 11 月举行的党的十九届六中全会，将“坚持人民至上”作为我们党百年奋斗的一条宝贵的历史经验提上来。以人民为中心的理念，正是党的群众纪律、群众工作作风的理论基础。而党的群众纪律、党的群众工作作风，又是以人民为中心的理念的具体体现。

除了上述漠视以人民为中心的理念、违反党内法规中的群众纪律具体规范的群众工作作风堕落这一主因外，客观而论，本案的发生还存在另一相对次要的原因，那就是本案中当事人王某所面临的特殊具体情况。通观山东省省市联合调查组发布的《通报》对整个案件事实的调查结论可以看出，作为王某工作对象的上访户，似乎确实存在某种程度上的无理取闹。《通报》中明确了上访户主的诉求缺乏法律依据，也否定了其部分指控。而且从事态发展的进程看，本案中的上访户及受王某委托协助做上访户工作的第三方，完全站在上访户自身的利益上，尽最大可能利用制度、法律的空子，不择手段寻求自身利益的最大化，而不问利益本身是否合法合规。本案中接受王某委托协助做上访者工作的任某明，在王某不知情的情况下，于 2021 年 8 月期间偷偷对双方的通话进行了录音并交给了上访者谢某武。值得注意的是，谢某武并未立即上网发布这份偷录的音频文件，而是在四个多月后，看到与王某的协商未能满足自己缺乏法律依据的要求，才于 2021 年 12 月将音频文件发布到网上，其目的显然是为了掀起舆情，以此给王某和平度市云山镇党委、政府施压，以求满足其过分的补偿金额要求。而王某作为负责处理此事的基层乡镇党委书记，在经过长达数年的协商、协调、做各种说服、沟通工作而看不到解决问题的希望，问题长期处于一种悬而未决的状态，上访者固执坚持自己的无理要求毫不松动的情况下，其内心压力可见一斑。从这个角度看，王某似乎有那么一丝无辜。但是无论如何，这丝毫不能成为王某肆意威胁群众的借口。最根本的原因，还是在于王某群众工作作风堕落。正如《通报》所指出的：“王某宗旨意识不牢，法治观念淡薄，工作方法不当，违反群众纪律，对待群众态度恶劣、简单粗暴，造成严重不良影响。”因此，免去王某云山镇党委书记职务，给予其党内严重警告、政务降级处分，这一处理结果是恰如其分的。

案例警示

群众工作作风是中国共产党的优良传统之一。良好的群众工作作风，对党的事业，对党群关系、干群关系，都有着十分直接和重要的影响，也是贯彻以人民为中心理念的基本要求。本案留给我们的警示有两点：

第一，农村基层干部应该牢固树立以人民为中心的理念，严格遵守群众纪律，保持良好的群众工作作风。一方面，只有保持良好的群众工作作风，才有可能以热情和真心对待人民群众，才有可能以春天般温暖的态度对待群众；另一方面，保持良好的群众工作作风，以热情和真心对待群众，反过来也会获得群众对党和政府各项工作的理解支持，继而减少农村基层治理各项工作的阻力，减轻农村基层干部的工作压力和负担，推进农村基层治理工作良好发展。可以说，农村基层干部保持良好的群众工作作风，对党和政府、人民群众而言，是一件双赢的好事。相反，如果做不到这一点，就有可能如本案中的当事人王某那样，犯下群众工作作风堕落的错误，酿成工作作风微腐败案，既影响党和政府的农村工作大局，又给自己的个人前途带来严重不利影响。正如《通报》最后所提到的那样："此次事件的发生，教训十分深刻。省委、省政府已责成存在问题的相关地区和单位，深入检视反思，深刻汲取教训，从严从实整改，并要求全省各级各部门和广大党员干部举一反三、引以为戒，认真践行以人民为中心的发展思想，改进工作作风。"

第二，即便对一些提出无理要求的基层群众，农村基层干部也应当保持良好的群众工作作风，以饱满的热情和真诚与群众打交道。基层群众数量庞大，个性、经历、受教育水平等各异，其政治觉悟有高有低，认知水平有落差，是很正常的现象。党的群众纪律是无条件的，要求农村基层干部对待所有基层群众时都必须遵守。不能对提出一些无理乃至非法要求的基层群众颐指气使、态度冷漠，更不能如本案中的当事人王某一样对他们威胁恐吓。农村基层干部即便担负着一些个人情绪与压力，也不能以此为借口违反群众纪律，丢弃党的优良群众工作作风。

规范指引

1.《中国共产党章程》（中国共产党第十九次全国代表大会部分修改，2017 年 10 月 24 日通过）

总纲："……第三，坚持全心全意为人民服务。党除了工人阶级和最广大人民群众的利益，没有自己特殊的利益。党在任何时候都把群众利益放在第一位，同群众同甘共苦，保持最密切的联系，坚持权为民所用、情为民所系、利为民所谋，不允许任何党员脱离群众，凌驾于群众之上。我们党的最大政治优势是密切联系群众，党执政后的最大危险是脱离群众。党风问题、党同人民群众联系问题是关系党生死存亡的问题。党在自己的工作中实行群众路线，一切为了群众，一切依靠群众，从群众中来，到群众中去，把党的正确主张变为群众的自觉行动。……"

第三条："党员必须履行下列义务：……（七）密切联系群众，向群众宣传党的主张，遇事同群众商量，及时向党反映群众的意见和要求，维护群众的正当利益。……"

第四十条第一款："党的纪律主要包括政治纪律、组织纪律、廉洁纪律、群众纪律、工作纪律、生活纪律。"

2.《中国共产党纪律处分条例》（2018 年修订发布）

第一百一十六条："有下列行为之一，对直接责任者和领导责任者，情节较重的，给予警告或者严重警告处分；情节严重的，给予撤销党内职务或者留党察看处分：

（一）对涉及群众生产、生活等切身利益的问题依照政策或者有关规定能解决而不及时解决，庸懒无为、效率低下，造成不良影响的；

（二）对符合政策的群众诉求消极应付、推诿扯皮，损害党群、干群关系的；

（三）对待群众态度恶劣、简单粗暴，造成不良影响的；

（四）弄虚作假，欺上瞒下，损害群众利益的；

（五）有其他不作为、乱作为等损害群众利益行为的。"

第三节　典型案例三：村主任生活作风堕落案

案情介绍

江苏省如皋市吴窑镇长西村村主任陈某明不雅视频案①——酒酣耳热之

① 江苏吴窑镇"村官不雅视频事件"当事人被开除党籍［EB/OL］.（2015-09-21）［2022-04-30］. http：//news. cnr. cn/native/gd/20150921/t20150921_ 519912977. shtml.

后，众目睽睽之下，公然做出不雅动作，生活腐化，道德沦丧。

如皋市是江苏省南通市下辖的县级市，地处长江三角洲北翼，南临长江，与张家港市隔江相望，北与海安市、东与如东县毗邻，西与泰兴市接壤，地理上属于苏中板块。如皋市土地肥沃，地势平坦，境内河流纵横，通扬运河、如海运河、如泰运河、焦港河纵横全境，一片水泽之国的风貌。如皋市历史悠久，有文字记载的历史约2500年，建县历史1600多年。《尚书·禹贡》记载：上古时，如皋属扬州之域；商周时称海阳。周初名发阳，春秋属吴，吴亡归越，战国时属楚，秦时归九江郡，汉属海陵县。东晋义熙七年（411）置如皋县。如皋市经济发达，社会事业进步，历史文化传承丰厚。2021年，如皋市的地区生产总值为1432.41亿元，在全国百强县中排名第16位。特别值得指出的是，如皋属于革命老区，号称华东红色革命摇篮，有着辉煌的革命斗争历程和光荣的革命传统，是全国较早传播革命火种的红色地区，是江苏省境内唯一的一支中央序列红军——红十四军的诞生地。抗日战争时期，如皋是新四军的主要活动区域之一。如皋人民具有悠久的革命历史传统和良好的政治觉悟。

如皋市吴窑镇长西村位于如皋市中南部，东临老204国道，吴奚路穿村而过，交通便捷发达，区位优势明显。在如皋市，长西村规模不算大，全村占地约2.5公顷（25000平方米），村民3000余人，分为22个村民小组。但长西村民营经济发达，私营企业众多，村总体经济实力在如皋市处于中上游水平。同样需要特别指出的是，在如皋市，长西村一带正是1928年至1929年爆发“如皋农民暴动”（又称“五一农民暴动”）的核心区域。红十四军正是以这次“如皋农民暴动”后成立的游击队为基础组建的。在长西村附近，还建有红十四军公园。可以说，如皋革命历史传承丰厚、民众政治觉悟良好，长西村算是其中的典型。

正是这样一个位处全国经济发达、社会事业进步的先进地区，同时具备优良红色文化传承和崇高政治觉悟的村落，却在2015年9月份的某一天，因为村干部的生活作风腐败而深陷舆论的负面旋涡之中，酿成了轰动一时的“疑似如皋吴窑镇长西村村长不雅视频”舆情事件。

2015年9月间，微信朋友圈、微博上，被标以“疑似如皋吴窑镇长西村村长不雅视频”等赫然醒目标题的三段小视频被频繁转发、疯狂传播。三段视频时长分别为1分20秒、2分20秒、44秒，拍摄的是一场酒酣耳热后的宴会场景。

短短几天，视频几乎传遍全网，上了热搜，酿成轰动一时的网络舆情事件，甚至外媒也对此进行了转发和报道，造成了十分恶劣的影响。综合视频添加的文字说明及转发的网友的评论，不雅视频男主角的中年男子被指认是如皋市吴窑镇长西村副书记、村主任陈某明。

2015 年 9 月 19 日，如皋市委宣传部的官方微博账号“如皋发布”就“疑似如皋吴窑镇长西村村长不雅视频”发布公告，称已对此展开调查，并给予当事人如皋市吴窑镇长西村副书记、村主任陈某明停职处理。

2015 年 9 月 21 日，如皋市吴窑镇网络新闻发言人通过官方微博账号“如皋发布”发布消息称：经查，视频男性当事人系我镇长西村党总支副书记、村委会主任陈某明，参加的是其侄召集的私人聚餐，聚餐者中无其他党员干部。陈某明的行为严重违反了党纪，造成了极坏的社会影响。镇党委按照《中国共产党纪律处分条例》等相关规定，决定免去其长西村党总支副书记职务，建议按规定程序罢免其村委会主任职务。同时，报经市纪委同意，决定给予其开除党籍处分。目前，陈某明已主动提出辞去村委会主任职务。镇党委将以身边的反面典型为教材，深刻吸取教训，加强村干部教育管理，坚决杜绝此类事件的发生。

至此，如皋官方对“疑似如皋吴窑镇长西村村长不雅视频”的处理告一段落。

虽然如皋官方在第一时间对吴窑镇长西村村主任陈某明不雅视频事件予以关注、调查，并火速做出处理，但这一不雅视频事件似乎还在不断发酵，网络上关于此事的评论仍然铺天盖地。

一些观点认为，如皋官方的调查不应该限于陈某明的不雅视频，而应该进一步调查其是否涉及违法违纪，是否涉及经济犯罪。其推理逻辑是：陈某明之流在公共场合即明目张胆做出如此龌龊行为，像这样厚颜无耻的村干部，在工作上一定也没有底线、没有原则，违法乱纪应该是习以为常。

也有一些观点认为，如皋官方的调查报告仅仅是为了安抚群众，片面强调陈某明参与的是私人宴请且当场没有其他基层党员干部。但是，所谓的私人宴请，往往包含着牟取公共利益的目的，谈论、处理的都是涉及公共利益处理、分配的问题，也即是俗话所说的“办公室谈不成的事酒桌上可以谈成”。因此，陈某明参与的宴请是私人宴请还是公共宴请，并不是关键，关键是陈某明作为村支书，作为村主任，于公开的宴席之上，如此明目张胆如同公开淫秽表演般进行猥亵、侮辱妇女的下流行为，已经涉及违法乃至涉嫌犯罪，不能仅仅以党纪处分开除党籍了之，应该进一步调查挖掘，必要时依据法律法规进行进一步的处罚。

案例评析

在农村基层作风堕落型腐败案中，生活作风堕落的农村基层微腐败案件是其中的重要一种，本案正是这样一起典型的生活作风堕落型农村基层微腐败案。无论是从政治层面、法律适用层面还是从道德伦理层面，本案都值得我们深入分析、归纳、总结其中蕴藏的深刻教训。

第一，从政治层面看。本案揭示出当下个别农村基层自治组织中党员干部理想信念丧失、政治素养低下的现象，需要我们认真加以应对。生活作风堕落，本质上首先是政治素养、理想信念堕落导致的结果。本案中的男主角陈某明担任长西村副支书、村主任。作为一名入党多年的党员，作为村“两委”主要成员，陈某明不会不知道作为一名合格共产党员所应该代表的理想信念的先进性，以及所应该展现的良好政治素养与高尚的道德情操。《中国共产党章程》第二条第一款规定：“中国共产党党员是中国工人阶级的有共产主义觉悟的先锋战士。”第三条规定：“党员必须履行下列义务：……（八）发扬社会主义新风尚，带头实践社会主义核心价值观和社会主义荣辱观，提倡共产主义道德，弘扬中华民族传统美德，为了保护国家和人民的利益，在一切困难和危险的时刻挺身而出，英勇斗争，不怕牺牲。”《中国共产党廉洁自律准则》更是开宗明义，指出：“中国共产党全体党员和各级党员领导干部必须坚定共产主义理想和中国特色社会主义信念，必须坚持全心全意为人民服务根本宗旨，必须继承发扬党的优良传统和作风，必须自觉培养高尚道德情操，努力弘扬中华民族传统美德，廉洁自律，接受监督，永葆党的先进性和纯洁性。”上述规定，无不深刻、鲜明地宣示了共产党员所应该具备的理想信念的先进性与道德情操的高尚性；无不深刻、鲜明地宣示了共产党员必须斩钉截铁、毫不犹豫地与低级趣味划清界限的坚定立场。但在本案中，作为革命老区、红色文化传统深厚地区的农村基层自治组织负责人和基层党组织副书记的陈某明，做法却截然相反，光天化日之下，面对拍摄者的镜头，表情猥琐、举止轻浮、言辞淫荡、令人作呕，与共产党员形象完全天壤之别。背离了入党初心的陈某明，彻底忘却了作为一名合格共产党员所应该具备的坚定理想信念与高尚道德情操，甚至连普通民众都不如，堕落成毫无理想信念、毫无廉耻之心的行尸走肉。但凡留存了一点合格共产党员的先进性与高尚性，断然不至于做出如此让人颠覆“三观”的肮脏举止。

更进一步从依规治党层面分析，陈某明的行为显然公然地、确定地违反了相关党内法规的具体规范。《中国共产党纪律处分条例》第一百三十四条规定：“生活奢靡、贪图享乐、追求低级趣味，造成不良影响的，给予警告或者严重警告处分；情节严重的，给予撤销党内职务处分。”第一百三十七条规定：“违背社会公序良俗，在公共场所有不当行为，造成不良影响的，给予警告或者严重警告处分；情节较重的，给予撤销党内职务或者留党察看处分；情节严重的，给予开除党籍处分。”对比不雅视频中陈某明的所作所为，与此两条党内规范中表述的客观方面几乎完全对应。只要具备基本的政治信念与正常的思维逻辑，就应该清晰地认知到，作为一名共产党员，作为一名村支书、村主任，做出不雅视频中的龌龊行为明显违反此两条党内法规，应该依照此两条具体党内法规承担相应的后果。然而现实是，当事人陈某明完全不顾忌相关党内法规的具体规范，大摇大摆、明目张胆地做出了不雅视频中的那些龌龊行为。这只能说明，陈某明并非没有认知到此类行为在党内法规上的明显违法性，而是从内心深处根本不在乎约束党员行为的党内法规禁止性规定，从内心深处漠视党内法规的效力。

第二，从法律层面分析。本案揭示出当下农村基层组织中个别党员干部缺乏基本的法律知识，对合法行为毫无判断能力，不具备基本的法治逻辑能力。仔细分析不雅视频中陈某明的具体行为，结合官方发布的调查处理报告中的结论，从法律适用角度看，陈某明的行为涉嫌违法；从纪法衔接角度看，甚至涉嫌构成犯罪。

举重以明轻，第一步分析是否涉嫌犯罪。对照《刑法》分则的规定，陈某明的行为可能涉嫌触犯《刑法》第二百三十七条规定的强制猥亵、侮辱罪。《刑法》第二百三十七条第一款规定：“以暴力、胁迫或者其他方法强制猥亵他人或者侮辱妇女的，处五年以下有期徒刑或者拘役。”第二百三十七条第二款规定：“聚众或者在公共场所当众犯前款罪的，或者有其他恶劣情节的，处五年以上有期徒刑。”不雅视频中陈某明在对长发女子做出各种不雅行为时，明显可见长发女子的逃避、抗拒动作。也即是说，陈某明的行为符合《刑法》第二百三十七条规定的强制猥亵、侮辱罪的客观要件。当然，从官方通报的调查处理报告认定的事实看，本案中的长发女子是当地娱乐场所从业人员，其与陈某明之间可能存在某种潜在的性交易关系。如果这一点能查证属实，且无法以确凿的证据证明长发女子是被强迫的，则陈某明构成强制猥亵、侮辱罪的结论就不能成立。

第二步分析涉嫌违法的情节。不雅视频中陈某明的行为，即便在是否构成犯罪的问题上存在较大的不确定性，但其涉嫌构成违法则明显是大概率事件。陈某明的行为至少涉嫌猥亵他人及嫖娼。关于猥亵他人的违法行为，《中华人民共和国治安管理处罚法》第四十四条规定："猥亵他人的，或者在公共场所故意裸露身体，情节恶劣的，处五日以上十日以下拘留；猥亵智力残疾人、精神病人、不满十四周岁的人或者有其他严重情节的，处十日以上十五日以下拘留。"如前所述，本案中陈某明在进行一系列肮脏勾当时，长发女子明显存在一些规避、抗拒的动作。如果这些证据能够证明事发时陈某明存在强迫行为，则可以坐实其猥亵他人的违法行为。关于嫖娼的违法行为，《中华人民共和国治安管理处罚法》第六十六条第一款规定："卖淫、嫖娼的，处十日以上十五日以下拘留，可以并处五千元以下罚款；情节较轻的，处五日以下拘留或者五百元以下罚款。"当然，从不雅视频中的具体行为，很难得出陈某明存在嫖娼行为的结论。但是从官方发布的调查报告所披露的事实看，长发女子是当地某娱乐场所的从业人员，大概率与陈某明之间存在性交易关系。如果依据常情常理，进一步调查深挖，极有可能掌握陈某明生活作风腐化，甚至嫖娼的过程证据，认定其违反《治安管理处罚法》第六十六条第一款的规定。本案中陈某明的作为，虽然不排除有酒精作用的结果，但很可能更多的是一种基于无知的无畏，是典型的法盲表现。很大可能是，陈某明在进行这一系列下三烂龌龊行为时，虽然内心明知这样做不是什么好事，但因为缺乏基本的法治思维与法律素养，并未及时、精准地认识到自己行为涉嫌违法乃至可能涉嫌犯罪。陈某明对法律的无知和法治思维的匮乏，使其缺失了基本的法律风险防范意识。

第三，从道德伦理层面看。本案说明当下农村基层一些党员干部已经严重丧失道德，堕落到了品行恶劣的地步。本案中陈某明毫无顾忌的龌龊行为，说明他就是这样一个生活作风完全堕落，几乎已到道德沦丧、令人瞠目结舌地步的农村基层党员干部。一个村支部副书记兼村主任，于公开的宴席之上，酒酣耳热之后，行如此猥琐下流之事，不但毫无顾忌，反而放任乃至故意让人拍摄视频，足见其内心肮脏到了何种程度。"以往多起不雅视频事件的视频大多是偷拍，可见当事人行不雅之事，多少还有一点羞耻。陈某明则乐得被手机拍摄，当众对女子上下其手，足见其下流与无耻。”① 不雅视频事件在网络发酵酿成舆情事件后，有网友在评论中对陈某明的行为提出质疑说，就算陈某明寡廉鲜耻，毫不在乎，但他作为一个看起来体面光鲜的中年男人，应该有个幸福温馨的家庭，他应该是一个父亲，一个丈夫。难道在事发当时，他就没有想过如果他干这些龌龊勾当的视频被他孩子和妻子看到后所造成的家庭伤害吗？这个问题的准确答案，也许只有陈某明自己清楚。也许他当时只是基于侥幸心理认为所拍摄视频不会流出，不可能给妻儿带来伤害。也许，在当时酒酣耳热之下，他头脑发热，只顾自己快活，根本就不顾及自己的妻儿。倘若是前者，未必能证明陈某明多么善良；倘若是后者，则进一步印证他道德沦丧到了无以复加的地步。

案例警示

在全面依法治国的当下，各级监察部门以“反腐永远在路上”的态度毫不松懈地推进反腐败工作。对农村基层微腐败，一样实行“零容忍”。“村长不雅视频案”是一起近年来发生的典型的生活作风堕落型农村基层微腐败案件。结合本案的发生、违法情节与官方的调查处理，我们认为，应该从本案中体悟出以下几点警示：

第一，千万不要低估了农村基层生活作风堕落型微腐败的破坏力。在反腐语境中，一般容易认为，与政治作风、工作作风、组织作风等相比，生活作风处于从属性、附带性地位。很多党员干部可能对生活作风重视程度不够，往往对自己或者他人存在的生活作风问题都习惯睁一只眼闭一只眼，远没有对政治作风、工作作风、组织作风那么敏感。从本案看，这种观点其实大谬。

一方面，在本案中，当事人暴露的生活作风堕落问题，击溃了社会对农村基层党员干部生活作风堕落承受能力的底线，形成了舆情事件，引发了巨大的破坏力，出乎很多人的意料，没想到一件农村基层小小的生活作风堕落型腐败事件，会产生如此巨大的破坏，引发如此规模的舆论巨震。

另一方面，可能一些上级部门、主管领导也没预料到当下农村基层个别党员干部生活作风已经堕落到如此寡廉鲜耻的程度。甚至，问题的严重性不止于此。作为个体的农村基层党员干部生活作风堕落的问题，不仅仅是党员干部个人的问题，更反映出其所在的农村基层自治组织、农村基层党组织也

① 谌尘．“村长不雅视频”无耻背后是什么［N］．京华时报，2015-09-21（3）．

存在问题。在本案中，不雅视频虽然仅仅展现了作为长西村党总支副书记、村主任的陈某明的个人行为，但基于常理，完全有理由合理怀疑陈某明所在的长西村基层自治组织及基层党组织也已经被这种生活作风毒化。人是环境中的动物，而不是孤立的个体。“视频中陈某明做这件坏事时不是‘放单飞’，而是在与朋友的聚会中，面对镜头肆无忌惮做的。他毫无廉耻之心，也不怕出事，拍摄者不劝他，而且像是至少有两部手机同时在拍摄。这是一个乌烟瘴气的聚会，即使这里面没有正式的‘官员’，在反腐败之风已经刮得如此之烈时，中国东部发达地区的基层仍有这样的‘死角’，不能不让人慨叹。”① 因此，我们应该高度重视一些地方存在的农村基层党员干部生活作风堕落问题，通过针对性的教育和制度措施，下大力气加以化解、预防。

第二，一定要加大对农村基层生活作风堕落型微腐败的惩治力度。在通过教育、制度措施化解、预防农村基层生活作风堕落型微腐败案发生的同时，对已经发生的农村基层生活作风堕落型微腐败案件，要毫不手软地加大惩处力度。一方面，要快速反应，第一时间对此类案件进行严肃处理。在这一点上，本案的处理基本体现了这一精神。本案发生后，当地政府第一时间启动调查，对当事人陈某明第一时间停职。在启动调查的两天后火速做出处理，对外发布调查处理结果。从决定免去陈某明长西村党总支副书记职务，建议按规定程序罢免其村委会主任职务，报经市纪委同意给予其开除党籍处分的处理结论看，完全符合《村民委员会组织法》《中国共产党章程》《中国共产党纪律处分条例》等国家法律、党内法规，于法有据。另一方面，不能仅仅停留在生活作风堕落本身，在合理怀疑的情况下，应该进一步深挖生活作风堕落背后隐藏的更深层次的违法、犯罪行为。在这一点上，应该说本案的处理还有可以改进的地方。比如，如果进一步补充、搜集证据，可能就会挖掘出陈某明涉嫌猥亵、嫖娼的违法行为，甚至涉嫌构成强制猥亵、侮辱罪的刑事犯罪。再比如，综合本案的发生背景与具体违法情节，应该有充足的理由合理怀疑当事人陈某明可能还存在其他违法行为。“有理由怀疑，陈某明在履行公职过程中，是不是有更多违纪违法、不能见人之处?”② 这是因为，在当下农村，尤其是在长西村这样经济发达的城市郊区的农村，本身就存在着土地流转、土地开发、农村基础设施建设等许多权力寻租机会。

---

① 单仁平. 村官不雅视频展示了基层社会一角［N］. 环球时报，2015-09-21（1）.

② 谌尘. “村长不雅视频”无耻背后是什么［N］. 京华时报，2015-09-21（3）.

“一方面，囿于信息相对闭塞，基层村民文化素质相对较低，致使基层村干部更加有恃无恐，明目张胆地将权力变现；另一方面，在城市化推进的过程当中，中央权力也在不断向基层下放，在此背景下，农村简直就是一块‘大肥肉’，农村基础设施建设、土地流转、土地开发等领域的权力寻租空间恐怕还真不小。假如不重视基层反腐败，不仅直接损害了百姓的利益，也严重损害了党和政府的形象，其危害性不可小觑。”① 仅仅停留在生活作风堕落问题本身处理本案，很可能导致对违法行为的放纵。这也正是前文提及的当初官方处理结论公布后网络舆情还进一步发酵的原因。

第三，加强农村基层党员干部的法律知识学习、培训，提升其法治素养，增强其法治思维能力。在依法全面治国、全面从严治党的当下，法治体系越来越恢宏庞大，法律之网越织越密，法治在国家治理中的地位越来越得以强化。因而，具备一定的法律知识储备，养成一定的法学素养，对承担农村基层治理任务的农村基层党员干部而言，具有一定的现实紧迫性。与城市地区相比，农村基层党员干部文化水平往往较低，其对法律的理解认知，相应受到一些限制。在本案中，作为村党总支副书记、村主任的陈某明，也许确实未曾想到其肮脏龌龊行为可能涉嫌违法甚至可能涉嫌犯罪。如果其具备一定的法律知识储备，特别是能精准认知到自己行为涉嫌违法、涉嫌犯罪的具体定性，也许就会有所顾忌。因此，强化农村基层党员干部的法律知识学习、培训，提升其法治素养，增强其法治思维能力，是当务之急。

规范指引

1.《中华人民共和国刑法》

第二百三十七条第一款：“以暴力、胁迫或者其他方法强制猥亵他人或者侮辱妇女的，处五年以下有期徒刑或者拘役。”

第二百三十七条第二款：“聚众或者在公共场所当众犯前款罪的，或者有其他恶劣情节的，处五年以上有期徒刑。”

2.《中华人民共和国治安管理处罚法》

第四十四条：“猥亵他人的，或者在公共场所故意裸露身体，情节恶劣的，处五日以上十日以下拘留；猥亵智力残疾人、精神病人、不满十四周岁的人或者有其他严重情节的，处十日以上十五日以下拘留。”

① 张松超．村官不雅视频呼唤反腐下基层［N］．大河报，2015-09-21（A03）．

第六十六条第一款："卖淫、嫖娼的，处十日以上十五日以下拘留，可以并处五千元以下罚款；情节较轻的，处五日以下拘留或者五百元以下罚款。"

3.《中国共产党章程》（中国共产党第十九次全国代表大会部分修改，2017 年 10 月 24 日通过）

第二条第一款："中国共产党党员是中国工人阶级的有共产主义觉悟的先锋战士。"

第三条："党员必须履行下列义务：……（八）发扬社会主义新风尚，带头实践社会主义核心价值观和社会主义荣辱观，提倡共产主义道德，弘扬中华民族传统美德，为了保护国家和人民的利益，在一切困难和危险的时刻挺身而出，英勇斗争，不怕牺牲。"

第三十九条："党的纪律是党的各级组织和全体党员必须遵守的行为规则，是维护党的团结统一、完成党的任务的保证。党组织必须严格执行和维护党的纪律，共产党员必须自觉接受党的纪律的约束。"

第四十条第一款："党的纪律主要包括政治纪律、组织纪律、廉洁纪律、群众纪律、工作纪律、生活纪律。"

4.《中国共产党纪律处分条例》（2018 年修订发布）

第一百三十四条："生活奢靡、贪图享乐、追求低级趣味，造成不良影响的，给予警告或者严重警告处分；情节严重的，给予撤销党内职务处分。"

第一百三十七条："违背社会公序良俗，在公共场所有不当行为，造成不良影响的，给予警告或者严重警告处分；情节较重的，给予撤销党内职务或者留党察看处分；情节严重的，给予开除党籍处分。"

第一百三十八条："有其他严重违反社会公德、家庭美德行为的，应当视具体情节给予警告直至开除党籍处分。"

5.《中国共产党廉洁自律准则》（2015 年 10 月发布）

"中国共产党全体党员和各级党员领导干部必须坚定共产主义理想和中国特色社会主义信念，必须坚持全心全意为人民服务根本宗旨，必须继承发扬党的优良传统和作风，必须自觉培养高尚道德情操，努力弘扬中华民族传统美德，廉洁自律，接受监督，永葆党的先进性和纯洁性。"

6.《中国共产党党内监督条例》（2016 年 10 月发布）

第三十三条："对违反中央八项规定精神的，严重违纪被立案审查开除党籍的，严重失职失责被问责的，以及发生在群众身边、影响恶劣的不正之风和腐败问题，应当点名道姓通报曝光。"

下篇

农村基层微腐败治理的机制构建

第八章

构建农村基层微权力运行机制

农村基层社会治理是国家治理结构中的基础部分，是最基层的权力运作过程。作为群众自治性组织的村委会，同时又承载着诸多乡镇行政机关委托的行政事务，双重身份本就使其自治与行政功能的边界变得模糊，再加上村“两委”权力的相对集中，这便让对农村基层微权力的监督变得愈发复杂且困难。权力具有扩张和腐化的本性，农村基层微腐败的发生，究其根源是因为农村基层微权力的运行没有得到充分有效的监督。习近平总书记多次强调，权力是一把“双刃剑”，在法治轨道上行使可以造福人民，在法律之外行使则必然祸害国家和人民。把权力关进制度的笼子里，就是要依法设定权力、规范权力、制约权力、监督权力①。在基层治理法治化的背景下，农村基层微腐败的治理最终仰赖理性的制度架构规范微权力的运行。就此种意义上而言，农村基层治理法治化的重点是约束和规范微权力，规范农村基层微权力运行乃是治理农村基层微腐败的治本之举。

第一节　建立农村基层微权力清单制度

农村基层微权力运行的规范化，旨在建立公开透明、程序规范、权责清晰的微权力运行机制，其核心要求即本着“权责一致”的原则厘清微权力的边界，而这恰是微权力清单制度的主要功能。微权力清单制度能够满足农村基层微权力法治化运行的理论和现实需求，是推进农村基层微权力监督的创新形式，是推进农村基层微腐败治理的基本制度保证，是全面从严治党对农村基层微腐败治理的新要求。自 2014 年宁波市宁海县首次制定“村级权力清单 36 条”之后，国家逐步把该制度作为公开乡村微权力范围、规范微权力运行的一项制度安排在全国范围内推广实施。实践表明，在农村基层微权力运行中推行清单制，将农村基层管理服务事项细化为清单并建立相应的监督评价机制，有助于形成制度化、规范化的微腐败治理方式，有助于切实提

① 中共中央文献研究室．习近平关于全面依法治国论述摘编［M］，北京：中央文献出版社，2015：47．

高农村基层微腐败治理的实际效能。根据2021年9月农业农村部与国家乡村振兴局发布的《关于在乡村治理中推广运用清单制有关工作的通知》（以下简称《清单制通知》），结合农村基层微权力运行的内在规律，农村微腐败治理过程中微权力清单制度的构建，应该着重从科学把握建构逻辑、明确清单关键内容、规范清单运行流程、完善相关配套制度等方面予以有序推进。

一、科学把握建构逻辑

（一）坚持党对农村工作的全面领导

办好中国农村的事情，关键在于坚持党对农村工作的全面领导。《中国共产党章程》《中国共产党农村基层组织工作条例》《中国共产党农村工作条例》等党内法规对农村党组织的领导地位都进行了明确规定。习近平总书记明确指出，“无论农村社会结构如何变化，无论各类经济社会组织如何发育成长，农村基层党组织的领导地位不能动摇、战斗堡垒作用不能削弱”①。农村基层党组织通过宣传和执行党在农村的路线、方针和政策为乡村治理提供明确的发展方向，通过多元利益的整合和多元公共服务的供给赢得广大村民群众的信任，通过加强组织内生建设增强乡村治理的主体力量。作为党在农村工作的基础，农村基层党组织拥有强大的政治领导力、思想引领力、群众组织力和社会号召力，能够通过利益整合和价值整合引导各类治理主体积极参与，通过实现党的领导下国家政治与乡村自治的良性互动，充分释放乡村治理的活力与效能。农村基层微权力清单制度作为乡村治理体系的有机构成部分，其推行需要在基层党组织的统一领导下加强顶层设计，从而确保清单制度能够真正达到保障农民合法权益、提升为民服务效能的预期目标。

（二）“控权”作为首要功能

党的十九届六中全会通过的《中共中央关于党的百年奋斗重大成就和历史经验的决议》中明确指出：“完善社会治理体系，健全党组织领导的自治、法治、德治相结合的城乡基层治理体系，推动社会治理重心向基层下移，建设共建共治共享的社会治理制度，建设人人有责、人人尽责、人人享有的社会治理共同体。”乡村治理现代化意味着打破基层“简约治理”的治理传

---

① 中共中央文献研究室．十八大以来重要文献选编（上）［M］，北京：中央文献出版社，2014：684.

统，强化国家对乡村事务的直接介入能力，通过建立现代乡村治理体系，实现国家规划秩序对基层社会自然秩序的替代①，农村基层微权力清单制度正是对乡村治理现代化发展的实践回应。一方面，其标准化的权力运行流程能够消除农村基层微权力运行过程中存在的诸多非理性因素，减少权力博弈与利益冲突的可能，从而切实提升乡村治理效能；另一方面，其对农村基层微权力行使主体、行事方式等问题的明确化与制度化可以缩小微权力的寻租空间，有效防止农村基层微腐败的发生。

就具体的法律效果及治理效果而言，农村基层微权力清单制度会使权力主体明确化、控权方式具体化、控权程序严格化，其首要的功能目标显然是实现对村级权力的有效监督与制约。同时，监督与制约村级权力的治理目标，亦恰好与加强基层党组织的领导的价值目标相耦合。党对农村工作的全面领导，同时也意味着全面从严治党不断向基层纵深推进。当前农村基层党组织书记通过法定程序担任村级组织负责人等举措的推行，正是将基层微权力主体纳入党内监督体系，便于以“严于国法”的党内法规来加强对其权力行使的监督。

（三）乡村治理现代化的价值追求

当然，在乡村治理法治化的现实语境中，农村基层微权力清单制度的价值目标又不仅仅囿于“控权”，其还注重农村基层公共事务自治秩序的规范化。从社会治理共同体的视角来看，农村基层微权力清单正是通过对村级自治事项的程序化，实现了基层政府行政系统与自治系统的有效衔接，实现了基层公共服务向乡村社会的有效延伸。正是通过政府行政管理与基层群众自治的良性互动，农村基层微权力清单将“以人民为中心”的价值内核融入其制度建构逻辑。农村基层微权力清单制度是推动构建社会治理共同体的重要举措，是中国共产党坚持以执政权力为民众权利服务宗旨的体现和根本要求，是实现党的领导、人民当家作主和依法治国有机统一的必然要求，更是把中国共产党农村工作的制度优势转化为乡村治理效能的必然选择。

农村基层微权力清单制度的规范化设计与实施，蕴含着基层微权力制约与农民权利保护的中国意义，呈现出中国共产党领导的、特色鲜明的基层微权力制约之路。同时，农村基层微权力有其自身的独特性，其权力不仅仅是政府权力向乡村社会的延伸，还包括村民自治的内容，而自治权的属性与运

① 桂华．面对社会重组的乡村治理现代化［J］．政治学研究，2018（5）：2-5.

行显然不同于政府权力。农村基层微权力的特殊属性，再加上乡村社会关系的复杂性，决定了清单并不能涵盖乡村治理的所有事项，也决定了微权力清单的构建并不能简单套用“权力清单”简政放权的制度逻辑。构建农村基层微权力清单归根结底是为了通过设定内部的“行政规则”来实现乡村社会的有序治理。其内在的制度逻辑乃是把一些原则性的涉农政策和文件进行统一解释，并结合乡村治理实际转化为具有可操作性的程序规则①。

二、明确清单关键内容

（一）明确工作重心

唯有充分认识和理解“微权力”的内核构成与表现形式，方能找到制定清单的科学路径与方法。微权力虽然也是“权力”，但其基本属性及构成又不同于政府权力。首先，行使农村基层微权力的主体非常特殊，仅仅是村级（社区）组织及村（社区）工作的“干部”。作为组织存在的村“两委”或“村小组”，并不是国家政权机构，作为个体存在的“村干部”，也非国家体制内的干部。然而，在具体的乡村治理实践中，“村干部”的身份又不同于一般村民，他们往往又因国法的授权而行使部分行政权力，此类主体的身份可谓是“非官非民、亦官亦民”②。其次，微权力的构成亦较为复杂，既包括党组织的领导权、政府委托的行政权，还包含村委会的自治权。前两种权力的属性不必多言，村委会的自治权则具有“公私二重性”，当其相对于国家时亦表现为一种权利，而当其面对共同体成员时，自治权则表现为一种公共权力③。最后，从权力的实施来看，微权力的行使不仅依据法律法规等国家法，还会依据党内法规、党的政策、村规民约，甚至还可能存在一些习惯性的“非正式”做法④。从此种意义上而言，“微权力清单”本质上是一种制度整合机制，其通过将原来散落各处的国家法及农村的非正式规则整合起来，进而实现基层社会的“规则”治理。

显然，农村基层微权力的主体非常明确，即村级组织及村干部，“微权力”即村组织和村干部掌握的村级事项管理权，具体又可以细分为党的领导

---

① 孙琼欢．村级小微权力清单制度的构建逻辑及优化路径［J］．新视野，2019（6）：60-64.

② 徐勇，吕进鹏．官民衔接层域的小微权力监督研究［J］．河南大学学报（社会科学版），2020（2）：9-14.

③ 王振标．论作为社会公权力的基层自治权之本源［J］．北方法学，2018（6）：24-34.

④ 俞海涛．小微权力清单：法治社会建设的村治经验［J］．湖北社会科学，2020（7）：37-44.

权、政府委托的行政权和村委会的自治权。然而，微权力的内容及实施依据却相对较为复杂，这在农村基层治理实践中直接导致微权力界限不清，同时也为微权力的滥用、不作为等现象的发生留下了充分的制度空间。由此可见，系统梳理微权力的内容、明确各项微权力的行使依据，是微权力清单制定工作的重心所在。从宏观意义上而言，农村基层微权力涉及的主要是村级重大决策、重大活动、重大项目，以及资金、资产、资源管理等村务管理事项。针对这些事项制定的微权力清单，正是通过对村级公共权力的内容进行依法公开来约束和规范农村基层公共权力的运行，其中也蕴含着对微权力清单的制定工作的明确要求，即透明、具体、可操作。"透明"要求微权力清单要将微权力具体信息公之于众以避免暗箱操作；"具体"要求微权力清单列出村级公共事务明细以消除模糊性；"可操作"要求微权力清单内容既要符合党和国家的政策、法律法规，又要符合地方实际且能够因时变通。

（二）明确微权力清单的制定要素

1. 确定清单制定主体

具体而言，农村基层微权力清单的内容需要相关主体依法通过深入、系统的调查研究对村级公共权力进行清理与列举。当前的法律法规对于清单制定主体并没有明确规定，根据前述《清单制通知》规定可知，清单制定可以省为单位出台指导意见，也可以市、县为单位开展实践，还鼓励乡镇、村级组织探索特色清单，在整个推进过程中，各级农业农村部门及乡村振兴机构要充分发挥指导、协调的作用。"没有政府立规、执法、解纷、指导，法治社会是不可能运作的。"① 结合国内现已开展的相关实践来看，清单制定工作一般以县（市）一级行政单位为主体，通常由组织部门牵头，农业农村、乡村振兴等相关部门参与，共同对辖区村级组织及村干部依法依规承担的各项管理权力和服务事项进行分类梳理，同时还要广泛征求村民群众的意见和建议。

2. 明确清单制定流程

一方面，要充分发挥各级农业农村部门、乡村振兴机构的指导作用，根据工作需要编印工作指引、问答手册等，并适时组织开展清单制定工作的专项业务培训；另一方面，要加强各部门之间的协调，尤其是纪委监委、组织

---

① 张鸣起. 论一体建设法治社会 [J]. 中国法学，2016 (4)：5-23.

部门、农办、民政、司法、财政、人力资源社会保障等部门要在协调合作的基础上细化工作措施，形成部门工作合力。同时，清单制定主体要通过召开村民会议、村民代表会议和两委联席会议等方式充分调查研究村民群众的意见和建议，在此基础上对微权力内容进行梳理和界定。

3. 明确清单主要内容

村干部微权力清单制度的建立要紧密结合当地实际，不搞一刀切。科学编制村干部微权力目录，无须面面俱到，但要突出当地的村级权力重点①。清单制定内容需要制定主体结合当地农村基层社会治理的实际需要，通过全面深入的调查研究，在摸清各类村级公共权力与服务事项的基础上，依照法律法规和村民自治原则进行确认。从各地实践来看，党务工作、村务管理、便民服务是微权力清单的三大类内容，具体可能包括涉农服务管理、村级财务管理、涉农项目采购、救助救灾补贴等事项（具体内容可参见表 8-1 中宁海县小微权力清单）。

（三）清单内容要因时而变

微权力清单内容中包含的权力事项会随着当地经济社会的发展而发生变化，微权力清单的制定内容也要遵循“法因时转”的发展规律，要因时制宜地进行更新，这就要求相关主体要对权力清单的内容进行常态化、动态化管理。所谓权力清单制度的动态管理，是指根据主客观条件的发展和变化，对权力清单制度的内容、依据、时效性、执行方式等加以不断的调整、修正和完善，以实现制度运行过程与社会现实条件的相契合②。这就要求：一方面农村基层微权力清单要建立常态化动态管理机制，政府相关职能部门及村级组织要定期对相关权力事项进行系统梳理并适时更新办事流程；另一方面权力主体要通过走访调研等多种调查方式，充分听取多元主体意见，尤其是要关注村民群众最为关心关注的事项，建立多渠道的村民信息反馈机制，及时对微权力清单进行修正、完善。微权力清单内容的因时变动，不仅可以及时把关系村民群众切身利益的权力事项都纳入清单之中，同时也能对一些不合理的清单内容进行调整，这显然有助于增加微权力清单的制度弹性，能够节省运行成本且更能适应农村基层治理的实践需求。浙江省宁海县小微权力清

① 刘子平．村干部“微权力”腐败治理机制创新探究［J］．中州学刊，2018（7）：9–14.

② 崔野．权力清单制度的规范化运行研究：含义、困境与对策［J］．中州学刊，2018（5）：7–15.

单 36 条所涉主要事项见表 8-1。

表 8-1　浙江省宁海县小微权力清单 36 条所涉主要事项

主要类别	细化分类	具体事项（2014 版）	具体事项（2017 版）
党务工作		14. 党务公开 25. 党内关爱基金申领 34. 入党申请 35. 党员组织关系迁转	14. 党务公开 26. 党内关爱基金申领 35. 党员组织关系迁转 36. 发展党员工作
村务管理	村级重大决策	1. 村级重大事项“五议决策法”	1. 村级重大事项“五议决策法”
	村级招投标管理	2. 物资、服务采购 3. 微型工程 4. 中小型工程 5. 大型工程	2. 物资、服务采购 3. 微型工程 4. 小型工程 5. 法定规模标准以上工程
	村级财务管理	6. 财务开支 7. 出纳现金支取 8. 非村干部工资报酬发放 9. 招待费支出	6. 财务开支票据审批 7. 现金支取（转账支付） 8. 非村干部报酬补贴发放 9. 招待费支出
	工作人员任用	10. 团、妇、民兵组织人员任用 11. 治调、计生等其他工作人员任用 12. 文书、出纳（报账员）任用 13. 临时用人、用工	10. 民兵连干部和预建党支部成员任用 11. 治调人员任用流程图 12. 文书、出纳（报账员）任（聘）用 13. 临时用人、用工
	阳光村务	15. 村务公开 16. 财务公开	15. 村务公开 16. 财务公开
	村级集体资产资源管理	17. 集体资产资源处置 18. 财产物资管理 19. 集体土地征收及征收款发放 20. 农村宅基地审批	17. 集体资产资源处置 18. 财产物资管理 19. 集体土地征收及征收款发放 20. 农村宅基地审批
	用章管理	26. 印章管理 27. 户籍迁移 28. 分户手续证明 29. 殡葬管理 30. 水、电开户申请	27. 印章管理 28. 户籍迁移 29. 分户手续证明 30. 殡葬管理 31. 水、电开户申请

续表

主要类别	细化分类	具体事项（2014 版）	具体事项（2017 版）
便民服务	救灾救助	21．低保（五保）申请 22．救灾、救济款物发放 23．办理被征地农民养老保障 24．大病救助申请	21．低保（五保）申请 22．救灾、救济款物发放 23．被征地农民基本生活保障参保登记 24．困难救助申请 25．残疾人两项补贴申请
	计划生育	31．计划生育办证 32．流动人口婚育证明办理 33．计划生育家庭奖励扶助金发放	32．流动人口婚育证明办理 33．计划生育家庭奖励扶助金发放
	其他服务	36．矛盾纠纷调解	34．矛盾纠纷调解

三、规范清单运行流程

正如前文所述，微权力清单是一种供给意义上的制度整合机制，其所整合的各种制度依然属于“规范体系”的范畴①，依然是一种静态的、抽象的规则，也依然摆脱不了规范所固有的滞后性、模糊性等弊端。显然，欲实现农村基层微权力的规范运行，仅仅依靠制定清单，并不能实现预期的治理目标。在清单内容明确之后，更重要的是要解决制度落地的问题，这便需要加强清单运行流程的顶层设计。与清单编制不同的是，清单运行规则制定的主体显然应该是具体执行清单所列权力的村级主体。村级权力主体应该对“小微权力清单”中载明的每项权力都本着明确责任主体及程序流程的理念进行规范设计，以此固化小微权力运行的合理程序，严格依照程序规范、简明便捷的原则，将清单内容责任主体、运行方式及时限、纪律责任等具体要求，以村规民约、办事流程等形式明确予以规定，以此确保清单运行程序规范的合理性及运行的科学性。比如，宁海县积极借鉴 ISO9000 质量管理标准理念，编制形成“农村‘小微权力’操作手册”，确保“一切工作有程序、一切程序有控制、一切控制有规范、一切规范有依据”②。

① 规范体系是法律体系形成之后的升级版，是法律体系概念发展的必然，也是为了纠正将民间社会规范等特殊规范类型赋予国家法律属性的一种理论校正。参见刘作翔．当代中国的规范体系：理论与制度结构［J］．中国社会科学，2019（7）：85-108，206.

② 夏行．防止“小权利”演变为“大腐败”：宁波市推行农村“小微权利”清单制度的探索［J］．领导科学，2014（31）：22-23.

清单运行的规范化控制关键在于清单中权力运行的精细化。比如，宁海县分别对 36 条小微权力以流程图的方式进行了精细化处理，“对于那些项目涉及金额较少的清单内容如物资和服务采购，采用更为简化的决议手续而不一定都使用村民代表大会决议的办法，对于那些小型工程项目的招投标，适当减免招投标的设计和勘测程序”①。村级权力主体要按照标准化理念，明确每项小微权力的主体、依据、具体操作流程、公示方式及责任承担等权力运行关键内容，并详细绘制权力运作流程图，如此既能辅助村干部规范用权，也便于群众进行有的放矢的监督，真正实现村级小微权力的运行“用前有数、用中有痕、用后有底”。微权力清单的运行流程显然是对微权力更深层次的公开，其通过将权力行使的范围、方式、主体、时间及纪律等以“规范”的形式予以明确，可以形成对微权力的“过程控制”，真正发挥清单运行流程的程序价值，切实保证权力主体依照“流程”规范行使微权力。

当然，清单运行流程依然属于“规范”的范畴，其需要通过有效的宣传让村民群众充分知晓才能发挥固有的功能。而无论采取何种宣传形式（如传统的宣传栏抑或是现代化的“互联网+”），都需要准确生动地说明清单运行流程。从当前各地实践来看，“流程图”是微权力清单运行流程的有形载体，亦是微权力清单制度实践中一种创新的传播方式，是对微权力清单内容及运行流程的通俗表达。流程图一般都明确呈现了某项微权力的主体、行使方式及操作流程乃至监督方式，通过公开每一项微权力的起点、过程与终点，确保微权力的运行遵守公开的程序规范，最大限度地限制权力主体的自由裁量，最终实现微权力清单制度的理想目标，即“清单之外无权力”。灵活运用流程图，不仅能直观地呈现微权力行使的各个环节，而且能让各类微权力事项更便于操作、更“接地气”。

四、完善相关配套制度

微权力清单及运行流程的制定与公开，仅仅是农村基层微权力监督的基础性工作，清单制度监督功能的发挥还仰赖完善相应的监督评价机制。中共中央办公厅、国务院办公厅于 2019 年印发的《关于加强和改进乡村治理的指导意见》中对农村基层微权力的监督工作提出了明确要求：“建立健全小微权力监

① 冉昊. 农村小微权力清单的社会治理之维：基层自治组织权力制衡的探索［J］. 教学与研究，2017（9）：38-45.

督制度，形成群众监督、村务监督委员会监督、上级部门监督和会计核算监督、审计监督等全程实时、多方联网的监督体系。”对微权力清单内容运行的监督，就监督主体而言，既要有以村务监督委员会为主体的横向监督，也要有以村民、普通党员、基层纪检监察部门等为主体的纵向监督；就监督体系而言，各主体要积极建立多元主体协同的常态化监督体系，不断创新监督方式和运作机制，确保农村基层微权力清单的运行效能得以不断提升。

（一）积极构建多元主体协同的监督体系

基层小微权力主体，尽管不属于国家正式干部，但也属于国家整个权力主体中的一部分，也要接受国家的权力监督，只是监督方式有所不同①。在明确上级党委、纪委、村监督委员会、村党委、村民代表大会监督职责的基础上，由县、乡纪检监察部门为主导，联合各级相关职能部门，把微权力清单运行情况纳入与村务、村组织、村干部相关的考评体系中，建立上下级主体之间及平级主体之间相互监督的监督网络，从而形成对微权力清单制度运行的上下协同监督机制。要充分发挥村务监督委员会的作用，切实履行好对村级财务、重大事项决策、村级工程管理等清单重要事项的监督职能，同时要充分动员群众参与监督；村“两委”要严格按照微权力清单的内容，充分公开微权力运行的流程与结果，还要积极构建村级重大项目审计制度、重大事项备案制度、村级工程监督制度、村干部年度绩效考核制度，不断提升和巩固村级监督的能力和水平。同时，要不断拓展农村基层监督主体，在村务监督委员会制度的基础上，逐步形成党政监督为主导、村民监督为基础的全程、实时、多方联动的监督体系。

（二）充分发挥村务监督委员会的监督职能

新时代的农村基层监督需要加强和完善村民群众的自我监督，进一步加强和改进村务监督委员会制度，提升村务监督的精准化水平②。一方面，村务监督委员会要通过规范监督方式、创新监督模式、加强制度保障等措施切实履行监督职责。村务监督委员会应对微权力清单中所列事项进行分类，针对不同对象选择诸如“抽检”“评议”等多样化的监督方式，同时针对不同的方式积极搭建相应的监督平台，并积极创新监督模式。比如针对“三农”

---

① 徐勇，吕进鹏．官民衔接层域的小微权力监督研究［J］．河南大学学报（社会科学版），2020（2）：9–14.

② 卢福营，高健．村务监督委员会制度的局限与拓展：写在后陈村村务监督委员会诞生 15 周年之际［J］．浙江社会科学，2019（7）：66–72，157.

资金的管理可以采用“月督+抽检+考评模式”，即对“三农”资金的管理进行每月一督，坚持不定期抽检，要求村干部就相关情况撰写总结报告，并在年底进行严格考评，对于出现的重大问题进行专项考核，结合考核结果采取相应的奖励或惩戒措施。村务监督委员会还要建立相关议事制度、工作例会制度及申诉制度，严格监督程序，强化监督制度保障。另一方面，村务监督委员会实际是一个吸纳村庄精英参与的机构，村民群众通过精英代表监督村干部从而实现权利对权力的制约①。村务监督委员会成员的专业素养在一定程度上决定着村务监督委员会的监督实效。倘若其成员不能切实履行监督职责，将会严重阻碍清单制度的顺利运行。因此，村务监督委员会应建立科学的代表遴选制度与专业教育培训制度，合理规定村民代表的年龄、职业、文化程度等资格条件，加强对成员进行法律知识和科技知识的培训，提升他们的综合素质以提升监督成效，从而促进村务监督的规范化、专职化和专业化②。

（三）建立群众评价制度机制

村民群众始终是村级公权力运行的重要监督力量，且其与村庄政治精英之间往往会存在利益冲突，亦容易形成因权利诉求一致而主动合作的权力制约力量。这便需要激发村民群众的主体意识和参与意识，让他们认识到乡村社区的治理直接或间接关系到每个人的切身利益，认识到每个村民都要承担乡村公共治理的责任。只要把广大群众动员起来、组织起来，就必然能够编织严密的监督网络③。一方面，要充分利用现代媒介积极搭建村级网络信息公开平台，通过利用网络和电视等方式对微权力清单事项进行公开，让村民群众能够在充分了解的基础上予以客观评价。另一方面，要积极构建民主评议体系，加大群众评议在评价结果中的权重。比如，可通过随机的方式向村民发放测评问卷，也可通过进村入户调查的方式对微权力清单运行情况进行满意度测评，还可以采取公开栏公示、张贴宣传海报、印发清单小册子和应知应会口袋书等方式动员群众对清单运行进行实时监督。

---

① 卢福营，江玲雅．村级民主监督制度创新的动力与成效：基于后陈村村务监督委员会制度的调查与分析［J］．浙江社会科学，2010（2）：64-69，127.

② 沈费伟，卢福营．乡村振兴背景下村务监督有效性研究：基于浙江省武义县村务监督委员会的调查分析［J］．治理研究，2020（5）：79-87.

③ 陈志刚．用村务监督遏制群众身边的微腐败［J］．人民论坛，2018（21）：97-99.

（四）健全外部配套机制

农村基层微权力清单制度的推行，旨在推进微权力运行的程序化与规范化，其各项流程的顺利实施，均离不开相应配套制度的支撑。从内部运行来看，微权力清单制度的运行不仅需要制定与发布明确的清单内容，还要明确各项微权力的具体运行流程，且要完善相关的监督评价机制，这在上文中均已论及，在此不再赘述。就外部保障机制而言，微权力清单制度的顺利运行需要完善相关组织的软件与硬件建设，需要有充足的物力与人才配套。尤其在“互联网+”的时代背景下，农村基层在村务管理及便民服务等方面要充分重视科技力量支撑，要将现代互联网、大数据、人工智能、智能设施等新科技成果广泛应用于农村基层监督实践，积极探索构建新时代“智能+监督”的农村基层监督新机制。在物力上要逐步加强乡镇行政综合服务中心、农村综合服务站点硬件和软件建设，对下放给基层组织承担或协助的事项，要保障充足的经费来源，要不断扩大智能化服务平台在乡镇和村的覆盖面；在人力方面要加强农村基层干部素质能力建设，通过正面激励机制和容错纠错机制，鼓励基层干部担当作为。

第二节　健全村务公开机制

农村公共权力是伴随着农村公共事务管理而产生的权力形态，其基本目标是维护村庄共同体成员的公共利益。农村公共权力的行使与监督是一项复杂的系统工程，因其运行流程涉及农村公共事务管理、便民服务等多个方面的诸多环节，加之权力与生俱来的扩张本性，所以仅仅依靠微权力清单制度尚不足以实现对农村公共权力的全方位监督。而村务公开是村民在民主自治范围内对村集体事务享有知情权，对村干部行使决策权、评议权等村级公共权力进行民主监督的前置性条件①。基于此，《清单制通知》亦明确要求，要健全公开制度并实现公开的经常化、制度化与规范化。《村民委员会组织法》第三十条明确规定，村民委员会实行村务公开制度，并对村务公开的事项进行了详细规定。一般而言，对权力最为有效的监督乃是自下而上的民主监督，村务公开恰是农村基层民主的重要实现方式，其作为农村基层自治的

① 李玉才，唐鸣．从多元隔离到多元复合：村干部监督体系的优化路径研究［J］．社会主义研究，2017（4）：114-121．

实践创新，能够有效保障村级事务的民主决策、民主管理和民主监督，有助于实现农村基层微权力运行的公开化、规范化和透明化，更是乡村 微腐败治理的关键路径。加强和深化村务公开机制创新，是实现乡村微腐败治理的重要命题和现实选择。然而从当前的村务公开实践来看，广大村干部及村民群众对村务公开的重要意义尚未充分认识，村务公开的内容亦不明确，公开方式实效性不强，村务公开的监督机制亦不健全，这些问题的存在都严重制约着该制度的治理效能。

一、重视公开意义

农村基层社会治理作为国家治理的基础部分，亦是社会主义民主政治建设的实践场域，唯有保障其在法治轨道上规范运行，才能真正实现村民自治的制度价值。村民自治蕴含着现代参与民主和协商民主的基本要义，现代民主对乡村社会治理的要求不仅仅意味着公共事务管理信息的公开，还包含着事前及事中决策过程的公开、管理过程的公开等。没有公开，村民群众就不可能有效参与决策与执行，更不可能有效地就决策等事项展开协商与讨论。从此种意义上而言，村务公开是实现村民自治的内在要求。同时，村务公开又是实现乡村治理现代化的必然要求。新时代乡村治理的目标是实现村民权利自治、自由和幸福，要切实提升村民的获得感、幸福感与安全感，要在村务公开形成的良好法治生态中切实保障村民基本权利。而就制度建构的价值而言，村民自治正是通过国家法律对村务公开、民主选举等制度的建构，来实现村民自我管理的权利。在村民自治的权利体系中，知情权、参与权、决策权及监督权是其核心构成部分，而村务公开制度也正是建立在权利制约权力的理论基础之上。唯有实施广泛的村民自治，才能促进村务公开的良性运行，进而实现村民享有的各项权利。

显然，村民监督农村公共权力运行的法理逻辑，乃是“权利监督权力”从而保障公共权力正当性的规律。对农村公共事务的监督权利，是法律赋予村民享有的基本民主权利，每个村民都可以通过对农村公共事务决策及管理过程的直接监督来行使权利。而在农村基层民主的实践中，该种直接监督往往通过组织化的形式表现出来，即村民通过把其享有的民主监督权利转让给村务监督委员会来实现“专业化”的间接监督。在直接监督向间接监督转化的过程中，欲实现“权利监督权力”的理想目标，实现村民权利对农村公共权力的根本制约，尤其需要广大村民具有明确的监督意识和较强的监督能力。如果没有村民的广泛参与，这种间接监督的方式则会因为村民与监督机构之间委托代理关系的断裂而最终沦为形式化的监督①。然而，在乡村治理实践中，随着市场经济的发展与城镇化的逐步推进，村民与村庄的经济联系逐渐减弱，这便在一定程度上降低了其对本村公共事务的关注度，同时，随着农民收入的异质性不断增强，不同类型村民对农村公共服务的需求也产生了明显的分化。长期居于“被动”地位的基层群众，在参与民主管理过程中，往往认为村务公开与自己的利益关联不大，并未充分认识到村务公开的重要现实意义，对农村公共事务的监督意识不强，普遍对村务公开的内容缺乏信心和兴趣。

由此可见，村务公开欲取得良好的运行效果，关键在于提升村民的监督意识与参与能力，唯有如此，才能通过村民民主权利的积极行使来实现权利对农村公共权力的有效监督，这是农村公共事务公开的内在动力来源，亦是实现农村公共权力有效监督的根本之策。前述市场经济发展所带来的农村社会变迁及当代农民主观世界的变化，是很难在短时间内予以改变的内因，借助外部力量来加强对村民监督意识与能力的培育显然是更切合实际的现实进路。这就需要从村务公开工作的实践需要出发，本着理论联系实际、重视实用实效的基本原则，有序、分阶段、分类型对村民进行党的政策、法律法规、廉政教育、科技知识、集体精神、合作意识等方面的教育培训，从而培育和提升村民的监督能力、反腐能力、廉洁素养、法治素养，这也是更具长期性和根本性的治腐举措②。至于培育的具体方式，应该由各基层组织在实践中结合本村实际进行实践创新，可以由地方政府、学术机构和媒体共同对普通村民进行表达、合作和监督等技能的常态化、多样化培训，使普通村民通过培训能够充分辨识自身的利益及权利，并逐步养成主动监督的习惯。

二、细化公开内容

（一）立法内容模糊

依据《村民委员会组织法》的相关规定，村民委员会应该及时公布的事

---

① 马华，苏芳．村官腐败的形成与治理：“四权”同步的视角［J］，江苏行政学院学报，2017（2）：111-116.

② 徐铜柱．资源与秩序双重维度下的村干部腐败及其治理研究［J］，社会主义研究，2020（1）：93-102.

项主要包括：法定由村民会议、村民代表会议讨论决定的事项及其实施情况，国家计划生育政策的落实方案，政府拨付和接受社会捐赠的救灾救助、补贴补助等资金、物资的管理使用情况，村民委员会协助人民政府开展工作的情况；涉及本村村民利益、村民普遍关心的其他事项。另外，依据《中共中央办公厅、国务院办公厅关于健全和完善村务公开和民主管理制度的意见》（中办发〔2004〕17 号）（简称《村务公开意见》）的相关规定，村务公开具体包括国家有关法律法规和政策明确要求公开的事项、财务、相关政策落实情况及农民群众要求公开的其他事项。

从当前的立法内容来看，尽管《村民委员会组织法》经过数次修订，对村务公开的原则、范围、程序及档案等制度都进行了明确规定，但仍然存在部分条款规定不到位的情况，这便导致村务公开的部分内容较为模糊，同时也为村务公开的不充分留下了制度空间。比如，《村民委员会组织法》第三十条“涉及本村村民利益，村民普遍关心的其他事项”这一兜底条款的规定，由于其立法语言表达的模糊及“普遍关心”判断主体与标准等要素的缺失，都可能导致村民委员会怠于主动认定涉及“普遍关心”的其他事项，最终致使该条款的立法目的难以落实，即公开事项难以根据农村公共事务管理的实际需要适时扩大。而且从有权对“普遍关心”标准进行判断的主体来看，无论是村民委员会、基层政府抑或是村务监督委员会，其主动认定涉及村民利益的村务管理行为为村民所“普遍关心”的可能性不大①。再比如，前述条文关于“接受村民查询”的规定，由于缺乏相应的配套监督制度进行责任细化的规定，实践中村民委员会明显存在拒绝村民查询相关公共事务档案资料的情况，由此致使村民的知情权以及公开的真实性无法得到切实有效的保障。

（二）村务公开的实践困境

就村务公开的实践而言，当前村务公开普遍存在公开不全面、内容不真实、重点不明确、程序不规范等问题。比如，《村民委员会组织法》第三十条对不同公共事务的公开时间进行了规定，但实践中相当数量的村庄并未依法公开，公开的时间随意性也非常大，甚至一些村庄对村务基本不予公开。由于前述条款并未对公开的地点与方式进行明确规定，实践中公开的地点很不规范，有的村庄公开栏的选址并没有遵循方便群众的基本原则，要么

---

① 程同顺，赵学强. 村务公开的路径障碍与制度改进：兼评新《村民委员会组织法》的修改［J］. 学习与实践，2013（4）：53-60.

将公开栏设置在村民不便前去观看的村委会办公院内，抑或设置在比较偏僻的位置，造成村民观看困难。至于公开的内容，普遍存在“选择性公开”的现象。多数村庄对于群众关心的“热点”问题，都会采用“避重就轻”的方式公开，典型的如群众最关心的财务问题，多数村庄往往只公布笼统的收支情况，明细很少公开，至于土地转包、公共工程招标等重大事项，更是极少公开。

（三）内容细化的具体进路

立法的模糊及公开实践的种种乱象，直接影响到村民对村务公开的参与积极性，严重阻碍着村民各项民主权利的有效落实。规范村务公开的内容，显然是构建公共事务公开机制的迫切需要。然而，由于农村经济社会发展存在区域差异，村务公开的范围又不宜由国家立法予以细化规定，所以实践中最为可行的方式是各基层政府机关通过出台相应的配套制度对公开的具体内容进行细化和完善，从而确保公开的准确性与实效性。同时，细化村务公开内容亦需要同步完善相应的公开程序。比如农村公共财务公开，日常管理中，会计等相关工作人员要严格按会计制度和财务管理制度等相关规定，对已经村务监督委员会审核通过并经村财务负责人审批的凭证进行审核，按规定记好分类账和明细账，做好会计报表；公开前应由村会计或代理记账员按公布的要求整理公布方案，其他财务事项由经办人员整理公布方案，送村民委员会、村集体经济组织负责人和村务监督委员会审查、补充、完善，再提交村党组织和村民委员会联席会议讨论、确定后公开；其他事务的公开除了明确细化公开方案、公开时间及公开地点外，还要建立村务公开档案备查；法律、法规及其他规范性文件另有规定的，还应按照其规定程序公开。2017年苏州市村务公开目录如表8-2所示。

表 8-2　2017 年苏州市村务公开目录

公开事项	具体目录
政务类	1. 党委、政府涉及农民利益的相关政策规定 2. 党委、政府有关解决“三农”问题的政策和措施 3. 上级政府涉及村民的有关实事工作 4. 农村社区服务中心服务时间、办理涉农事项的相关流程 5. 农民宅基地审批和落实情况（按照《中华人民共和国土地管理法》有关规定，年度批准调整和新建宅基地、建房情况） 6. 计划生育有关政策规定，生育第三个及以上孩子的审批情况等 7. 农村征兵政策措施，以及优抚对象抚恤优待政策 8. 五保、低保（边缘）、大病救助、残疾等国家保障政策，本村享受政策保障的人员及发放明细等情况 9. 政社互动工作情况。包括履职事项清单，协助镇（街道）工作事项清单、协议书、落实情况及年终双向评估情况；开展创建达标评比事项名录及有关工作；村盖章事项名录 10. 村民户籍关系变更情况 11. 其他需要公开的事项
村务类	1. 村党组织、村委会、村务监督委员会成员、分工、便民联系方式等情况，村民代表、村民小组长队伍情况，其他享受误工补贴的人员情况 2. 村委会的任期目标、年度计划及年度工作报告审议等情况 3. 村干部选举任用、上级考核奖惩、民主评议等情况；其他享受误工补贴人员民主评议情况 4. 村民会议、村民代表会议讨论决定的有关事项及落实情况 5. 村务监督委员会实施村务监督情况 6. 本村服务管理网格划分情况，以及网格负责人、便民联系方式等 7. 村（组）评选、推荐及受表彰、命名、奖惩情况 8. 自治章程、村规民约、专项公约的制定、修订情况 9. 村庄建设规划、公益事业（农村道路、桥梁铺建维修、改水改厕工程）项目计划及执行情况 10. 集体资源、资产及重大基建项目的立项、发包、承包情况，包括村委会利用集体积累进行的各种经济建设项目以及各种村集体所有的经济建设项目的发包承包方案 11. 公共卫生和社会福利发展规划与年度计划 12.“美丽村庄”建设任务分配和完成情况 13. 社区协商情况，包括协商内容、协商主体、协商程序、协商结果及实施情况，特别是村级重大公共事务、公益事务和涉及群众切身利益等事项的协商情况、决策情况、办理情况 14. 群众普遍要求公开的其他村级事务

续表

公开事项	具体目录
财务类	1. 涉政务类资金，具体包括涉农社区党组织为民服务专项经费使用情况；土地征用、农房拆迁补偿政策，以及补偿款分配、管理、发放明细等情况；发放粮食直补、农资综合直补、农作物良种补贴等农业补贴明细；农村新型合作医疗、养老保险的实施和收缴情况；计划生育奖励、扶助发放明细；各级政府及其部门下拨和社会捐赠救灾救济款物的数量、发放原则与明细；上级部门其他划拨款数额及管理使用情况；其他 2. 村级集体组织开展各项活动，所产生的各类收入情况，具体包括集体经济组织直接经营的各项收入情况；集体经济组织的承包合同的上缴情况；土地、房屋设备租售收入情况；土地流转和机动地发包收益情况；其他收入情况 3. 村级集体组织开展各项活动，所发生的各类支出情况，具体包括村干部年终报酬分配明细；其他享受误工补贴人员及补贴标准、发放情况；村党组织、村委会各类学习培训、参观考察及协作费支出情况；生产性建设支出、集体统一经营支出，包括农业水利建设、农机器具购置等情况；村级公益福利事业支出情况，包括村、涉农社区购买公益服务支出情况；村级日常开支（报刊费、电话费、水电费、村级办公费等）情况；其他支出情况 4. 村级三资管理情况，具体包括村级各类资产情况、资源情况，包括集体资产租赁、转让、拍卖等情况；村债权、债务情况；个人欠款包括干部和群众向村集体经济组织借欠的资金数额及归还情况；村股份合作经济的收益分配情况，包括收益总额、提取公积（公益）金数额、提取福利费数额、外来投资分利数额、成员分配数额，以及其他分配数额等；村级集体经济组织财务审计结果；村委会任期和离任经济责任审计等情况；其他“三资”管理情况 5. 其他情况，具体如村集体年度收支预、决算明细；村“一事一议”筹资筹劳的范围、标准、总额及使用、管理情况；需要公开、公示的其他事项
服务类	1. 经济服务：农产品供求信息、金融贷款、新技术新产品推广、农村劳动就业培训、劳动输出、农业机械示范推广、水利建设等 2. 社会服务：城乡居民医疗保险及救助、扶贫济困、五保供养、烈军属优待、残疾人及托老托幼、社区居家养老、特殊困难群众等 3. 平安服务：农村防灾减灾、外来人口管理、人民调解等 4. 公益服务：公共设施建设、环境整治、道路修建和维护、水利设施建设和维修、学校建设、红白喜事、抵制封建迷信，开展健康文明的文体活动等

三、创新公开方式

在参与乡村社会治理的过程中，村民需要获得充分的、清晰的有关公共事务的信息。而信息往往具有分散性和不对称性，人类的有限理性要求将复杂的信息简化为“集中类型”，以使之可以进行概括性描述、比较和汇总①。

① 詹姆斯·C. 斯科特. 国家的视角：那些试图改善人类状况的项目是如何失败的［M］. 王晓毅，译. 北京：社会科学文献出版社，2004：2-101 .

如前所述，为了达成向村民提供充分信息的目标，基层组织会通过“目录”的方式整合分散和凌乱的信息，减少村民在公共生活中的信息不对称问题。“目录”一方面能够通过对村级公共权力主体权责的合理匹配达到提升管理效率的目标，另一方面更能够通过对公共事务信息的公示提升公共治理的透明度与公平性。与微权力清单相比，村务公开的目录显然更重视为农村提供参与公共治理的有效渠道，为基层民主监督提供充分有效的信息。这就必然要求“目录”的内容细化、明确，语言表达要精炼、准确，公开方式既要符合程序便宜性要求以方便村民获取信息，更要符合程序实质性要求以让村民获得充分、有效的信息，从而真正实现结果公开向过程公开的拓展①。

（一）公开方式要符合便宜性的基本要求

由于中国农村地域经济社会发展差异较大，村务公开的方式千差万别，各地便宜性的标准亦不可能统一，具体的公开方式还是要根据各地的实际情况在实践中予以创新。虽说新时代科技手段日新月异，但传统的公开方式只要符合便宜性的要求，仍然可以不断革新，继续推行。比如：宣传栏只要位置合理、保护得当、便于观看，当然能够发挥公开的功能；有的乡村村民居住分散且现代化传播手段匮乏，使用广播、“明白纸”等方式进行公开，亦是可行之举；在区域经济较为发达、现代化传播手段普及的农村地区，使用微信、互联网、电视等方式建立公共事务公开系统，当然是较为理想的公开方式。总之，无论采取何种方式，村务公开都要符合本地经济社会发展的实际情况且能满足村民对公共事务信息的基本需求，既要保证实用与实效，也要坚持不断创新。尤其需要明确的是，随着互联网及其他现代化科技手段的推行，村务公开便宜性的要求，不仅是村民被动接收信息的便宜，更包含着村民主动查询信息的便宜，这也是今后各地进行公开方式创新应逐步达到的目标。

（二）真正实现“过程公开”

长期以来，广大乡村在进行政务、村务公开时大多采用单一输出的方式，在整个公开过程中，村民处于被动接受信息的状态，缺乏应有的反馈渠道和评价建议途径，同时无法确认和检查公开内容的真实性和可信度②。

---

① 袁方成，郭易楠．“双务”公开联动与乡村“微腐败”治理［J］．党政研究，2019（2）：33-42．

② 张丹丹．信息化背景下村务公开的现实困境及发展思路［J］．人民论坛，2013（13）：156-158．

2004 年的《村务公开意见》明确要求村级公共事务要从结果公开转向事前、事中和事后的全程公开，这同样也是新修订的《村民委员会组织法》关于村级公共事务“公开”的立法本意。对于一些简单的、过程和结果非常明确的公共事务，比如计划生育政策执行、村民户籍变更等情况，采用传统的公开方式即能够实现公开的功能与目的，对于公开的过程与结果一般也不会引发村民的质疑。而对于内容复杂、过程与结果输出之间存在不易理解的“黑箱”的公共事务，典型如相关财务收支明细，既需要以村民易于理解的方式将过程与结果全方位公开，亦需要充分利用现代科技手段支持村民参与互动、发表评论，实施监督。这有助于实现村务公开过程中村级组织与村民的双向互动，使村级组织能更好地接受村民监督并避免引发村民不必要的质疑，从而获得村民对公共事务管理过程的充分信任。

（三）积极构建信息互动机制

通过各种适宜的方式把公共事务治理过程予以公开，显然是把公开的信息传输到村民的面前，从而保证所谓的“看得见的正义”，但这并不意味着公开能够获得村民真正的信服。随着全面依法治国和乡村治理法治化的深入推进，村民法治意识逐步提高，参与意识明显增强，村民往往因在信息互动中“感受到正义”而形成对公开程序的信服。因此，农村公共事务的管理过程与结果必须在保证公开内容真实可信的基础上，能够让村民参与其中进行查询、验证，在双方的互动中生成信任。这就需要立足当地实际，灵活运用适宜的方式收集村民的反馈信息，比如通过设置意见箱、设定村务公开日、随机查访等方式及时接收村民提出的意见建议，并及时研究与妥善处理，尽可能细致地做好解释说明工作。尤其是在信息化技术普及的时代背景下，各地要积极构建数字化公共服务平台，鼓励和支持村民参与互动、发表评论、实施监督，从而增强村民与村级组织的行为交互。如浙江省慈溪市于 2021 年 5 月在全市推广的“晓得”平台，即是一款适应手机端运行的村务监督 APP，打开后进入“村务晓得”频道，村（居）务公开、财务公开、监督反馈等版块一目了然，通过该平台不仅可清晰查看事务公开情况，还能进行追溯查询并进行“围观点赞”等互动活动①。

① 村务监督云公开“晓得”平台在我市全面推广［EB/OL］.（2021-05-27）［2022-04-13］. http：//www. cixi. gov. cn/art/2021/5/27/art_ 1229036208_ 59046984. html.

四、完善监督机制

村务公开的关键在监督。村务公开是村民自治的一项重要内容，亦是村民行使民主监督权的重要形式，其目的乃是让公共事务的治理过程充分接受村民的民主监督。民主监督是村民自治中民主选举、民主决策、民主管理的基本保障，对于村务公开制度的运行具有无可替代的作用，统筹构建多元、多层次的民主监督体系网络，是确保公开及时和真实的必然要求。在德治、自治、法治“三治”融合的现代乡村治理模式下，传统乡村社会中的道德约束力当然会继续对农村公共事务公开进行内在的自我约束，但通过道德机制对权力的约束本就不充分，况且“三治”中的主流治理方式乃是法治。易言之，随着乡村社会治理方式的现代化转型，村务公开需要来自自治框架内的专门监督。

为此，《村民委员会组织法》第三十二条明确规定，农村应当建立村务监督委员会或者其他形式的村务监督机构，负责村民民主理财，监督村务公开等制度的落实。中央纪委、中央组织部、民政部等十二部委于 2012 年印发的《关于进一步加强村级民主监督工作的意见》对相关监督机制亦作出了更为细化的规定。然而，从当前的法律法规及政策体系运行来看，村务监督委员会的法律地位、监督职责与方式等规定的模糊性直接导致村务监督制度基本处于虚置状态。有学者基于对 11 省 700 名乡镇纪委书记的实证研究，认为目前村务监督委员会仍然处于“重设立、轻建设”阶段①。显然，欲实现村委监督委员会对村务公开的有效监督，最为紧要的是细化明确其监督职责、程序、方式等内容。从当前的监督实践来看，在《村民委员会组织法》没有进行相关规定之前，各省结合本地域农村公共事务治理实际出台关于村务公开监督的专门规定以规范村务公开监督工作，是贴合实际的现实进路。

（一）完善外部监督机制

在地方监督实践中，许多地方已出台村务公开监督的相关规定，对村务监督委员会的组织设置、监督程序进行了细化明确，如中共浙江省委办公厅、浙江省政府办公厅于 2010 年制定的《浙江省村务监督委员会工作规程（试行）》等。参照上述地方政府部门出台的相关规定，结合村务公开监督

① 刘诗林．我国村务监督委员会的运行困境及对策建议：基于 11 省 700 名乡镇纪委书记问卷调查的实证研究［J］．理论探讨，2015（1）：128-131．

机制建设的实际需求，完善村务公开外部监督机制一般应从组织建设、职能划分、运行方式等几个方面展开。具体而言，在组织建设方面，要明确规定监督组织的机构设置、人员构成、任职条件及产生方式等；在职能划分方面，要明确监督组织监督农村公共事务公开的具体内容、方式、职责及履职程序等；在运行方式上，要明确规定监督工作流程、内部管理机制及相应的再监督机制。尤其值得注意的是，村务监督委员会作为监督组织，其监督的内在逻辑机理依然是“权利监督权力”，所以该组织的权力仍然需要源自外部的权力监督及源自村民内部的权利监督。比如上述地方性规定一般都会规定监督委员会定期向村民会议或村民代表会议报告工作，由村民会议或村民代表会议对村民监督委员会及其成员进行信任度测评，并结合测评结果考虑是否对相关工作人员予以罢免。

（二）健全内部保障机制

农村基层微权力运行的内在逻辑表明，仅凭借监督组织对基层微权力进行外部监督并不能实现较好的监督效果，村务公开的监督应该注重源自村民民主权利的内生力量的监督。村民自治权利行使的坚强后盾乃是权利的保障与救济，然而当前的立法在防止基层微权力权力失范和实施村民民主权利救济方面显然存在某些缺失，村务公开方面就存在权利保障缺乏可操作性、权利救济上的责任追究匮乏等方面的不足，在行政措施上也仅仅是模糊规定了对侵害村民民主权利的行为进行“调查并依法处理”“责令改正”等柔性的约束。显然，在村务公开机制的构建过程中，欲充分激发村民行使民主权利的积极性，应该着力增强村民自治的内部保障机制，尤其是完善救济民主权利的责任追究机制。具体而言，应该充分发挥村民会议、村民代表大会、村民议事会等村民组织的自治能力，尤其是完善、细化其推选或选举相关组织成员的程序机制，并明确相应组织监督不力的后果责任；要完善农村公共事务决策机制，确保村民能够充分参与决策，通过多种方式切实推进公开决策民主化。此外，还要通过发展农村集体经济、适当配置经费等方式完善基层组织自治的经费保障，增强村民群众行使民主权利的经济基础。

第三节　完善农村基层党组织重大事项决策机制

农村基层公共权力的构成，既有党组织的领导权，亦有乡镇政权的延伸及类似于行政权力的公共事务自治权，是一个典型的“二元混合结构”①。尽管学界对农村基层党组织的领导权与村民委员会的自治权之间的领导方式多有争论，但对二者之间领导与被领导的关系并没有分歧，这一点在《中华人民共和国宪法》及《中国共产党农村工作条例》《村民委员会组织法》中都有明确规定。农村基层党组织是农村社会治理体系的领导核心，“是贯彻落实党中央决策部署的‘最后一公里’”②，在推进乡村治理现代化进程中具有举足轻重的作用。至于其具体的工作方式，2019 年中央一号文件亦进行了明确的规定，即“全面推行村党组织书记通过法定程序担任村委会主任，推行村两委班子成员交叉任职”，亦即学界所谓的“一肩挑”模式，而且经过近年来的实践检验，此种模式被证明能够通过提升行政管理效率促进农村经济发展，对村级集体经济发展有显著的促进作用③。显然，在统一党的领导与村民自治的基础上，不断加强党对农村工作的全面领导，是乡村治理现代化发展的必然趋势。

坚持和加强党对农村工作的全面领导，关键在于坚持基层党组织对村级决策尤其是村级重大事项决策的领导，唯有如此才能保证村级重大事项决策的正确政治方向，才能保障村民的各项权利尤其是重要权利得以更好地实现，才能保证党的意志主张通过科学的决策程序转化为村民的自觉行动。根据《中国共产党农村基层组织工作条例》第十九条及《中国共产党农村工作条例》第十九条的规定，村级党组织领导重大事项决策的程序机制即“四议两公开”程序。尽管“四议两公开”制度自实施以来以其参与协商的制度优势有力促进了乡村治理的现代化发展，也在规范农村基层公权力健康运行方面发挥着重要的作用，但该制度在具体的乡村治理实践中依然存在村级

---

① 白钢，赵寿星．选举与治理：中国村民自治研究［M］．北京：中国社会科学出版社，2001：253.

② 习近平．贯彻落实新时代党的组织路线 不断把党建设得更加坚强有力［EB/OL］．（2020-07-31）［2022-05-13］．http：//www．qstheory．cn /dukan /qs/2020-07 /31 /c_ 1126305988．htm.

③ 张洪振，任天驰，杨汭华．村两委“一肩挑”治理模式与村级集体经济：助推器或绊脚石？［J］．浙江社会科学，2022（3）：77-88，159.

党组织决策定位模糊、决策事项范围不明确、决策程序机制不完善、相关配套制度不健全等问题，而上述问题的存在又恰好为农村公权力的滥用及微腐败的滋生提供了制度空间。

一、厘清决策权力边界

（一）坚持党的依法依规领导

如何正确处理党的领导和村民自治的关系，一直都是乡村治理实践中面临的一个难题。尤其是村支书与村委会主任“一肩挑”的治理模式，更容易让人产生党的领导就是村级党组织享有一切公共事务最终决定权的错觉。也正是基于这种错觉，“有的村级党组织将民主选举产生的村委会视为自己的下级组织，以党组织的名义给村委会发指示、下命令、派任务；有的村级党组织越俎代庖，包揽村务，直接将村委会架空；有的村级党组织与村委会争权夺利，甚至以非法手段阻碍村委会正常行使职权”①。造成这些问题出现的根本原因，是村级党组织领导权的边界较为模糊，正是模糊的权力边界给予了村级党组织领导权扩张的空间。村级党组织领导权的扩张，必然带来村民自治权力的萎缩，这并不符合乡村治理现代化的时代需求。显然，要保证村民自治机制的正常运行，需要厘清村级党组织领导权的权力边界，使村级党组织严格按照法定的权限和程序实施领导行为。规范村级党组织的领导行为，不能简单地套用党的领导的一般理论，也不能满足于提供原则性的指导，应当对村务管理中存在的带有普遍性的问题作出尽可能详尽、具体的规定，为村级党组织领导权的运行提供明确的规范指引②。

坚持和加强党对农村工作的全面领导，建设党的领导下自治、德治和法治“三治”融合的乡村治理体系，是乡村治理现代化发展的必然趋势。在深入推进全面依法治国和法治乡村建设的时代背景下，村级党组织对村民自治的领导当然要遵循法治发展规律。“乡村有效治理，法治是前提、是基础、是核心、是保障；要提高法治意识、树立法治思维，把政府各项涉农工作纳入法治化轨道，依法办事；强化法律在维护农民权益、规范市场运行、农业

---

① 姚锐敏．村民自治背景下推进村级党组织领导法治化的现实路径［J］，贵州省委党校学报，2021（3）：76-85.

② 姚锐敏．村民自治背景下推进村级党组织领导法治化的现实路径［J］，贵州省委党校学报，2021（3）：76-85.

支持保护、生态环境治理、化解农村社会矛盾等方面的权威地位；引导干部群众遵法、学法、守法、用法，依法表达诉求、解决纠纷、维护权益，建设法治乡村。”① 根据《宪法》及《村民委员会组织法》等相关法律的规定，国家立法明确确认和维护了村级党组织对村级治理体系的领导权，这显然是为党领导村民自治的合法性提供了明确的制度支撑。作为中国共产党的基层组织，村级党组织对村民自治的领导地位源自宪法及党内法规等的确认，同时也纳入了中国特色社会主义法治体系之中。这也意味着村级党组织对村民自治的领导亦必须符合全面依法治国的总体要求，村级党组织必须依照宪法、法律和党内法规确认的范围和方式行使领导权，保证村庄公共权力在法治框架内健康运行。

（二）重大事项决策的本质是民主决策

村级党组织对重大事项决策的领导，是坚持党对农村工作全面领导的重要体现，也是实现村级党组织对村民自治领导权的重要方式。但需要明确的是，在村民自治决策的实践场域中，党对重大事项决策的领导不等于村级党组织对于重大事项享有最终决断权，更不等于村级党组织对村级事务决策权的完全垄断。重大事项决策亦是村民自治决策的范畴，其本质特征当然是民主决策，在决策过程中村级党组织要本着民主决策的基本原则“领导和参与”决策，通过合法合规的方式把村级党组织的主张上升为本村的公共意志，最终实现村级党组织对重大事项决策的领导。从《中国共产党农村基层组织工作条例》和《村民委员会组织法》关于“四议两公开”重大事项决策程序的规定来看，村级党组织对于重大事项决策的领导涉及“提议”“党员大会审议”两个环节，最终根据村级党组织提议作出决定的是村民会议。显然，把村级党组织对重大事项决策的领导权等同于村级党组织享有最终决断权，是不符合现有法律及党内法规规定的错误观念，村级党组织以合法合规的方式领导和参与“四议两公开”程序并将其意志转化成村民共同意志，才是实现村级党组织对村民自治领导的正确方式。

---

① 高其才．走向乡村善治：健全党组织领导的自治、法治、德治相结合的乡村治理体系研究[J]，山东大学学报（哲学社会科学版），2021（5）：113-121．

二、明确决策事项范围

（一）决策权力相对集中

坚持和加强党对农村工作的全面领导，让村党组织负责人通过法定程序成为村民自治组织的负责人，可以有效避免农村基层公共事务决策过程中普遍存在的“拖而不决、互相扯皮”的问题，从而提升村级公共事务的决策效率。但不容忽视的一个问题是，村支书与村委会主任“一肩挑”的治理模式，彻底改变了“两委”分设形成的互相配合又相互制衡的权力结构。村民自治组织负责人与村级党组织负责人同级之间相互监督的机制被打破之后，村级党组织负责人拥有了更大的权力空间，此种绝对领导的权力如果失去有效的制约，很容易导致微腐败的发生。尽管根据《村民委员会组织法》第三十二条的规定，各村都应建立村务监督委员会来监督村级理财及村务公开等制度的落实，并由其对村级重大事项的决策与落实情况建立村务档案以备监督，但从实践情况来看，村务监督机构的负责人一般都是由村级党组织的组成成员担任，其当然要接受村级党组织负责人的直接领导，这便很难实现村务监督机构对村级党组织负责人的独立、有效的监督。当然，村级党组织负责人要接受村民代表及村民群众的监督，但由于传统熟人社会文化的影响及集体行动困境，村民代表会议的监督常常处于“失灵”状态，加之上级党组织对村级党组织负责人的考核监管制度机制尚不健全，这便造成了“上级监督太远，同级监督太软，下级监督太难”的局面①。

（二）严格落实“四议两公开”制度

要防止村级党组织负责人权力的滥用和腐化，一方面要加强外部监督，尤其是要完善上级党组织对其进行权力约束的监督机制，比如通过管人管事、纪检监察、巡视巡察等方式加强对村级党组织负责人及党员村干部的监督，另一方面更重要的是要加强权力运行过程的内部监督，完善内部决策程序机制，这便需要严格落实村级公共事务集体决策的“四议两公开”制度，真正实现让村级党组织负责人的权力能够“在阳光下运行”。村级党组织作为乡村治理体系的领导核心，是贯彻落实党的政策、维护党的权威的基层阵地，是中国共产党联系村民群众的纽带，其特殊的政治属性和乡村自治的民

---

① 蔡文成，朱荣康．村支书“一肩挑”治理模式的创新及制度优化［J］．西北农林科技大学学报（社会科学版），2022（3）：49-56.

主特性，决定着村级党组织对村级公共事务的领导方式主要为思想引领、组织保障和成员带动等①，其功能主要体现在政治领导、利益整合、服务群众和人才集聚等四个方面②。这意味着村级党组织应该把主要精力集中于引领政治方向、协调各方利益关系等重大事项上，其对村级自治事项的领导不宜过细，亦不宜介入村级日常管理事务的具体决策。对此，相关党内法规亦有明确规定，根据《基层工作条例》第十条的相关规定，村级党组织领导农村基层公共事务决策的范围仅限于讨论决定“重要问题”，以及“讨论”需经特定程序由村民会议、村民代表会议或者集体经济组织决定的“重要事项”。此项规定对村级党组织决策权的限定，有利于防止村级党组织及其负责人对村民自治事项的不当介入，符合农村基层党组织的政治属性与地位，亦能满足村民自治的实践需求，有助于实现党的领导与村民自治的有机统一。

（三）明确“重大”的标准

但就基层微权力运行的实践而言，当前党内法规对于村级党组织决策权的行使尚未给予明确的指引，其核心症结在于相关党内法规并未就“重要”的标准予以明确规定，这必然会导致村级党组织决策权运行的不确定性，同时亦为权力的扩张留下了一定的制度空间。此项标准的模糊显然会造成“两委”之间的职责界限的模糊，使得村委会的相对独立运行缺乏具体的制度保障，造成村党组织对村委会地位和功能的随意限制和挤压，最终导致村民自治制度的虚化和空转。显然，对村级党组织和村委会的职责进行科学、明确的划分，是实现党对农村工作的全面领导和保障村民自治的基本前提。一般而言，村委会作为村民自治组织，其主要从事村级公共事务的执行性工作，如召集村民会议、发放相关补贴及开具有关证明等，这些具体的事务性工作一般不宜也不必由村级党组织介入。但是，村委会的村级事务管理职权也有与村党组织的领导权存在交叉重叠的情况，如前述的“重要事项”，此时就需要对“两委”的职权行使程序与方式予以明确的划分。由此可见，规范村级党组织决策权的运行，当前最为紧要的乃是明确上述党内法规中“重要问题”及“重要事项”的范围。在中央党内法规尚未通过相关立规就“重要”

① 高其才．村党组织在乡村治理中的领导地位和核心作用探析：以《中国共产党农村基层组织工作条例》为分析对象［J］．上海政法学院学报（法治论丛），2019（5）：101-108.

② 董文兵，李寿峰，孙昌帅．乡村治理现代化进程中农村基层党组织功能定位面临的挑战及对策［J］．青岛农业大学学报，2017（2）：55-60.

的标准予以规范之前，各地应该结合各自公共事务治理的实际情况，通过党内规范性文件的方式对村级党组织参与重大事项决策的范围予以明确，从程序上将此项职权分解为具体的运行步骤和环节，由村委会和村党组织，以及村民会议分别承担①。河南邓州“四议两公开”重大决策事项范围见表 8-3。

表 8-3 河南邓州“四议两公开”重大决策事项范围

序号	事项范围
1	村民自治章程、村规民约、村发展规划及年度工作计划的制订
2	村集体资产购建与处理、集体借贷、集体企业改制；村机动地、林果基地及“四荒”地等经济资源的开发、承包、租赁、流转；集体所有的土地、房屋、设施、机械等的经营、承包、租赁、出售、转让及费用的收缴和使用；集体经济项目的立项、承包
3	村组建设规划、土地征用及补偿分配、宅基地的规划、报批；生育证发放对象、优抚对象、低保户、五保户的确定；政府下拨和社会捐赠的救灾、救济、扶贫、助残等款物的分配、发放
4	农村公益事业建设承包、经费筹集、组织、实施与管理
5	村集体大额资金的使用、支出
6	其他事关村民切身利益和全村经济发展稳定的事项

三、健全程序运行机制

（一）程序运行的缺陷

作为村级党组织重大事项决策程序机制的核心构成部分，“四议两公开”决策程序是被明确写入党内法规的党领导农村自治的创新性制度机制，其实现了坚持党的领导、发扬基层民主、严格依法办事的有机统一，能够有效化解农村基层公共事务管理过程中面临的各种新矛盾、新问题，有助于提升农村基层社会的治理水平并推动农村治理的现代化进程。根据《基层工作条例》第十九条的规定，“四议两公开”即村党组织提议、村“两委”会议商议、党员大会审议、村民会议或者村民代表会议决议、决议公开、实施结果公开。从立法及立规的角度而言，“四议两公开”的决策程序非常明确且较为完善，《党章》及相关党内法规对基层党组织的工作方式及党员大会的召开都有明确的程序性规定，《村民委员会组织法》对于村民会议及村民代表

① 姚锐敏．全面推行村“两委”负责人“一肩挑”面临的潜在风险及其防范［J］．中州学刊，2021（5）：7–14．

会议的召开程序亦有明确规定。从当前村级重大事项决策程序的运转过程来看，其存在的调研信息不充分、反馈机制不顺畅等现象，显然是程序运行机制层面的问题。正如有学者指出，迄今为止，至少在中央这个层面，我们还没有为基层提供一个综合考虑党支部、村委会、村民群众这三个重要因素，把坚持党的领导与保证村民群众在村级事务中当家作主、依法办事有机统一起来的程序化的办事制度，而这恰是当今农村一些党支部、村委会产生矛盾的总根源，也是村干部之间、村干部（包括党支部、村委会）与农民群众之间产生矛盾的总根源①。

（二）恪守“民主决策”的根本原则

就党内法规的立规目的而言，“四议两公开”决策程序乃是为了实现村级党组织对村级重大决策事项的依法领导，通过决策过程的依法依规控制实现对村级公共权力的有效制约。根据前述党内法规对该决策程序的具体规定，村级党组织发挥领导作用的第一环节便是“提议”，此种在民主决议之前先行“提议”的程序设置显然重在保障村级党组织把关定向的权力，但无论是重大事项的最终决策还是党组织的“把关定向”，都需恪守民主决策的基本原则，唯有此方能确保党组织决策权的良性运行。民主决策的前提是获取充分的信息，这就需要村级党组织运用各种有效方式充分调动全体党员的积极性，密切联系群众并就决策问题开展广泛深入的调研，广泛听取其他村级组织及村民群众的意见，并通过党务信息公开、党内监督、党外监督等方式实现充分的信息反馈。尽管《党章》及诸多相关党内法规对密切联系群众等党组织的工作方法进行了原则性的规定，但就村级重大事项决策程序而言，目前暂无明确的运行程序机制。从加强村级党组织对村级重大事项决策领导及规范村级公共权力的视角而言，确有必要对村级重大事项决策过程中的“提议”进行更为详尽的程序设置，比如可以参照《中国共产党党组工作条例》关于“决策和执行”的规定对调查研究、征求意见、充分酝酿等程序机制进行明确细化的规定。

根据现代社会治理理论的要求，契合现代社会治理需要的机制，必然浸润着科学合理的决策，而且这种决策不再是封闭、独断的，而是开放、包容、协商的②。民主决策的关键是在“提议”及“党员大会讨论”环节都要

① 詹成付. 正确认识和对待农村“两委会制度”[J]. 民主与科学，2004（3）：25-28.
② 陈朋. 村干部腐败新特征及民主治理路径[J]. 理论探索，2018（6）：57-62.

恪守“民主集中制”的根本组织原则。无论是“提议”环节还是“党员大会讨论”环节，其都是村级党组织在重大事项决策程序中的一次“决策活动”，村级党组织在上述两个环节中都要遵循集体领导、民主集中的根本要求，严格按照个别酝酿、会议讨论、民主决定的党内程序实施相关决策行为。“作为一种控制方式，反馈将实际工作成效与事先确立的目标进行比较，通过分析目标偏差原因，提出施控方案，对施控系统进行调节，不断缩小目标偏差，最终实现预期目标。”① 在决策过程中，村级党组织需要充分考量各种影响因素以降低可能出现的信息不完全情况，通过各种反馈方式将党组织的“提议”和讨论结果同最终的决策目标进行比较，及时调整可能出现的决策偏差以保证最终决案的正确性。同时，村级党组织和党员领导干部都应自觉接受社会监督，并充分利用互联网技术和现代化信息手段，积极了解和掌握党员及村民群众对村级重大事项的意见反馈，在确定重点、难点、热点问题的基础上，通过充分的专题调研、集体调研、集体讨论等程序环节，及时修正可能出现的决策偏差。此外，决策转换是村级党组织重大事项决策由“幕后”走向“前台”的关键一步，是村级党组织领导权实现的关键所在，亦是村级党组织领导权规范运行的重要环节，这便要求在村级治理实践中要进一步明确细化“四议两公开”程序中的衔接机制，进而实现村级党组织的“提议”及“党员大会的讨论”结果与最终“村民会议或村民代表会议的决议”的有机统一。

四、完善决策监督机制

“四议两公开”的重大事项决策程序是村民自治的内容之一，也是实现村级党组织领导权的重要制度载体。无论是健全领导与自治有机衔接的决策程序，还是实现决策结果的全面公开，其目的都是实现广大村民群众对农村基层公共权力运行的充分监督。在该程序机制运行的过程中，村级党组织不仅要通过科学的选人用人机制努力提升其运行效率，从而加强党的领导，还要通过完善党内监督机制来加强对参与决策的党员领导干部的决策行为的监督。只有严格规范乡村党员干部的决策行为，切实把决策权关进制度的笼子，才能保证乡村公共权力的良性运行和党的路线方针政策在村民自治中的

① 王立峰，李洪川．控制论视角下党组发挥领导作用的内在逻辑和运行机制［J］．安徽师范大学学报（人文社会科学版），2022（1）：11-21.

贯彻落实。

（一）加强对村干部决策行为的全过程监督

在村级重大事项决策过程中，村级党组织不仅要加强对村民自治的领导，更要坚持党要管党、全面从严治党的方针，强化对村干部决策用权行为的监督。党员尤其是党员干部应当是具有历史忧患意识的工人阶级的先进人物，自觉地秉承了社会发展规律，应该比群众具有更高的觉悟和责任担当，如果“严”的标准只是宪法和普通法律规定的一般准则，就无法将党员领导干部与群众区分开来。村干部作为村级党组织的成员，一方面当然有义务严格遵守和执行《村民委员会组织法》等国家法律法规关于村民自治的规定，另一方面更要自觉践行党规党纪对其提出的更高要求。运用法律法规及党规党纪对村干部的决策行为进行双重监督，无疑可以进一步强化村级重大事项决策权力的监督制约，降低其中权力滥用和腐败滋生的风险。

如前所述，村级党组织负责人通过法定程序担任村委会主任的“一肩挑”模式，是在统一党的领导与村民自治的基础上不断加强党对农村工作全面领导的现实所需。而与此种治理模式伴随的，必然是村级决策权的相对集中，即承担“一肩挑”职责的村干部这一“关键少数”将会对村级重大事项的决策发挥关键作用。而梳理诸多村干部腐败的案例不难发现，导致某些村干部腐败的重要原因便是“一肩挑”模式下的村书记这一“关键少数”的权力缺乏民主决策的制约。如江苏省常熟市纪委2016年12月26日通报的该市支塘镇徐政村原党支部书记钱某，自2010年9月担任该村“一把手”后，他大权独揽，在村级重大公共事项的决策上搞“一言堂”，在村级资金使用上搞“一支笔”，生活奢靡。即使十八大后仍大肆公款吃喝，而造成这一切的根源在于权力失去监督，“一言堂”成为村级重大事务决策的主要方式①。习近平总书记明确指出：“一把手违纪违法最易产生催化、连锁反应，甚至造成区域性、系统性、塌方式腐败。因此，抓住‘关键少数’，破解一把手监督难题，各级领导班子一把手是‘关键少数’中的‘关键少数’。”②管住村级重大事项决策中权力相对集中的“关键少数”，关键在于逐步完善“一肩挑”治理模式下村级重大事项决策权的监督机制。一方面，要通过明

① 华红．两年半挥霍60万 这俩村干部太任性［N］．中国纪检监察报，2017-06-19（3）．

② 习近平．在十八届中央纪律检查委员会第六次全体会议上的讲话［N］．人民日报，2016-05-03（2）．

确村级党组织与村民委员会等非党组织之间的权限分工，理顺村级党组织负责人与非党组织负责人的权责关系，不断强化非党组织对村级党组织重大事项决策权的制约，健全乡村治理体系中村级组织内部的相互制约机制；要从提出与受理、运行程序、监督保障等方面逐步完善罢免制度，充分发挥村民自治罢免制度的民主监督功能，强化村民群众对“一肩挑”村干部的民主监督。另一方面，要通过明确村务监督委员会的职责权限、运行保障、监督方式及工作流程等措施，切实提升村务监督委员会的监督效能；要通过明确监督主体、细化监督职责、健全工作流程、强化监督检查、严格执纪问责等方式，逐步完善乡镇上级党委对村级党组织重大事项决策权运行的监督机制。

（二）推动巡视巡察向农村基层全覆盖

加强村级党组织重大事项决策的监督，亦是党的巡视巡察制度向农村基层覆盖的一个重要面向。村级重大事项的决策与实施，事关党中央惠农补贴、脱贫攻坚、乡村振兴等诸多促进农村改革发展政策的落地。作为党组织架构中的“神经末梢”，村级党组织的首要任务便是贯彻落实上级党委的政策，巡察其对于党中央农村发展政策的落实情况及领导作用的发挥情况自然也成为村级党组织巡察全覆盖的重点内容。具体而言，推进巡视巡察制度对村级党组织重大事项决策的覆盖应重点关注村级党组织对党的重大政策贯彻落实情况、领导基层治理情况等方面并明确重点巡察内容；要坚持问题导向，重点巡察村级重大事项中集体资金及资产的适用等决策情况，着力发现并及时纠正村级党组织在上述领域出现的侵占、挪用、贪污、违规出让等微腐败问题；要重点关注民生事项决策的巡视巡察，尤其是涉及产业扶贫、征地拆迁、生态环保等民生领域的重大事项决策，应通过严格的巡察清除以权谋私、吃拿卡要等问题，不断增强村民的获得感、幸福感和安全感。上级党委要不断创新巡察方式①，重点对“四议两公开”决策程序的运行过程进行全方位监督，并重点盯紧“一肩挑”的村级党组织负责人及其他“两委”干部，重点巡察其不作为、乱作为等问题；同时还要针对村民群众反映强烈的重大事项决策问题进行重点巡察。要通过明晰巡察制度设计标准、规范巡

① 以江苏省泰州市代管的泰兴市为例，近年来，泰兴市委创新实施“啄木鸟”问效行动，对村（社区）巡察反馈问题整改成效开展群众评议，先后向 191 个村（社区）反馈评议发现问题 395 条，提出意见建议 279 条，推动解决民生实事 30 件，有效促进巡察发现问题真改实改改到位，显著提升群众对巡察工作的知晓度、参与度、满意度。参见泰兴市：拖欠的租金［EB/OL］.（2022-08-12）［2022-08-13］. http：//www. jssjw. gov. cn/art/2022/8/12/art_ 1320_ 155688. html.

察制度运行、增强巡察制度保障及营造巡察制度环境等方面的建设，逐步推进巡视巡察制度对村级党组织巡察重大事项决策情况的全覆盖①。

（三）规范村级重大事项决策档案管理

村级党组织要重点贯彻落实《村级档案管理办法》，规范村级重大事项决策档案管理。村级档案是村级党组织、村民委员会、村集体经济组织等在党组织建设、村民自治等活动中形成的具有保存价值的文字、图表、音像等不同形式和载体的历史记录，是记录乡村治理活动尤其是重大事项决策制度运行的原始信息。实施村级重大事项决策档案的规范化管理，是全面从严治党向农村基层推进的实践创新，是增加村级事务管理透明度的法治化举措。“四议两公开”重大事项决策档案详细记录决策与实施的六个环节运行情况，清晰呈现村级党组织的决策行为，显然有助于规范村级党组织决策权力的透明运行，有助于加强对农村党员干部决策行为的约束，从而推动村级重大事项决策机制的健康运转。这就要求村级党组织要严格依照上述办法对重大事项决策档案进行规范管理，不断完善依据档案对村干部进行责任考核的制度机制，并积极利用现代科技手段推动档案管理的数字化，真正建立起重大事项决策权的全程留痕管理机制，实现村级重大事项决策权内外监督全覆盖，从而有效遏止重大事项决策过程中微腐败的发生。

① 何锡辉．村级党组织巡察全覆盖：逻辑与进路［J］．理论月刊，2021（8）：54-64．

第九章
构建农村基层微权力的监督问责机制

农村基层微权力滥用会产生形态各异的微腐败，这不仅直接损害村民的切身利益，而且因其负面影响潜藏久、传染面广，甚至会造成乡村治理中“蚁穴溃堤”之恶果。若对农村基层微权力的滥用不及时构建监督问责机制，将严重阻碍农村经济发展、破坏基层社会稳定、削弱党的执政基础，大大降低广大村民对乡村振兴战略的认可度和满意度。依据《中国共产党党内监督条例》《中国共产党问责条例》《中华人民共和国监察法》等党内法规和国家法律，农村基层微权力监督问责机制的构建，必须做到有权必有责、有责要担当、用权受监督、失责必追究。县、乡、村三级党组织必须履行全面从严治党主体责任，让农村基层干部不敢腐，杜绝不作为、乱作为、慢作为、假作为。村民委员会、村民监督委员会等自治性组织，基层普通党员、群众等各类主体在农村基层微权力监督问责机制构建中必须多元协同。当然，必须明确履行监督专责的是县级或乡镇纪检监察组织①，监督问责也是纪检监察的主业主责，监督在前，问责在后，问责既是监督的结果，也是监督的延伸。

第一节　推动权力监督全覆盖向农村基层延伸

《中国共产党农村工作条例》第十九条第二款规定：“建立健全农村权力运行监督制度，持续整治侵害农民利益的不正之风和群众身边的腐败问题。”这是中国共产党在农村工作中治理基层微腐败的根本之道。农村权力运行监督制度应当覆盖微权力，既要关注权力的配置与运行，更要关注位于权力末端的基层微权力的运行。当前的农村基层微权力运行尚存在行权不规范、监督不及时、机制不健全等问题，具体表现为：党的少数农村基层组织建设存在软弱虚化；村委会决策“一言堂”“一刀切”，民主集中制原则执行不到位；基层监督力量偏弱，乡镇纪委人员匮乏、配备不强，纪检监察干

① 地方监察委员会的最低层级为县级。在县级监察委员会中，有的向乡镇派驻监察室，与乡镇纪委合署办公；有的派驻一些监察员办公室，每个监察员办公室联系数个乡镇纪委；有的尚未派驻。

部业务能力有待提高；涉农腐败风险始终存在，村务监督委员会职能发挥不充分，存在不敢监督、不会监督、不想监督等困境，这些都较大程度制约了基层治理监督的效能发挥。

基层治理中最微妙、最富弹性的权力结构表现是“条块”关系①，即“上面千根线，下面一根针”。条块关系既包括条块间目标一致、彼此合作的状态，也存在彼此矛盾冲突的一面。农村基层条块关系的实际运行状态表现为条块协同力度不够、运转不畅，上级职能部门与乡镇、村组之间权责不清，属地化管理与部门履职之间边界存在真空，乡村自治、法治、德治之间缺乏黏合力等。权力结构的条块矛盾给基层治理带来一定压力，也给基层党政领导及工作人员带来一些不必要的负担。因此，在厘清农村基层治理中各种微权力的边界基础上，强化纵向微权力监督与横向微权力制约相结合的“条块”协同是微权力配置的核心要旨。只有微权力配置合理，微权力运行才能顺畅，微腐败才能无机可乘。没有合理的微权力配置，一味强调农村基层干部的责任心和道德品质是“画饼充饥”。聚焦解决农村基层治理微权力运行中存在的条块矛盾，寻求条块间的平衡点显得尤为重要。

一、监督农村基层微权力行使主体的法理分析

农村基层微权力行使的主体可分为两类：一是乡镇党政企事业单位公职人员，二是村“两委”成员（村民眼中的“村干部”）。这些微权力行使主体对应的党政序列职级和职务不高，甚至是不脱产的村民，但实实在在构成了农村基层治理的主导力量。微权力当然具有公共权力属性，只是未引起权力监督者的足够重视和民众的关注。缺乏有效监督的公共权力容易衍生腐败，同理，缺乏有效监督的微权力也容易滋生微腐败。

（一）监督农村基层微权力行使主体的正当性基础

现实中的权力容易被滥用，但权力又不可或缺。权力服务于公共利益的

① “条条”，是指从中央延续到基层的各层级政府中职能相似或业务内容相同的职能部门；“块块”，是指各个层级的地方政府。此处的“政府”是广义的“政府”，是指国家机构的总体与执政党的总称，包括立法、行政、监察、司法、军事和中国共产党领导体系内有组织的权力系统等。“条条”涉及从中央到基层的纵向职能分工，也是一种部门垂直管理，体现组织化、专业化和系统化的特征；“块块”专指地方治理中的层级分工，省、市、县、乡各级党和国家机构承担所在层级治理的整体责任，呈现地方性、综合性和创造性的治理特征。在农村基层治理中，“条条”主要指涉县级职能部门及派驻乡镇的职能机构，“块块”则是指乡镇党政及以下层级的村“两委”。

属性，来源于权利所有者的让渡与信任。在农村基层，村民是权利所有者，也是利益的最终享有者。但是，这必须以权力为运行载体才能完成权利到利益的转换。众所周知，权力运行异化的原因是权力行使者主观上牟取私利或者客观上缺失制度监督。对于农村基层微权力行使主体而言，如果主观上为自己或特定关系人谋取利益，或者客观上表现为权力滥用、弃用等形式，那就是微腐败。微权力是微腐败的充分非必要条件，微腐败未必都是微权力的衍生①。本章重点关注农村基层治理中对微权力监督的全覆盖，以消减农村基层微腐败的长期性、延展性危害。毋庸置疑，微权力缺失监督而产生的微腐败通常以“蚕食”的方式发生在某个时段某个领域内，造成难以量化的损失，而且微腐败的次生影响难以估量。

1. 农村基层微权力监督内涵

在乡村治理场域中，微权力监督应当以纪检监察机关为主，汇聚不同的组织、团体和个人，通过一定的载体、途径和机制来对微权力进行监察、督促和约束，确保微权力在宪法法律和党内法规的框架内行使，确保微权力在法治轨道上运行。农村基层微权力监督重点是那些以行追求公共利益之名而谋求个人私利之实的权力和未依法规范行使且易为民众所忽略的权力。纪检监察机关之外的组织、团体和个人等监督主体包括：党政权力架构中的“条块”机关，如行政监督机关及审计机关，司法机关中的法院、检察院，社会监督中的人民群众、各民主党派、新闻媒体和社会团体等。

早期人类之间发生冲突且不能自我化解时，劳动与交往实践产生的理性促使人们将纠纷交由第三方来裁决，这实质是纠纷双方让渡各自一部分权利给第三方形成权威力量，让渡出的权利汇聚形成基于中立、公正、可信赖并以暴力威慑为后盾处理纠纷和维护共同利益的权力。权力行使主体随着国家的历史形成，由家族长老、氏族首领、部落盟主等逐渐演化为专门的官吏阶层。权力具有公共性，其内蕴的“管理—服从”关系本质建立在权利基础之上。所有的权力行使活动均应当与权力、权利方向保持一致，以不侵犯公民合法权利为底线。因此，权力的行使必须受到权利的监督和制约。权力无论大小，都应当保障权利并接受监督。中国数千年的集权历史传统，在农村仍然以文化、风俗等形式不同程度的存在。同时，中国古代的“皇权不下县”，

---

① 权力主体掌握的权力可能并不微小，但主观上大节不失、放纵小节，窃以恶小而为之，也会滋生微腐败。

不是不欲，而是不能；超大疆域、人口众多，以及治理手段受生产力发展所限，财力物力供养的控制力难以全面触及县级以下。虽然现在经济发展水平提升很快，大数据治理也渗透乡村，但无论是公权力机关还是村民对乡村治理中公共性的微权力运行，认识尚显不足。乡村公共生活往往以自治为主，秩序稳定即安，各方主体皆习惯于微权力的自治行使，因而更容易轻视和忽略对微权力行使者的监督。现代法治理念进入乡村之后，村民们得以将法律是国家治理工具的理解拓展为法律在维护个人权利的基础上发挥治理功能。

2. 农村基层微权力运行所涉主体的“精英俘获”

在中国千百年来的乡村治理变迁中，不乏有乡村精英利用自身的政治、经济、文化优势，主导、操控、占有、掠夺有限公共资源的现象，这可称之为“精英俘获”（elite capture）①。在国家资源输入村庄的背景下，精英俘获获得了目标对象；在乡镇政府财权空虚和治权弱化的情况下，精英俘获获得了地方政府的默许与授意；在村民被人情、面子与权力的网络缠绕，加上村干部善于把握村民容忍限度的情况下，精英俘获获得了民意基础和较为安全的环境②。笔者认为，乡村精英可分为体制精英和非体制精英。体制精英就是指农村基层干部，拥有乡村治理的正式权力，也是农村基层微权力的行使主体。基于乡村治理法治化的视角，微权力是农村基层干部在中国共产党领导下实现和维护农村公共利益、处理村内公共事务、维持村内公共秩序、增进村民福利而行使的法定权力。农村基层微权力应当纳入全过程民主：民主选举（选举权）、民主决策（决策权）、民主管理（管理权）、民主监督（监督权）。农村基层微权力还应当为全体村民所享有，是村民进行自我教育、自我管理、自我服务的社会权力，并不能简单理解为是国家权力在地方的延伸。因此，农村基层干部通常游离于国家权力与社会权力之间。正因如此，一些心术不正的农村基层干部深谙如何利用因制度和法律缺失所形成的灰色地带对乡村各类资源予以控制，牟取私利。不仅如此，有些农村基层干部还借履职之便盘剥国家资源财产。非体制精英则主要是指在经济、文化、社会关系等某一类非政治资源上占有优势地位的所谓“能人”，能够对乡民产生

---

① 精英俘获最早出现于国外经济学领域，随后被运用到管理学、政治学等诸多领域，改革开放后流传到国内学界。简言之，精英俘获是指某一治理场域内的精英对公共资源和利益不当获取的行为。

② 邢成举. 精英俘获：扶贫资源分配的乡村叙事［M］. 社会科学文献出版社，2017：110.

“影响力”甚至是“心理强制力”，如农村企业家、经营大户、乡村“混混”等①。当前，政府间信息传输的科层悖论、基层政府与乡村社会分利秩序的结构张力，以及基层多元治理主体互动的长期信任缺失②，均造成了乡村“精英俘获”困境。乡村振兴战略作为国家战略资源的惠农投放，被“精英俘获”所形成的分利秩序侵蚀消解，具体表现为以体制精英为主导的主动俘获和以非体制精英带动普通村民的被动俘获。

（1）农村基层干部等体制精英的主动俘获。中央将“三农”问题提升到党和国家工作的重中之重地位，每年都颁发诸多强农惠农政策文件，不断优化乡村振兴发展道路的顶层设计。自上而下配置资源的过程是一个复杂的过程，往往由中央逐级分解“发包”至基层具体实施。在自上而下的条条监控体系下，上级条条经常通过绩效考核、目标责任制等对下级块块中的条条加强监督，将下级块块的“政绩”考核与上级条条任务完成情况相关联，形成了一种自上而下的压力机制。在这种机制下，当条块产生利益冲突时，基层块块的自利性将驱使其对上级条条指令“选择性执行”。因此，基层为求任务的顺利完成，更可能倾向于将政策、项目资源的实际执行委托给日常联系较多或“能力”更强的体制精英，非体制精英可能在自身优势事项上与体制精英谋求合作分利。普通村民则因自身政治、经济、文化条件处于弱势地位，可能会逐渐被边缘化，较难在乡村振兴战略各项发展性资源配置中平等获益。而显失公平的资源配置很容易滋生农村基层各类微腐败。一是涉农项目管理混乱。小官微权滥用、资金滥贪、涉农补贴优亲厚友，政策性资金的落实走形变味。二是财务管理有失规范。财务制度不严格、不完善，财务状况公开不充分。农村财务管理人员大多缺乏专业知识，有些村甚至没有村级财务，财务管理人员容易与其他干部相互勾结、沆瀣一气，贪污、侵吞集体资产。三是部分干部用权任性。一些农村基层干部在村务管理中家长作风严重，习惯用个人意志代替政策法规。村民主动参与村务管理意识不强，县级监督不到位、乡级监督不落实、村级监督不严格，导致部分体制精英得不到有效制约。

（2）非体制精英迂回俘获普通村民。非体制精英与体制精英的价值立

---

① 吴高辉．国家治理转变中的精准扶贫——中国农村扶贫资源分配的解释框架［J］．公共管理学报，2018（4）：113-124，155．

② 韩万渠，董欣欣．协商参与嵌入政策体系：基层政策执行困境的破解路径［J］．学习与实践，2020（2）：96-105．

场、成长背景并不一致，出于自身利益及现实能力等因素的考量，部分非体制精英往往会选择依附于体制精英，以便形成某种“共谋”①，以期获取尽可能多的公共资源与利益。经笔者观察，非体制精英的“共谋”大致有三种类型。一是理解型。许多普通村民认为非体制精英与农村基层干部等体制精英积极合作，为乡村建设出力较多，在各类资源和项目的分配上适当占有较多份额，具有“合理性”与“正当性”。二是闭塞型。普通村民很少能够进入乡村政治权力中心，面对公共权力时多是作为被动承受者，而非主动获取者。微权力运行所涉利益往往不被普通村民日常信息所捕捉。而由非体制精英在“共谋”后带动普通村民进入基层治理场域利益均沾，让普通村民获取些许经济利益。普通村民对此有“天上掉馅饼”之感，并不过问资源分配是否公平合理。三是避责型。对于上级交办的有时间和进度要求的任务，基层体制内外往往通过非正式渠道的精英共谋，动员普通村民完成任务，成功转嫁政策性负担。而且，非体制精英出面还能有效降低项目执行的问责风险。这类与基层干部的非正式关系理性逻辑也是一种较为典型的“共谋”。

在农村传统人情社会中，村民将上述俘获行为视为潜规则，基于自利或“自保”，甚至认为具有风俗合理性，这为精英俘获构筑了较为安全的社会心理环境与稳定的民意土壤。

（二）农村基层微权力运行规范的制度监督

当前，农村基层法治建设不够完善，制度建设、基层党建与乡村治理法治化有待进一步结合。少数农村基层党组织管党治党制度实施不到位、治理能力有待提升。

1. 农村基层干部任职规范性不足

对干部选拔任用、任职时间、任期届数、任职回避、经济责任审计等的规范，是防止权力主体因长期占据一个公权岗位形成的“权力沉淀”的重要途径。经过长期探索，我国已经建立了一整套行之有效的干部任职制度，但在农村基层治理中却囿于多种原因并没有得到全面贯彻。笔者在实践中观察，干部任职制度在部分农村区域执行还不规范，主要表现在：一是对基层干部层级覆盖不全；二是任期制执行不规范；三是村级党政领导班子成员家族化、派系化未获有效化解；四是没有严格按照相关规则对基层干部任职期

① 何毅．“共谋俘获”：项目调整中的基层政府行为研究［J］．中国农业大学学报（社会科学版），2022（2）：103-116．

间的经济责任进行审计。

由前述诸般不规范而带来的潜在廉洁风险是“换届选举，拉帮结派；发展党员，‘近亲繁殖’；村务管理，圈子掌控；集体经济，家族谋利；组织生活，严重虚化；村官监督，软弱乏力”①。农村基层干部的起点是民主选举，而民主选举“走样”往往成为微权力失范的原点。村民自治的直接选举，选票发挥实实在在的作用，一旦选举缺失有效监督，少数宗族力量就会不当渗透农村基层政权组织，部分农村区域甚至出现不正常的干部“家族化”。近年来，农村发展党员的导向是重质量，党员组织发展指标控制比较严格。同时，《中国共产党发展党员工作细则》（以下简称《发展党员细则》）对发展党员工作也有着具体明确的要求。但是，在限制发展党员“家族化”方面，《发展党员细则》并没有具体的规定，对亲属担任入党介绍人、培养人也没有限制。实践中，个别村支书不是出于公心，而是从巩固自己家族和小圈子的利益出发，以亲疏远近为标准发展党员，导致少数地区农村党员发展呈现家族化、派系化趋势，由农村基层党组织“家族化”不断向农村基层干部“家族化”渗透，其背后隐藏着对不正当利益的最终牟取。

经选举、组织发展合法程序外衣掩盖的非法牟利行为也很难被查处，原因在于任期内经济责任审计在许多农村地区没有得到认真执行。早在 21 世纪之初，《中共中央办公厅 国务院办公厅关于健全和完善村务公开和民主管理制度的意见》（中办发〔2004〕17 号）就明确指出“村干部任期届满或离任时必须审计，以加强对农村集体财务的审计监督”。随后《关于做好村干部任期和离任经济责任专项审计的通知》（农经办〔2005〕12 号）又提到“开展村干部任期和离任经济责任审计是农村基层干部监督管理工作的一个重要环节，是加强党风廉政建设的重要措施”“各级农村经营管理部门和监察机关、纠风办要在当地党委政府的领导下，要把村干部任期和离任经济责任审计安排到重要工作中，精心组织，切实做好这项工作”。全国人大常委会在修订《村民委员会组织法》时，也增加了“村民委员会成员实行任期和离任经济责任审计”的条款，明确由县级人民政府农业部门、财政部门或者乡镇人民政府负责组织实施，同时列出具体的审计事项。然而，此类工作未能完全落到实处，农村基层干部任期监督管理，尤其是村“两委”任职人

---

① 马俊军. 农村党员干部思想行为“家族化”问题对策研究［J］. 青海社会科学，2016（4）：85-90.

员的任期监督管理还不够到位。

2. 农村基层信息公开制度有待完善

村民有序的政治参与是加强农村基层微腐败治理的关键。乡村治理过程的有效性以知情权的完整性为前提，而村务信息公开制度是保障村民知情权完整性的重要制度设计，能够有效解决村民监督中的信息不对称问题，提高微权力监督的针对性和实效性。乡村治理中的信息公开主要涉及党务公开、政务公开、村务公开，调研中发现，部分农村的信息公开仍存在“信息公开不主动、信息公开不全面、信息公开不完整、信息公开不系统”四个方面缺陷①。这些缺陷导致信息公开的碎片化，造成了大量的信息盲区，加剧了信息不对称，降低了微权力监督的有效性。从调研中的信息公开情况看，农村基层微腐败治理的制度功能发挥不足，如基层干部存在履职岗位交叉、职责模糊等问题。笔者期望通过不断完善信息公开制度，倒逼基层微腐败治理乃至乡村治理的制度进一步完善。

一是基层政府与乡村市场的关系尚未理顺。基层政府对农村基层治理领域该管和该放的界限不能明确，更谈不上信息公开，让乡村市场主体无所适从，也阻滞了其活力迸发。部分基层政府在法律法规实施及对规范性文件的执行过程中未能紧密联系农村实际情况，导致基层党政与其他利益主体之间沟通协调能力的不足。在提供公共服务方面，农村基层干部尚未充分发挥社会组织的力量，社会组织的数量较少，在医疗、民生、教育和文化等方面的引领力度不足。

二是一些农村基层干部忽视微权力的信息公开，滥用自由裁量权。农村基层干部在执法执规过程中的事务琐细，更多体现为微权力的行使。由此，难免有一些农村基层干部忽视行权程序规范，没有依法依规对相关信息进行公开。还有一些农村基层干部没有严格按照相关规定执行公务，甚至滥用自由裁量权，执法执规力度因人而异。基层党政对于关切民众利益的事务如果未积极参考民众的意见，就会大大降低决策的科学性和民主化。一旦出现较为激烈的利益分配纠纷，基层干部如果不能第一时间处置并信息公开，依法回应民众声音或质疑，必将激化社会矛盾，甚至可能危害社会整体稳定。

三是农村基层干部治理方式简单粗暴，信息公开较为滞后。一方面是由

---

① 卜万红．全面从严治党视域下乡村“微腐败”的成因及其治理［J］．学术研究，2021（3）：68-71.

于基层党政存在技术性不足等硬件原因，另一方面是因为相关条线职能部门工作人员配备不足，缺乏专门的工作人员和工作制度，对相关工作信息了解也不全面，行政效率较低。一旦出现突发事件，农村基层干部在应急管理中往往缺乏相应的依法处置意识，不能及时公开信息、不能及时行权，导致乡村治理难度加大。

3. 农村基层利益回避制度欠周延

利益回避制度是腐败治理的重要制度安排。即使在微腐败治理中，担负维护公共利益、掌握公共资源配置的微权力主体也应当依法调适自身或特定关系人利益与公共利益的冲突。但从农村基层治理实践看，相关制度实施仍未落地。

一是利害关系回避制度在基层干部中执行不彻底。利害关系回避制度在乡镇党政领导班子成员层面执行较好，但在乡镇普通公职人员中执行不到位。乡镇普通干部本地化的益处是熟悉本地情况，方便开展工作；坏处是农村基层干部并不刻意回避嫡亲、姻亲等家族关系，难免会出现“靠关系”“走后门”“揽收益”等现象。有些农村基层干部在决策或执行中会进行选择排序，给关系亲近者开辟通道。所以在乡村治理中，某些农村基层干部会凭借履职便利和以此形成的人际圈子，优亲厚友，大肆牟取私利。他们通过暗箱操作对围绕在自己周围的关系圈子进行利益输送，在涉农补贴、社会救助和福利申报等方面给予倾斜，或设置特殊通道等利用政策“后门”钻空子；而对关系疏远者进行信息阻断①。有些农村基层干部对于非亲非故或不逢迎自己的普通村民，有意无意封锁或延迟传达来自于上级的好消息、好政策，使得有些利好项目、扶助政策传到普通村民处时，已近截止时间，几近失效。

二是干部个人事项报告制度覆盖面不够宽。在基层，适用“个人事项报告两项法规”② 的领导干部包括乡镇党政领导班子成员。实际上乡镇普通公

---

① 宿迁市宿豫区纪委监委接到丁嘴镇周夏村群众杨某举报，其举家外出多年，老宅长期无人居住，拆迁前接到拆迁公司工作人员叶某某电话，称陆某某愿出价 11 万元购买其房屋，杨某自知房屋破旧、年久失修，在不知可以享有进城购房补贴的情况下答应售出。调查人员查阅拆迁农户档案资料发现，陆某某并非本镇居民，再经大数据查询比对，其与叶某某竟然是夫妻关系。参见崔剑，朱冠军. 隐瞒政策捞好处［EB/OL］.（2022-08-13）［2022-08-13］. https://www. ccdi. gov. cn/yaowenn/202208/t20220813_ 211118. html.

② “个人事项报告两项法规”是指党的十八届六中全会以后，中央办公厅、国务院于 2017 年 2 月 8 日印发的《领导干部报告个人有关事项规定》和《领导干部个人有关事项报告查核结果处理办法》，这两项法规的印发标志着领导干部报告个人有关事项工作的实施进入了一个从严从实的新阶段。

职人员和村社基层干部也应当参照适用，如党内有基层干部本人及其配偶、子女，以及其配偶经商办企业的限制性规定。公权力应当在一定条件下被视为监督客体，通过监管和约束，防止其成为个人谋取私利的工具。“在一个群体中，一个具有高级地位的人——他往往能博得尊敬和服从——施加两种类型的影响，只有其中的一种可以被恰当地称为将其意志强加于他人的权力。其他人对她的判断的尊敬促使他们听从他的建议①。目前，农村有关个人事项报告制度的执行并不到位。农村基层干部的“灰色收益”常常被有意隐匿或不被如实报告。权力的扩张性决定了权力影响具有较大的时空性，具体表现为一些农村基层干部运用微权力的影响力勾兑利益、收取回报。某些农村基层干部甚至不用亲自出面，而是通过“递延”权力让其配偶、子女、亲属作为代理人非法攫取利益。这些“灰色收入”最显著的特点就是权力处在灰色区域，隐蔽性强，很难被发现，且表现形式多种多样，有时是披着合情、合理外衣的隐性福利和利益，比如项目投资的干股分红、有价证券、庆典礼金和贵重礼品等。农村基层干部应当向上一级党政、纪检监察机关进行事前报告的一些事项包括：本人、配偶或直系亲属户籍变动情况；新建、扩建、翻建私房，城区购房、卖房和装修房；离岗学习、考察，非自费到外地旅游、疗养；在经济交往和公务活动中接受礼金、物品；配偶、子女就业、调动、经商；家庭正常经济收入以外的继承遗产、获得赠予等重大收入；家庭中婚丧喜庆私人宴请活动的操办；需要任职回避的事项和本人认为需要向组织请示报告的事项。

（三）农村基层微权力的监督主体协同度分析

农村基层监督体系由县乡两级监督体系和村民自治监督制度构成。县乡两级监督体系由县级纪检监察机关及其派驻乡镇机构担纲专责，属于体制监督的范畴，村民自治监督制度则属于社会监督的范畴，两者既相互区别，又相互联系。治理基层腐败，自上而下的体制监督和自下而上的社会监督之间需要协同。

1. 基层党组织的监督能力有待加强

习近平总书记在2022年“两会”上看望全国政协十三届五次会议的农业界、社会福利和社会保障界委员时强调“乡村振兴不能只盯着经济发展，

---

① 彼得·M. 布劳. 社会生活中的交换和权力［M］. 李国武，译. 北京：商务印书馆，2008：194.

还必须强化农村基层党组织建设”①。这要求基层党组织应当加强全面推进乡村振兴、加快推进农业农村现代化、缩小城乡区域发展差距、对口支援帮扶等推进情况的监督检查，以微权力监督切实打通战略实施的“最后一公里”，推动共同富裕取得更为明显的实质性进展。纪检监察机关要坚持把微权力监督向基层延伸作为重要抓手，推动形成以县级党委为龙头、乡镇党委为关键、村级党组织为基础，全面从严治党，强化基层治理主体责任“三级联动”落实的工作格局，紧盯农村基层党组织存在的问题，对软弱涣散的基层党组织要及时整顿。农村基层党组织的自我净化能力要切实提高，以零容忍态度对待腐败，坚持有腐必反、有贪必惩，坚决整治党内的不正之风和腐败现象。

2. 基层纪检监察组织专责主动性有待加强

党的十九届中央纪委六次全会提出，要健全基层监督制度，推动制度优势转化为治理效能。纪检监察机关作为党内监督和国家监察的专责机关，应当坚持监督重心下沉、力量下沉、精力下沉。县级纪检监察机关应综合运用“四不两直”② 检查、实地督导、蹲点调研等方式，把群众在“家门口”反映的意见诉求解决在“田间地头”。农村基层纪检监察组织应当在回应村民关切中靶向发力。要把解决村民身边微腐败和不正之风摆在更加突出位置。县级纪委监委、乡镇纪委等基层纪检监察组织应始终把查处微腐败融入监督执纪问责各环节，充分发挥监督的评价、纠偏等功能，加大查处和通报曝光力度，持续纠治困扰基层的形式主义问题，经由监督保障微腐败治理落到实处。巩固深化农村扫黑除恶专项斗争、基层政法队伍教育整顿等成果，深挖黑恶势力、宗族恶势力背后“保护伞”，严厉惩治在维护妇女儿童合法权益中存在的失职渎职行为，严肃查处惠农项目资金、集体资产管理、土地征收等工作环节中出现的侵害村民利益问题，统筹推进整治农村民生领域和农业生态领域的补助、补偿、补贴等“三补”问题。持续深化基层纪检监察组织开门接访、全员接访、带信下访、入户走访的“四访”活动，深入化解农村基层多层信访难题和多年举报积案，督促基层条块同向发力、同题共答、联动整治，切实解决村民的操心事、烦心事、揪心事。

---

① 习近平总书记在政协农业界、社会福利和社会保障界委员联组会上的重要讲话［N］. 农民日报，2022-03-11（1）.

② “四不两直”是一种行之有效的暗查暗访制度，分别为“不发通知、不打招呼、不听汇报、不用陪同接待、直奔基层、直插现场”。

3. 村民自治监督制度有待完善

中国大部区域的农村基层属于“熟人社会”，亲缘关系、乡缘关系、业缘关系和宗法关系等纵横交织，结成一个极为复杂的关系网络。熟人关系网络与法律关系的兼容度不强，也成为消解基层监督效果的重要因素。村务监督委员会作为探索中的监督型自治组织架构，创建时间不长，监督制度仍需优化，作用发挥还不够彻底，相关制度规定还未形成完整的闭环，在运行过程中仍然存在较多挑战。在监督主体、组织结构、治理能力、组织保障等层面仍然存在诸多困境①。笔者调研发现，村民对村务监督委员会的认可程度仍然不高，村务监督委员会与普通村民之间联系并不密切，委员履职流于形式、沦为摆设和过场。村民遭遇自身利益受损时，往往直接与村“两委”干部特别是村书记进行交涉，或者越级上访，造成村务监督渠道空置。不少村民认为村务监督委员会仅仅是村委会下设的一个附属组织，并不能在实际上产生相应的监督效果，村民遭遇现实问题也无法从村务监督委员会获得实质帮助；还有村民认为村务监督委员会实际上与村委会是一致的，只是履行不同的管理职能。因此，村务监督委员会在监督过程中难以得到群众的理解、认可和支持，在行使监督权力时往往会面临动力不足的窘境。

完善监督体系，管住农村基层微权力，势必要发动、鼓励和引导群众监督、舆论监督，把党内监督与党外监督、体制监督和社会监督结合起来，增强监督的实效性和长效性。但是，村民的监督权并没有完全得到实现。虽然有《村民委员会组织法》可依，村民在具体行使权利时却没有获得有力指导和帮助，党组织、村民自治组织、村办企业或在村企业及各种社会组织力量参与民主管理和民主监督的积极性和主动性并不协同。如何使基层党组织和有关单位部门切实履行好主体责任，如何发挥纪检监察机关履行监督执纪问责和监督调查处置两方面的职能，如何充分发挥村务监督委员会的制度效能，都需要统筹考量。

村务监督委员会经村民代表会议选举产生，但在实践中存在一定的法理困境，从而未必能发挥预期功能。《农村基层组织工作条例》第十九条规定：“村务监督委员会主任一般由党员担任，可以由非村民委员会成员的村党组织班子成员兼任。”党组织推选的党员当选村务监督委员会主任，但仍应服从村党组织的管理，那么就会出现党员管理中的被管理者监督领导者的问

① 白杨. 村务监督委员会治理困境与对策［J］. 当代农村财经，2022（1）：30–34.

题。由监督法理可知，监督者处于中立、超脱地位有利于发挥监督效能，而实际监督中存在村党组织和村务监督机构的职能兼容问题。另外，村务监督机构成员的薪酬待遇也有待保障。目前尚无统一标准，各个地区待遇不一，整体偏低，有的地区甚至没有报酬。随着乡村振兴战略不断深入，村务监督机构需要履行的职责范围越来越广，发挥的法治功能将会越来越重要，村务监督机构成员的实际工作量增加，需要兼职的情形也增多，农忙时节监督事务更会与其农事活动冲突时，应当对其进行相应贴补或提高待遇。

二、农村基层治理中“条块”关系的引入

条块是中国本土治理概念，是分析中国之治的重要切口，与央地关系、党政关系一起成为中国式现代化道路上重要的治理范式。前文已有所述及，“条条”是指从上到下依据治国理政业务内容而设置的职能部门，呈现出以“专门-资源”为支撑的垂直治理机制；“块块”是属地概念，是由不同职能部门组合而成的各层级党委、政府，呈现出以“属地—责任”为依据的横向治理机制。条块结构所内含的机制差异及任务分担，比央地关系的层级更为丰富，指向更接地气，剖析更为细腻；与党政关系相比，历史更加悠久，思路更为开放，结构更为包容。基层条块关系的调适优化，能有效提升基层治理效率，有效化解基层微腐败困境与梗阻。

（一）条块合作及基层的异化

1. 条块合作的效能优化

全面依法治国进程中的条块关系主要沿着两条线调整推进：一条是明线，集中体现为中国特色社会主义法治体系中立法、执法、司法等领域条块关系的调整；另一条是隐线，体现为党的全面领导对条块关系的统筹协调作用。治理体系现代化也是治理关系效能化的过程，而条块关系是治理体系中的基本结构。条块关系效能化，关键就是最大可能减少条块之间的摩擦，目标是形成有弹性的最大治理合力和最优治理效能。党在治理体系中统筹作用的加强，有助于把握治理方向，将党的“统筹全局、协调四方”功能运用到治理体系运行过程之中。当然，在治理实践中也要避免习惯性地将“条块摩擦”关系转移给党的部门来协调避免习惯于“条块矛盾”仅依靠领导个人去化解。

条块关系效能化，应当避免不必要地消耗党的治理精力和资源，冲淡党

的政治领导能力；应当避免使各级党组织陷入事务主义之中；更应当避免条块关系在基层所呈现的分割性、低效性和体制惰性①。为此，必须将条块关系纳入“法治”轨道运行。条块关系法治化是条块关系效能化的基本条件。目前，许多“条”的职能发挥都有了部门法律或者规章的支持，“块”的权责也有地方组织法的规定，但是，条条之间、块块之间、条块之间的关系如何协调还需要不断制度化、法治化。要依法限制部门本位，进一步清理部门规章，破除部门利益壁垒，积极探索基层条块关系的法治化，尤其是条块关系协调机制的法治化建设。

2. 农村基层治理中的条块合作异化

农村基层治理场域中，条是纵向垂直的县级职能部门，块则是乡镇党政和村（居）民委员会、党组织。

一是农村基层治理复杂、琐碎、不确定，并且多元跨界。目前有些乡镇一级的业务分工以党委书记的注意力分配为重点，并未建立起严格意义上的部门科层体系。县级业务部门如环保局、卫健委等条条职能，在乡镇一级往往由党政班子中的分管副职进行常规分口管理，形成较为松散和临时性工作团队②。村（居）层级并不隶属于我国正式基层治理科层体系，而是由乡镇归口干部根据具体工作对接至村社。这实际也是由乡镇干部通过业务职能来管理和协调村社相关条线事务，是一种非常规类型即以业务包干负责为基础的包村制度、联村制度③。条与条之间有着各自不同的职能特征和权力属性，比如基层治理的条块权力结构中领导或指导关系的区分：一是谁来决定职务任免与升迁；二是能否决定薪酬和福利待遇；三是编制在上级政府还是在乡镇。这些都决定了不同类型的条在基层块的衡量体系中的位次和分量排序也有所不同。

二是条块“合作共谋”和“共同避责”。乡村治理场域中，条块关系多数时候都难以单方撬动或采用单兵突击的方式有效解决问题。条块合作共治在某些阶段、领域和环节有可能演化成条块合作避责。比如在承接并执行上级交办的各种政策指令和任务的过程中，基层的乡镇、村社有时采用迂回处

---

① 田先红．中国基层治理：体制与机制——条块关系的分析视角［J］．公共管理与政策评论，2022（1）：43-54.

② 张丹丹．行政包干制：乡镇非正式治理的常态化机制［J］．华南农业大学学报（社会科学版），2020（4）：21-30.

③ 田先红．联村制度与基层政府动员——基于浙江省A县的经验研究［J］．长白学刊，2019（5）：92-100.

理等策略，试图规避问责。“共同避责”多发生于基层与上级职能部门之间，这主要是指条块双方通过“成本—收益”的理性思考，偶尔采取“上有政策、下有对策”的敷衍应付手段，消极履行上级的项目任务，虚假回应或合伙对抗上级的工作考核，如迎接应对各类检查时的“共谋”、乡村基础设施的“形象工程”、精准扶贫中的数字造假等。少数农村基层干部疲于应付上级党政问责风险，甚至通过微腐败或形式主义进行规避。

三是农村基层治理中权责关系时常呈现非均衡状态。监督考核中信息不对称导致“上下博弈”，基层对考核任务“形式上符合、实质上违背”的变相执行，是缓解上级压力的常用手段。这类情形下，县级职能部门、乡镇、村社通过项目制、监督考核等建立起利益联结。通常是事权上收、任务责任下移，管理上收、风险下移；条条职能部门控紧项目规划、资源分配、业务指导及监管权力；乡镇承接项目落地，并且作为村社的代理方，成为法律意义的最终属地责任方。也有事权下移到地方块块，但监督权仍旧停留在条条职能部门的，这形成了事实上的条条向块块“甩锅”。农村基层组织对很多公共事务既没有审批权、执法权，又无能力去落实，一旦出了问题却要属地负责。上级条条在业务推进中，强调指导监督等，但不承载事权及责任；下级块块直接承载事权和责任，但没有决策建议及规划、监督的权力。

（二）条块重叠引发权力结构错位

农村基层治理中，乡镇党政是条块关系的基层焊接点。乡镇直接面对村民解决社会现实问题，也是各种任务矛盾的汇聚点，必须及时察觉并化解矛盾，完成各项治理任务。然而，实际工作中一些县域条条职能部门囿于各种原因，与乡镇党政的协作性不强。一些需要条条帮助解决的事情，大多是乡镇催了再催，部分条条仍然参与性不够①。而条块合作共治目标一旦偏离，便会出现“主副倒置”② 的情景。此类情景下的条块整合，上级党政都会密切关注、严格要求、严厉督察，一旦出现问题，上级就会严肃问责。

---

① 以信访为例，一些重大信访事件涉及上级多个条条，单纯让乡镇党政请求县域条条配合，很多时候得不到足够的支持和回应。实践中的做法是让县领导“分包”重大信访事件，由县领导出面召集各部门及乡镇政府会办，也就是由县领导这个高一级的块块领导现场统筹，在县领导指定相关部门履行职责后，重大信访事件多数能够顺利解决。

② “主”是指乡镇党政的日常情形，是“块中有条”，条块岗位的各自职责要求，是日常性事务、经常性工作。“副”则是指乡镇党政的特殊情形，是“条外有块”，是处于条职责边界之外的，上级条条职能部门临时交办的紧急任务，或基层块块突发的“黑天鹅事件”（低概率大事件）。“主副倒置”是一个形象化的表述，主副之间也是相对的。

1. 条块职责错位导致治理效率低下

由于所处层级与接触层面不同，乡镇党政和职能部门的职责划分并不是简单的“上下对口”。条块协同效能化的前提是明晰不同政府层级、部门条条和基层块块间的职责边界——各自应该做什么、不能做什么、可以选择性做什么，进而避免基层条块运行中出现“块”乡镇党政看得见、管不着，“条”管得了、看不见的困境。

乡镇党政对辖区内公共事务一览无余，本应守土有责。但是，有些事务“看得见却管不着”，没有执法权，执法权归属条条——条线职能部门。这些事务，乡镇块块做了于法无据，甚至违法，不去做又容易被问责。有些事务有执法权的部门条条“管得着却看不见”，因为条条在基层的人员编制、经费划拨有限，往往“心有余而力不足”，难以完全履行职责，也管不好。如某县一个经济较好的乡镇的市场监管所仅有 2 名干部，负责下辖的 5 个乡镇，监管市场主体 3000 多户，点多面广，难以兼顾。条条的专业优势有时不仅未实现帮助基层块块解决问题的预期功能，反而以考核监督者的身份给予基层块块单向压力。部门条条的职能职责被逐渐弱化，条条一味向基层索要各种材料、文件，给基层块块带来了更大压力。权责的模糊性导致基层块块与上级条条权责不分，致使出现问题后相互推诿。条条是针对特定公共事务的主要调控主体，通过专业技术和信息优势对本领域事务进行管理。在条强块弱和“一竿子插到底”的治理模式下，虽然在短期内达到了治理目标，却容易造成块块自我调适能力弱化和自主性缺失。

当高度复杂性和不确定性的基层治理需要部门条条联合、地方块块联动、条块协同时，属地政府囿于资源有限而难以发挥整合（统筹）调度作用。上级条条通常将难啃的硬骨头分给基层块块，致使基层块块演变为权力小、责任大、任务多、负担重的非均衡状态。在一些地方，来自上级条条的文件多政策变动也多，会议多临时性工作安排也多；来自上级条条职能部门的示范点多在基层挂牌，但实际解决问题不多。还有一些地方，工作创新提得多，简单问题复杂化，产生的新问题也多；上级条条问责多，常规工作政治化，过于依赖督查、检查、考核来推动块块工作。

少数上级政府和部门在未进行深入调研的情况下便向基层党政下达任务，县域部门条条针对省、市级条条所传递的任务制定了详细考核体系，甚至将任务考核评估指标具体化、公式化，制定“标准答案”和程序复杂的考核方式。“来者不拒”“照单全收”的重大任务、重点工作让乡镇党政陷入时间紧、任务重的压力之中。面对上级各个条条监督审查的高标准和严要求，基层所要承担的事项愈来愈多。在没有明确职责边界的情况下，基层党政成为“全能政府”，职责宽泛，但所获依法授权并不多，更多属于摸索前行，是没有法律依据的自由裁量权。基层党政习惯了跟着上级政府或职能部门的节奏走，自身依法执政、依法行政能力并没有实质性增强。

2. 条块结构失衡导致基层负担较重

乡镇党政面对繁杂多变的艰巨任务，不仅要高质量完成日常事务即主责主业，还需及时解决各种临时性、突发性、低概率事项。为此，乡镇党政通常会拉网式排查、更严厉地督察，从而挤占了基层大量日常治理资源，增加了农村基层干部的负担。由上文分析可知，基层所能调配的治理资源的有限性和执法权限的不足，使其对于突发任务、临时工作、多条线事项的完成较为吃力。但是，突发性强、应急要求高的临时任务往往又被赋予政治性，不能不完成。因此，乡镇党政通常会积极回应上级的治理需求和专项任务，反而相对忽视或暂时性放弃本层级条块日常工作的治理绩效。还有一个背后原因，乡镇治理的绩效显示度在很大限度上取决于县域条条职能部门的关心支持。有乡镇干部坦言：“农村基层到处求人，但没有人求农村基层。”

条条具有来自上级意志的身份优势和资源优势。近年来，多数上级条条不断加强对块块“统”的力度，管得越来越细。少数县域部门条条下派任务而不共享资源，不调拨财物给乡镇块块。例如在新冠肺炎疫情防控中，“有的地方市县卫健局、应急局、政府办、县委办、妇联、教育局、农业农村局等都各自制作一份或几份表格，要求基层干部填写并迅速上报，这些表格的内容其实相差无几，但没有一个文件、一个部门帮乡镇解决急需的哪怕一个口罩、一瓶消毒水的问题”①。条块矛盾在乡镇表现愈来愈突出，不仅“上面千条线，下面一根针”，甚至“上面千把锤，下面一根钉”“上面千把刀，下面一颗头”。这也反映出基层治理的深层次问题：第一，基层负担重、压力大、公共治理资源缺乏。乡镇块块压力较大时便向村社传导，产生民心隐患。第二，基层条块关系协同效能有待加强。条块之间有合作意识和驱动力，但在面对应急治理难题或长期积累的矛盾时，条块间相互协同不及时、不到位、不补位。第三，基层条块关系中存在利益争先、担责避后的情况。

① 习近平．在中央政治局常委会会议研究应对新型冠状病毒肺炎疫情工作时的讲话［J］．求是，2020（4）：4-12．

少数基层条块甚至打着合作旗帜开各种会议、发各种文件，不仅未能解决实际问题，反而给农村基层干部带来负担和压力。

（三）条块监督的融合协同

乡村治理场域中的条块监督融合协同是基层监督体系和监督能力现代化的重要组成部分。推进基层监督体系和监督能力现代化，只有推进条块监督融合协同，才能大力促进基层监督从形式上的全覆盖向实质性的全覆盖转化。从笔者调研情况来看，县、乡的党政、纪检监察机构，以及村社组织及村民在推进农村基层条块监督中所形成的权力关系及其结构非常复杂。微腐败发生的场域不同，不同场域中的社会主体对微腐败的认知和感受自然也有差异，利益的表达自然是多元化的。村庄中不同村民对微腐败的认知观念、价值及利益取向的差异弱化了村民的集体行动能力，也影响着乡村政治生态。从国家与社会的关系来看，村民的弱组织性影响到监督监察的介入方式和强度。只有当村民组织起来反映自己所遭受的微腐败损害并释放出要求严惩的强烈信号时，权力监督和监察权介入的力度才会加大。

1. 监察权在农村基层微权力监督中的条块逻辑

监察权在党和国家监督体系中具有权威性、全面性和基础性特征。监察权对所有行使公权力的公职人员全面覆盖，以权力规范防止权力滥用，是权力监督的法治化。在乡村治理体系和治理能力现代化进程中，只有推进条块监督融合协同，实现全员监督、全科监督、全方位监督和全天候监督，才能有效查出农村基层微权力在力量、体制、机制等方面存在的断裂和空白，监督绩效才能得到全面提升。在监督农村基层微权力的具体过程中，农村基层干部的微腐败行为是否构成违纪违法甚至犯罪，依赖于纪检监察机关和司法机关的认定。而村民基于风俗或者生活感性对微腐败的“共情式认知”话语，尤其需要在条块监督协同中进一步匡正。

县级纪检监察机关及派驻乡镇机构所代表的条条，和乡镇纪委及下辖村社层级纪检监督人员合力形成的规范支配、权力支配及信息支配，必须在条块监督协同中才能得以有效实现。条块监督融合协同主要包括信息共享、经验交流、技术支持、业务合作协作、交叉执纪执法等内容。信息共享，主要是条块之间相互沟通各自所掌握的监督监察对象的违纪违法问题线索。技术支持，是条块监督利用自身技术、设施设备优势以求精准、高效履职。业务合作协作，是相互加强沟通，合作开展相同内容、相同主题的监督活动，或为对方提高监督能力提供协作等服务。交叉执纪执法，是经过一定程序，条块双方各自组织业务骨干，到对方开展执纪执法交流合作等。农村基层微权力监督体系是以提高监督的精准度为目标，以信息共享为主要内容，以技术支持为重要补充的条块监督协同。条块监督协同的主要形式是以交叉执纪执法监督为重要路径的条块协同，条块之间相互取长补短，有效解决垂直管理监督力量不足、业务能力不够全面、农村监督力量薄弱、村务监督范围狭窄、熟人监督等问题。

2. 弹性条块关系结构对农村基层微权力的形塑

县级党政、纪检监察机关与乡镇本身处于基层条块关系之中。县级纪检监察机关可视为上级纵向条条在基层的延伸，既可以直接联系上一级纪检监察机关，又负有同级监督块块县级党政的职责。现实的县域治理情境中，县级党政的立场和态度决定了同级纪检监察机关和派驻乡镇纪检监察机构的立场和态度。受制于基层治理中特有的条块权力结构，享有监察权的县级纪检监察机关并不仅仅是执纪问责，更重要的是预防性监督，这要求在治理实践中先构塑县级纪检监察机关的执法权威。

在执行国家监察法律法规时，没有决策权和执法权的乡镇必须协调好农村基层干部和村民的利益关系。受制于县域党政发展和稳定的双重考核机制、基层社会的“权力—利益”关系网及自身治理资源的欠缺，乡镇往往倾向于选择一种模糊性治理策略来对待微腐败问题。乡镇模糊化处理农村基层干部和村民的廉洁认知差异，实际上掩盖了乡镇履行属地块块的监督责任。县区及乡镇党政基于“发展是第一要务”思维，注重维护农村基层干部的工作积极性，借助其在乡村治理中的力量，再加上农村基层复杂的人情关系社会网络，故县级纪检监察机关及派驻乡镇机构的实践中，并非时时刻刻严格执行党内法规和国家监察法律法规。这导致农村基层微腐败治理中的党内法规执行和国家监察法律法规实施有时处在“悬浮”状态，基层条块监督实践中出现执法目标偏离。同时，受农村基层微腐败消极影响的村民也遭遇了廉洁生态诉求表达上的挫败感。

3. 纪检监察在基层治理中的制度探索

在目前的乡镇区域基层治理实践探索中，巡察监察、派出监察等可视为在党政体制结构内推动监察法律法规执行的制度创新。巡察监察通过多种方式传导政治压力让乡镇党政重视微权力的规范运行。乡镇党政在感知政治压力之后，对巡察监察所反馈的微权力运行欠规范、微腐败弥散化会高度重视，整合基层条块力量开展系统治理，通过责任追究机制倒逼每个农村基层干部，此时基层微权力条块监督力度加大。这就改变了以往党内法规和监察法律法规在农村基层的“悬浮”状态，使得依法执政和依规治党、依法行政和依法监察有机统一并浸透到农村基层干部微腐败治理之中。

派出监察是富有弹力的条块监督协同。受制于条块之间的信息不对称，纪检监察机关未必能全程有效监督农村基层微权力运行状况，基层微权力条块监督目标还可能出现偏离。实践中的偏离表现为三种类型：一是“上下不齐”，巡察条条和块块监督不协同；二是“左右各异”，原本的条条“各司其职，各尽其责”变成监督“政出多门”，各行其是“踢皮球”；三是“新旧不一”，新的监察方式不断摸索，但旧的监督规范性文件清理不及时，导致监察“穿新鞋走老路”。当巡察的条条力量介入对农村基层微权力的块块的监督实践时，条块关系中的监督主体能否协同发挥党政体制的政治整合功能？当农村基层微权力条块监督目标偏离很大时，什么样的监察方式能把县级纪检监察机关及派驻乡镇机构和村民之间交织的“权力—权利”关系进行统筹整合，打通国家监察法律法规的基层执行“中梗阻”？以某县为例，其下辖 30 个乡镇（街道），每个乡镇（街道）都配置 1 名纪委书记和 1 名专职纪检监察干部，形式上做到了监察全覆盖。然而，实践中很快发现，监察效能有限。2 个人对于整个乡镇（街道）这一熟人社会而言，监察力量难以深入。该县纪委监委按程序请示上级部门批准后，将辖区内的乡镇（街道）纪委的 60 名干部整合起来，并由县纪委监委选派 6 人，将这 66 人组建形成 6 个派出纪检监察办公室，每个办公室 11 个人。乡镇（街道）纪委的 60 名干部行政关系不变、编制性质不变，但工作履职直接对县纪委监委负责、考核统一由县纪委监委组织实施。县纪委监委每个月抽选 6 个乡镇（街道）随机分派给各个派出纪检监察办公室，由该派出纪检监察办公室的 11 人下沉到相应乡镇（街道），对应开展信访接待、线索收集、线索研判、线索处置等监督工作，并由县纪委监委加强指导和督促。谈话提醒、批评教育分类进行；需要函询或者审查调查的问题，及时由县纪委监委按程序组织开展；需要向基层民众反馈情况的，及时反馈①。该县的派出监察探索有效整合了基层微权力的条块监督，能够将乡村社会的微腐败治理及时吸纳到常规微权力条块监督之中，创建出联系村民的制度化形式，并通过政治压力传导，重新

---

① 本书编写组.《中华人民共和国监察法》案例解读［M］. 北京：中国方正出版社，2018：104-105.

激活农村基层微权力的规范化运行系统，这种富有弹性的条块关系结构有效影响着农村基层微权力条块监督实践。

三、加强数字化权力监督基层全覆盖

随着经济和社会的发展，广大农村也逐步进入数字化时代，推进乡村治理场域中数字技术与权力监督的深度融合，逐渐形成规范化、法治化、智能化权力监督体系是必然趋势；在乡村治理体系的现代化构建中加强技术手段支撑，实现农村基层微权力运行全程“在线”监督，确保微权力运行可查询、可追溯、提效能，是实现乡村治理现代化的必然要求。

（一）加强条块协同的智能监督

农村基层的传统监督模式囿于“条块分割”的监督思维固化与既得利益束缚，出现“碎片化”和“悬浮化”等监督疲软问题，不仅会过度损耗监督时间成本和管理成本，在条块监督重叠内耗中降低了监督绩效；还可能会诱发有隙可乘的反监督规避和本位保护等微腐败行为，在信息失衡中增加廉政风险。数字化背景下，将监督数据加以统计分析，建设智能监督平台，能够促进农村基层精准治理、系统治理。

智能监督作为一种新型的数字化权力监督形态，能够摆脱物理空间的限制，使权力监督在数字空间亦获得信息载体的加持，移动跟踪微权力流动轨迹，实现乡村治理中权力监督与数字技术的嵌套，不失为农村基层微腐败治理中防微杜渐、防错纠错、防腐治蠹的重要手段。基于大数据分析，乡村基础设施工程、劳务用工、资产管理、救助补助、村级公共采购、印章管理等成为高频数据。发挥“数据站岗”“数据说话”和“数据问责”等基本职能，推动权力监督向更客观、更精准、更公开、更细微的方向发展。农村基层智能监督呈现出不同于传统监督的特征属性，在监督体系、监督主体、组织结构、监督流程、数据标准、数据分布、响应反馈等方面都存在显著差异。具体如表 9-1 所示。

表 9-1　农村基层传统监督和智能监督基本特征比较

监督类别	传统监督	智能监督
监管体系	条块分割、碎片化	条块协同、整体化
监督主体	以国家权力机关为主	多元主体共同参与

续表

监督类别	传统监督	智能监督
组织机构	链条化科层组织的粗放式监督	扁平化网络组织的集约式监督
监督流程	程序烦冗、权责不明的模糊监督	流程精简、权责明晰的留痕监督
监督手段	线下监督为主的限时监督	融合线上线下的实时监督
数据标准	依赖监督数据的精度	注重监督数据的广度和深度
数据分布	离散、彼此孤立的散落式分布	联通、相对独立的交互式分布
响应反馈	缓慢滞后、威慑力和影响力有限	简便快捷、威慑力和影响力深远

因此，在农村基层微权力监督领域需要加大智能监督的实施力度和密度，并进一步完善制度建设和执行力建设。改进优化基层微权力大数据监督的算法设计，设置软件程序，使纷繁复杂、分布在上下左右层级、部门的数据、线索有效联动。纵向实现县、乡、村三级“块块”联动，横向实现公安、税务、市场监管、民政、农业农村等部门“条条”数据系统联通，形成监督“数据池”。对于一些难以厘清归属的事权进行数字监督，建立县级纪检监察机关统筹协调机制，以保障基层条块监督形成合力。县级纪检监察机关不得将自身所掌握的监督数据随意派交基层，应明确基层条块各自的监督任务及其之间的监督联系机制和监督权责关系，防止监督协同出现相互推诿、扯皮甚至“甩锅”情况。

（二）促进基层监督形成精准闭环

条块协同的智能监督集“全天候的实时监督、全过程的留痕监督与全覆盖的集约监督于一体”①，体现了数字化监督在农村基层微权力监督方面的本质特征和独有优势。

1. 全天候对微权力实时监督

智能监督突破传统权力监督在资源约束和信息封锁上的限制，以用权公开的方式压缩农村基层微权力的任性空间，并消除监管的真空地带；以技术治理的手段促进基层微权力监督零距离和无死角。农村基层微权力的公开运行有利于消除权力运行的隐蔽性和封闭性，使农村基层干部不敢滥用手中的权力牟取私利。在数字技术嵌入权力监督的动态追踪和更新迭代中，智能监

① 曾智洪，王梓安. 数字监督：大数据时代权力监督体系的一种新形态［J］. 电子政务，2021（12）：59-68.

督开启了全天候反腐败的“探照灯”，照亮“小圈子抱团互惠”“间接斡旋型寻租”等各类隐蔽腐败样态。通过加强智能监督的震慑功能和预警管理，以防范农村基层微权力运行中的“特权思想”，让微权擅弄、“暗箱”谋私等微腐败无处遁形。

2. 全过程对微权力留痕监督

智能监督能够促进“查台账”式的农村基层传统监督向“数据监测、节点管控”的全程监督优化升级，以用权留痕的方式规范农村基层微权力的运作流程和防范微权力的脱轨行为。智能监督的数字治权手段能够促进微权力监督无缝隙和无盲区，通过数码传感器和采集设备的运用，将基于标准化流程的实际微权力行为数据化、图像化和影像化。同时，智能监督让基层微权力运行过程和具体行为留下数据痕迹。微权力必须遵循法治化轨道运行，智能监督借助算法权力有迹可循的特性，厘清基层涉农补贴发放、农村土地调整、村集体收益分配等权力的活动空间和延伸边界，对涉及村民具体权利的微权力划定政治红线和画上休止符。可通过完善智能监督的信息溯源和痕迹管理，可规避权力监督全过程中事前“漏监督”、事中“虚监督”和事后“软监督”等乱象发生。

3. 全覆盖对微权力集约监督

在跨域协作场景下的智能监督业务活动中，不同主体相互依赖，数据需求的满足不再局限于主体内部，产生需要由外部主体满足的数据需求。智能监督打破数据藩篱和条条监督各自为战局限，以用权集约的方式整合原本离散、多元、异构的碎片化监督资源，以系统集成的手段统合监督平台和优化监督流程。在农村基层治理微权力规范运行层面探索门户统一、平台整合的新型数字化监督模式，构建起“纵向联动、横向协同、全域统筹”的廉政监督网络，更好地促进权力监督的信息交互和数据共享，实现跨层级、跨地域、跨业务的监督全覆盖。通过提升数字化监督的协同整合和集约管理，摆脱农村基层传统监督所呈现的“上级监督不及、同级监督不硬、村民监督不实”困境。

（三）强化基层微权力运行的数字化监督

相较于“一面墙”“一张纸”的传统公开方式，现代信息技术有着受众广泛和实时传递的优势，借助信息手段尤其是数字化技术监督农村基层微权力运行情况，在快捷、公开、精准等方面具有传统监督不可替代的优越性。

1．微权力监督的民众参与

以浙江省近年统计为例，“约75%的信访和89%的立案来自基层”①。因此，构建专门面向农村基层微权力监督的大数据平台尤为重要。平台向村民发布和公开基层财务收支、办事流程、政策信息及政务服务等具体内容，实现微权力监督的实时化、动态化。智能监督可以实现农村基层微权力运行的异常信息实时预警、村民诉求及时处置。基于监督数据的碰撞分析功能，推动基层微权力监督从事后向事前监测转变。设计简易的村民参与监督软件，将农村基层微权力运行中易发多发腐败的环节向村民公开，村民可以实时跟进，并依据经验判断做出结果评价。纪检监察机关可依据村民的评价满意程度进行重点督办，或启动专项排查、专项督察、专项治理等。

2．微权力运行的脱轨预警

在数据挖掘和算法优化的加持下，智能监督能够精准查找出微权力运行的隐性问题。基本运行机理是通过大数据监测与智能计算相结合，设定多维度算法与后台数据的深度碰撞，实现权责落实情况的预判性监督。在不增加农村基层治理人员、编制的基础上，加强基层监督力量，集成基层监督内容，推进监督关口前移全覆盖。智能监督切实加强了对农村所有行使公权力人员的监督，能够持续不间断推进乡村基层治理领域腐败和不正之风专项治理，及时处理少数农村基层干部截留款物、贪污挪用、吃拿卡要，“躺在村民身上”的享乐主义和奢靡之风等微腐败问题。

3．微权力行使的数据留痕

依托前述大数据平台让乡村民生项目和助农惠农资金在可视化监督下流动，对基层微权力行使过程进行留痕追踪。建立健全乡村民生事项和资金的各项数据库，对人、财、物的基础数据信息进行全面梳理，及时完成相关数据的比对，并对异常数据进行预警。盯紧微权力运行风险点，尤其是盯紧农村教育、医疗、宅基地和村民自建住房、低保、扶贫、养老等民生补贴发放中常见的微腐败隐患；全时态加强“四风”建设，坚决反对形式主义、官僚主义，对弄虚作假严查到底、纠正到底，对损害村民利益的问题寸步不让、毫厘必争；管住所有微权力，不断增强村民在正风反腐中的获得感。

① 戴睿云．紧盯小微权力 监督一点就通［N］．浙江日报，2021-10-12（2）．

第二节　完善农村基层微权力滥用的追责问责制度

权力与责任的关系是“一体两面”，农村基层干部的权力虽然大多是微权力，但也是人民赋予的，农村基层干部必须担起相应责任。追责问责在中国的制度雏形，最早可溯源至明朝张居正变法，其中的“考成法”① 就是对官吏的问责之法。新时代乡村治理法治化进程中，追责问责应严格依据党内法规和国家法律，明确农村基层干部的权与责，监督农村基层干部履职尽责是否到位，严格问责失职渎职行为。严肃追责问责，有利于发挥教育、警示和震慑等治理功能，也有利于被追责问责主体强化纪律观念和法治思维，养成照章履职、依法办事的良好习惯。但是，在乡村治理实践中也要避免部分农村地区出现问责泛滥情形，不能“下面一颗钉，上面千把锤。随时抡一锤，一锤就拍死”。

一、追责与问责的法理分析

查阅《现代汉语词典》可知，问责的含义是“追究责任”②，问责与追责没有详细区分。从宽泛意义而言，问责涵盖追责，追责是问责的前奏，定责是问责的确定。倘若依法理细察，追责与问责的渊源与适用在中国特色社会主义法治体系的形成中有所区分。

（一）追责与问责的渊源与适用区分

《现代汉语词典》中，无论追究的是哪种责任，都称作“问责”。新时代中国特色社会主义法治体系的制度架构涵盖了党内法规和国家法律，二者的有效衔接因应了党和国家监督体系的完整建构。追责的法律渊源有《中国共产党纪律处分条例》《中华人民共和国监察法》《中华人民共和国公职人员政务处分法》（分别简称《纪律处分条例》《监察法》《政务处分法》）等。追责在法律规定中，主要指向公职人员未依有关规定认真负责履行自己

---

① “考成法”于万历元年（1573）由张居正提出，规定：六部和都察院把所属官员应办事情的定立期限分别登记在三本账簿上，由六部和都察院按簿登记、逐月检查。“考成法”形成了一套中国封建时代最为完善的官员考评问责机制，改变以往考核官员形式化的做法，有效实现考评与纠偏相结合。“考成法”重要特点是“立限考事”“以事责人”。

② 中国社会科学院语言研究所词典编辑室．现代汉语词典（第 7 版）［M］．北京：商务印书馆，2016：1376.

的职责而应当被追究的活动。问责，主要的规范性依据是党内法规《中国共产党问责条例》（简称《问责条例》），其第四条规定“追究在党的建设、党的事业中失职失责党组织和党的领导干部的主体责任、监督责任、领导责任”，是一种间接责任的追究。概言之，追责与问责至少有三个方面的法理区分。

1. 指向的对象有所区分

《监察法》《政务处分法》的实施对象包含了非党员在内的所有行使公权力的人员，追责对象是负有责任的领导人员和直接责任人员。《监察法》规定的问责对象是负有责任的领导人员。由此可知，国家法律中追责的指向对象是所有行使公权力的人员，问责对象则仅指领导干部。

然而，既有的党内法规对于该问题规定得更为细致一些，相比国家法律，在追责问责的指向对象上多了党组织这一主体。《党纪处分条例》对追责对象进行了界定，“本条例适用于违犯党纪应当受到党纪责任追究的党组织和党员”（第六条)，且进一步将违纪行为有关责任人员区分为直接责任者、主要领导责任者和重要领导责任者。《问责条例》聚焦了全面从严治党的责任，对问责对象作了更明确的界定，“问责问的是失职失责党组织和党的领导干部的主体责任、监督责任、领导责任”，并进一步将领导干部的责任区分为主要领导责任和重要领导责任。可见，“追责对象”的范围远比“问责对象”宽泛得多。问责的指向对象是党组织和领导干部，并且，依据《问责条例》规定，“主体责任、监督责任、领导责任”三种责任情形之外的责任追究，皆不属于严格意义上的“问责”。

2. 责任类型和形式区分

追责中有关责任人员的直接责任，依据《纪律处分条例》第三十七条规定，是指在职责范围内，不履行或不正确履行自己的职责，对造成的损失或后果起决定性作用的责任。如农村基层干部在履职过程中事务处理超过规定时限、推诿扯皮、耽误工作、造成不良影响，受到村民投诉和上级批评的，将追究该干部的直接责任。问责追究的是党组织和党的领导干部的责任，包括主体责任、监督责任和领导责任。追究的是与发生问题有因果关系的间接责任。问责一般是基于追责实施的，但并非所有的追责事项都需要问责。

3. 责任追究的情形区分

追责根据党员和领导干部具体违纪违法行为的性质和情节轻重，给予相应的党纪政务处分，并不以造成一定的危害后果为必要条件。问责必须以造成一定的危害后果为前提。《问责条例》除了最后一条兜底条款外，每一类问责情形的最后都加了“产生恶劣影响”“造成严重后果”“造成重大损失”等表述。也就是说，对间接责任的追究是以“行为+结果”来判定的，以防止党内法规层面的问责泛化。

（二）乡村治理场域中的追责问责主体与对象

基于前文分析可知，《监察法》等国家法律中问责的指向对象专指领导岗位的公职人员。在乡村治理场域的微腐败治理实践中，乡镇一级的领导是被纳入问责范围的，而主要的法理困境是村一级基层群众性自治组织中从事管理的人员是否可以纳入问责范围。村域自治组织中从事管理的人员是实际将工作落实到每位村民的执行人员，所谓管理的对象是村民，并非其他公职人员。因此，村干部并未履行“领导岗位”的职责，并不具备“领导干部”的实质特征，不应被纳入国家法律中问责的范围，只能被纳入追责的范围。因为问责可以分为国家法律层面的监察问责和党内法规层面的党内问责，所以实践中若要对村干部进行问责，可以进行党内问责。基于这种农村基层治理实践状况，接下来有关追责问责的讨论将采纳广义的概念范畴，不再就追责与问责做详细区分，统指责任追究之义。

1. 追责问责的主体

在加强党的全面领导和全面从严治党战略要求下，党内法规作为中国特色社会主义法治体系的重要组成部分，在党的农村工作和农村基层治理中发挥纲领性和基础性作用。《中国共产党农村工作条例》第十条规定：“县（市、区、旗）党委处于党的农村工作前沿阵地，应当结合本地区实际，制定具体管用的工作措施，建立健全职责清晰的责任体系，贯彻落实党中央及其上级党委关于农村工作的要求和决策部署。县委书记应当把主要精力放在农村工作上，深入基层调查研究，加强统筹谋划，狠抓工作落实。”县委书记作为县级党组织领导班子的“一把手”，在农村工作责任体系中担负起主要领导责任。县级党委“履行全面从严治党主体责任，加强对本地区本部门本单位问责工作的领导”。《问责条例》还规定了纪委协助同级党委开展问责工作，应当履行监督专责，纪委派驻（派出）机构按照职责权限开展问责工作。如此，县级纪委监委专责乡镇的纪检监察组织对乡镇党政内设职能机构及其下辖各村社，按照职责权限开展问责工作。换言之，乡村治理场域中的追责问责主体应当是县级及以下各级党委、县级纪委监委，以及派驻乡镇的纪检监察机构。

2. 追责问责的对象

《问责条例》第五条规定："问责对象是党组织、党的领导干部，重点是党委（党组）、党的工作机关及其领导成员，纪委、纪委派驻（派出）机构及其领导成员。"但是，党内法规的追责对象仅限于党员及所在党组织。截至2021年年底，全国29649个乡镇、114065个社区（居委会）、491129个行政村已建立党组织，覆盖率均超过99.9%，其中农牧渔民党员2592.3万名①。然而，在乡村治理实践中，从事农村集体事务管理的人员中有相当一部分人并非党员，此前对他们的监督存在较大盲区。这些非党员所行使的微权力也涉及各类项目资金，若监督没有及时跟进，项目资金很可能"跑冒滴漏"，极可能形成微腐败的易发高发态势。如前所述，中国特色社会主义法治体系的建构是完整的，在党纪之外，《监察法》实现了全覆盖，依法将农村基层从事管理的非党员纳入纪检监察机关的日常监督之中，确保其违法违规问题有人管、有人抓，确保其在轻微违纪违法时就有人管、在苗头性问题出现时就有人抓，督促其在合法守法的框架下做好管理事务、做好为村民服务的工作，只有这样才能始终做到权为民所用、情为民所系、利为民所谋。

《监察法》第十五条第五项规定，监察机关对"基层群众性自治组织中从事管理的人员"进行监察。此类人员在身份属性上未必是公务员序列，甚至不属于公职人员，但在基层从事或多或少的公共事务管理工作，实质行使和掌握着一定的公权力，时刻处于与基层群众打交道的第一线。基层群众性自治组织中从事管理的人员，主要包括村民委员会、居民委员会等基层群众性自治组织中从事集体事务管理的人员，以及协助人民政府从事行政管理工作的人员，比如村民委员会的主任、副主任、委员，以及其他受委托从事管理的人员。农村基层的"从事管理"② 人员的事务比较琐细，需要微权力监督问责的系统跟进。

---

① 中共中央组织部. 中国共产党党内统计公报［EB/OL］. (2022-06-29)［200-06-29］. http：//www. gov. cn/xinwen/2022-06-29/content-5698404. htm.

② 农村基层的"从事管理"人员的事务主要包括：(1) 救灾、抢险、防汛、优抚、扶贫、移民、救济款物的管理；(2) 社会捐助公益事业款物的管理；(3) 农村集体土地的经营和管理；(4) 土地征用补偿费用的管理；(5) 代征、代缴税款；(6) 有关计划生育、户籍、征兵工作；(7) 协助人民政府等国家机关在基层群众性自治组织中从事的其他管理工作。

（三）追责问责的原则与治理功能

1. 精准原则及治理功能

精准追责问责应当坚持规则又讲艺术，把准尺度也讲温度。一是避免“机械问责”。追责问责主体应当始终牢固树立农村基层微权力运行中“小洞不补，大洞吃苦；一针不补，十针难缝”的预防理念，行动上早发现、早处置、早问责。追责问责过程中应当“找准病灶、挖痈去肿”，建立分析研判机制，对基层微权力滥用、干部的失误错误等深入客观地分析认定，厘清实际工作情况、具体细节情形和责任落实情况，避免“机械问责”，确保落细落准落实。二是不搞“泛化问责”。在案件量纪定性上，充分把握“动机态度、客观条件、程序方法、性质程度、后果影响、挽回损失”六要素，准确把准减轻和从轻情节的问责尺度，不能“泛化问责”，简单以问责数量衡量监督效果。坚定惩恶扬善，真正起到问责一个、警醒一片的效果，才是对乡村振兴战略深入推进的真诚担当。如果把精准追责问责比作一把手术刀，其威力不仅仅在于刃之锋利，更在于术之高超。该不该问责、问谁的责，问责程序、问责结果，都应当严格遵循《问责条例》和监察法规，以法纪为准绳，以事实为依据，以问题为靶心，精准问责之余还要对农村基层干部做到真正认真负责。

2. 辩证原则及治理功能

在农村基层微权力的监督问责机制构建中，要坚持严管和厚爱、约束和激励相统一原则。（1）建立追责问责双向机制。乡村治理是一项基础性系统工程，单项制度难以发挥整体效用。构建监督问责制度时，既要注意制度群的构建，防止只见树木不见森林；又要注意进行反向的制度预设，防止失之偏颇。倘若追责问责的主体与被追责问责主体之间是单向的，被追责问责主体没有资格和能力寻求救济，就可能造成冤假错案。为此，需要建立规范的权利救济机制，赋予被追责问责主体以救济权，并设定科学的程序，确保能够获得有效救济。问责的震慑力来自公信力，而公信力建立在事实、依据、程序等都经得起推敲的基础之上。只有给被追责问责者陈述申辩的资格，才能避免追责问责走偏。（2）形成科学的容错纠错机制。反向的制度预设是对冲追责问责可能的消极影响的一剂良药。要防止因追责问责力度的加大，而出现农村基层干部怠政懒政现象，防止农村基层干部思想上有不愿做事的动念，行动中有推诿卸责的苗头。从辩证法观之，缺点往往是优点的延长，为防止把握不准尺度，法律制度必须进行反向制度预设，有弥补机制和激励机制，能使追责问责的功效最大化。在末端效果上，要既能让被问责的干部感觉板子打在身上的疼痛，具有足够的震慑力，又能为基层干部担当作为撑腰鼓劲，不断给法治乡村建设注入源源不断的正能量。

二、明确农村基层微权力滥用追责问责清单

（一）追责问责不力的现象枚举

追责问责在农村基层微权力监督实践中既存在虚化不力的情况，又存在泛化任性的现象。问责不力，等于放纵；追责泛滥，过犹不及。现枚举如下。

1. 部分乡镇追责问责形式漂浮

追责问责是非常严肃的事情。但笔者在调研中发现，有的乡镇追责问责仅仅是“吼吼嗓子”“摆摆架子”“做做样子”。部分农村基层纪检监察干部在基层末端的村社，更是囿于“抬头不见低头见”的熟人情面，有严重的“老好人”思想，问责高高举起、追责轻轻放下。有的乡镇出现“同案不同责”现象，尺度宽严不一，一个村子一个样、一段时间一个样，甚至同一时间段类似案件有不同的定性量纪。有的乡镇则把问责当成“万能药”，出现了“躺着也中枪”的职能式问责、“刚播种就要收获”的计时式问责、“只为热点降温”的灭火式问责、对困难不管不顾的机械式问责。这导致干得越多、出错越多、问责越多，怕问责反而成了个别基层干部不作为、懒作为、怠作为的推责借口。

2. 追逐问责范围有扩大化倾向

《问责条例》对问责对象、问责事项做了明确规定，但在农村基层治理监督实践中，一些地方搞“凑数式”问责，人为设置年度指标，把追责问责数量视作管党治党的成效，靠“走量”来彰显作为。甚至有“下指标”“重增幅”倾向，上级定调子、定标准，下级只能硬着头皮找人“背锅”。笔者在调研中接触到的基层纪检干部反映，一年被要求办五个案子，查不出“大问题”，只好到处翻腾“小线索”。基层治理的“上面千条线，下面一根针”现状中，每根线都拴着“责任”，农村基层干部稍有不慎，就会惹“处分”上身。持续下去，农村基层干部主动作为、干事创业的就会越来越少，被动应付、交差式工作就会越来越多，这便失去了以“问责”去倒逼干部干事积极性的本意。还有形式主义泛滥搞“选择性”问责，回避真正的问题，问责

过程中避重就轻、重拿轻放，以“捏软柿子”的心态“以大压小”，“一有错就问责，一问责就动纪”，拿基层干部“开刀”，等等，各种情形。

3. 追责问责程序执行略显随意化

从基层实践看，个别党组织和党员干部在追责问责程序执行上随意性比较大。有的不讲程序，少数党组织对党员干部进行问责时，仅凭领导一句话就做出党纪政务处分，“以言代法”，缺乏必要的程序性调查，不分青红皂白、不论具体是非，眉毛胡子一把抓，“一竿子打翻一船人”。有的程序倒置，少数党组织面对突发事件，考虑到社会影响、缓解舆情，在纪检监察机关、组织人事部门未办理问责处理手续情况下就从速从重问责干部，先行公开通报，之后再补办相关问责手续。有的程序缺失，少数党组织在问责启动、问责决定时没有集体研究，有的纪检监察机关在工作中以纪律审查程序代替问责程序，有的纪检监察机关没有将问责结果及时通报相关部门，有的没有及时进行归档，这些都容易导致问责效力“打折扣”。

（二）追责问责的清单要素

农村基层微权力滥用追责问责清单是对前文基层微权力清单制度的细化，能够“加大基层小微权力腐败惩处力度”①。清单有助于进一步明确农村基层微权力的运行边界，从源头上有效制约农村基层干部对微权力的滥用、寻租。依据《问责条例》，清单的制定应当明确四要素。

1. 明确追责问责情形

追责问责清单中要构建具体、清晰、可操作的责任追究机制。县级纪检监察机关要分解责任，层层追究，明确规定在当事人直接责任之外，哪些情形应当追究党委主体责任，哪些情形应当追究纪委监督责任，哪些情形应当追究两者的共同责任，切实将软任务变成硬指标，做到失责必问责。坚持运用好监督执纪“四种形态”：一是抓早抓小，坚持提醒谈话制度和交流谈话制度，对问题线索中带有苗头性、倾向性、一般性的问题，对党员干部身上存在的“小事小节”，要及时谈话提醒、咬耳扯袖、红脸出汗；二是抓常抓严，确保党章党规党纪在农村基层有效执行，切实解决党的领导弱化、基层党建悬浮空转、全面从严治党不力、党的观念淡薄、组织涣散、纪律松弛等问题。

---

① 中共中央党史和文献研究院. 十九大以来重要文献选编：上［M］. 北京：中央文献出版社，2019：167.

2. 规定责任追究内容

追责问责清单要紧抓农村基层干部勤政廉政不放，常抓不懈，坚决防止不正之风反弹。(1) 区分追责问责的形式。在行政问责上加大力度，坚决追究失职渎职行为。在监督问责上，对协助农村基层党组织加强党风建设和组织协调反腐败工作不力，发生微腐败的区域、领域，要严肃追究责任。(2) 区分追责与问责的性质。不能把追究直接责任的案件当成问责案件，不要把不适用问责条例的一般性工作问题也纳入问责范围。党员干部的直接违纪行为，工作上的小小过失，甚至不属于过失的行为，不应一股脑儿地装进“问责箩筐”。比如工作人员因在办公室上班时喝牛奶被处理，某地扶贫手册中写错两个标点符号被通报批评，等等，都不属于问责的范畴。将其作为问责案件，很不严肃，暴露出问责主体的政策水平不高。(3) 预防追责问责的形式主义倾向。如果追责问责不做本质区分，看似严抓严管，实则越俎代庖，结果就会影响问责的严肃性和权威性。问责问的是“党组织和党的领导干部的主体责任、监督责任、领导责任”，这是间接责任、政治责任，既不能将普通工作人员纳入问责范围，也不能将追责问责完全替代日常教育、监督和管理。

3. 规范追责问责程序

农村基层的追责问责清单既不能简化省略，也不应层层加码，而应当规范程序。从追责程序的启动、调查的展开，到处理意见的提出、研究，再到处理决定的形成、送达，以及被追责问责对象的申诉渠道和程序等，都要在充分调研的基础上进行规范。要明确责任追究事项，完善追责问责管理办法，真正体现基层纪检监察组织作为追责问责主体的“守土尽责”。要建立责任分解、检查监督、倒查追究、结果运用的完整链条，追责问责程序“一个不少”，实现追责问责程序常态化、制度化、规范化。

4. 跟进追责问责结果

农村基层微腐败和不正之风具有顽固性、反复性特征，应当建立“县级统筹，抓乡促村”的长效机制。推动建立健全农村基层监督实施机制，完善基层纪检监察工作规范与量化考核细则等制度。县级纪检监察机关应在以往案件警示的基础上，进一步将村务具体事项全部“清单化”“流程化”，确保“清单内有监督、清单外要追责”。创新基层监督方式方法，强化对乡镇（街道）的常态监督，灵活运用专项巡察、交叉巡察、巡审联动、大数据监督等方式，跟进追责问责结果。织密农村基层监督网络，督促软弱涣散的基层党组织进行整改，凡经查实的问题，不管涉及什么人，都要坚决追究责任，决不搞下不为例，不搞姑息迁就，形成良性的责任导向机制，促进农村基层监督力量的增强和能力的提升。同时，还要特别注意问责追责结果的公示公告等，让村民知悉有关农村基层干部责任追究的结果，有助于进一步激发村民的依法监督意识。

三、集成多元问责形式

如本章前文所述，问责也是监督的延伸。法教义学分析框架内的问责，有着严格的党内法规概念限定，不同于追责。但是，社会治理意义上的问责，势必要在规范分析之外拓展问责的社会内涵，广义的问责囊括追责。构建农村基层微权力滥用的监督问责机制是促进乡村治理法治化的效能保障。构建农村基层干部的监督问责全覆盖机制，关键在于集成多元问责形式。目前，农村基层微权力滥用的问责涉及行政问责、监察问责和党内问责等多种形式。

（一）微权问责制的机制拓新

基层的党内问责机制在实践中不断摸索，除此之外，在国内最有实践积累并在国外最为通行的是行政问责制。行政问责制是对行政机关及其工作人员的监督机制，在我国，“村级组织是自治性组织，村干部并非国家正式编制的公务员，而是不脱产干部，没有工资，报酬主要是误工补贴”①。自治为主的基层治理更需要有力的监督制约，将行政问责制引入农村基层微权力行使监督（可称为“微权问责制”）非常必要。在农村基层推行微权问责制，防止基层微权力滥用、异化，防止公共利益被侵蚀，约束防范村干部②的微权力不当使用，有利于落实党的群众路线，保障乡村治理法治化运行。问责主体、问责对象、问责内容和问责程序构成微权问责制的完整运行机制。

1. 谁问责——“微权问责”的主体

党组织、纪检监察机关、党政机关的职能部门、群众自治组织等各类治

---

① 贺雪峰．大国之基——中国乡村振兴诸问题［M］．北京：东方出版社，2019：261．

② “干部”主要是一个党内法规概念，兼有“人事档案意义上的干部”和“党政领导干部”两义。而村干部中大多数并不具有“人事档案意义上的干部”身份，村一级的自治属性决定了自治组织和党组织的领导成员也不能称为“党政领导干部”。但是，以村干部为主体的农村基层干部又实实在在地掌握公共资源、行使公共权力，应当参照《监察法》规定的“公职人员”概念接受纪检监察机构的监督和问责。

理主体都有广义的问责权力，可细分为同体问责和异体问责。同体问责是主导，异体问责是补充。在强化党内问责的同时，要坚持党内问责与党外监督相结合，形成问责合力。同体问责主要是党组织的问责，如县级、乡镇级的党委和纪委等，还有来自乡村自治系统的村党组织。异体问责主要指党外的行政系统和群众，如村委会、村务监督委员会、农村其他自治组织及普通村民等。其中，最值得期待的问责主体当属中国基层民主制度的“第三驾马车”——村务监督委员会①，其具体运行实践还有待进一步观察。

2. 问谁责——“微权问责”的对象

问责对象是县级范围内农村党组织班子成员、村委会班子成员，另外，乡镇党政内设机构如各办公室、局、服务中心等成员，村（居）务监督委员会成员、村民小组组长和副小组长，以及农村长期聘用且从事固定工作的人员也属于广义上的问责对象。只要是在党和国家法律法规实施或政策落实过程中打折扣、搞变通、乱加码的行为，都要向行为主体进行责任追究。为保障农村基层微权力的有序运行，构建监督村“两委”及其组成人员行使微权力的村务问责制度，是强化基层民主管理及监督机制建设的重要载体。微权问责制的监督不仅是一种刚性制度约束性，还表现出一定的道德约束性，突出提醒教育、自我约束的特点。

3. 问何责——“微权问责”的内容

问责的内容指向微权力运行中被村民普遍关心和涉及村民切身利益的实际问题、热点问题及公共利益问题，具体涵盖三个方面。一是微权力推进发展权不足引发“民意问责”。民意问责具体表现为村民对村干部在农村经济社会发展中的贡献度不足的问责，如村干部在本村的招商引资和集体项目开发是否合理，农业农村基础设施建设是否符合本村发展的实际需要，农村人均收入和集体经济综合实力提升是否满足民意发展诉求，等等。二是微权力运行所涉保障权不足引发“民生问责”。民生问责主要是指对村干部提供公共服务和民生建设不足的问责，包括新型合作医疗、扶贫济困、五保供养、困难群众扶助等农村社会服务是否到位，以及农村健康教育、农村环境整治、征地拆迁、供电供水、广播电视等农村公益事业建设是否合理，等等。三是微权力运行保障知情权不足引发“民主问责”。民主问责主要指对基层

① 村级基层党组织、村民委员会和村务监督委员会被外媒合称为中国基层民主制度的“三驾马车”。

党务政务不公开、村务公开不到位等造成严重后果或者恶劣影响的问责。例如，某地关于村务公开和基层民主管理的规范性文件明确规定，对村务公开组织制度不健全，公开不及时、不全面，公开内容弄虚作假，以及村务腐败等四种情形进行责任追究①，视不同情形分别予以通报批评、诫勉教育、党政纪处分等问责处理。

4. 怎问责——“微权问责”的程序

农村基层微权力滥用问责程序包含三个阶段。一是适时启动问责。这主要源于县级纪检监察机关及派驻乡镇纪检监察机构、村“两委”、村务监督委员会等所提出的问责建议，以及村民、相关自治性组织等检举、揭发或者新闻媒体曝光而提出的问责事由等。二是规范问责细节。首先通过问责主体，如村务监督委员会对相关责任干部进行问责调查；其次在调查结束后，由村委会或村民代表委员会集体讨论作出是否问责的决定；最后根据问责事件的性质和严重程度进行相应的组织处理和纪律处分，严重者将移交司法机关进行刑事处罚。三是公布问责结果。即及时通过召开村民代表大会通报问责结果，或者利用村务公开栏进行公示，并将问责处理意见上报上级乡镇机关，从而确保问责的公开、公平和公正。

（二）落实农村巡察和监察问责

1. 探索农村巡察问责方式

巡察由市县级党委履行主体责任。《中国共产党巡视工作条例》（简称《巡视条例》）第二条第三款规定：“党的市（地、州、盟）和县（市、区、旗）委员会建立巡察制度，设立巡察机构，对所管理的党组织进行巡察监督。”《巡视条例》明确了责任主体，强化了问责条款。农村巡察问责的主体是县级纪检监察机关，县级纪委监委对在脱贫攻坚同乡村振兴有效衔接过程中“动手脚”的“微腐败”，对各类帮扶和乡村振兴项目资金截留私分、贪污挪用、挥霍浪费等，应当坚决问责。应加大执纪监督巡察力度，“把扫黑除恶专项斗争行动与加强乡村党组织建设以及社会治安综合治理结合起来，开展问题线索大排查，充分发挥信访、巡察和明察暗访作用，利用举报电话、举报网络、手机客户端、微信、现场接访等手段，广泛收集群众的举

① 陈建平，李玉明，陈柳青. 村务问责：走向村务善治的责任规制机制［J］. 北京工业大学学报（社会科学版），2014（2）：6-11.

报投诉，充分发挥群众的民主监督作用”①。县乡两级纪委监察委针对腐败和作风问题，开展联动暗访、专题暗访，利用大数据监督平台比对分析，提高发现问题的能力，严查干部作风坏、用权任性、政策落实不力、为黑恶势力充当“保护伞”等问题，加大案件查处力度，使国家监察向基层延伸。

2. 探索农村基层监察问责

《监察法》规定监察问责是指监察机关依法对不履行或者不正确履行职责负有责任的领导人员，按照管理权限对其直接作出问责决定，或者向有权作出问责决定的机关提出问责建议的监察处置方式。县级监察委可以创新向乡镇设派驻（出）机构的形式，也可在村域探索监察工作联络站和基层纪检监督员制度，安好村务监督的“探头”；可实行专任制，也可实行纪检监督员与村务监督委员会主任“一肩挑”。监察工作联络站组织村“两委”干部与群众面对面交流，对照前述巡察的“问题清单”，开门纳谏形成建议清单和落实清单，闭环运行，解决村民不会监督、不想监督和不敢监督的问题，提升基层监察质效。

（三）党内问责贯通衔接

1. 贯通党内问责与监察问责

乡村治理场域中党内问责的主体包括县级及以下党委（党组）、纪委及其派驻（派出）机构、党的工作机关。同时，《问责条例》还规定党委（党组）履行全面从严治党主体责任，加强对所辖区域、领域问责工作的领导；纪委履行监督专责，协助同级党委开展问责工作。同时，与纪委合署办公的监委也可根据实际情形依据《监察法》直接实施监察问责，使执纪执法相贯通。《中华人民共和国监察法实施条例》（简称《监察条例》）规定监察机关可以向有权作出问责决定的机关、单位提出问责建议，关于“有权作出问责决定的机关、单位”的范围，可参考《问责条例》规定的问责主体予以确定。例如某乡村存在非法采砂、破坏生态环境的违法问题，条条直属单位派驻纪检监察组在对水利、生态环境等部门负有责任的农村基层干部开展问责的同时，对发现的涉及乡政府干部的失职失责问题，经派出机关同意，可以按照干部管理权限向有管辖权的县委县政府提出问责建议。江苏省还先后制定《关于进一步规范问责工作的意见》《问责事项告知流程图》《关于进

① 孔继海，刘学军. 新时代乡村“微腐败”及其治理路径研究［J］. 中共天津市委党校学报，2019（3）：69-74.

一步规范办理党纪政务轻处分问责事项的规定》① 等配套制度，对基层微权力问责事项实行集中受理、分类梳理、组织实施、汇总分析的流程闭环管理。

2. 抑制避责，完善容错机制

部分农村基层干部对问责机制存在认识偏差，加上部分农村基层组织在管理中存在问责滥用现象，使得一些农村基层干部对问责产生畏惧和逃避心态，工作中缺乏担当、有位无为、廉而不勤、策略避责。避责，是农村基层党员干部规避各种可能对自身产生否定性评价后果的行动。根据主观心态，避责又分为主动避责和被动避责。刻意逃避追责问责的行为，即主动避责；避责会带来容错机制的低效空转，由此带来的消极性后果是使农村基层干部积极履责的制度韧性不足，遂产生被动避责。同时，农村基层干部的避责会加剧容错机制的实施困境。

构建清晰完备的定责体系、履责结构及追责机制，按照以责确权的基本原则对基层干部有效赋权，防止责任超载或滥用权力②。问责时按照动机态度、客观条件、程序方法、性质程度、后果影响及挽回损失等具体情况对责任行为进行综合研判。这是保护农村基层有担当、敢作为干部的重要举措。对于在实践探索、改革创新、担当作为中出现了一些偏差失误的干部，只要不违反党的纪律和国家法律法规，勤勉尽责、未牟私利，能及时纠错改正，都不做负面评价，免除相关责任或从轻减轻处理。防止在强大的问责压力下，基层政府进行机制创新的动力被削弱，而更多地选择墨守成规、按部就班③。同时，把握尺度，容错不是避错，也不是避责免责，该容的容，该责的责。

---

① 宋广智，等．推进党内问责工作落细落实［J］．唯实，2020（3）：37-42．

② 吴春宝．基层治理中容错机制低效运转的生成逻辑与化解路径——基于避责的分析视角［J］．探索，2021（6）：80-92．

③ 田先红．中国基层治理：体制与机制——条块关系的分析视角［J］．公共管理与政策评论，2022（1）：43-54．

第三节　创新农村基层微权力的监督管理体系

农村基层微权力具体指乡镇之内涉及“三农”的规划、审批、给付、征收、奖励、处罚、强制、确认、裁决等公权力行使。农村基层微权力的行使主体很多，涉及乡镇党政及所属各办、局、中心，各村组，以及法律、法规、规章授权的组织及其工作人员。构建农村基层微权力监督管理体系，包括监督乡镇所涉“三农”权力行使主体和调整权力事项依据的合法性，决策行为、司法行为的合法性与规范性，以及其他需要监督管理的事项。“微权力”看似微小，却连着民生，事关民心。权力越往基层延伸，越需要通过监督来守护民心。创新农村基层微权力的监督管理体系，完善对微权力清单的制度约束，打通上级监督“最后一公里”，消除同级监督“旋转门”，汇聚村民监督“涓滴之力”，让权力始终在为人民谋幸福、为民族谋复兴的法治轨道上运行，不断推进基层治理体系和治理能力现代化。

一、打通上级监督管理“最后一公里”

（一）开展村级常态巡察

基层区域的监督压力传导往往错位，部分乡镇党委只注重对村“两委”进行事务安排，有效监督制约不够。乡镇纪检监察工作也存在力量不足、执纪监督问责不到位等问题，“后半篇文章”做得不够。调研中发现，纪检监察机关对农村基层干部处理偏松，震慑力不够，导致违纪成本较低；查办案件不注重“治本”，案件查处停留在面上问责，处分之后就完事，没有继续在跟踪巡察、警示教育、查找漏洞、建章立制方面下功夫。

1. 坚持将监督压力传导到位

基层党组织必须承担起抓乡促村职责，深化乡镇管理体制改革，健全乡镇党委统一指挥和统筹协调机制。要发挥驻村第一书记和工作队抓党建促规范作用。县级纪委监委应当定期开展巡察，规范农村基层微权力运行，加强基层巡察组织与村务监督委员会的沟通协作、有效衔接，强化对农村基层干部的监督。这是全面从严治党向基层治理“神经末梢”延伸，打通党内监督“最后一公里”的有力纠举制度。统一由乡镇、街道的派出机构履行相关职权，以强化农村基层微权力监督为着力点，以“确权+管权、便民+利民、全面+从严”为主线，积极探索规范村级小微权力的巡察常态，形成清风护航的乡村振兴监督机制。开展村级巡察常态监察，可以有效解决“政策不入户”的痼疾，不让政策于“最后一公里”走样。

2. 扎紧村级巡察制度“笼子”

随着乡村振兴战略的深入，农村基层被逐步赋权，基础设施也不断完善，越来越多的政策、资金、项目向基层聚集和倾斜。“村庄作为国家权力与社会场域互动的最基层场域。村干部是国家权力与社会民众互动的关键性治理力量。”① 他们直接面对群众，是惠农政策的宣传者，也是涉农项目和资金的落地执行者。村级巡察推进纪检监察职能向农村基层延伸，扎紧制度“笼子”才能有效消除人情干扰。村级巡察能压实基层干部“依法办事、公平办事、公开办事、为民办事”，也启迪村民应该“学会监督、容易监督、乐于监督、有效监督”。乡镇应细化一批微权力清单，包括“四议两公开”、重大事项决策、财务管理、党员发展流程、三资管理②、救灾救助申请、工程项目建设等内容，以便微权力能够得到更有效的执行。村级巡察常态化能够划清村级事务可为范畴和不可为边界，从源头上铲除滋生微腐败的土壤，帮助实现“村民盖房、干部挑梁”，形成具有更高执行效能和更好服务品质的基层治理格局。

3. 巡察要聚焦常态化、精准化

基层微权力因常态监督而“安分守己”。巡察若能持续且精准开展监督，不断释放纪法威慑力，一定能有效预防微腐败。村级巡察应当及时发现村务不良苗头，第一时间妥善处理，防止小问题“坐大”、旧问题“复燃”。巡察监督的规范化应确保基层微权力始终在法治轨道上运行，村级巡察不能“撒胡椒面”，沦为表面监督；不能“三天打鱼，两天晒网”，搞成“闲散式”监督；不能“挂空挡”“留空白”“存断点”，形成“断档式”监督；更不宜一巡了之、一督了之，满足于“滑行式”漂浮监督。放纵微权力滥用，一定会酿成今后的大腐败。村级巡察必须重点关注人民群众切身利益问题，在微权力行使频繁的领域展开，利用精准监督的“高清探头”，严肃查处那些假干事、干虚事、不想真正干事的官僚主义，坚决遏制那些只想揽权和享受特权却不想担责的利己主义，有力打击只想出彩不想出力的形式主

---

① 石建．村庄场域青年干部的回流机制及其实践困境——基于家计模式的分析视角．[J]．中国青年研究，2022（5）：101–110.

② 三资管理是农村集体资金、农村集体资产和农村集体资源等管理的简称。

义，势必扫清那些有令不行、有禁不止的自由主义等各类廉政建设和作风建设的“拦路虎”，持续释放纪法威慑力，倒逼权力规范运行。

（二）加强农村基层微权力的标准化治理

为进一步创新农村基层社会治理，中共中央办公厅、国务院办公厅于2015年印发了《关于深入推进农村社区建设试点工作的指导意见》，期冀在村社这一基础单元实践中摸索、提炼出基层治理的典型经验。农业农村部也于2019年发布了20个全国乡村治理典型案例，涉及四大类型。一是侧重基层组织的建设；二是注重探索“自治、法治、德治”相结合的有效途径；三是聚焦于创新治理方式；四是寻求农村社区突出问题的解决办法。这四大类型实例的进一步推广，最具效率的做法是标准化，而最好的标准是法律，但是，实践中遭遇的掣肘是我国现行立法体制中县域及以下层级没有地方立法权。因此，农村基层微权力管理如何加强标准化、实现标准化、发挥标准化是基层社会治理体系现代化的重要内涵。

1. 农村基层社会治理标准化建设的进展

所谓标准化，国家标准管理委员会认为是指“在一定范围内获得最佳秩序，对现实问题或潜在问题制定共同使用和重复使用的条款的活动”①。2021年10月10日，中共中央、国务院印发了《国家标准化发展纲要》，要求“围绕乡村治理、综治中心、网格化管理，开展社会治理标准化行动，推动社会治理标准化创新”。农村基层社会治理标准化的内涵是在总结我国农村基层社会治理的先进经验和典型模式的基础上，将标准化的理念融入基层治理实践。目前，许多传统的乡村治理方法已不能完全适应乡村振兴的实际需求，农村基层微权力管理或多或少存在任务目标不够具体、工作运行不够规范、考核体系不够完备、激励作用不够明显等问题。这些都需要在治理实践中积极探索具体的规范性标准。

溯源农村基层社会治理的标准化建设，自党的十八大以来，《美丽乡村建设指南》《美丽乡村建设评价》《农村综合服务社规范》《村级公共服务中心建设与管理规范》《农村生活污水处理导则》《农村生活垃圾处理导则》

① 范和生，郭阳．标准化治理：后疫情时代基层社会治理的实践转向［J］．学术界，2020（11）：67–75.

六部国家标准①陆续出台。此外，民政部基层政权和社区建设司于2017年会同中国标准化研究院研究制定了《农村社区服务基本要求（征求意见稿）》，向社会公开征求意见。

2017年之后，地方也开始在农村基层微权力管理标准化建设方面有所探索，如浙江省湖州市制定了《美丽乡村民主法治建设规范》，率先推出全国首个民主法治村创建的市级地方标准，随后陆续出台了《农村社区建设与服务指南》《幸福邻里中心建设与服务管理规范》《农村精神文明建设规范》等系列地方标准；并且，建立起以德清县农村综合改革标准化为代表的国家级试点，以安吉县余村模式为基础制定了国内首部乡村治理地方标准规范《乡村治理工作规范》（2018年），树立标准化样板，形成示范效应，逐步构建出一个农村基层社会治理标准体系的雏形，打造农村社会治理标准化建设的“湖州模式”。

2. 农村基层微权力标准化运行的困境

随着微腐败治理工作的推进，民众对农村基层微权力的危害的认知不断深化，对基层微权力标准化管理的需求也更加迫切。目前放眼全国范围内，农村基层微权力管理标准化建设还存在标准有效性、适用性和可操作性有待加强和标准体系尚不完善的问题。

（1）农村基层微权力运行尚无法标准化统一管理。现有的标准主要是针对农村基层微权力管理硬件方面的标准加以设定的，未能很好地涵盖农村基层微权力管理的所有方面，对管理农村基层微权力运行的内在构成要素及相互关系机理尚未完全厘清；对参与主体的标准和规范，无论是国家标准还是地方标准都尚未出台。现有标准较为零散，一事一议、一事一立，在实践中需要什么标准，就制定什么标准。如何将已制定标准进行系统整理，形成完整的农村基层微权力规范运行标准体系，是一个有待解决的难题。

（2）农村基层微权力管理的已有相关标准仍具局限性。现行标准都是在总结某一地基层社会治理经验基础上制定的，如《美丽乡村建设指南》是在

---

① 这六部国家标准的编码分别为《美丽乡村建设指南》（GB/T 32000-2015）、《美丽乡村建设评价》（GB/T 37072-2018）、《农村综合服务社规范》（GB/T 35343-2017）、《村级公共服务中心建设与管理规范》（GB/T 38699-2020）、《农村生活污水处理导则》（GB/T 37071-2018）、《农村生活垃圾处理导则》（GB/T 37066-2018）。GB代号国家标准为强制性条文，GB/T代号国家标准为推荐性标准，上述六部标准都是推荐性标准。推荐性国标一经接受并采用，或各方商定同意纳入经济合同中，就成为各方必须共同遵守的技术依据，具有法律上的约束性。

总结安吉县余村经验基础上制定出的相关标准，并最终上升为国家标准。但是，全国各地农村发展的情况差异较大，呈现出明显的不均衡性，一地的经验推广到全国所有农村，还存在具体实践转化应用困境。

（3）农村基层微权力管理其他主体的主动性尚未被充分调动。这也是下一步最为重要的着力点，只有充分调动所有主体参与，才能不断完善微权力标准的运行。基层民主的核心是村民自治，规范引导广大村民的有效参与，可以使村民广泛直接地参与村务管理，从多元视角更好地协商，真正发表自己意见，看到与自身生活相关的政策执行的最终良好结果——改善自己与周围民众的生活。否则，起不到引领乡村振兴高质量发展的作用。

3. 农村基层微权力管理标准化的实现路径

农村基层微权力管理的标准化是对农村基层社会治理的内在结构要素及其相互联系进行划分，并围绕农村基层社会治理的主体、体系、目标和手段制定共同规则的活动。只有微权力管理标准化，才可能实现农村基层治理的制度化、规范化和程序化。标准化的具体路径至少包含以下三个维度。

（1）依法赋予乡镇行政执法权。在现有基层条块体制下强化乡镇对涉及本区域民生决策、基建规划、涉农项目的参与权和建议权，优化配置综合管理权、统筹协调权和应急处置权。整合基层执法力量和资源，强化乡镇属地责任和相应职权，统筹乡镇微权力治理标准，强化乡镇对村级标准化状态的人、财、物支持。

（2）提高标准的适用性。农村基层微权力管理的很多标准都采用了模糊化的处理方式。基层治理实践中，许多乡镇对标准适用并不清楚。乡镇党政也无法根据该标准对相关主体进行约束和规范，不知道自己应该做什么、怎么做，标准的应有功能无法有效发挥。根据农村基层微权力监督实践，将一般性和可推广的内容进行标准化，对特殊性的部分施用“软法”，包括乡规民约等形式，发挥其作用。在乡镇及农村基层积极探索有关“矛盾化解、公共安全、违法监管、公共服务、民主自治”等方面的社会治理“标准化”建设，作为基层“立法”的补缺，发挥“类法律”的作用。同时，借鉴“枫桥经验”，自治、法治、德治三结合，着力提升农村基层微权力管理的法治化水平。

（3）扩充参与主体。目前农村基层社会治理的相关标准都是政府制定的，能够很好地体现政府对农村基层微权力管理的利益和要求，但是农村基层微权力管理的主体中还应包括农村居民、各种社会组织、村民自治组织等。标准的制定过程中需要融入以人为本的价值关怀，让村民成为标准化治理的主体，提高其作为农村基层社会治理主体在标准制定过程中的主导性和参与性，及时收集并归纳村民对标准提出的意见和建议，并将其中反映强烈且普遍的标准意见提交给相关部门审议，同时积极总结经验，向国家标准委员会申报“农村基层社会治理和公共服务综合标准化试点项目”，为农村基层小微权力标准化建设争取更多的政策支持。

（三）健全动态监督和长效管理机制

1. 健全对微权力运行的动态监督

上级监督遵循“清权—配权—晒权—行权—督权”的递进，自上而下展开环环相扣、同向叠加的监督，建立起自律与他律、自觉与规范相统一的体制机制链条。法治化、规范化的基层微权力监督管理体系应当决策民主、执行有力、监督透明、制度完备。一是建议乡镇、村级建立权力行使的清廉报告制度，将乡镇工作人员下沉村社的长期驻村工作，作为完善考核与职务晋升的重要依据。驻村基层干部应当将年度工作报告在村内公示，并在村民代表大会上接受和回复村民的质询。二是建议由派驻纪检监察机构定期对“村财乡管”、农村治理资金投入和使用、困难家庭经济状况调查等制度执行情况进行检查督促。

2. 建立微权力的长效运行管理机制

以规范权力运行为核心，建立健全动态监督和长效管理机制，定期梳理“微权力清单”并及时更新清单内容，确保清单更加科学合理、符合实际，以推动村级管理的精细化、规范化。一是规范微权力行使流程。严格对标“革新、求进、提质”要求，不搞生搬硬套和简单的“一刀切”，镇、村在不违反上位法的前提下可以结合本地实际，对村规民约、风俗惯例有所取舍，进一步规范微权力行使流程。二是建立村级廉洁工作联络站。组建由乡镇派出廉洁监督员、村务监督委员会成员、村民代表等组成的联动监督队伍，并赋予其监督权、建议权、反映权，对农村小微权力开展近距离、常态化监督。三是建设涵盖惠农惠民政策资金项目等在内的大数据监督平台。保证村民实时了解惠民政策、查询村集体三资运行、掌握项目进度等，确定权力运行的每一个环节都可追溯、可查证、可监督。同时，积极探索“室组地”联动监督、联合办案。

二、消除同级监督“旋转门”

同级监督包括村党组织对村民自治组织的监督和村干部之间的相互监督。由于村党组织和村委会都在一个权力结构体系内工作，因此更容易形成利益共同体，而不是有效的监督主体。同时，村干部彼此相熟，心理上不愿因监督而伤害彼此关系，相互监督的效果没有保证。比如责任偏虚，主体责任落实不到位；载体偏空，监督方法手段不多；执行偏软，监督措施落实不严；成效偏弱，监督专业性精准性不够；协同偏难，各项监督的协调贯通机制不够健全；等等，这些问题仍然存在。从近年来各地查处的农村基层微腐败案件看，领导干部和领导班子违纪违法问题集中，同级监督未能有效发挥作用是一个重要原因。村党组织和村委会虽然规定了较为完备的办事程序和规章制度，但现实中权力仍过于集中，村级重大事务往往少数人说了算，使村干部相互之间的监督流于形式。有必要开拓思路、创新举措，不让同级监督空转。

（一）聚焦权力运行创新监督机制

同级监督要盯住同级一把手和领导班子，这是确保监督体系发挥作用、有效运转的关键。一把手和同级班子干部一旦监督缺位、乏力，最容易被权力反噬，必须通过制度刚性约束推动同级监督各项措施真正实起来、严起来，确保党和人民赋予的权力不被滥用。习近平总书记在十九届中央纪委五次全会上就同级监督提出八项明确要求①，有力回答了同级监督“谁来监督、怎么监督、监督什么”等问题。

1. 坚持从日常监督抓起，提升主动监督意识

日常监督是同级监督的重要支撑。同级监督之所以难，关键难在日常监督不严，监督意识不强，不愿、不敢监督。一是应当推动监督关口前移。从日常工作中找到落实落细的具体方式和有效载体，推动同级监督融入日常、做在经常，由表及里增强主动监督、相互监督自觉。推动约谈主体和方式向多元化延伸。落实抓早抓小工作机制，通过党委（党组）书记对班子成员日常提醒谈话、对新任职班子成员廉政谈话、对受处分班子成员回访教育谈话

---

① 八个方面的针对性举措分别为，压实同级监督主体责任、提升民主生活会质效、强化上级监督带动作用、领导班子成员间开展提醒谈话、完善重大事项集体议事决策监督问责机制、强化对同级领导班子成员定向监督提醒、提升“三述”覆盖面和有效性、强化同级领导班子成员问题直报。

和领导班子成员之间双向约谈等方式，有针对性地对同级班子成员进行分层次、全覆盖日常提醒谈话，拉近监督时空距离、心理距离，达到潜移默化、润物无声的效果。二是推动监督探头向“八小时以外”和“后院”延伸。开展“单位+家庭”常态化监督，将监督“电子眼”探入同级班子“家庭后院”，综合运用信函、电话、邮件、视频等书面或信息化交流与实地家访、召开家属恳谈会等面对面交谈等方式，及时了解班子成员“八小时以外”的政治、思想、生活、作风、纪律等方面情况，引导班子成员和家属守好“廉洁关”。三是及时全面反馈和报告监督情况。同级班子成员的管理权限一般都在上级党组织，同级监督中所了解掌握的同级班子成员落实主体责任、执行民主集中制、廉洁自律等日常履职和工作情况，应当及时、全面向上级党组织报告，形成日常监督发现问题、纠正问题、追究问责完整闭环，保证持续有力的监督震慑。

2. 坚持抓细抓微，增强相互监督氛围

按常理，同级领导班子平时接触最多、了解最多，最方便开展监督提醒。但是，调研中发现同级监督氛围不浓厚，监督没有协商多，红脸没有笑脸多。同级监督不是抽象的，而是具体的，必须瞄准领导班子权力运行的关键环节、具体事项来强化监督。一是坚持以具体化、常态化为导向。领导班子应当把督促职责履行作为同级监督的逻辑起点和实践原点，着力以点带面营造形成乐于接受监督、主动开展监督的良好氛围。比如抓同级监督重点任务清单制定，每年结合党风廉政建设责任分工，调整细化年度必须完成或需要长期坚持的重点任务内容及目标要求，督促各级各部门照单履职，严格监督。二是抓违纪违法问题整改落实监督。明确反腐倡廉专题民主生活会的程序和要求，积极预防班子成员“四风”滋生或出现乱纪违法问题。推动基层部门、村社利用“身边人身边事”从严从实开展警示教育，强化以案促改、以案促治。三是抓定向函告提醒监督。监督中发现苗头性问题后，应及时将函询通知、谈话函询了结反馈意见点对点抄送同级党政，督促基层干部履行“一岗双责”要求，支持党组织对基层党员干部从严教育管理监督。

3. 坚持基础从严，强化监督制度刚性

从严主基调要从基础抓起，强化对农村基层干部微权力运行制约和监督的基础制度。贯彻民主集中制和党内监督制度中的请示报告、民主生活会、干部述责述廉等制度，推动关于同级监督的基础制度落实到位。科学有效规范党内政治生活、强化党内监督，破解同级监督难题。一是严格监督内容，推动同级监督从单方面向多角度转变。如完善重大决策全程纪实、集体签字、责任倒查等机制，确保重大事项决策经过充分讨论酝酿，经由民主决策并由多数决定，而不是“一言堂”和简单表决、简单多数决定。二是严格监督程序，推动同级监督从结果向过程转变。拓展述纪律、述廉洁、述作风“三述”对象范围，优化现场提问和评议监督环节，改进监督约谈反馈流程，对参加“三述”的同级班子成员进行全过程监督，载体更实、权威更高、效果更好。三是严格追责问责，推动同级监督从软弱乏力向刚性约束转变。切实提升民主生活会同级监督质效，完善廉洁帮扶制度，创新抽查评估、重点督导制度，建立良性批评和自我批评会议制度。及时叫停、责令重开那些批评和自我批评不认真不严肃的民主生活会。视情节轻重程度，采取给予通报批评、对主要负责人问责等不同追责方式。

（二）压实监督责任推动形成合力

基层治理监督实践表明，同级监督是一个系统工程，不能仅靠某一层级、某一主体单打独斗，否则只能流于形式。融合项目资金、微权力评估、监督激励机制等，层层压实责任，以上带下、联动贯通，做到纵向全链接、横向全覆盖，上下左右一盘棋，破除“就同级监督抓同级监督”的僵化做法，才能取得良好效果。

1. 加强对涉农项目的监管责任

各类助农惠农项目分解落地到基层时，建议县级层面制定《小额公共投资项目比选办法》等规范性文件，开展实质性监管。所谓比选，是指对不需要招标的小额项目，通过比较，选择和确定中选人的行为。具体流程是由比选人事先公布条件和要求，从自愿报名的比选申请人中按之前规定的方式邀请特定数量的法人或者其他经济组织参加项目竞争。因为，县级的涉农公共投资项目，许多都在法定的招标投标数额以下，无法进入县级公共资源交易平台进行招投标。虽然各乡镇（街道）都出台了相应的比选办法，但在具体标准、操作流程、监督评估等方面都是各自为政，且效力不够，这为少数农村基层干部违规操作留下了制度“漏洞”。因此，由县级出台规范性比选办法，为小额公共投资项目的比选操作提供统一的依据遵循尤为必要。有关比选的规范性文件实施过程中，对比选过程可能出现的泄露保密资料、串通比选、歧视排斥比选申请人、骗取中选、非法转包或违法分包等行为，应当予以严格查处。

2. 推行农村基层微权力行使评估机制

设计“农村基层干部规矩指数”考评制度，包括监督机关评估、第三方评估、廉政评估、法治评估等，将结果纳入村“两委”及其组成人员的考核。具体思路有三。一是着重从政治规矩、基础工作、工作实效三个方面入手，科学设置考核内容。依据政治规矩设置“红线指数”，立足基层工作实际设置“基础指数”，根据监督实效设置“效能指数”。二是创新考核方式方法，力求操作简便，通过干部自评、群众测评、驻村点评、乡镇终评、县级抽评，实行多维度考察。多维度考察不是多条线考核，增加基层负担，而是一条线考核，考察多重考核要素。三是突出奖优罚劣，强化考核结果运用，实行实效式考核，避免考核成为“稻草人”，要与农村基层干部的日常考核、报酬发放和荣誉表彰挂钩。强化驻农村基层干部在党的建设、低保听证、项目建设、资产处置等方面的指导和监督责任。

3. 出台激励保障机制的规范性文件

在不增加财政负担的情况下，加强农村基层干部的职业保障。一是走职业化道路，探索试行薪酬绩效化管理模式。按照“同工同酬、以岗定薪、动态调整”的原则调整农村基层干部的经济待遇，保证待遇与社会平均工资保持同步增长。参照《公务员法》和《劳动合同法》的规定，视情况确立农村基层干部有关的离职补偿、退休待遇，改变过去离（退）职无保障甚至“晚年失节”的局面。适度提高农村基层干部补助标准，鼓励和支持其参加养老保险。二是打破发展空间“天花板”，畅通上升渠道。在推行村书记和村主任交叉任职，或乡镇（街道）优秀公务员下派任职的前提下，打破“土秀才”不能“登科”的陈旧思维定式和固化模式。适当增加农村基层优秀干部定向公开选拔考录乡镇街道公务员的名额，也可以让农村基层优秀干部成为乡镇街道的后备干部，从而给他们提供更多公职化的机会。推举工作能力强、对辖区贡献大的农村基层干部成为人大代表或政协委员，为他们积极参政议政创造条件。县级部门、乡镇（街道）对成绩特别突出的农村基层干部应当给予必要的表彰宣传和相应的物质奖励。

同级监督应找准各类监督的交汇点和共振点，推动同向发力、形成合力。纵向上，着眼以上促下，注重发挥上级监督权威的“加法”效应。横向上，着眼相互补位，注重放大监督体系的“乘法”效应。同级监督，是同级与同级、班子成员与班子成员之间的监督，而不单纯是纪委对党委的监督。

三、汇聚村民监督“涓滴之力”

乡村治理实践中常会出现基层干部滥用手中微权力侵犯村民权利的现象，造成村民自治和监督权“失范”。依据《村民委员会组织法》，村民委员会是村民自我管理、自我教育、自我服务的基层群众性自治组织；村民会议或村民代表会议是掌握决策权和监督权的权力机构，村党组织在村级各类公共事务组织当中发挥领导核心作用。在村级组织中，理论上要求村级自治组织的权力运行必须要有监督机构对其进行监督，否则就会出现权力失衡。村务监督委员会①是村民行使监督权最重要的组织形式，也是最基本的村民自治监督力量，更是农村基层微权力运行中最有可能第一时间发挥作用的群众监督系统。中共中央办公厅、国务院办公厅于 2017 年底印发《关于建立健全村务监督委员会的指导意见》，明确村务监督委员会的职责权限、监督内容、工作方式等。近年的实践证明，村务监督委员会在有效治理微腐败问题、有序推动农村集体经济健康发展、有力畅通基层沟通渠道等方面发挥了积极作用。但目前村务监督委员会也存在一定的困境，主要表现在四个方面。一是囿于农村社会多是“熟人社会”，村务信息不够公开，许多村民不愿监督、不敢监督。二是相比集体的事情，农民更关心自己的经济利益。三是有劳动能力的人大都选择外出务工，村内留守的大多是老人、妇女和儿童，难以对村干部形成有效监督。四是机构“虚置化”现象。部分村务监督委员会的实际运行是“走过场”“装门面”，有名无实。甚至很多村民并不知道本村是否设立了村务监督委员会。

（一）调研实况

笔者电话调研了自己家乡所在的 J 村，J 村于 2018 年成立了村务监督委员会，由 3 人组成，主任由村党支部纪检委员担任，其他成员由村民代表会议推选“两委”以外人员担任，主要负责监督村务公开、开展民主评议、记录三资台账等。如村里开展低保户认定工作，村务监督委员会也参与监督。笔者在调研中发现，村务监督委员会及其成员在实际履职中面临不敢说、不会说、不愿说的困境。

---

① 2004 年，浙江省金华市武义县后陈村成立全国首个村务监督委员会并在全省推广。2010 年，村务监督委员会被写入《中华人民共和国村民委员会组织法》，得到国家法律的正式认可，随后各地积极进行实践探索。

1. 不敢说——监督门面化

J村地处苏北大运河畔，以种植意杨树为生，受新冠肺炎疫情影响，村集体经济收入有限，2021年收入仅20余万元。作为自治组织，村务监督委员会一切费用由村集体自行承担，经济基础薄弱导致经费捉襟见肘。实践中，村务监督委员会“只挂牌子不见房子”，干啥都要看村“两委”脸色，实践中难以主动监督，监督流于形式。

2. 不会说——监督虚置化

以J村所属的L镇为例，L镇下辖14个行政村，所有村均设立了村务监督委员会，49名成员呈现“一高两低”的特点：年龄偏高，45岁以上约占85. 7%；文化水平偏低，高中以下学历约占89. 8%；政策了解程度偏低，主要是在家务工的农户。受此影响，成员开展监督的能力不强。有些项目合同，村务监督委员会成员只能看懂签字招标，对具体涉及的政策法规程序和工程、采购类专业术语等掌握不清，并不能看出“子丑寅卯”。

3. 不愿说——监督空心化

村务监督委员会成员经由村民推选，有较好的群众基础。农村是熟人社会，大家抬头不见低头见，村务监督委员会成员大多与监督对象——村“两委”，存在宗亲或熟人关系，在实际工作中，会出现怕得罪人、不敢动真碰硬的情况。此外，村务监督委员会成员不是村专职干部，每月务工补贴仅两三百元，导致监督委员会成员履职积极性不高，直接影响工作质效。

（二）改进思路

1. 公开村民权力清单

帮助村民了解自身拥有的权利，可以推动涉农领域相关单位及农村基层组织梳理完善微权力清单，然后相辅相成地配套村民权力清单。在进一步厘清权力边界、规范操作流程过程中，逐步建立起切合基层特点、简明高效、操作性强、常态长效的微权力运行机制的基础上，让村民知晓在“法无授权即禁止”的公权清单之外，依法律保留原则，村民享有“法不禁止即自由”的私权清单。凡是与村民利益息息相关的村级微权力，一律清单式公布、规范化运行。操作流程公开透明，确保群众的知情权和监督权，有效杜绝腐败滋生，保障群众利益。例如，2021年4月，江西省新余市渝水区九龙山乡的黄田村至邓家山路段修筑完成后，依然存在安全隐患，路两边挡土墙须加固加高才能保障交通安全。九龙山乡黄田村按照微权力清单规定的村级重大决策事项必须“四议两公开”，黄田村不仅在挡土墙加工工程中，在乡政府公开走招投标程序，还将招标信息张贴到村公开栏，确保人人知晓。如果发现有村干部参与到项目中以权谋私，群众可以向纪委举报，对其问责。微权力清单下运行的这个项目从审批到施工，全程公开透明，推进十分顺利，群众很满意①。

2. 夯实村务监督机构人员与职能

一是鼓励从返乡创业大学生、在村党员、乡贤能人等人群中推选热心村务、敢讲真话的人成为村务监督委员会成员，让敢当“包公”、敢唱“黑脸”蔚然成风。二是加大对村务监督委员会成员的培训力度，寻求专业指导。建议重点培训思想政治、财经知识、惠民政策、纪检监察业务等内容，切实增强成员监督意识，提高其监督能力。利用村务监督委员会主任由纪检委员兼任的契机，主动对接乡镇纪委、监察员办公室，寻求专业指导，列出村级监督工作清单，明确工作职责、监督对象、重点工作等，定期报告工作进展，积极争取上级支持。三是借助技术赋能，把“互联网+”引入村务监督管理。通过信息化手段节约工作成本，提高工作效能。利用村级微信群、三资管理信息平台等，及时公开村级收支，公布村内大事，公告三资变动，让村民实时了解村务动态，方便村民监督。

3. 推动健全村务公开机制

习近平总书记在2017年12月28日的中央农村工作会议上分析：“一些农村集体资产产权虚置、经营收益不清、分配不公开，农民群众意见很大，也滋生了一些‘微腐败’。”习近平总书记提出：“要稳步推进农村集体产权制度改革，全面开展清产核资，进行身份确认、股份量化，推动资源变资产、资金变股金、农民变股东，建立符合市场经济要求的集体经济运行新机制，确保集体资产保值增值，确保农民受益，增强集体经济发展活力，增强农村基层党组织的凝聚力和战斗力。”② 为此，将村务公开情况纳入村干部廉政考核范围，推动实现决策规范化、权力运行透明化，构建村民自主监督、纪委监委专责监督工作格局，在监督基层微权力上进一步完善内外结合、相辅相成的监督体系。

一是在现有大数据平台基础上，搭建农村基层民生领域数据监督平台，聚焦巩固拓展脱贫攻坚成果同乡村振兴有效衔接重大战略任务，发挥智能监

---

① 章丽群. 九龙山乡：“小微权力”清单 助推乡村振兴［N］. 新余日报，2022-02-23（3）.

② 中共中央党史和文献研究院. 十九大以来重要文献选编：上［M］. 北京：中央文献出版社，2019：145.

督功能，明确监督事项，跟进监督、全程监督、精准监督。线上线下同步公开、同步发力，让微权力在阳光下运行。聚焦三资管理、教育医疗、就业社保、生态环境等群众“急难愁盼”问题，持续深挖彻查“微腐败”。

二是把“民主协商”纳入社会治理体系，开展村级议事协商创新实验。以调研中的F镇为例，F镇建立了多元主体共建共治的协商治理机制，凡是村社的重大事务都由村“两委”通过民主程序，吸收村民共同商议、集体决定。F镇不断推进基层民主协商的规范化、程序化建设，完善了村镇民主议决事制度，通过广泛动员群众参与审议决策、吸收“新乡贤”开展协商对话、广泛凝聚共识，不仅从源头上减少了利益冲突和矛盾纠纷，而且极大地提高了社会治理效能，使农村基层微权力的民主监督更有力更全面。

三是全面从严治党向基层深化。针对基层典型案件暴露出的问题和漏洞，及时研讨、宣教、警示，广泛开展以案促改，推动制度机制创新和完善，以风清气正的基层政治生态护航乡村振兴。全面从严治党带来的益处是全方位的，不仅能够提升基层党组织的战斗力和执行力，还能切实优化乡村治理资源配置，加强乡村振兴发展动能。如Y村由上级组织配设了第一书记，第一书记到岗的第一步工作就是从党组织建设上着手，“三会一课”“主题党日”“党员结对帮扶”都很规范地组织了起来。村干部起初不太适应，被累得够呛，因为以前懒散惯了，现在有了这么多条条框框，自然很不舒服。然而，时间一长，村干部素质逐渐提升起来了。Y村村干部的综合素质在整个镇开始拔尖了，Y村开会拍板做个什么事情，马上就能落实。上面现在来检查什么的，镇上领导都带Y村去，Y村发展越来越好，而该镇其他村与Y村相比就逊色许多①。

① 王秀杰. 基层社会治理专题研究［M］. 北京：中国社会科学出版社，2021：250.

第十章

构建农村基层干部的廉政教育体系

有序开展对农村基层干部的廉政教育是微腐败治理的强基工程。廉政教育对象具有类型多样化与需求差异化等特征，“构建精细化廉政教育模式对提升廉政教育的针对性和有效性将大有裨益”①。实现乡村振兴，必须做好“三农”工作，处理好“三农”问题，因此有必要针对农村基层干部构建专门的廉政教育体系，除了吸收中华传统文化中的美德和优良风俗，还应当对党和国家涉农治理资源、要素和规范进行统筹组合，从中提炼出易为村民和农村基层干部所理解接受的标识性概念。专门化、精细化的廉政教育体系应当通过简洁明快、易传好记的教育宣传，重点加强对农村干部的理想、信念、宗旨和权力观教育，为形成清正廉洁的乡村振兴实践场域发挥重要作用。

第一节　确立农村基层干部廉政教育的内容体系

廉政教育是各个国家和地区反腐败机构的一项必备职能设置，承担着培育清正廉洁的价值观念、政治生态与社会氛围的重要使命。根据《中国共产党纪律检查委员会工作条例》《中华人民共和国监察法》《中华人民共和国监察官法》及《中华人民共和国行政监察条例》的规定，各级纪委监察委和监察官的职责涵盖了对公职人员开展廉政教育。纪检监察机关履行监督职责的方式包括教育和检查。农村基层干部廉政教育的体系内涵至少包含四要素：一是政治性意蕴；二是情理性支撑；三是通俗性表达；四是系统性覆盖。只有让微权力行使者形成崇廉拒腐的认知，才能实现“不想腐”的自觉，提升农村基层干部廉洁自律的意识和廉洁获得感、满足感。

① 吕永祥，王立峰．监察委员会的精细化廉政教育模式研究：以公职人员的职业生涯发展阶段为分析视角［J］．东北大学学报（社会科学版），2020（1）：65-72.

一、农村基层干部廉政教育的主体框架

（一）农村基层干部廉政教育主体框架下的问题引领

1. 政治性认知定位不准

部分基层纪检监察人员对农村基层干部廉政教育的基础性地位和政治性功能认识不足，认为开展廉政教育不如查办案件更有效，也不如制度建设容易显现成果。因此，出现了农村部分基层组织的廉政教育统筹不够、廉政文化建设统筹指导不力，农村基层干部廉政教育内容体系构建不充分、不平衡。政治站位未能做到不敢腐、不能腐、不想腐一体谋划、同步推进。

2. 情理性支撑举措不多

为数不少的乡村没有开展常态化的廉政教育，在完善微腐败预防体系过程中没有构建起廉政教育联动机制。有些乡村满足于过关式、节点式开展廉政教育，重阶段任务、轻长远建设，没有形成融合情、理、法于一体的多维度教育合力；有些乡村的廉政教育形式单一、内容泛化，道德情感支撑缺失。同时，廉政教育创新平台构建、创新载体缺乏，廉政教育走形式化“上下一般粗”等问题也影响着廉政教育主体框架的构建。

3. 廉政教育成效有待显现

农村廉政教育示范基地建设“忽冷忽热”，重评选、轻应用。农村基层干部廉政教育的受众参与面较窄、通俗性表达缺失，廉政教育未能与移风易俗有效结合，未达到紧盯“关键少数”、教育“绝大多数”的效果。廉政教育与乡村振兴战略结合不够紧密。一些农村地区的廉政教育与干部履职履责相互脱节，使得农村基层干部在接受廉政教育的过程中，未能把个人摆进去、把职责摆进去、把问题摆进去，微腐败典型案例和警示精神没有触及思想深处，仅停留于口号。

4. 系统性覆盖有待拓展

深入开展反腐倡廉教育，需要筑牢农村基层党员、干部廉洁自律的思想基础。不同区域农村的微腐败特征既有共性也有个性，导向上能否坚持理论与实践同频、引领与警示兼顾并重，设施配备上能否做到软件与硬件配套、线上与线下联动，都是农村廉政教育体系重要内涵指标。应依据农村基层干部廉政教育特点和规律，拓宽廉政教育阵地，丰富廉政教育载体。目前，系统性矫正农村基层干部吃拿卡要、盘剥克扣、优厚亲友等微腐败还有较为漫

长的路要走。廉政教育的引导、规范、教化、激励等功能尚未充分发挥。

（二）农村基层干部廉政教育框架的内容构成

坚持正面教育与警示教育相结合，针对党员干部，重点突出五个层面内容，即深入开展理想信念教育、中国传统廉文化教育、党史党规党纪教育、岗位廉政风险教育和廉洁家风教育。各级纪委监委要针对农村基层干部群体，要结合地域和岗位特点，广泛开展以廉洁为专题的各类农村廉政教育。

1. 理想信念教育

理想和信念是人类所特有的精神现象，人们需要理想信念来充实精神生活，两者相互关联、非常密切，且层次性并存。理想具有目标导向与社会黏合功能。理想是人们在心中勾勒出关于未来的美好想象，此想象成为人们自觉追求的目标。理想并不是盲目的，是人们基于对现实条件科学合理的认识后，理性分析而得出的认知向往。信念具有坚定方向与保障行为功能。一旦人们对理想有了坚定的追求和在行动中坚持实现，理想就转变成了信念。理想信念是中国共产党人的精神之钙，也是农村基层干部在乡村振兴中大显身手的精神支柱。理想信念教育是廉洁教育的价值性、政治性、道德性与时代性的方向保障。缺失了理想信念就会得“软骨病”，对于整天被“张家长、李家短”琐事缠身的农村基层干部而言，理想信念不跟进就很容易政治退步、道德下滑、生活褪色。农村条件艰苦，基层任务繁重，农村基层干部如果“没有理想信念，或者理想信念不坚定，就经不起风吹浪打，关键时刻就会私心杂念丛生，甚至堕落沉沦。现实中，部分党员、干部精神空虚、意志消沉、心为物役，信奉金钱至上、名利至上、享乐至上，少数人更是把党和人民赋予的权力作为谋取私利的手段，堕入腐败深渊，说到底都是理想信念动摇所致”①。

2. 中国传统廉文化教育

在中国传统文化中，“廉”是一个涉及个人道德标准的伦理范畴。这个道德标准通常与政治紧密联系在一起。清廉被认为是入仕者立身为政的道德基础。中国古代的廉政思想萌芽可追溯到远古时的“三皇五帝”——他们的事迹直观反映出古代民众歌颂追慕贤明、智慧、勤奋、廉洁的领导者形象。西周时期，诵唱诗歌十分盛行，是一种民间流行的文化传播方式。《诗经》是其代表，分为“风”“雅”“颂”，诗经中既有对清明政治的歌颂，也有对

---

① 习近平．习近平谈治国理政：第4卷［M］．北京：外文出版社，2022：523.

贪官污吏和腐败黑暗政治的无情批判，是百姓廉洁观念的集中体现。周公制礼作乐，对后世儒家影响极大。周公之廉体现在“以德配天”，强调统治者的道德自律。儒家廉政思想主要体现在孔子、孟子和荀子等先哲的思想之中，如《论语》中提出“邦无道，富且贵焉，耻也”。

3. 党史、党规、党纪等教育

在农村基层干部中开展党史党规党纪教育是新时代全面从严治党向基层拓展和向纵深延伸的重要途径。党始终存在“精神懈怠的危险、能力不足的危险、脱离群众的危险、消极腐败的危险四大危险，需要解决好提高党的领导水平和执政水平、提高拒腐防变和抵御风险能力两大重大课题①。尤其在“三农”问题上，应聚焦于打击基层微腐败和抵御诱惑，这是开展党史党规党纪教育的出发点和落脚点。党员应深入走访民情民意，畅通沟通渠道，精准做好普惠性、基础性、兜底性民生工作。农村基层党组织应配合上级党组织和政府各部门，着力满足农民对更高品质生活的追求，健全为农民办实事长效机制，积极推进乡村公共服务优质共享和实现精神生活共同富裕的探索突破，推动为农民办实事向制度、治理、智慧跃迁，推出更多用心、暖心、贴心的惠农举措。

4. 岗位廉政风险教育

农村基层廉政风险点多而杂，农村基层组织需要自下而上和自上而下相结合逐步排查岗位廉政风险点，包括业务流程风险、制度机制风险和重点项目风险，应当找准、找全诸如农村集体资产产权虚置、经营收益不清、分配不公开等风险点。对排查出的廉政风险点及时教育防控，评定廉洁风险等级，明确防控责任，分类管理、分级负责。对重点岗位、重要环节的人员进行定期廉政谈话提醒；自查自纠违规发放工作津补贴、奖品奖金和使用村集体经济创收费用的情况，规范人员编制管理，清理混编混岗的冗余人员指导督促精准扶贫，预防返贫，规范“三资”管理。

5. 廉洁家风教育

家风优则作风优，家风正则党风正，家风纯则政风纯，家风清则社风清。农村基层干部的家风，不仅关系自己的家庭，而且关系基层民风、党风、政风乃至行业之风。其中，良好家风的重要内容是廉以修身、廉以持

---

① 秦强，于文豪. 廉政中国与法治中国协同推进研究：“四个全面”战略布局中的廉政建设与法治建设［M］. 北京：知识产权出版社，2016：44.

家。中国农耕时代所形成的廉洁家风，对新时代农村基层干部廉政教育仍具有重要的理论价值和借鉴意义。以诸葛亮为例，其《诫子书》《又诫子书》《诫外甥书》分别提到“夫君子之行，静以修身，俭以养德。非淡泊无以明志，非宁静无以致远”“淫慢则不能励精，险躁则不能治性”等，大至修身养性、坚定志向，不碌碌无为；小至正确对待宴会饮酒诸事，不骄奢淫逸，不轻浮妄动。司马光提出“圣人遗子孙以德以礼，贤人遗子孙以廉以俭”，倡导家庭廉洁。中国共产党成立以后，一代代共产党革命先烈的家书家训、家风故事汇聚了众多红色廉洁元素和纪律作风印记，习近平总书记为此专门提出：“要把家风建设摆在重要位置，廉洁修身，廉洁齐家。”①

（三）农村基层干部廉政教育的载体组合

1. 融合传播组合

廉政教育“除了坚持行之有效的传统手段外，要大力运用现代传媒手段，扩大辐射面，增强吸引力，形式要多样、手段要灵活”②。既要坚持发挥传统媒介“重质崇真”优势，也应主动适应“微时代”传播需求，把握5G融媒体时代的传播特性，整合廉政教育资源于微信、微视、微课堂、微论坛“四微”平台，集成一体多元的廉政教育宣传矩阵，全方位、立体化推送廉洁文化作品。消除当前农村基层干部对理想信念教育的“思想疲劳”和“畏难畏烦情绪”，进一步提升农村廉政教育宣传效果。在农村社区广场、乡村剧场、乡镇商贸集中地等区域，组织乡谣快闪、传统民间舞台剧、乡风公益宣传等文化活动，吸引更多村民参与支持廉政教育，潜移默化营造“清廉乡村”氛围。

2. 示范阵地集成

农村基层干部廉政主义教育主体应当深度结合研究农村基层党风廉政建设和微腐败治理的新形势新任务，与时俱进创作更多乡村廉洁文化精品力作。充分利用红色文化教育基地、爱国主义教育基地、廉政警示教育基地等，形成一批具有地方特色、乡土风情的“廉洁打卡地”。坚持廉政教育资

---

① 习近平谈家风建设［EB/OL］.（2020-07-22）［2022-07-01］. http：//www. jhsjk. people. cn/article/31792580.

② 江雪松. 腐败的传统文化分析与廉政文化建设［J］. 淮阴师范学院学报（哲学社会科学版）2005（5）：574-577.

源由点到面、集约发展的推进理念，形成“1+N”为主的阵地组合①。从党员延伸到村民，推动阵地建设从单一型向综合化转变。

3. 制度保障体系

压实廉政教育建设责任，坚持农村基层干部廉政教育制度规范执行，队伍建设及经费落实齐头并进，为构建农村廉政教育体系提供保障。重点是要明确农村基层党组织主体责任，健全农村廉政教育责任机制、联动机制和动态管理机制，深入贯彻落实《关于加强新时代廉洁文化建设的意见》，主动自觉抓紧抓实抓好乡村廉洁文化建设。基层纪检监察机构要发挥好组织协调作用，引导组织、宣传、教育等部门共同参与、协同建设；把廉政教育贯穿于党员干部日常工作、学习之中，延伸到“八小时外”，筑牢“不想腐”的思想堤坝。组织专家学者编写农村基层廉政教材，培育专兼职相结合的农村基层廉政教育队伍，落实农村基层廉政教育工作经费，推动农村基层干部廉政教育体系在乡村振兴战略框架内制度化运行。

二、农村基层干部廉政教育的分类施教

根据乡村振兴战略需求，每年确定农村基层廉政教育必备课目，提前规划开展廉政教育的重点对象、重点内容及重要时间节点，提高农村基层廉政教育的针对性和前瞻性。

（一）区分对象，因材施教

1. 以乡、村两级领导班子成员和基层“条块”负责人为重点对象

纪检监察机关在农村基层干部廉政教育中要牢牢抓住“关键少数”，积极引导基层干部明大德、守公德、严私德，把廉政要求贯穿于日常微权力管理监督之中。廉政教育应当作为农村基层干部作风建设的重要内容主要包含三个方面：一是要坚持以上率下，以党风政风带动社风民风。领导干部要做拒腐防变的表率，自觉反对特权思想、特权现象，时刻自重自省自警自励，慎独慎微慎始慎终，带头摒弃家长制、等级制、官本位思想，带头廉洁治家，从严管好家属。二是创新警示教育方式。案例是最好的教科书，也是最好的清醒剂。要定期梳理和深入分析农村基层不同区域、不同领域、不同类型的干部违纪违法典型案例，开展同级同类警示教育。在专题民主生活会、

① “1”就是每个县区打造一个农村廉政教育精品基地、龙头基地；“N”就是创建一批走基层、进集会、逛广场的农村廉洁教育示范阵地和示范点。

组织生活会、家庭家风建设等环节开展以案说纪、以案说法、以案说德、以案说责，为领导干部敲警钟、明底线。三是坚持正面教育、自我教育为主，促使农村基层干部自我认识问题、自我发现问题、自我解决问题。利用各方面教育资源，采取基层民众喜闻乐见的形式和操作性强的方式，有计划地安排集中培训和专题讲座等活动，分类分层次开展反腐倡廉教育。

2. 夯实以农村基层年轻干部为对象的廉政教育基础

乡村振兴是一项持久事业，农村基层年轻干部的健康成长对农村未来的高质量发展有着重要影响。同时，农村基层干部的贪腐往往是“晚节不保”“小节不保”，在微腐败中愈陷愈深，最终跌进犯罪深渊，令人叹息，发人深省。因此，农村基层年轻干部的廉政教育需要重点关注思想政治学习，筑牢年轻干部廉政根基。农村基层年轻干部的廉洁自律，不仅关乎个人的前途命运，也关乎乡村振兴事业发展。强化理论武装，依托中青班、青年学习小组、年轻干部培育工程等，从严从实抓好管好，确保乡村振兴队伍的源头活水始终是一泓清泉。同时，要加强农村基层年轻党员干部的党性教育。深入挖掘本地红色革命教育资源，组织农村基层年轻党员干部对照先辈先烈开展党性分析，常态化举办重温入党誓词、过“政治生日”等政治仪式，为其“补钙壮骨”“固根铸魂”。并且以先进党员干部引导农村基层中非党员年轻干部同传共产党的优良传统和作风，使非党员年轻干部牢固树立正确的价值观、权力观、事业观。思想上松一寸，行动上就会差一尺。思想上正本清源，方能行动上自觉自律。

（二）区分情形，因事施教

1. 深化运用“四种形态”

筑牢农村基层干部廉政根基，关键要抓纪律。相关部门要严查违纪违法行为，坚持无禁区、全覆盖、零容忍，深化运用“四种形态”，抓早抓小、多治“微疾未病”、防微杜渐，警惕农村基层干部微腐败的新形式，擦亮识别腐败的“火眼金睛”，大力查处贪图享乐、因赌致腐、横向霸村等问题，始终保持高压态势，倒逼农村基层干部夯实拒腐防变“堤坝”。要加强反面警示教育，加大农村基层干部违纪违法通报曝光力度，选取典型案例制作警示教育片，组织旁听庭审、案件剖析会、参观廉政教育基地等活动，用身边事警示身边人，用局中人点醒同路人，达到查处一案、警醒一片、教育一方的效果，不断营造风清气正、廉洁从政的良好氛围。结合农村基层干部成长坦途和微腐败失足的正反面真实案例，弘扬“清廉是福、贪欲是祸”的中国传统廉文化，守住拒腐防变防线。

2. 农村基层干部廉政口诀“五不要”

农村基层干部要坚决遵守“五不要”的行为规范：一是乡村振兴应当解放思想、与时俱进，不要因循守旧、不思进取；二是产业振兴应当求真务实、量力而行，不要虚假浮夸、盲目攀比；三是公共事务和经费项目应当公道正派、依法办事、廉洁自律，不要独断专行、与民争利、以权谋私；四是工作作风应当艰苦奋斗、勤俭节约，不要贪图享乐、铺张浪费；五是日常生活应当崇尚科学、移风易俗，不搞封建迷信和不大操大办婚丧、乔迁等事宜。

（三）区分节点，因时施教

1. 把握住干部生涯的重点阶段

相关部门应当重点关注农村基层干部提拔任用、职级晋升、岗位调整等重要节点，分批分层组织开展廉政教育。干部上岗任职前，农村基层干部要上好从政必廉洁“第一课”，筑牢“不想腐”的思想之堤；干部履职期间织密廉洁从政“监督网”，扎紧“不能腐”的制度之笼；干部轮岗要及时开展廉政勤政诫勉教育，绷紧廉洁从政“高压线”，高悬“不敢腐”的纪律之剑；干部退休前，进行拒腐保廉、晚节教育，警示到届到龄干部不闯微腐败“红灯”，不逾微权力“边线”。党组织应充分发挥全面从严治党功能，依循“党管干部”原则，在实际工作安排中加强农村基层干部自律意识，让其心有所畏、行有所戒；有针对地开展重点阶段的多岗位历练教育。确保农村基层干部在多阶段、多岗位、多地域历练中勤掸“贪思尘”、多念“廉政经”、常破“心中贼”，以内无妄思保证外无妄动。

2. 抓住基层涉农治理监管重点

针尖大的窟窿能透斗大的风。腐败的缺口，往往从小事、小节打开，从小节失守到大节溃失，是农村基层干部走向腐败的普遍规律。筑牢农村基层干部廉政根基：一方面要扎紧制度笼子，系统梳理排查农村基层干部行使权力过程中存在的廉政风险点，严格工作程序，落实制约机制，规范权力运行，从源头堵漏洞，不让微权滥用之人钻空子；另一方面要擦亮监督“探头”，探索建立农村基层干部思想动态监管监测体系，通过日常调研、跟踪问效、定期研判、专项考核等方式，及时掌握农村基层干部政治表现、工作实绩，并将农村基层干部的工作圈、生活圈和朋友圈都纳入监督中，对发现的苗头性、倾向性、潜在性问题，及时教育提醒、调整纠正，严防小毛病变成大问题。

3. 基层狠刹“节日腐败”风

农村基层干部大多重乡土习俗、尚人情风俗，应当谨防春节、中秋等时间节点出现“微腐败节日病”：管不住嘴，违规吃喝；管不住手，违规收礼；管不住腿，四处登门给领导送“心意”。节日期间是微腐败高发频发期，容易产生以人情来往名义掩盖的微腐败问题及各种不正之风。此时，农村基层干部更要加强艰苦奋斗精神和廉洁自律意识，严格遵守廉洁自律有关规定，避免各种奢侈浪费。相关部门既要在重要节假日期间定时发送廉政短信或微信，适时提醒；也要做实谈心谈话，充分发挥廉政谈话保廉促廉功能。相关部门要面对面讲明政治规矩、讲清存在问题、讲透后果和危害。相关部门要全程上好廉政“保供紧箍咒”，打好“廉政预防针”。

三、农村基层干部廉政教育的方式优化

在农村基层开展廉政教育是细水长流的慢功，只有结合乡村振兴战略进行持续的方法创新和方式优化，才能不间断清洁净化微腐败治理的软环境。当前，城乡差距仍然存在，农村基础设施建设相对薄弱，缺乏有效的廉政教育资源和方式载体。建立农村基层廉政教育体系需要县区党委及以下各层级各部门高度重视，密切配合，形成整体联动的合力。

（一）在层级落实上实现机制联动

1. 实行县区、乡镇、村社纵向联动督查

发挥县区党委的主导作用，畅通农村基层干部廉政教育的纵向主渠道，发挥乡镇监督“1+4”联动机制的叠加效应①。要将县级廉政教育资源适当向农村基层干部倾斜，乡镇应当定期组织农村基层干部“齐步迈”集中到县委党校学习。另外，要确保县区干部“浸下去”，深入基层、深入农村，到农村去讲党课，将廉政教育带到农村干部身边。通过依法确权来推进廉政教育深入开展，对农村基层微权力进行梳理、归类，将各项“碎片”零散的微权力划分为“民生决策”“日常管理”“便民服务”等类别，再由各乡镇根据本地实际列出各类别下的具体微权力事项，并按年度进行动态调整。确保廉政教育随着微权力在农村运行而开展、廉政教育方法围绕乡间田头而创

① 乡镇监督“1+4”联动机制中的“1”是指“乡镇主体监督”，“4”分别是指“乡镇职能部门主管监督”“乡镇纪委专责监督”“巡察监督”“村务监督委员会一线监督”。

新、廉政教育实效在农村一线检测。

2. 廉政教育硬件与软件相配套

廉政教育的硬件，不仅指有关廉政的基础设施，也包括廉政制度建设。廉政教育的软件，不仅指廉政文化建设，也包括“互联网+”为载体的廉政教育方式创新。廉政教育硬件与软件相配套是指廉政教育的方式载体与内容要素的创新性结合。农村基层干部廉政教育“软硬兼施”通常有如下几种做法。一是将微权力清单纳入农村基层干部“廉政课程表”，逐类逐项组织专家授课讲解，并根据不同受众的实际需要，将各项微权力流程图进行主题分解，促使农村基层干部真正学深悟透做实。二是深入挖掘本地典型案例，开展农村基层微腐败专题警示教育，配合常态化廉政党课，讲授剖析身边反面典型腐败蜕变的人生轨迹，通过正反对比提升廉政教育传播力和震撼力。三是实施“廉政文化下乡工程”。借助乡村公开栏、微信公众号平台、网站等渠道，公开微权力清单内容及办事流程；通过绘制“微权力文化墙”、排演地方戏等村民喜闻乐见、易于理解的形式，将农村基层微权力清单内容融入乡风民俗，提高微权力清单普及性和教育性等。充分挖掘并弘扬具有当地特色的廉政文化，鼓励乡镇、村社挖掘培育具有自身特色的廉政文化，让廉政文化遍布乡村角落。

3. 提升村民法律意识，消除廉政教育的阻力

传统文化中愚昧落后的习俗在农村仍有留存，这会影响农村社会治安的状况。农村作为中国传统的“熟人场域”，不少区域的整个村都是一个姓氏或者两个姓氏，户与户之间都会沾亲带故，很容易形成一种庞大的家族势力。如果村庄里的村民文化水平普遍不高，缺乏法律知识，法律意识也会比较淡薄，这势必阻碍农村基层干部廉政教育的开展。因为，有的农村基层干部不是依凭学识、能力或者社会声望为百姓谋幸福，而是凭借家族势力、宗族势力甚至“涉黑”背景成为“村霸”，这严重阻碍普通群众在农村基层干部廉政教育中作用的发挥。

（二）在教育效能上实现机制联动

1. 注重引导与警示相联动

正反典型教育是反腐倡廉教育的传统优势。加强典型示范教育，在全国范围内选树一批村民满意、组织认可、廉勤兼优的农村基层干部先进典型，营造崇尚先进、崇尚廉洁的氛围，将“廉洁基因”融入先进干部的血液，在对标先进中激发廉政动力，在坚守初心中植入“廉政骨髓”，把好“廉洁

关”、绷紧“廉洁弦”。加强反面典型警示教育，要注重分层警示，对出现的违纪违法案例和巡察反馈的突出问题进行全面剖析。用无处不在的廉洁文化，用发生在身边的反面典型案例，随时敲响警钟，教育广大农村基层干部廉洁办事，廉洁修身，牢记宗旨、严守纪律、筑牢防线，做到知红线、明底线、筑防线。身边案例是最好的教科书，也是最好的清醒剂。农村基层党员干部酒驾醉驾、赌博等与微腐败密切相关的行为，也应作为农村基层干部警示教育的重点。

2. 注重教育与习得相结合

廉政教育护航乡村振兴，积蓄廉洁动能：一是集体教育和自我教育相结合。相关部门要认真组织多种形式的集中学习活动，坚持和完善农村基层干部集体学习和集中培训制度、给党员干部定期讲廉政党课制度。同时督促农村基层干部加强自学，开展自我测试、读书思廉等活动，自觉养成廉洁习惯，形成廉洁理念。二是组织谈心提醒和关爱教育相结合。上级组织采取“一对一”的方式，对在村民中有议论、有反映、有微词的农村基层干部进行提醒教育，这种做法有助于对基层干部队伍中存在的苗头性问题早发现、早提醒、早纠正，防止小错酿成大错，促进农村基层干部增强拒腐防变意识。

3. 以廉“活血壮骨”，贯通点线面

一是以廉为“助燃剂”，点燃农村基层干部帮助百姓增收致富的工作热情和事业闯劲。完善由点到线的农村基层廉政教育督查、测评、奖惩等考核机制。把农村基层廉政教育纳入县区、乡镇年度绩效考核、党建工作专项考核、党建责任制考核等，经常性地加强跟踪管理、督促检查，使廉政教育成为乡村治理体系“硬指标”。加强人力、物力、财力上的投入，建立政府投入为主、社会各方支持的廉政教育经费保障机制。二是以廉为“金刚盾”，推动条线的廉政教育与村级块块的队伍建设的综合提升。加强农村基层干部职业伦理规范的建立与完善。部分地区的农村基层干部队伍流动性较大的原因之一，是队伍管理弱化、干部职业归属感与职业认同度相对不高。因此，探索制定符合农村基层干部群体特点的职业伦理规范或工作规范，通过纪律要求严格落实晋升、待遇保障、退出机制等，提升农村基层干部队伍职业获得感与职业认同感，使农村基层干部队伍工作有条件、待遇有保障、干事有平台、发展有空间。

（三）在信息技术上推动教育方式创新

1. 拓宽农村基层干部的廉政教育覆盖面

“鉴于纪检监察工作内容的敏感性和信息数据的安全性等因素，各地对数字技术嵌入纪检监察业务的探索都很谨慎”①，廉政教育也不例外。因而实践中利用“互联网+”的信息技术“依法确权、有效晒权、规范用权”，把农村基层微权力运行置于互联网平台，可以在隐去或替换真实信息后，虚拟仿真科技加持的廉政教育实景。虚拟场景同样可以做到所有微权力进平台清单，清单之外无权力。依托省市级互联网+监督平台，打造农村基层微权力监督板块，增设“权力清单”“工程项目”“办事结果”“资产资源”等多项公开内容，将群众最关心、最容易滋生腐败的事项信息在网上“晒”出，群众可以随时随地通过微信公众号、终端查询机进行查询；规范微权力清晰精准运行，通过互联网的运用，突破村民参与时间和空间限制，打破信息获取不对等矛盾，打造指尖上的高效监督平台，确保微权力“各项工作有人抓、各种问题有人管、大小责任有人担”。在涉及乡村治理权力事项公开制度实施过程中，以大数据技术建立信息化管理系统和相关数据库，以数据自动碰撞比对不断增强监督实效。依托农村“三资”监管、征地拆迁阳光监管等线上平台，通过数字赋能有效提升排查问题线索的效率和精准度，严防基层微权力越界运行，让群众随时能够参与监督，确保基层监督效果“立竿见影”。

2. 增强农村基层干部廉政教育的精准效果

一是优化互动学习载体。积极推行模拟式互动教育，在互动的启发教育中注入情景实景，营造生动活泼的教育氛围。二是创设网络传媒载体。建立微信公众号，开通“农村基层廉政直通车”，组织涉农廉政法规、涉农基层案例教育、涉农廉政故事动漫画教育、农村热点问题等在线讨论。三是虚拟实景教育载体。开发虚拟监狱、虚拟法庭等算法程序，建立警示教育基地，通过虚拟旁听、举办微腐败警示展览、腐败犯罪服刑人员现身说法等形式，加强对农村基层干部的廉政教育。还可以按照不同农村区域、不同产业分布、不同经济发展程度，分期、分批、分层次、分类别设置虚拟廉政教育菜单。建立互联网廉政文化长廊，努力打造网上廉政文化精品，线上线下相结

---

① 曾智洪，周孙卿，陈煜超．基于技术执行框架的纪检监察机关数字化转型研究［J］．廉政学研究，2022（1）：48-69，289-290.

合建立廉政套餐、设立乡镇廉改文化宣传 APP 等。通过“文化式”熏陶，使农村基层干部在美的艺术享受中得到启发，接受廉政教育。

第二节　完善农村基层纪检监察干部管理体系

习近平总书记在中央农村工作会议上明确要求：“要加强对农村基层干部队伍的监督管理，严肃查处侵犯农民利益的‘微腐败’，给老百姓一个公道清明的乡村。”① 农村基层纪检监察干部作为农村基层干部队伍的“纪律精英”，需要加强监对他们的监督管理。

一、农村基层纪检监察干部管理的变迁发展

（一）体系变化

1．党的十八大之前农村基层纪检干部管理状况

在党的十八大之前，农村基层纪检监察干部管理体系建设基本停留于“文本建构”，属于“虚事”，没有真正落实，对农村基层政治生活、政治生态及治理状况的影响甚微。

一是体现在人员编制上。多数地方的乡镇及以下的纪检监察组织，实际上是虚化运行。机构虽有，但是没有配置正式的人员编制，都是从其他单位抽调或者兼职。乡镇纪委继续按照党章的规定设置，甚至把纪检监察的职能划归到乡镇的党建办公室，由党建办公室来统筹执行。

二是体现在职责履行上。县级纪委对乡镇纪检监察组织大多没有考核，即使有考核也是流于形式。考核结果不会不达标，县级纪委也不会追究不达标的情况。基层为了面子、保护本地干部及不增加自己部门的工作量，对纪检监察工作没有真抓实干。纪检组织在监督执纪中更多地采取“得饶人处且饶人”的工作态度，尽量不处理人，即便有违纪、贪腐问题，能在乡镇解决就不交到县级纪委去。乡镇纪检组织负责人在乡镇党政班子讨论重大事项中，也是能过就尽量过，不给“班长”添麻烦；签字时多是睁只眼闭只眼。乡镇纪检组织执规执纪不严，村民投诉、举报起不到效果，便不再寄希望于乡镇，直接越级上访。

① 中共中央党史和文献研究院．十九大以来重要文献选编：上［M］．北京：中央文献出版社，2019：152．

2. 党的十八大之后农村基层纪检监察干部管理进步

乡镇纪检监察工作发生了变化、取得了明显进展，随着纪检监察体系逐渐规范化、法治化、正规化，农村基层查办的微腐败案子越来越多，微腐败治理情况越来越好，纪检监察干部管理越来越到位。调研结果显示，农村纪检监察干部管理主要发生如下变化：

一是乡镇纪检监察队伍建制化。乡镇纪委按照党章进行选举，设置纪委书记、副书记和委员；乡镇政府设监察室，由县级监委进行派驻。调研中发现，乡镇至少有三人专职从事纪检监察工作。纪委书记一人，由县区组织部门调配，是公务员；纪委副书记一人，原则上也要求配备为公务员，至少要配备为事业单位的正式干部；通常还会配备一名纪检干部。监察室（监察员办公室）的室主任、副主任、监察干部通常由纪委编制兼任，如纪委书记兼任监察室的主任，副书记兼任监察室的副主任，纪检干部兼任监察干部。有些乡镇在村一级设立纪检委员，逐步独立于村“两委”，由乡镇负责发放工资和工作经费。另外，与十八大之前乡镇纪委书记从乡镇本地干部中选拔不同，乡镇纪委书记多是从县级党的工作部门选派的年轻干部。如 Y 镇纪委 C 书记是从县委组织部下派的。下派的纪检监察干部与乡村没有利益瓜葛，没有错综复杂的社会关系，而且纪律性强、作风过硬，做事讲程序重规则，原则性强、法律意识强，在履职中站位高、有创新精神。

二是乡镇纪检监察监督①由虚转实。之前乡镇纪检监察人员的工作重点是乡镇中心工作，2014 年之后，乡镇纪检监察办案数、工作量大幅增加，上级考核量增加了，考核变成了硬性考核，上级要求的各项工作台账也增加了。由于乡镇纪检监察人员有限，因此还要雇临聘人员，以及在工作中要调动其他部门的人。从制度上规定，乡镇纪委书记除了履行纪检监察监督职能，不应再分管基层治理体系中的其他工作，纪检监察人员也不应再承担乡镇中心工作。具体如表 10-1 所示。

---

① 笔者在此采用“纪检监察监督”的表述，主要出于两方面考虑。其一，党的十九届四中全会强调，“推进纪律监督、监察监督、派驻监督、巡视监督统筹衔接……推动各类监督有机贯通、相互协调”。纪律监督和监察监督虽各有侧重，但二者统一于我国党和国家监督制度体系之中。其二，学界已有不少研究者使用“纪检监察监督”这样的表述。如：孙现富．推动纪检监察监督和审计监督有机贯通［N］．中国纪检监察报，2020-06-23；李元珍，吕德文．县域治理中的纪检监察监督：过程、机制与功能［J］．探索，2020（4）：51-63；卢毅磊．推进审计监督与纪检监察监督融合贯通的方法探析［J］．审计月刊，2020（1）：15-17.

表 10-1　基层治理实践与纪检监察监督职能对应表

基层治理实践	纪检监察监督
基层治理体系 县委常委会（上级条条） 县政府部门（上级条条） 乡镇党委政府（本级块块） 村两委（下级块块）	对人监督 县纪委书记 派驻机构 乡镇纪委 纪检委员、村务监督委员会（理财小组）
治理任务 行政业务 重点工作	对事监督 “三重一大”事项监督 专项正风肃纪
治理过程 决策 执行 反馈	全阶段监督 决策监督（一岗双责、一案双查） 过程监督（专项督查） 结果监督（政治巡察和专项巡察）

三是乡镇纪委由被动转主动。党的十八大之前乡镇纪检监察工作的实际状态是不告不理，只有在群众举报或者上级转办信访案件时才会去调查取证，一般不会主动出击。党的十八大之后，基层廉政治理重在落实，严抓乡镇办局、村社的作风建设和制度建设，主动将乡村两级的问题呈现出来并给予解决。乡镇纪检监察组织还主动介入一些如农村“三资”管理、项目下乡等容易发生违纪违法的重点领域。随着县级巡察工作的制度化、常规化，乡镇纪委的巡察也转为定期化、常态化。

（二）功能变迁

1. 乡、村两级廉政治理能力的提高

廉政治理能力的提高包括廉政治理资源、廉政治理工具的丰富。乡镇纪检监察机构的规范化、法治化、正规化增强了乡镇在乡村治理中的权威和效能。乡镇纪检监察机构的监督执纪问责在乡村治理中主要表现为治庸、治懒、治不作为，推动乡村振兴。具体阐述如下：

一是对乡镇重点工作、中心工作的推动。乡镇工作中有年度中心工作和阶段中心工作，以及一些突发性工作和党委书记在某个时段需着重处理工作，这些工作既有质量标准，也有时间限制。为了达到工作目标，乡镇纪委监察机构人员会被派到工作一线督导检查，根据督办的案件线索，对态度不端正、不积极的相关人员或者工作不力、失职渎职的相关单位负责人进行约谈或给予党纪处分，以督促其按照规定完成任务。

二是乡镇纪检监察机构介入条条职能部门工作，提高条条的执行力。职

能部门面对的是一个程式化、规则化和法治化水平皆不高的乡村社会，条条职能任务落地需要村干部的配合。但村干部的工作积极性和能力能否符合程式化、规则化的职能部门要求，能否避免工作中可能出现的推三阻四、敷衍塞责，能否防止因信息不对称的盲点而寻租和谋取私利，都是条块关系在最基层的繁杂未知数。随着纪检监察工作在党的十八大之后得到全面加强，条条职能部门在工作推进中也逐渐倚重纪检监察的监督执纪职能的推进。监委与纪委合署办公背景下的基层纪检监察组织不仅可以对村书记、党员进行纪律监督，还能通过派驻监察机构对非党员村干部进行审查。

2. 乡、村两级廉政治理体系的健全

一是决策方面更加完备。乡镇纪检监察制度化、常态化要求乡镇决策按照既定程序走，除了要有完整的发言记录和投票比例之外，重大决策还需要纪委书记把关签字。纪委书记若认为程序不到位或者其他方面存疑或者有瑕疵，就可以阻止决策通过。在干部人事任免程序中，纪委书记作为任免必经监管程序的负责人，发挥着至关重要的作用。纪委书记若认为党委书记在其中有问题，可以通过谈话的方式提醒党委书记，或者通过不签字的方式否定决策。纪委在决策方面的工作不断完善，促进了决策科学化和民主化。

二是办事流程方面强化了纪委的监督执纪职能。许多工作环节增设了纪委书记的签字把关。在一些涉及大额资金、资源、经费等工作中，纪委书记会严把程序关，需要做相关调查核实后才能签字。纪委书记的监督责任和连带责任被强化，尤其在一些涉面广、金额大的项目中，包含纪委书记在内的各把关口责任被强化和实化。一旦出了问题，就要追责各个环节的把关领导和涉事人员，倒逼强化把关人员的责任意识。这样，通过强化程序背后的责任，使得办事程序不走过场。

三是制度创新方面获得纪检监察的补强。基层条条的职能大多涉及资源扶助输入、乡村公共资源分配、村集体“三资”管理等，涉及农民切身利益。如果制度创建有“漏洞”可钻，造成利益分配不合理、集体资源流失等微腐败或不公平现象；或者制度实施不合理，让办事群众多跑冤枉路，浪费时间和精力，都需要经由纪检监察的监督执纪来推动和配合下进行制度创新。同时，还应进一步规范相关程序，堵住资源分配和使用过程中可能的微腐败，使资源配置更合理。

3. 乡村治理文化的理性基础加固

由于农村是熟人社会，相互之间讲究人情面子，村民之间社会关系运行通常基于情理逻辑，因此，在处理乡村治理的诸多事务中，村民对村干部的期待也是重血缘地缘关系的情理逻辑，而不是基于法理逻辑。基于此，在涉及乡村资源和利益分配的过程中，村干部就可能优亲厚友，容易导致治理规范被搁置，而没有得到好处的村民的不公平感和消极情绪也容易传播感染。但是，倘若村干部公事公办，未从中获益的村民就会埋怨村干部不讲人情，或怀疑村干部未给自己好处不是因为对自己存在私怨或偏见，把事情没办成的责任怪罪到村干部个人头上。

在村干部与乡镇干部打交道过程中也容易出现类似的情况，乡镇干部对村干部要求严一点，按照规矩办事，有些村干部就认为是乡镇干部不通人情，刁难自己，从而把公事变为个人恩怨，甚至使乡镇干部在农村的工作得不到配合。

这类不合乎法治思维的情理逻辑促使村干部为了讲人情面子，有时罔顾规则对村民“网开一面”，给不合条件的村民搞低保、扶贫补贴、宅基地等；乡镇干部会为了情面和方便开展工作，对村干部中轻微的优亲厚友、虚报冒领、贪占挪用等行为视而不见。从而使得整个乡村治理在一种特殊的情理逻辑中运行，破坏了国家法律和党内法规等，使乡村治理的公共性、公平性难以保障。

伴随着乡镇纪委监督执纪的严格化，给村民开后门的村干部，对村干部开后门的乡镇干部，查实后都会被处理，这会引发两个连锁效果。一是村民看到村干部因自己的事情受处分而过意不去。村民想“我们得好处干部受处罚”，有愧疚感，下次就不会再强求村干部和乡镇干部为其徇私。二是村民和村干部都明白，不是村干部不给村民好处，也不是乡镇干部要为难村干部。村民理解了村干部，村干部理解了乡镇干部，从而真正理顺了党群、干群关系，奠定了乡村治理走向现代化的法理逻辑。

4. 乡村治理功能结构的优化

在过去，乡村治理的法治观念和规则意识不强，在治理工具选择上采取实用主义和策略主义原则，往往会选择最实用、最方便、成本最低的治理工具。实用主义的工具选择虽然也能够完成治理任务，实现乡村社会的稳定、治理和发展，但同时也会带来一些问题，包括回避治理工具的政治性，在治理过程中违背原则、突破底线、违反法律，等等。随着乡镇纪检监察工作的规范化、法治化、正规化，以及基层纪检监察机构对乡村治理各方面的介入和渗透，推动了乡村治理制度化、程序化和法治化进程，强化了乡村治理主体的规则意识。

治理功能结构优化的另一个表现是治理的专业化。过去乡村治理多是运动式、综合性治理，专业化治理被综合性治理所遮蔽。而现在，一方面条线职能部门借助基层纪检监察力量来推动工作，另一方面基层纪检监察工作本身的专业化加强，使得乡村治理专业化、常规化治理能力大为提升。

二、农村基层纪检监察干部管理中存在的问题

笔者调研发现，农村基层纪检监察干部管理体系在农村基层治理体系和治理能力现代化构建中发挥了重要功能。这是党的十八大以来，党和国家建立和完善权力监督体系的重要成果。乡村处于我国政权体系的最末梢，与社会接触最紧密，干群关系最敏感。农村基层治理一线的党政权力运行、干部工作作风、治理事务推动等最需要监督，也最难监督。因此，农村基层纪检监察干部的角色很重要，一些问题也亟待解决。

（一）干部分类管理不够细

1. 农村基层纪检监察干部专职不专用、职责错位

在组织架构上，乡镇纪委既要接受县区纪检监察机关的业务指导，也要接受同级乡镇党委的直接领导。在实际工作中，纪委书记要承担纪检监察业务之外的乡镇中心工作，包括驻点、驻村和联系企业等。而一些乡镇纪委没有认真厘清自身职能职责，对自身角色定位把握不准，对“该干什么”“不该干什么”认识模糊，导致乡镇纪委始终存在偏离主业的情况，乃至履职错位、越位。有些乡镇党政领导担当意识不足，认为纪委办事有权威，任何工作只要纪委参与就能保证公平公正和安全高效，于是每项具体工作都要纪委干部参与，推动工作过分依赖纪检干部，经常出现“协调变牵头，牵头变主抓，主抓变负责”的情况，纪委承担了许多与本职关联不大的工作，容易造成监督职能虚化。另外，基层纪检监察组织尤其是乡镇纪委人员变动快，既容易造成工作脱节，也容易使干部懒于钻研纪检监察业务。

2. 农村基层纪检监察干部的培养方式专业性不强

乡镇纪委书记在基层一线有参与具体办案的客观要求，必须要对纪检监察执纪执法业务熟稔，既要熟悉党内规章制度及处分条例，也要熟悉相关的行政规章制度和相关法律法规。县纪委也明确会对乡镇纪委书记的业务能力进行考核。笔者在调研 W 乡纪委书记时，他开玩笑说自己患有“学习焦虑

症"，"要学习的东西太多了"。除此之外，部分农村基层纪检监察干部进行工作能力与岗位匹配度不符，纪检监察业务不熟、被动应付多，监督缺乏主动性和创造性，调查处置专业化分析不够、监察效能较低。基层纪检监察机构的工作思路、方法举措等贯彻落实时常打折扣，农村基层纪检监察干部亟须专业能力培训，优化业务知识系统，特别是能力拓展型培训。

（二）同级监督现实困境多

1. 班子"一把手"的同级监督难题

农村基层纪检监察干部管理体系仍存在同级监督困境，因为"一把手"监督并没有得以落实。调研中发现乡镇或村社对同级领导班子主要成员、重大事项监督不力，原因是"条块"制度设计上的双重领导体制运行张力和基层纪检监察的"多任务性"，以及没有建立相对独立、职能完备、有职业化、专业化特点的纪检监察机构。其中最薄弱之处是乡镇纪委书记监督乡镇党委书记较难落实。如果乡镇纪委书记反对党委书记的某些决定，或者使某些决策出台不顺畅，或者是办案多了，都有可能让人以为乡镇工作没有做好，甚至是内部管理不好，乡镇党风政风不好，这些都会直接或间接影响党委书记的业绩和"脸面"。

2. 纪检监察可能受到块块的干预

乡镇层面出现的一些案件，乡镇党委希望由本乡镇掌握主动权，以控制影响、把握处分等级和处分范围。乡镇党委担心由县级纪委主导的话，可能使案件影响放大，甚至被做成县级典型案件，对乡镇负面影响过大。同一个案子，乡镇纪委给出的处分是警告，县纪委的处分则可能是严重警告。上面发现了问题，要求乡镇纪委把人和案子上交，乡镇党委书记则希望把案子留在乡镇处理，因此需要纪委书记出面协调，这便使纪委书记左右为难。

（三）工作量与人员力量匹配失衡

1. 台账太多，疲于应付

笔者所调研的乡镇虽然纪检监察人员至少配设三人，但是县级纪检监察机关派驻乡镇纪检监察机构的事情多且要求高。县级纪委科室齐全，每个科室都有自己规范化的业务，而任务下达到乡镇之后没有对应的科室，所有事情都需要乡镇纪委这几个人协调完成。上级一个台账附上二三十个清单，乡镇要逐一附上，有的一个台账要做两份。台账工作耗费了乡镇纪委大量的精力人力。调研中得知，乡镇纪委只好动员非专职的纪律检查委员，或者把纪委书记分管的其他领域的工作人员临时调动过来。这些都是权宜之计，并没有从制度上解决问题。

2. 滥用问责，适得其反

纪检监察工作的系统性加强，使得监督问责在乡村治理实践中越来越重要，某种程度上成为不可或缺的治理工具，但也带来一定的治理隐患。不仅基层纪检监察机构本身可能滥用监督工具，乡镇党委政府也可能以党的领导名义指挥乡镇纪检监察机构滥用监督问责职权，导致监督泛滥、问责滥用。这不仅会导致农村基层工作人员将大量的精力用于应付监督检查，还会给乡和村的两级干部带来较大的政治压力，最终使他们不是沉下身子认真做好事情，而是用形式主义来规避责任。

三、加强农村基层纪检监察干部管理规范化建设

加强农村纪检监察干部管理体系的科学化和规范化建设，健全农村基层纪检监察干部管理法规制度，规范工作流程，督促纪检监察部在正风肃纪反腐第一线敢于担当、敢于监督、敢于负责，以更好地推动基层治理体系和治理能力现代化。

（一）驱动力的规范化

农村纪检监察干部管理体系的制度化、常态化，最重要的动因是党和国家政治生活中越来越凸显纪检监察的功能力度，自上到下构建和完善纪检监察体系，具体表现为以下几个驱动力的规范化。

1. 主体责任与一岗双责

从主体责任来讲，只要乡镇出现影响社会稳定，造成恶劣影响时，乡镇党委书记就要承担主体责任。从一岗双责来讲，乡镇党委书记既要承担岗位业务工作，也要承担岗位党风廉政建设责任。其他班子成员、办局中心负责人、村书记等均需要落实一岗双责。这样，就使得乡镇从主要领导到办局中心、村社主要负责人，都对自己及下属有廉政监督责任。一个人在一件事情上出了问题，相关责任人都要受处分。如粮食直补或宅基地审批，需要村级申报、部门审批与领导签字几个环节，如果村级把关不严，上报后审批了，查下来包括直接领导、分管副职、职能部门负责人及村书记、委员都要受处分。那么，他们在工作中就会支持和配合乡镇纪检监察工作，还会主动请求纪检监察支持他们的工作，从而有利于农村纪检监察干部管理体系工作的

开展。

2. 岗位责任终身负责制

建议从制度上进一步规范农村基层干部尤其是基层领导干部。如乡镇纪委书记在任职期间、辖区内因监督失察而发生的腐败案件，无论何时发现查处的，案件如果涉及问责，都要检视时任乡镇纪委书记是否负有监督责任。对公务行为的责任追究不设期限，是一个基本的政治常识。在一些发达国家，无论时间过去了多久，公职人员都必须为自己的过错埋单。这一制度设计倒逼乡镇纪委书记作为基层纪检监察组织“一把手”，为确保不给自己后面的政治生涯增加不必要的压力，在任职期间必须严肃执纪和严格监督，推动监督执纪走向日常化和制度化。

3. 监察尽职免责制度

在监督执纪过程中，只要监督执纪程序到位，无论是同级党委还是办局中心、村社出了问题，乡镇纪委书记都不再承担责任。即便只是从自身角度出发，乡镇纪委书记也会严格按照程序来办事，凡是需要乡镇纪委书记签字的，包括一定数量的财务、辖区内“三重一大”① 事项等，纪委书记都会严格把关，如果发现有问题则要求整改好后再签字。在班子成员开会讨论重大事项、人事问题时，纪委书记都要跟乡镇党委书记把纪检监察的意见说明白，形成会议记录。有的乡镇纪委书记会后还会专门找会议记录员看是否把自己的意见写进去了。这就是“我监督了，他没有按规则办他负责，我没有监督我负责”。在人事任命中纪委书记要签字，如果纪委书记发现拟任人员有问题可以不签字。这既有利于乡镇纪委对办局中心、村社的监督，也有利于对乡镇党委书记发挥同级监督功能。

4. 上级发现问题严肃考核制

县级纪委倘若发现乡镇、村社微腐败案件，而乡镇纪委没提前发现，在考核中要对乡镇扣分。这个扣分不仅涉及上级纪委对下级的考核，还会牵扯到上级党委政府对下级党委政府的综合考评。因此，乡镇纪委为了不失分，必须加大监督执纪的力度和制度建设，减少被上级查处的可能性。同时，在上级纪检监察机关到乡镇巡察督查前，乡镇纪委会对相关工作进行提前巡察督查，从而对发现问题的提前整改。如此，即便在自己巡察中没有发现问题

① “三重一大”是指重大事项决策、重要干部任免、重大项目投资决策、大额资金使用，最早源于第十四届中央纪委第六次全会公报。

或问题尚未整改完成，而被上级巡查到了，上级也会给予谅解。这有利于推动乡镇纪委将自己的工作向一线前移，主动巡察监察。

（二）廉政画像时画时新

廉政画像是以农村纪检监察干部的基本信息、社会关系、履职情况、负面清单等为主要内容的新型信息治理模式。廉政画像具备信息动态更新、廉政情况多维监控、政治生态精准分析等基本功能。《中华人民共和国监察官法》（以下简称《监察官法》）自2022年1月1日起开始施行，农村基层纪检监察干部的管理也应当依照或参照该法执行。

1. 明确廉政画像的内容和标准

第一，县级纪检监察机关统一建立本系统干部的廉政档案，包含村社党组织的纪律检查委员和村务监督委员会主任的廉政信息。第二，联合组织部门要求纪检监察干部（不分级别、岗位类型）填报个人有关事项，包括个人收入情况、持有财产、家庭成员等情况，并通过与公安、财政、银行、民政等相关部门比对确认。第三，开展廉政风险点的排查，包括纪检监察岗位自由裁量权情况、办案制度遵守情况和与外界接触情况。自由裁量权涉及决策权、审核权、评价权、使用权、处罚权等；办案制度遵守情况指从案件办理业务操作流程入手，业务流程中未受到制约的操作程序或者受到的制约越小，那么该风险点所对应的岗位风险也就越高。与外界接触情况指与监察对象、曾任职单位、有工作业务来往的单位情况。将廉政风险点的岗位进行排序，并与监察对象进行对应。第四，将考核、民主评议情况等也纳入廉政画像标准。鉴于画像工作量较大，可以采取统一标准、分级负责的原则。县级纪检监察机关负责对派驻乡镇纪检监察干部进行画像，派驻乡镇纪检监察机构负责给村社履行纪检监察职责的人员画像。

2. 廉政画像的预警监督重点分析

健全纪检监察干部廉政诚信制度，对数据显示高廉政风险的干部展开源头治理，对苗头性、倾向性问题及时予以预警提醒。在对农村纪检监察干部廉政进行画像时应重点关注以下若干情形。第一，农村纪检监察干部个人信息是否造假。第二，是否为“裸官”。《监察官法》明确指出，配偶子女移居境外者不能担任监察官。“裸官”并非必然是贪官，但可能是潜在、有异心的干部，贪腐起来享有便利条件和后路，利用家属在国外生活之便转移自身财产却很难被监管。第三，直系家属经商办企业。这也被《监察官法》所禁止。因为，权力延伸的影响力也能带来贪腐。第四，资产明显过高。一些农村纪检监察干部名下房产、汽车、股票、基金等资产总量明显超过了其正常家庭收入水平，也许是正当来源，但不能排除通过不正当渠道获利的可能性，这也成为纪检监察人员廉政画像应当回避的情形。第五，避免“数据孤岛”的情形。大数据背景下，越来越多的行业拥有官方统计系统以外的海量数据源，越来越多的企业和社会调查机构具备开发、挖掘和利用大数据资源的能力。但是，纪检监察机关尚未与党政有关部门如政法、组织、宣传、民政、住建、信访、金融等部门建立数据接口。打破“数据壁垒”，构建数据联通机制是解决数据困境，实现有效运用大数据创新纪检监察的重要举措。

依据农村纪检监察干部的廉政画像，不断扩大“廉政数据池”，构建一个贯穿于农村纪检监察干部管理全过程“微腐败预警监督体系”。通过构建一系列测评指标和信息系统模型，评估农村纪检监察干部廉政风险的等级，确定监督的主要对象并进行干预，以有效减少微腐败行为发生的机会。数字监督不仅能让农村基层纪检监察干部感受到监督、习惯被监督，还能提高智能化监督系统对廉政风险的甄别、防控和转化能力。数字监督对于农村基层纪检监察干部而言，既是监督约束，也是保护提醒。同时，要注意数据安全，纪检监察干部所让渡的个人基本权利比较多，更要保障个人信息安全，防止遭到无谓的伤害。如果该系统防护技术存在漏洞，数据库一旦被攻陷，将会使纪检监察干部的个人隐私遭到泄露。故而，建立完善的“大数据”务必要从网络安全、数据安全、操作安全、应急备份等多个方面考虑周全，建立完善的系统操作制度，配备专业的技术人员，确保信息安全。

四、加强农村基层纪检监察干部管理法治化建设

《监察官法》很好地贯彻了习近平总书记和党中央关于加强纪检监察干部队伍建设的要求，对监察官的条件、选用、考核、培训等作出规定，为建设高素质专业化农村基层纪检监察干部队伍提供了法律参照和保障。

（一）严格选用标准

1. 设立严格准入制度

打铁必须自身硬。农村基层纪检监察干部的能力和素质如何，直接影响农村党风廉政建设的质量和乡村振兴战略实施的“软环境”。党的十八大以来历次中央纪委全会上习近平总书记的重要讲话，都会重点论及纪检监察干部队伍建设，要求建设“一支政治素质高、忠诚干净担当、专业化能力强、

敢于善于斗争的纪检监察铁军"①。坚持"以德为先、能吃乡土"的干部标准，拓宽选人用人视野，选拔高素质、专业化人才进入纪检监察干部队伍，是打造农村纪检监察铁军的一项基础性工程。纪检监察机关是政治机关，纪检监察干部必须带头旗帜鲜明讲政治，坚定政治方向，提高政治能力。因此，农村基层纪检监察干部的招聘、选任、转隶，既要在实质内涵方面把好"五关"（政治关、品行关、作风关、廉洁关、能力关），也要在程序上严把"三关"（推荐关、考察关、审核关），一丝不苟。

2. 队伍建设高素质专业化

一是搭建实战平台，提升农村基层纪检监察干部综合素质。有针对性地选派年轻干部到疫情防控、信访维稳、乡村振兴一线摔打锻炼；建立纪检监察干部轮岗制度，定期组织片区、条线干部交流轮岗。让纪检监察干部经历不同岗位历练，成长为业务多面手；让干部在急难险重岗位上接受磨砺、积攒经验、增强本领。二是在能力素养上依法提升。依照《监察官法》第十二条的要求，农村基层纪检监察干部要熟悉法律、法规、政策，具有履行监督、调查、处置等职责的专业知识和能力。农村基层纪检监察干部必须始终保持赶考心态和冲锋状态，时刻"充电"赋能，围绕党章党规和宪法，以及《监察法》《监察官法》等基础性法律法规，着重学习掌握基本功，补短板、强弱项，练好看家本领，着力提升执纪执法水平和专业化素质水平。

（二）严格依法依纪考核

1. 依法建构纪检监察干部考核评价体系

十九届中央纪委四次全会明确要求完善纪检监察干部考核评价体系。农村基层纪检监察干部考核评价体系应当科学、严密、高效，结合农村党风廉政建设和微腐败治理实践制定考核评价标准。考核体系必须依据《监察官法》系统有力督促纪检监察干部认真履职。例如《监察官法》第三十六条规定，对监察官的考核，应当全面、客观、公正，实行平时考核、专项考核和年度考核相结合；第三十七条规定，全面考核监察官的德、能、勤、绩、廉，重点考核政治素质、工作实绩和廉洁自律情况；在考核结果运用上，第三十八条明确了考核结果作为调整监察官等级、工资及监察官奖惩、免职、

① 吕佳蓉. 建设高素质专业化纪检监察干部队伍［EB/OL］.（2021-08-28）［2022-05-15］. https：//www. ccdi. gov. cn/toutiao/202108/t20210828_ 249029_ m. html.

降职、辞退的依据。严格专业化标准，全面把握纪检、监察双重职责，在全面考核干部德能勤绩廉等各方面情况基础上，重点了解专业能力、专业知识、专业作风、专业精神情况，根据需要进行专项考核、延伸考核。积极探索运用农村基层纪检监察干部大数据系统，开展干部农村履职纪实，加强干部日常综合分析研判和适岗能力素质考核。

2. 突出考核评价的实效

一是重点考核农村基层纪检监察干部的政治素质、业务实绩和廉洁自律情况。为政之要，唯在得人；知事识人，重在考核。考核是激励农村基层纪检监察干部担当作为、促进事业发展的重要抓手。县级纪检监察机关要坚持发挥考核指挥棒作用，把政治标准摆在首位、为农村基层纪检监察干部的外在履职行为与内在动机提供导向，体现较强回应性与调适性，杜绝“为官不为”等消极现象，参照党内一系列的干部考核评价条例、办法，以期激励农村基层纪检监察干部在微腐败治理中勇于担当、敢于作为。二是明晰考评责任。结合乡村振兴战略实施，健全考评主体责任体系、构建考准考实的考评理念和加强考评结果的准确性。尽量使考评方式更加科学，不要让考评成为农村基层纪检监察干部的工作负担。

3. 注重考用结合，暖心关怀

保障农村基层纪检监察干部考评和激励相结合，增进不同维度的多元激励。结合农村基层纪检监察干部日常表现、心理波动、家庭情况和社会反映，组织开展纪检干部家访活动，上级党组织定期走访农村基层纪检监察干部人员家庭，进行谈心谈话，帮助他们解决思想问题和家庭困难，让基层干部感受到组织的温暖和关怀，安心本职工作。了解农村基层纪检监察干部工作量和加班情况，组织向家属发送慰问短信，争取家属的理解和支持，将纪检监察干部管理工作延伸至八小时之外；定期开展文体活动，让干部保持良好的身心状态，卓有成效地履职。

（三）注重教育培训

1. 农村基层纪检监察岗位全员培训

十九届中央纪委三次全会强调“加大教育培训力度”，四次全会提出“适应新时代新任务新要求，推进干部队伍专业化建设，加强学习调研培训，强化实战练兵”，五次全会要求“深化全员培训，强化纪法意识、纪法思维、纪法素养”。因此，农村基层纪检监察干部的政治本领和业务能力要随着纪检监察体制改革的不断深入，不断提升和增强。在加强农村基层纪检监察干部思想淬炼、政治历练的基础上，强化实践锻炼和专业训练。如《监察官法》明确，“培训应当突出政治机关特色，坚持理论联系实际、按需施教、讲求实效，提高专业能力”，并将培训情况作为监察官考核的内容和任职、等级晋升的依据之一。所以，应当搭建学习培训平台，强化理论武装，将农村基层纪检监察干部学习教育制度化、常态化。针对纪检监察难点“学”，邀请廉政专家“讲”，鼓励办案经验“谈”，举办交流论坛“辩”，深入监督一线“察”，考核问责依据“测”，多元化提升干部胜任农村基层纪检监察岗位的实战能力。

2. 教育培训的方式方法不断创新

目前，农村基层纪检监察干部的教育培训还存在专门教育培训系统化不足，教育资源分配难以均衡化、教育培训内容难以实战化、教育培训效果难以长久化等困境。《监察官法》施行后，各级纪检监察机关依法创新培训理念思路、方式方法，分级分类开展轮换培训。针对农村基层微腐败治理实践，提出执纪执法新要求、工作规则和业务流程，组织学习政治理论，培训业务基本功。结合农村实际情况，贯彻落实《监察官法》规定的初任监察官实行职前培训制度，并明确培训机构，突出培训重点，落实培训责任，有计划地对基层纪检监察干部进行政治、理论和业务培训。“要通过完善培训管理体制，推进学科建设，优化课程设置，创新方式方法，深化教学改革，逐步形成纪检监察教育培训工作合力”①，切实提高农村基层纪检监察干部监督执纪问责能力。

（四）培养后备人才

《监察官法》第三十二条规定，“国家加强监察学科建设，鼓励具备条件的普通高等院校设置监察专业或者开设监察课程，培养德才兼备的高素质监察官后备人才，提高监察官的专业能力”。这有利于对于农村基层纪检监察干部队伍的整体性建设和综合素质能力持续提升。农村基层纪检监察工作的高质量发展离不开理论研究的支撑与指导。

1. 加强监察学科建设

党和国家监督体系中，监察主体的专业化建设和人才培养需要监察学科体系的构建作为支撑。应当建立起包括马克思主义理论、法学、政治学、经

---

① 宫铭，王希鹏. 纪检监察干部教育培训：价值导向与现实路径［J］. 廉政文化研究，2015（1）：73-78.

济学、管理学、社会学、公安学等在内的系统学科体系。这对农村基层微腐败治理的益处也是显而易见，因为农村基层纪检监察干部普遍面临办案能力恐慌、业务本领恐慌、专业知识恐慌，“特别是在如何正确适用纪律、法律两种规范，如何正确执行执纪、执法两种程序；如何严格按照刑事审判标准收集证据等方面的专业能力”① 存在不足，只有通过系统性、专业化的监察学学科教育，农村地区才能源源不断地获得德才兼备的高素质纪检监察人才。

2. 深入开展校地合作

一些地方对此进行了探索，如内蒙古自治区纪委监委立足构建“专业培训、师资培养、理论研究、学科建设、实战服务”于一体的人才综合培养体系，挂牌内蒙古大学监察官培训学院，依托高校丰富的师资力量加强教育基地建设，为纪检监察人才培养培训提供阵地。重庆市纪委监委与西南政法大学合作成立重庆市纪检监察理论与实务研究中心，坚持高校产学研与纪检监察工作深度融合，在纪检监察法规制度建设、决策咨询、理论研究等方面开展合作。江苏大学成立纪检监察学院，挂靠法学院，重点研究《监察法》《监察官法》《监察条例》等法律法规在农村基层的实施，持续强化区域法治特色、涉农型监察学科建设，推动高校优势研究资源与监察工作实际相结合，开展更加系统务实的研究，强化法理泛在概念和规律总结，以便更好指导地方监察实践。

五、加强农村基层纪检监察干部管理正规化建设

加强农村基层纪检监察干部管理正规化建设，最重要的是加强其专业化建设。纪检监察干部队伍的专业化推进，除了要加强学习调研培训，还要强化实战练兵。调研中得知，有些县级纪检监察机关建立了以案代训制度，抽调基层纪检监察干部参与案件审理等实战轮训；有效带动基层监督执纪问责

① 吴建雄，杨立邦．论监察学学科创建的价值目标、属性定位与体系设计［J］．新疆师范大学学报（哲学社会科学版），2022（2）：99-111．

和监督调查处置向正规化不断迈进①；通过以案练兵，农村基层纪检监察干部工作能力和专业素养也得到了较快提升。

（一）农村基层纪检监察的监督机制

1. 约谈机制

在农村基层，乡镇纪检监察组织通过约谈沟通、学习政策法规、分析讲评等方式，对下级组织、干部和党员存在的问题给予纠正和规范。约谈又称为“提醒谈话”，是对一些“苗头性倾向性问题”敲响警钟和防微杜渐。诫勉形式的约谈，则是一种问责，并且严于通报问责。约谈虽然不属于纪律处分②，但因为具体涵摄范围并不十分明确，只要与党委政府的政策、措施、方式、方法、时限等有差异，就可以列入“约谈”问题行列，这给约谈带来了较大空间与灵活性。约谈是“红红脸出出汗”，原则上没有“影响期”。但在评先评优、提拔重用等干部政治进步的节点，又是潜在的减分项。约谈在基层纪委监督执纪过程中被广泛应用，面广量大。实践中被约谈的人即使略有不忿或事出有因，也是有则改之无则加勉，程序设计上“投告无门”、难获救济，所以更需要正规化使用约谈，这对纪检监察干部也是一种工作能力考验。

2. 举报机制

农村基层纪检监察组织工作常态化之后，村民发现举报干部起作用，便敢于举报、勤于举报。农村基层纪检监察工作中很大一部分是受理举报。举报对于纪检监察工作是把双刃剑，好处是有问题线索，坏处是举报案件调查难、取证难，“举报人一句话，纪委就要调查一两周”。纪委做出处理之后，举报人如果不满意，就会缠访、向上反映，耗费基层纪检监察人员大量的资源。上级转办的案件一般也是信访案件，占据了基层纪检监察工作的大部分

---

① 农村基层纪检监察工作实践包括两重机制，一是农村基层监督执纪机制，这是业务工作开展落实的机制；二是农村基层治理监督机制，这是推动治理任务依法、依规、保质、保量、按时落地的机制。以案代训工作以乡镇纪委专职纪检监察干部为主要对象，采取分期分批方式，每次从 1 至 2 个乡镇纪委各抽调 1 名业务骨干到县纪委监委进行为期 3 个月的跟班学习，由纪委机关各部室负责人采取“一对一”的方式进行指导，从问题线索的处置、初核着手，围绕审查调查流程、办案安全知识、谈话技巧、笔录制作、文书规范等工作，面对面进行交流指导，“手把手”教会方法技巧。

② 乡镇纪委对党员干部的监督执纪有不同的方式，从处理结果的轻重依次是通报、约谈、诫勉、组织调整或者组织处理、纪律处分（警告、严重警告、撤职、留党察看、开除党籍）等。约谈和诫勉谈话不属于处分范畴，警告与严重警告属于党纪轻处分，撤职、留党察看和开除党籍则是重处分。

时间。因此，举报机制应当从常态化建设转为正规化建设。

3. 开会机制

开会，是聚集众人讨论事情。当人们有重大的问题急需解决时，需要用开会来做出权威的决定或决议。因为，这比一般的谈话协商更为郑重，目的就是让参会者知晓问题的重要性，在会议提出方案后坚决贯彻执行。由此，开会在一定程度上也是一种仪式，能够产生象征权力，尤其是政治会议，对参会者能够起到凝练共识、教育规训的作用。中国共产党历来重视通过开会推进工作。在农村基层治理中以开会形式强调纪律检查工作，也是乡镇纪委重要的工作方式。既可以在全乡镇综合性会议上讲纪律检查问题，也可以在党风廉政和反腐败专门会议、警示教育大会上宣讲。无论是基层治理还是农村基层纪检监察干部管理，都离不开会议的形式。廉政教育、案件定性、纪律处分等，都需要以会议的形式确定和落实。会议，内嵌于农村基层纪检监察干部日常工作，是规范微权力行使的“治理链”“黏合剂”“润滑剂”，应当不断进行正规化建设。

4. 预防机制

运用监督执纪的“四种形态”，从源头上抓早抓小抓经常。党的十八大之前，乡镇纪委监督执纪不严，许多违纪问题成为常态，广大基层党员干部在不知不觉中违纪、犯错误。如果都上纲、上线、上手段，真正查到底给予处分的话，为数不少的基层干部都可能受到党纪政纪处分。农村基层纪检监察干部如何对待这类情形？首先，需要以教育转化为主，拯救其中的大部分，提早发现问题，对问题人进行约谈，对能承认错误并及时整改的可不予党纪处分。其次，不能为了推动纪检监察工作常态化、正规化，而“分指标”到下级纪检监察组织。看起来，这样似乎解决了农村基层纪检监察干部不愿得罪人、不习惯主动出击的困境。有了“分指标”，乡镇纪委为了完成指标任务，会发挥主观能动性去发现问题，加大巡查力度。当纪检监察干部动真格查处之后，群众会受到鼓舞，群众举报案件也会更多更实。但在实践中这种想法过于“理想”，而且“分指标”是无罪推定，违背现代法治理念，还会助长形式主义、官僚主义歪风。

5. 抓要机制

在监督执纪中，如果有很大一部分人都被给以党纪政纪处分，说明违纪是常态、被处分是常态，说明廉政生态不良，常规的宣传机制很难发挥作用。反之，如果是少数人被处罚，就可以在大部分人中起到很好的宣传警示作用。所以，纪检监察、反腐倡廉要抓典型、抓要害和抓重点领域。要真抓真管真处理，不能“雷声大雨点小”，导致基层纪检监察工作失去权威性。农村基层治理的重点领域、重点环节要加强监督执纪问责。在涉农资金领域抓典型，在村支书群体中抓典型。问责查处一个村支书，及时将其作为警示教育典型，就可以在一段时间内有效震慑全镇村支书乃至全县村支书。涉农资金领域查处一个典型案件，就会带动全领域乃至其他领域的自觉防腐。

（二）乡镇纪检监察机构的治理监督机制

1. 处理督导移交问题

乡镇督导办在督导过程中发现问题线索，移交给乡镇纪委。这是一种较为常见的工作方式。乡镇督导办一般设在党政办，它是对乡镇一些重点任务、中心工作及党委书记交办的事情进行督导，督促和指导下级组织和党员干部按规定完成。督导办的权威来自党委政府及党委书记，属于象征性权威，但它没有强制执行与处罚的权力。因此，发现了问题督导办不能处理，下级党员干部若拒不执行它也没有办法。那么，督导办就会将问题线索交给乡镇纪检监察机构，纪检监察干部再调查取证处理。

2. 支持县级条条履职

给职能部门撑腰，做职能部门的靠山。职能部门在推进工作过程中可能遭遇村基层组织或村民的阻碍。但是，职能部门又不能事事都找到乡镇党政主官，这个时候乡镇副职领导中的条线分管领导就可以协调纪检监察机构及人员“去查一下”。如新农合新农保费用收取进度、违章建筑执法等①。通过纪检监察监督执纪的权力督促村干部介入相关工作，效果往往很好。但是，这种工作套路有待正规化，否则也存在被异化风险。

3. 成立巡查督察小组

这是推动乡镇纪委积极主动到基层一线的重要举措。纪委有自己机构的年度重点工作和阶段性工作安排。其中成立专门问题督查小组是年度重点工作，纪委希望通过年度重点工作来“搞创新”“擦亮点”“出经验”。比如W乡镇纪委2019年的重点工作是规范涉农资金使用，包括三资管理、低保、

---

① 如城管对农村违章建筑执法，由于国土部门人员和经费少，无法对违章进行过程监督，因此最后拆除违建的工作就落到了城管头上。村民不怕国土和城管，但是怕村干部。村干部则因认识不到位或者“乡里乡亲”地碍于情面，对违建通常睁只眼闭只眼。城管去执法时，如果村干部不配合，工作就无法展开。如果职能部门的分管领导找到乡镇纪委书记，由纪委出面督办，事情会顺利许多。

大病救助、助学金、扶贫资金等。通过成立专门问题督查小组对各相关部门、站办村进行督查，发现问题，督促整改和给予党纪处分。在县巡察乡镇之前，乡镇纪委在党委领导下会事先成立巡察小组，对相关领域进行巡察。

4. 促进微腐败治理建章立制

在乡镇一级，在一些容易出现微腐败的领域建立相关制度，是职能部门工作正规化的要求，也是纪检监察工作正规化的重点。比如“村财乡管”是规范村三资管理的重要举措，但是在实践中仍然有较大漏洞，使得乡管并没有起到应有效果，只是多了几道程序而已。对此，乡镇纪委督促和会同乡镇经济管理部门制定相关规章和保障程序，比如实时报销、款项从银行直达客户账号、严格招投标等正规化流程和手续。这些工作使得村里资金用得更加规范，但也在一定程度上加大了村财务会计的工作量。村里用钱要履行较多程序，村干部也会因为用钱不那么方便而对乡镇经济管理部门有意见。乡镇纪委给经济管理部门“站台”，村干部也没辙。如果没有纪委参与，乡镇经济管理部门也可以自己制定相关制度，但是遭遇的阻力会比较大，降低了推进速度，实施效果不理想。

5. 加大暗访督查力度

以大数据为代表的现代技术是助推纪检监察督查的重要工具。比如，乡镇纪委可以通过大数据比对，掌握接受国家资源输入农户的基本清单，并根据清单进行核实、清理和整改，使国家资金的投放率更加精准，实现国家资源与农民需求的精准对接。另外，基层治理实践中工作人员事事要冲在一线，工作人员是否一线“在岗”，是基层工作人员的重要工作纪律。“查岗”是乡镇纪委监督执纪的重要内容，涉及乡村两级基层干部工作期间是否在岗、离岗是否请假、午餐是否饮酒、公车是否私用等。这些工作纪律看似小，但如果没有做好，留给村民的印象会很差。因此，乡镇纪委重视查岗工作，不定期突然查岗并公布处分结果，对于作风建设能够起到较好的促进作用。农村基层纪检监察干部需要充分掌握现代技术工具，通过暗访督查消除村民之间、干群之间的空间区隔、角色区隔和信息区隔，积极引导村民参与监督，彻治微腐败。

第三节 优化农村基层干部的廉政评价体系

评价，在现实生活中无处不在，是判断某一事物能否满足人的需要的特殊认知活动。“评价渗透于人类生活的各个细胞，与人类社会的历史一样悠长。”① “人类的一切活动，都是为了发现价值、创造价值、实现价值和享用价值，而评价，也是人类发现价值、揭示价值的一种根本的方法。”②。而对于廉政与法治而言，反腐败依法治理的效果，离不开全面、客观、准确地评价，离不开法治评价指标体系的支撑与依托。20 世纪 90 年代中期以来，随着我国不断深入推进反腐败，一些地方先行开展了廉政建设的效能测评尝试。党的十七届三中全会之后，中央纪委和当时的国务院监察部于 2008 年 11 月联合印发《关于进一步加强农村党风廉政建设的意见》，从中央层面提出“建立健全农村党风廉政建设工作考核评价制度”。这对于本书所聚焦的农村基层微腐败治理主题而言，亦是重要的规范化廉政治理方式。前文已对农村基层纪检监察干部的考核评价做过讨论，此节拓展讨论农村基层干部的廉政评价。

一、农村基层干部的廉政评价体系现状

（一）农村基层干部廉政评价体系内涵

在中国古代悠久的农业文明中，早在西周时即有“采风观政”之法，派专人到民间搜集诗曲歌谣、叙事传说等，实际是查访民意，了解基层官吏的为政得失。这可以说是对农村基层干部廉政评价的最早溯源。在当代中国，农村基层干部廉政评价体系，是指对农村基层干部及其归口部门、单位，乃至所在乡镇或村社的廉政状况进行系统、科学的考核、测评。任何一种评价中，都必然涉及两个最基本的概念：评价主体与评价客体。廉政评价主体，是指主导廉政评价活动的人与团体，是廉政评价活动的实施者，如专家、主管部门、社会公众等；廉政评价客体是指被评价的对象和评价标准，如农村基层党政廉政投入、微权力行使过程控制、微腐败预警轨迹等。廉政评价主体的多元性、广泛性是廉政评价结果客观、公平的重要保障。同时，评价标

① 冯平. 评价论［M］. 北京：东方出版社，1995：1.

② 冯平. 评价论［M］. 北京：东方出版社，1995：2.

准是否完整、权威，评价方法是否科学、契合，评价指标是否精准、合理，都是廉政评价顺利开展的重要因素。根据我国部分区域先行积累的经验，建构一个针对微腐败治理的农村基层干部廉政评价体系，约略需要考量以下几个方面。

1. 社会发展环境指数

这一指数包含乡村社会公平保障、乡村经济社会发展和社会治安等指标。

（1）乡村社会公平保障指标。这一指标设置的评价标准是乡村治理中能否以维护社会公平为基点。如考察社会保障制度实施情况，数据来源可参照各地统计局门户网站公布的当年社保支出比率。因为在样本区域中鉴于基尼系数由统计部门提供存在困难，所以采用区域内社会保障支出总额占区域内财政收入的比重替代较为现实。

（2）乡村经济社会发展指标。这一指标检验党风廉政建设成效，可以了解基层党政是否是一个进取有为、勤政廉政、务实高效的治理机构。数据来源可参照各地统计局门户网站公布的当年经济社会发展指数。如其中的投资率，反映出乡村的投资环境是否良好。若囿于微腐败不能促进经济增长和减少贫困，招商投资政策随意变动，税外收费苛繁，合同难以履行，就会吓阻潜在的投资者，导致该地区越穷越落后。

（3）社会治安指标。这一指标显示微腐败与社会治安之间有着直接的联系。一些农村基层干部以权谋私，通过微权力资源换取经济利益，这些行为建立在民众利益被剥夺的基础之上，是在制造贫富差距。这是所有导致贫富差距因素中最容易引起村民对社会不满的因素，这种消极会使村民对社会治安的满意度降低。评价社会民众的获得感和治安满意度能够直接体现廉政建设的实际效果。

2. 基层微腐败预防指数

这一指数包含农村基层廉政教育、廉政制度执行和权力监督制约机制等指标。

（1）农村基层廉政教育指标。这一指标考察廉政教育资源投入及实际效果，有利于营造良好的乡村廉政治理社会环境、舆论环境和人文环境，有利于形成清廉文化氛围，有利于构筑农村基层干部牢固的思想道德防线，建立一道拒腐防变的多重管网，共同抵制微腐败行为。数据来源可参照各乡镇纪检监察机构的廉政教育年度总结。

（2）农村基层廉政制度建设指标。这一指标具体评价农村基层廉政制度颁布和执行情况。数据来源可参照各乡镇、村社有关规范，监督党员、干部行为方面的制度执行，还有财务管理、人事管理、工程管理制度及决策议事规则的颁布与执行等。这些皆涉及公职人员的行为边界、惩戒规定，对于微腐败能产生威慑力。

（3）农村基层微权力监督与制约机制指标。这一指标评价指向乡村微权力的决策、执行、监督间既相互制约又相互协调的运行机制，能否支撑、推动乡村治理法治化。民主集中制的执行和村务公开都是为了实现农村微权力的真正民主，使微权力受到有效制约；问责制和经济责任审计制度会有效减少微腐败现象的发生。数据来源可参照各地“三重一大”制度完善情况、票决制情况。

3. 基层微腐败惩处指数

这一指数包含信访举报、案件查处等指标，通过统计分析各种被曝光和查处的农村基层微腐败案件情况来揭示腐败的总体状况，包括微腐败行为主体的层级分布和数量分布、腐败案件发案数量及其所造成的损失，对微腐败案件的处理是否做到事实清楚、证据确凿、定性准确、处理恰当、手续完备、程序合法等情况进行评价。

（1）信访举报指标。这一指标直接面向村民，具有信息量大、发现问题早的优势，是党的群众路线重要体现，是发现案件的主渠道，是纪检监察机关的重要基础性工作和第一道工序。通过信访举报情况的评价可以掌握一个乡镇的微腐败衍生情况，以及社会民众关注的焦点问题。数据来源可参照各县区信访局和纪检监察机关统计的署实名举报率。举报虽未署真名，但留有确切的联系方式，视为实名举报。通过对实名举报的评价，能够了解村民的监督意识是否不断增强，是否支持或愿意参与揭露不正之风和微腐败问题。

（2）案件查处指标。这一指标最有说服力，透过查处案件的数字，能够看到政府部门坚决反对腐败的力度，更能够看到惩治腐败的明显成效。一是案件增减变化率，二是案件查实率，三是查处干部数，四是挽回经济损失额，五是微腐败频度（案件在某一特定重点领域重复发生的情况），六是办案效率。数据来源可参照各县区纪检监察机关查办案件的立案数和结案数。

4. 社会评价指数

这一指数包含专家学者、主管部门、监督部门、民众代表（村民、人大代表、政协委员等）及其他相关组织（企业、社会团体组织）代表等指标。

社会评价中，比计量式指数有更多受众的是难以量化的治理口碑。社会评价指标是民众对于乡村治理场域中基层微腐败治理的感受与认知。农村基层微腐败治理的效果最终反映在村民满意度上，村民满意度越高，则表示廉政建设效果越能得到社会认同；反之亦然。村民的知情权、参与权、表达权在农村基层廉政社会评价中若想准确实现，在实践操作中还需要注意：一是客观对待廉政建设评价专家权重，拓展评价主体；二是数据获取适当借鉴既有的“党风廉政建设社会评价工作”问卷调查；三是微腐败的认定范围不宜宽泛。

（二）当前农村基层干部的廉政评价不足

1. 廉政评价主体的民意性、均衡性不足

由于社会参与机制缺乏，因此当前我国农村基层干部廉政评价体系的考核主体主要是县级纪检监察机关或者乡镇党政，要么距离较远，要么评价主体较为单一，有些区域甚至是“自己评自己”。许多农村基层干部廉政评价体系没有展开，既有评价实施主体单纯是公权力机关，使得廉政评价体系在廉政治理中具有“把关”“测体温”和“反思”等正向作用。乡村振兴的廉政需要与农村基层干部廉政评价体系发展之间仍存在不均衡：一方面，传统的农村基层干部廉政评价内容不能满足中国农村廉政建设不断发展的现实需要，改革与发展农村基层干部的廉政评价体系已经不容拖缓；另一方面，传统的农村基层干部廉政评价相关理论研究已经不能满足中国特色廉政评价的基层实践需求，创新与拓展中国特色农村基层廉政评价体系研究应当尽快提上日程。

2. 廉政评价过程认受性、普及性不足

部分地区实施的廉政评价表现出指标不系统、评价方法不科学、评价机制不健全、评价结果运用不到位等问题。廉政评价是一个长期性、广泛性、复杂性的系统工程，如前文所述，涉及方方面面。而各地农村基层微腐败治理情况也不大相同，并且如同新冠肺炎疫情防控，微腐败的滋生时常动态变化。因此，廉政评价实践中，较难制定出统一的评价体系。评价内容和标准随着微腐败形态的多元性而具有较大的不确定性，也让各地民众较难有普遍认同性。实践中廉政评价往往时间紧凑、流于形式，且数据收集者在设置调查问题和打分测评中会具有主观偏向性，数据来源者获取信息会存在有限性及个体理性存在差异，导致评价数据的客观和真实性也会存在一些问题。

3. 廉政评价形式公开性、专门性不足

目前的廉政评价更多作为农村基层纪检监察工作的内部考核指标的一部分，纳入基层党政的内部工作绩效管理，并未充分发挥村民在廉政制度评价体系建设中的主观能动性，这样的评价方式在一定程度上造成廉政评价“走过场”，对于农村基层干部的行为标准没有明显的、实质性的促进和规范作用。另外，在评价结果追踪与反馈，并没有全过程或实景公开，加之缺乏科学的评价体系和方法，评价的公开性、客观性显得不足。在组织实施上，廉政评价和勤政考核合二为一的现象普遍存在，勤政考核取代廉政评价的现象常有发生。另外，由人力收集数据，需要付出大量时间和物力，即使增加评价成本，也无法保障评价效率和效果。

二、农村基层干部廉政评价体系的优化原则

（一）遵循创新性原则

1. 与时俱进

农村基层干部廉政评价体系应当与时俱进，充分体现创新性。廉政评价是“察病开药”，既医其病，又塞其源，达到治微症、防未病的综合效果。要从村民对基层干部的清廉满意度、对微腐败行为的容忍度、微腐败治理的信心指数等入手，加强对互联网、大数据、云计算等新技术的运用，在更大范围整合运用监督力量，为政治生态分析装上科技助推器，使监督更有力度、更具权威。要导入全媒体动态监测等方法，客观、准确、适时、动态地评价和反映特定时期、特定区域农村基层廉政治理工作绩效和水平。

2. 制度创新

党在不同时期创造了许多党内治理手段，如党内纠风和巡视等制度，这些制度可以纳入农村基层纪检监察干部廉政评价体系。一是纠风评价制度。纠风针对的是损害群众利益的不正之风，创新纠风工作模式，将其推进至乡村并且加以作风评价，是完全可行的。农村基层纪检监察干部来纠风，具有治理的正当性与伦理性。但纠风效果如何，应当由村民评价。二是党内巡察下沉。对于基层微腐败治理来说，有必要适当扩大巡视对象和范围，村干部都应纳入巡察范围，尤其是富饶的乡村，农村基层纪检监察干部应依据群众举报等线索，重点实施村社重点巡查。

（二）遵循客观性原则

1. 立足事实搜集数据

科学的评价离不开客观评价数据的搜集，对于农村基层廉政评价客观要素的指标获取，应立足于农村基层微腐败治理实践依据，使客观指标有充分的客观数据支撑。鉴于纪检监察工作的特殊性，许多纪检监察机关的关键指标获取渠道受限、部分指标涉密，在指标筛选过程中应当考虑到这些因素。“建议由纪委收集客观指标统计资料，统计部门收集主观指标资料，在客观指标统计资料的收集方面，除社会经济发展环境指数是由统计部门提供以外，其他应要求各级机关单位负责收集与呈报”①。对于农村基层廉政主观要素的指标获取，应保证参与主体的选取、微腐败信息统计的过程、微权力规范性数据分析的结果远离形式主义倾向与个人主义偏好，确保廉政评价可信度和客观性。

2. 客观设置负面评价清单

设置必要的廉政负面评价清单，让廉政评价的结果更为客观。清单中的事项应当包括不宜作出整体优良评价的情形，如以下内容：（1）农村基层党组织被考核评估为落后基层党组织的；（2）村社发生规模性上访、个人极端恶性上访事件或网上负面舆情，造成严重不良后果的；（3）村“两委”成员因违纪违法问题受到党纪或政务处分的；（4）未按规定开展村级财务收支审计、村干部经济责任审计、离任审计和专项审计等，村级财务管理有严重违法违规行为被查实的；（5）本村党员干部因重大违法行为被追究刑事责任的。

（三）遵循有效性原则

1. 方式有效性

构建农村基层干部廉政评价分级体系，形成集数据收集、定期分析、趋势研判、综合判断为一体的分析研判机制，实现统筹衔接四项监督、精准描绘农村基层干部廉政画像、所在乡村政治生态，成果反哺、精准施治、一体推进“三不”的综合效果。农村廉政治理评价平台可依“红、橙、黄、蓝”四色进行评价定级，辖区内村社、站所、部门党风廉政情况持续动态监测、实时评价定级情况一览无遗。评价体系涵盖履行主体责任、“四种形态”处理、民主测评等多个维度、数十项指标，以持续录入实时的信息数据为支撑，自动进行运算，采取季度动态研判与年度整体评价相结合的方式，取得

① 田依林．廉政建设动态评价体系研究［M］．北京：中国社会科学出版社，2017：335．

最佳评价效果。

2. 结果有效性

有效的农村基层干部廉政评价，不是为了形式而评价，而是通过评价完成微腐败的有效治理，促进基层党组织、行政部门、自治组织达成廉洁决策的目标。因此，建构农村基层干部廉政评价指标体系应紧紧围绕评价目标有的放矢，提高组织目标的达成率，提升评价体系的有效性，既为党员干部的表彰奖励、考察考核、选拔任用提供可比性强的参考，又“倒逼”基层党委政府改良廉政评价方式、改进廉政报告制度、改革廉评结果运用。

（四）遵循操作性原则

1. 科学简明

好的评价指标一定兼具科学性与易操作性，指标不能过于烦琐，程序不能过于复杂。农村基层干部廉政评价程序只有简便易行、简明易懂，才能为评价者所操作、为村民所认同。建构农村基层干部廉政评价体系，既应做到运用方便，使操作执行者乐于应用；又要做到简洁明了，使学习借鉴者愿意运用和能够运用。

2. 易实践和便推广

如果评价不能运用于现实并在实践中推广，农村基层干部廉政评价体系也就失去了实用价值。经由廉政评价发现的问题，应当及时整改。在精准廉政画像基础上，进一步建立农村基层分级个性化反馈、个体问题共性监督、重点问题专项治理等多项成果运用机制，既解决点上问题，又解决面上问题。运用好评价结果，强化农村基层政治生态分析研判，对问题突出的村社加强日常监督、审计监督、延伸巡察和专项检查，并从中选取一定比例的村社由县纪检监察机关开展提级监督，争取开出标本兼治的“综效药方”。

（五）遵循导向性原则

1. 以人民为中心

基层党政践行党风廉政建设责任制的过程，事实上就是在一定价值导引下追求执政目标的过程，一定的价值导向已成为农村基层干部廉政评价体系设计的独特标识。农村基层干部廉政评价作为内蕴于乡村治理体系与治理能力现代化的目标之一，应充分体现出以人民为中心的价值引导。

2. 综合导向

设计和践行农村基层干部廉政评价体系，应有效发挥廉政评价在乡村廉政治理中的“测量仪”“风向标”作用。首先，廉政评价体系的构建需要将党内监督同民主监督、司法监督、群众监督、舆论监督贯通起来，形成监督合力，为廉政评价提供有力支撑。其次，廉政评价应当在引导农村基层干部在干事创业和清正廉洁的协同联动方面多谋划指标。最后，科学预测乡村治理廉政指数的动态趋势，引导基层党政围绕村民获得感、幸福感、安全感来及时发现腐败苗头和廉政潜在风险，从而为微腐败治理提供导向。

三、农村基层干部廉政评价体系的优化策略

农村基层干部廉政评价的体系化、法治化是乡村振兴战略中多层次多领域依法治理的要求。农村基层干部廉政评价体系必须立足乡土中国空间场域，对农村基层干部的廉洁奉公行为进行全面客观的综合评价。这是基于自治、法治、德治相结合的乡村治理现代化建设目标内涵，必须综合运用法学、社会学、管理学、伦理学等多学科交叉优势来展开。

（一）构建以乡村善治为目标的廉政评价体系

乡村治理现代化本质上就是实现善治。现代化建设已经现实地统摄并引领乡村治理创新，从而也确立起乡村治理的善治之路及其实践进路。构建自治、法治和德治“三治结合”的治理体系，强化民族复兴及治理现代化对乡土社会的引领，推进乡村治理现代化等，逐渐成为乡村善治在新时代的实践逻辑，并具体展开为治理有效下的治理体系创新、群众利益维护、乡村经济发展和微腐败惩治等。

1. 自治维度的廉政评价指标

中国传统乡村自治与善治一脉相承。任何治理都是基于历史传承、文化传统及其现实生活的一种选择。乡土的自治生活是一种伦理性、人情化生活，追求一种和谐、友善的生活与秩序。善是乡土自治内涵的集中体现，善治理念及历史，为新时代乡村自治奠定了坚实的文化基础。自治在乡村生活与乡村治理中讲究人际和睦、友爱和善，“出入相友，守望相助，疾病相扶持”，以家族、村庄或宗族方式注重特定群体利益。乡村社会遵循着一种“共议协商”、自我管理的方式，极力维护村庄“公共善”秩序，凡事有公理，让众人来评述。尽管大家七嘴八舌，却是人人参与、评述、议论，最终形成共识，从而达到问题的解决。这就是乡村遇事的基本场景，这种广泛参与、协商共议的民主式治理，也成为乡村治理传统及其治理评判的基本标准。

“自治”这条线或明或暗地贯通于廉政评价体系的设计与实施。各地区农村基层干部廉政评价体系应根据本土自治的实际，选择最适宜的善治组合方式。自治类型多样，实现途径多种。各地在建立健全自治、法治、德治相结合的乡村治理体系时，不必拘泥于某一种、某一类善治类型或途径，而应根据本地自治基础、德治氛围及法治保障条件，因地制宜选择不同的治理组合或组合强度，形成“最适宜的自治”。各地没有必要追求“最佳的治理组合”，也没有必要追求“最优的廉政评价体系”，这样会增加治理成本，降低治理效能。

2. 法治维度的廉政评价指标

在廉政评价制度进路方面，现有的廉政评价未能突出现代法治的重要性。在乡村治理场域运行机制调整中，法治作为一种场域力量深刻塑造了场域行动主体的行为和惯习，并与德治相互融合，与自治相互配合，成为乡村治理体系现代化进程中的一个重要组部分。但是，目前部分廉政评价仍然将法治作为国家治理的一部分，未能清晰勾勒出法治与农村基层廉政治理的密切关系，未意识到乡村治理法治化的未来优势和必然趋势，从而使廉政治理中法治指标不足，对指标中的法治赋值较低，导致评估结果失之于片面。

3. 德治维度的廉政评价指标

道德和习俗是村民自治极为倚重的场域力量。道德和习俗作为社会权力，有着自身的运作逻辑。道德和习俗往往依靠榜样示范、教育、引导、劝说等方式潜移默化地发挥作用，潜在宣传当地社会主流认可的价值体系。但是，如果道德和习俗权力仅仅依靠自身力量，必然会在实践中因为“搭便车”和零星悖德越俗事件无法被及时制止，而造成负面导向作用，破坏道德和习俗在乡村治理实践中的效能。

因此，道德和习俗的权力在治理实践中也必须以政治权力为依托，通过政治权力的强制力（即法治）来强化道德和习俗权力治理的效能。在德治中，法治的功能发挥主要表现为两个方面：一方面通过制度的强制力背景和法制宣传，在社会中推行和强化某种道德体系；另一方面，通过依治治国、依法执政、依法行政共同推进的榜样示范、精神引领等，持续推进道德治理实践。政治权力是农村治理中最重要的权力类型，尤其需要法治来稳定加固和自律，并在农村社会治理中发挥着基础性权力的作用。乡村治理实践中，政治权力如果有价值认同、道德及习俗力量的加持，治理会更加高效。

德治不同于自治和法治。自治和法治在乡村治理中是显性的治理，而德治通常是隐性治理。隐性治理是发挥前述道德和习俗的治理功能。自治的组织形式在基层民主政治等领域体现得较为明显，而德治辐射到了村民的日常生活，具有普遍的道德和舆论约束力。自治其实也建立在德治的基础之上，德治有利于维护乡村自治的稳定，节省乡村治理成本。农村社会的日常更看重伦理规范，通过村民选举依法产生的村委会在履职过程中如果忽视道德的作用，就会使自身的权力缺乏道义基础，就会在处理村务的过程中遭遇更多的阻力。

（二）设置科学的廉政评价指标参照系

1. 廉政风险评价步骤

农村廉政评价的目的是预防基层微腐败的发生和蔓延。预防功能决定了廉政评价必须蕴含廉政风险识别、风险预警、风险防控等要素，以增强廉政建设的主动性、科学性和有效性，有利于提高农村基层微腐败治理能力和水平。

廉政风险点的识别排查是廉政评价的第一步。风险点排查不出、识别不准，或者找不准、找不全，廉政评价体系就没有针对性和参照系。对于乡镇村社而言，农村基层干部廉政风险识别排查机制应当根据乡镇部门性质、基层岗位职责、涉农工作特点和民生重点等方面情况，针对涉及人财物的部门、领域、环节腐败现象发生的特点和规律，按照全员参与的要求，通过“找、亮、审、核”四要素①，全面准确地摸排和识别农村基层干部在思想道德、岗位职责和外部环境等方面存在或潜在的各种类型廉政风险点。

廉政风险信息的预警处置是第二步。廉政评价主体在对农村基层廉政风险信息进行分析评价时，若发现可能引发微腐败的苗头性、倾向性要素，应当及时启动风险信息预警处置机制。廉政评价实施主体要及时向风险防控责任主体反馈，持续向存在廉政风险的干部和所在组织发出预警，抓早抓小，防微杜渐。

后续防控是第三步。风险防控责任主体要对廉政风险信息处置整改的情况进行跟踪和管理，切实做到不仅要抓得早，还要抓到底，进一步提升廉政风险防控质量。对已经形成案件的微腐败，不但要纠查，还要倒查溯源。县

① “四要素”的具体运行步骤：一是“找”，农村基层干部要根据自己的岗位职责和工作流程查找出可能发生的廉政风险，梳理风险形式和基本特点，认真鉴别，科学研判；二是“亮”，各个基层部门岗位将查找到的廉政风险点收集起来，统一放入公开栏中征求其他部门和群众的意见、建议，这里乡村各方的意见与评价可由廉政建设小组负责征集；三是“审”，将已公示完毕的廉政风险信息从思想道德建设、履职情况、廉政制度建设、特殊业务流程等方面辨别分析风险类型、等级并进行归纳，由乡镇廉政风险防控领导小组及各部门领导讨论研究、集体会审，重点剖析引发廉政风险的内在关联因素，确定风险点；四是“核”，各个基层部门说明各自“廉政风险点”理由，并核查廉政风险点真实性、准确性和有效性，最终确定廉政风险信息台账。

级纪检监察机关及派驻机构应当对廉政风险信息进行有效处置，剖析总结由微腐败衍生而来的案件，找出基层廉政风险的薄弱环节，有针对性地制定防控措施，防止同类案件的再次发生。唯有如此，才能使廉政风险防控工作有目标、推进有方向、运行有规矩、效果有参照。

2. 廉政信用评价指标

“公生明，廉生威”，干部讲廉洁，在村民中才享有威信。而依托信用建设展开农村基层廉政治理，是一个创新思路。信用既涉及交易信用、消费信用等商业信用，也涉及社会信用、法治信用、政治信用等。其中，廉政信用属于政治信用的一种，表明公职人员在日常履职行为中遵守工作纪律、法律制度和职业道德规范，并获得他人和所在职业共同体的良好评价，表明个人在公众心目中的清廉形象和地位。尝试构建农村基层干部廉政信用评价指标，其中涉及公务的廉政信用记录和评价功能有助于防治基层微腐败。利用廉政信用机制来调控公务员的日常行为，加强网络化的全覆盖性的监督，加强信用机制的防微杜渐功能，缩减腐败行为产生的可能性，建设对公务员行为的警醒机制，从而将任何腐败可能都控制在初期，防止其日益发酵长大①。在新加坡和日本，政府工作人员一旦廉政信用记录不佳，就会严重影响其高额退休金，并且很难再就业。这类廉政信用压力机制的机理是廉政信用记录具有可感知风险的性质，能够威慑行政人员，对腐败行为起到预防和控制作用。

农村基层干部廉政信用评价指标建议分为口碑信用、记录信用（档案信用）和公开信用三种。口碑信用是指民众通过口耳相传对农村基层干部是否清廉进行评价。记录信用是以文字档案为载体的对农村基层干部品行和政绩的廉政信用记录，是内部晋升与奖惩的重要凭据，并不公开。未来在条件许可的情况下，可尝试建构公开信用机制，即采用公开的方式建立全方位、普遍性、终身性的廉政信用，每个行使公权力的人都有一个信用代码，并有专属于个人的信用记录，公务行为的清廉状况都被记录在册，成为廉政信用等级的来源。

实践中，可研究制定《村级“两委”带头人廉政信用评价指标体系》，通过量化廉洁信用指标，评估廉政信用情况，加强对村级“两委”带头人的日常监督。评价工作严格按照导向性、可行性、实效性的原则，每半年组织

① 刘圣中．廉政信用机制：防止腐败的新思路［M］．北京：中国社会科学出版社，2017：254.

对村级党组织带头人落实中央八项规定精神、“三务”公开和民主集中制、廉洁用权等方面情况进行一次评价打分，评价主体由党委评价、纪委评价和村级评价三部分组成，依据汇总得分，最终按照比例确定“优、良、差”三个评价等级①。要实行信用奖惩兑现，给清正廉洁、担当作为的干部以实实在在的激励，同时突出问题导向，对评价中发现的问题及不良倾向及时予以解决。既落实信用奖惩的有关规定，还要将评价结果作为重要内容纳入农村基层干部廉洁档案。对于评价结果为“差”的干部，纪检监察机构应当对村居进行走访调查，摸清病根、对症下药，督促整改。

3. 借用“鱼鳞图”指标分解机理

由于经济发展水平、信息化水平和信息技术普及程度等因素，广大村民并不全部能实时享受数字红利，一定程度上沦为“数字弱势群体”。囿于获取信息数据的能力和渠道有限、资源相对匮乏，以及学习动力不足，参与廉政评价的正当的公民权利受损。对于信息技术扩散所带来的“数字鸿沟”的不平等性、非均质性，可替代的方案是借用中国农民相对熟悉的古代土地登记簿册“鱼鳞图”来表征廉政评价的诸多指标，从中遴选出具有代表性、关键性、决定性的指标构成指标群；并且，依据评价目标依次分解一、二级主要指标，使一级评价指标与二级评价指标之间的逻辑脉络科学链接，以求评价体系的缜密性。从农村基层微腐败发生、发展、影响和廉政投入、保障、运行等支系统入手，可以将农村基层干部廉政评价指标集分成二维梯层。首位梯层为总评价指标层，即“微腐败管控指标群”和“清廉印象指标群”；次位梯层为评价维度层，即投入、保障、运行、效果、影响等评价维度。“鱼鳞图”作为一种评价模型，条理性、区分性、可比性更加清晰，主要表现在四个方面。第一是明晰具体，不再抽象混沌和模棱两可；第二是易衡量、利测度，不再空洞笼统和大概估摸；第三是可达成、能转换，不再脱离实际或高不可攀；第四是客观性、时限性，不再主观臆测和倾向性滥编。具体的图形设计可以根据各地农村实际微腐败案例资料及其相应数据资料，综合分析出一套科学的、客观的、实用的、具有可操作性的廉政评价指标体系。

---

① 实地调研中发现，某县 2021 年共开展两轮廉洁信用评价，参与评价的干部 1638 人次，其中“优、良、差”评级分别占 20.6%、70.3%和 9.1%，有 29 名农村干部被约谈，既明确了差距，又设立了目标，形成崇尚廉洁信用、守护廉洁信用的浓厚氛围，将全面从严治党“最后一公里”彻底打通。

（三）强化农村基层干部廉政评价中的合作治理

1. 加强农村基层干部廉政评价中的民众参与

“反腐没有观众席”，人人都是参与者。尤其是在网络时代，人人都有麦克风，人人都是自媒体，更要注重社会舆论和民意。调研时村民们常说：“村看村，户看户，群众看干部。”因为权力导致腐败，“绝对权力导致绝对腐败”①。法国政治思想家孟德斯鸠同样认为：“一切手握权力的人都有滥用权力的倾向，且一直要用到极致才肯停下，这点已被从古至今的经验证实。”② 微腐败的实质是公共权力的滥用。加强对公共权力的制约和监督既需要强度，也需要广度。通过民众的广泛参与，使公共权力的运行过程处在全天候监督之下。只有将对公共权力制约的强度和监督的广度紧密地结合起来，才能有效防止公共权力的滥用，预防腐败的滋生和蔓延。加强民众参与也有助于公共精神的培养，这是一个国家政治、经济、社会和文化可持续发展不可或缺的基本要素。关心公共事务，并愿意致力于公共生活的改善和公共秩序的建设，是现代公民的必备素质。“政治控制不能自己活动，正如徒有马笼头而无驭马者不能指挥马一样。如果进行控制的官员和他们所要控制的官员一样腐败或玩忽职守，如果作为整个控制机器的大发条的公众太无知、太消极，或太不经心和不注意尽自己的本分，那么即使有最好的行政机构也不会得到多大好处”③。微腐败行为所损害的是社会公共利益，如果村民无法摒弃民众参与中的自利诱因，那么农村基层社会的公共利益就得不到有效的维护。民众参与廉政评价，有助于正确认识个人与他人、个人与社会整体利益之间的关系，强化社会责任感、主人翁意识和公民精神的养成。评价中需要格外注意之处有两点：一是评价组织者对村民的廉政评价信息一定要保密，以防评价者遭到打击报复；二是评价组织者不能将负面评价信息拦截，在评价体系中设置“拦水坝”。这会降低民众参与农村基层廉政治理的积极性，甚至损害政府公信力。

2. 增进农村基层干部廉政评价中的伙伴关系

廉政评价中的伙伴关系，是指基层党组织、群众性自治组织和村民在加强对公共权力的制约和监督中所形成的优势互补、相互依赖、和谐平等的合

① 阿克顿．自由与权力［M］．侯建，范亚峰，译．北京：商务印书馆，2001：342.

② 孟德斯鸠．论法的精神［M］．欧启明，译．南京：译林出版社，2016：131.

③ J·S．密尔．代议制政府［M］．汪瑄，译．北京：商务印书馆，2017：25.

作关系。为了有效预防和惩治腐败，维护公共利益和保护村民权益，促进社会公平与正义，基层组织和村民在平等、互信的基础上，充分发挥各自的优势；以信息共享为平台，以制度联合为桥梁，加强廉政治理的多元互动与合作，形成微腐败治理的整体合力、合作治理。构建农村基层干部廉政评价的伙伴关系的可行做法是建立廉政评价回应机制，促进交流与协商。美国学者格罗弗·斯塔林认为公共部门应当对公众提出的要求做出迅速反应，“必须尽早和经常地获得社区的意见和信息，以便使行政机构能够回应市民的需求”①。农村廉政评价回应机制不是纪检监察机关单方面行为，而是基层党政组织与村民之间的一种互动关系。农村廉政治理中基层党政主动、及时高效的回应能够增强村民参与廉政治理的互动意识、效能意识和成就感。基层党政组织当前要积极转变观念，按照主动、透明、迅速的基本原则，整合治理资源，以网格化管理、数字化赋能、精细化服务为契机积极创新农村基层干部廉政评价回应机制。

3. 引入第三方评价，拓展廉政评价主体

第三方评价是指与基层党政无直接隶属和利益关系的评价组织。第三方廉政评价的优势在于抛却体制因素、公权力部门利益考虑，更加注重社会公共利益和村民需求，保障评价结论的客观公正性。从信息论的角度来分析，廉政评价的过程也是一个信息的搜集、筛选、加工、输出、反馈的过程。党政组织不是一个封闭的系统，而应与外部环境之间实现互动，进行广泛的信息交流。外部环境对农村基层干部廉政行为所输出信息的反馈是建立“政府—社会”信息循环机制的重要环节，而第三方评价正是对农村基层干部廉政行为信息进行反馈的有效手段。第三方只有在掌握了大量丰富的信息后，才能根据事实做出中立价值判断和评价。所以，政务信息透明公开是第三方评价得以进行的前提条件，而第三方评价体系的建立则是“政府—社会”信息循环机制的重要环节。对于农村基层干部而言，信息公开可以“展示成果，赢得公众支持”，第三方也能将其中反映出来的问题反馈到公权力决策部门，促使治理行为得到改进。对于第三方廉政评价而言，公权力决策部门应该是作为委托方将评价的组织权和评价权委托给第三方代理，由第三方对农村基层干部的廉政行为进行评价，二者之间除了一种评价与被评价的关系外，还

① 格罗弗·斯塔林．公共部门管理（第8版）［M］．常建，等译．北京：中国人民大学出版社，2012：137.

存在着一种委托与代理的关系。

基于此，第三方的独立性和专业性可以使评估活动更有效地进行。可将农村基层干部廉政评价体系交由第三方组织实施，以问卷为主、暗访和深度访谈为辅，通过发送短信、电话访问、有奖问卷、大数据采集等方式获取有效样本，并辅以“神秘客”[①] 扮演方式，将调查结果直接纳入评价指数指标，初步实现评价主体的突破，使“民意”成为农村基层干部廉政评价的基础指标，增强微腐败治理的正当性、针对性和实效性。

最后作一点说明，全面优化农村基层干部的廉政评价体系对于农村微腐败治理具有较大的正向价值，但这并不意味着各基层区域都必须在制度上建立独特或专门的农村基层干部廉政评价体系。微腐败治理有一些专门的方式方法，应当将其纳入党风廉政建设和反腐败工作的总体布局之中。廉政评价的体系建设并不是要“打扫完屋子再请客”，不必另起炉灶、另辟蹊径，关键是在原有的制度建设上因地制宜、与时俱进。本书以上有关农村基层干部的廉政评价体系的制度设想，并不是为了追求自成一体的廉政评价制度体系，而是提炼那些已经被乡村治理实践证明了的廉政评价要素，供各地联系自身实际进行参考后取舍，以免给基层微腐败治理带来运作负累，避免因制度设计过于繁复而扰民。

① “神秘客”源自市场营销学中的神秘顾客检测之义，是采用受过专门培训的购物者对企业的服务、业务操作、员工诚信度、商品推广情况及产品质量等进行匿名评估。这些受过专门培训的购物者在体验过程中不掺加个人主观偏见，得出的评价较为客观可信。“神秘客”的评价方式，逐渐被其他多学科借鉴。

参考文献

一、相关马克思主义经典论述

[1] 马克思，恩格斯. 马克思恩格斯全集：第 1 卷 [M]. 中共中央马克思恩格斯列宁斯大林著作编译局，译. 北京：人民出版社，1956.

[2] 马克思，恩格斯马克思恩格斯全集：第 23 卷 [M]. 中共中央马克思恩格斯列宁斯大林著作编译局，译. 北京：人民出版社，1972.

[3] 中共中央马克思恩格斯列宁斯大林著作编译局. 马克思恩格斯文集：1-10 卷 [M]. 北京：人民出版社，2009.

[4] 中共中央马克思恩格斯列宁斯大林著作编译局. 列宁全集：第 39 卷 [M]. 北京：人民出版社，2017.

[5] 中共中央文献研究室. 毛泽东文集：第 8 卷 [M]. 北京：人民出版社，1999.

[6] 习近平. 习近平谈治国理政：第 1 卷 [M]. 北京：外文出版社，2018.

[7] 习近平. 习近平谈治国理政：第 2 卷 [M]. 北京：外文出版社，2017.

[8] 习近平. 习近平谈治国理政：第 3 卷 [M]. 北京：外文出版社，2020.

[9] 习近平. 习近平谈治国理政：第 4 卷 [M]. 北京：外文出版社，2022.

[10] 习近平. 习近平关于全面依法治国论述摘编 [M]. 北京：中央文献出版社，2015.

［11］中共中央文献研究室．习近平关于社会主义政治建设论述摘编［M］．北京：中央文献出版社，2015.

［12］中共中央文献研究室．习近平关于全面建成小康社会论述摘编［M］．北京：中央文献出版社，2016.

［13］中共中央党史和文献研究院．习近平关于全面从严治党论述摘编［M］．北京：中央文献出版社，2016.

［14］中共中央文献研究室．习近平关于社会主义经济建设论述摘编［M］．北京：中央文献出版社，2017.

［15］习近平．决胜全面建成小康社会 夺取新时代中国特色社会主义伟大胜利：在中国共产党第十九届全国代表大会上的报告［M］．北京：人民出版社，2017.

［16］中共中央党史和文献研究院．习近平扶贫论述摘编［M］．北京：中央文献出版社，2018.

［17］中共中央宣传部．习近平新时代中国特色社会主义思想三十讲［M］．北京：学习出版社，2018.

［18］习近平．论坚持全面依法治国［M］．北京：中央文献出版社，2020.

［19］习近平．中共中央关于党的百年奋斗重大成就和历史经验的决议［M］．北京：人民出版社，2021.

［20］习近平．在首都各界纪念现行宪法公布实施30周年大会上的讲话［N］．人民日报，2012-12-05（2）.

［21］习近平．关于《中共中央关于全面深化改革若干重大问题的决定》的说明［J］．求是．2013（22）.

［22］习近平．切实把思想统一到党的十八届三中全会精神上［N］．人民日报，2014-01-01（2）.

［23］习近平．在庆祝全国人民代表大会成立60周年大会上的讲话［N］．人民日报，2014-09-16（2）.

［24］习近平．关于《中共中央关于全面依法推进全面依法治国若干重大问题的决定》的说明［N］．人民日报，2014-10-29（2）.

［25］习近平．加快建设社会主义法治国家［J］．求是，2015（1）.

［26］习近平．在省部级主要领导干部学习贯彻党的十八届五中全会精神专题研讨班上的讲话［N］．人民日报，2016-05-10（2）.

［27］习近平．同舟共济克时艰，命运与共创未来［N］．人民日报，2021-04-21（2）．

［28］习近平．坚持严的主基调不动摇 坚持不懈把全面从严治党向纵向推进［N］．人民日报，2022-01-19（1）．

二、相关重要文献文件

［1］中央文献研究室．十八大以来重要文献选编：上［M］．北京：中央文献出版社，2014．

［2］中央文献研究室．十八大以来重要文献选编：中［M］．北京：中央文献出版社，2016．

［3］中央文献研究室．十八大以来重要文献选编：下［M］．北京：中央文献出版社，2018．

［4］本书编写组．《中共中央关于全面推进依法治国若干重大问题的决定》辅导读本［M］．北京：人民出版社，2014．

［5］人民日报社评论部．“四个全面”学习读本［M］．北京：人民出版社，2015．

［6］本书编写组．“微腐败”警示录：违纪违规 100 个典型案例剖析［M］．北京：中国方正出版社，2015．

［7］本书编写组．基层“微腐败”典型案例剖析［M］．北京：中国方正出版社，2016．

［8］本书编写组．中国共产党第十九次全国代表大会文件汇编［M］．北京：中央文献出版社，2017．

［9］本书编写组．《中华人民共和国监察法》案例解读［M］．北京：中国方正出版社，2018．

［10］中共中央纪律检查委员会 国家监察委员会法规室．中华人民共和国监察法《释义》［M］．北京：中国方正出版社，2018．

［11］本书编写组．中共中央关于坚持和完善中国特色社会主义制度 推进国家治理体系和治理能力现代化若干重大问题的决定［M］．北京：人民出版社，2019．

［12］中共中央党史和文献研究院．十九大以来重要文献选编：上［M］．北京：中央文献出版社，2019．

[13] 中共中央党史和文献研究院. 十九大以来重要文献选编：中[M]. 北京：中央文献出版社，2021.

[14] 本书编写组. 中国共产党第十九届中央委员会第六次全体会议文件汇编 [M]. 北京：人民出版社，2021.

[15] 中华人民共和国国务院新闻办公室. 中国的民主 [M]. 北京：人民出版社，2021.

[16] 栗战书. 在乡村振兴促进法实施座谈会上的讲话 [J]. 中国人大，2021 (11).

[17] 中共中央办公厅印发《关于深化“四风”整治、巩固和拓展党的群众路线教育实践活动成果的指导意见》[N]. 人民日报，2014-11-19 (2).

三、中文著作

[1] 王沪宁. 腐败与反腐败：当代国外腐败问题研究 [M]. 上海：上海人民出版社，1990.

[2] 王沪宁. 中国村落家族文化：对中国社会现代化的一项探索[M]. 上海：上海人民出版社，1991.

[3] 陈俊杰. 关系资源与农民的非农化：浙东越村的实地研究 [M]. 北京：中国社会科学出版社，1998.

[4] 周晓虹. 传统与变迁：江浙农民的社会心理及其近代以来的嬗变[M]. 北京：生活・读书・新知三联书店，1998.

[5] 马庆钰. 告别西西弗斯：中国政治文化分析与展望 [M]. 北京：中国社会科学出版社，2002.

[6] 郭济. 政府权力运筹学 [M]. 北京：人民出版社，2003.

[7] 王庆五，董磊明. 治理方式的变革与江苏农村现代化：江苏省村民自治区域比较研究 [M]. 北京：中国人民大学出版社，2003.

[8] 张康之. 公共行政中的哲学与伦理 [M]. 北京：中国人民大学出版社，2004.

[9] 吕元礼. 政治文化：传统与现代的会通 [M]. 北京：人民出版社，2004.

［10］谭同学．楚镇的站所：乡镇机构生长的政治生态分析［M］．北京：中国社会科学出版社，2006.

［11］谭同学．双面人：转型乡村中的人生、欲望与社会心态［M］．北京：社会科学文献出版社，2016.

［12］周永坤．规范权力：权力的法理研究［M］．北京：法律出版社，2006.

［13］周永坤．法理学：全球视野［M］．北京：法律出版社，2016.

［14］过勇．中国国家廉政体系研究［M］．北京：中国方正出版社，2007.

［15］刘能．等级制和社会网络视野下的乡镇行政：北镇的个案研究［M］．北京：社会科学文献出版社，2008.

［16］林喆．权力腐败与权力制约［M］．山东：山东人民出版社，2009.

［17］张慧卿．乡村民众的利益调整与秩序变迁：以福建漳州岩兜村为个案［M］．合肥：合肥工业大学出版社，2009.

［18］冯信元，（瑞典）柯睿思，李人庆．中国的村级组织与村庄治理［M］．北京：中国社会科学出版社，2009.

［19］刘文生．农村基层党风廉政建设［M］．北京：中国社会出版社，2010.

［20］金太军．政治文明建设与权力监督机制研究［M］．北京：人民出版社，2010.

［21］申海恩．私法中的权力：形成权理论之新开展［M］．北京：北京大学出版社，2011.

［22］欧阳静．策略主义：桔镇运作的逻辑［M］．北京：中国政法大学出版社，2011.

［23］欧阳静．强治理与弱治理：基层治理中主体、机制与资源［M］．北京：社会科学文献出版社，2018.

［24］罗建文．社会发展理念与民生幸福研究［M］．北京：中国社会科学出版社，2012.

［25］翟学伟．人情、面子与权力的再生产［M］．北京：北京大学出版社，2013.

[26] 贺雪峰. 新乡土中国 [M]. 北京：北京大学出版社，2013.

[27] 贺雪峰. 治村 [M]. 北京：北京大学出版社，2017.

[28] 贺雪峰. 南北中国：中国农村区域差异研究 [M]. 北京：社会科学文献出版社，2017.

[29] 贺雪峰. 大国之基：中国乡村振兴诸问题 [M]. 北京：东方出版社，2019.

[30] 曹锦清，张乐天，陈中亚. 当代浙北乡村的社会文化变迁 [M]. 上海：上海人民出版社，2014.

[31] 应星. 农户、集体与国家：国家与农民关系的六十年变迁 [M]. 北京：中国社会科学出版社，2014.

[32] 苏力. 法治及其本土资源 [M]. 北京：北京大学出版社，2015.

[33] 李和中. 中国地方政府党风廉政建设责任制考核评价体系研究 [M]. 北京：科学出版社，2015.

[34] 周庆智. 在政府与社会之间：基层治理诸问题研究 [M]. 北京：中国社会科学出版社，2015.

[35] 林尚立. 论人民民主 [M]. 上海：上海人民出版社，2016.

[36] 龚群. 追问正义：西方政治伦理思想研究 [M]. 北京：北京大学出版社，2017.

[37] 邢成举. 精英俘获：扶贫资源分配的乡村叙事 [M]. 北京：社会科学文献出版社，2017.

[38] 田依林. 廉政建设动态评价体系研究 [M]. 北京：中国社会科学出版社，2017.

[39] 刘圣中. 廉政信用机制：防治腐败的新思路 [M]. 北京：中国社会科学出版社，2017.

[40] 吴毅. 小镇喧嚣：一个乡镇政治运作的演绎与阐释 [M]. 北京：生活·读书·新知三联书店，2018.

[41] 张文显. 法理学 [M]. 北京：高等教育出版社，2018.

[42] 赵树凯. 乡镇治理与政府制度化 [M]. 商务印书馆，2018.

[43] 赵树凯. 农民的政治 [M]. 商务印书馆，2018.

[44] 赵树凯. 农民的新命 [M]. 商务印书馆，2018.

[45] 赵树凯. 农民的鼎革 [M]. 商务印书馆，2018.

[46] 吴建雄. 读懂《监察法》[M]. 北京：人民出版社，2018.

[47] 秦前红. 监察法学教程 [M]. 北京：法律出版社，2019.

[48] 费孝通. 乡土中国 [M]. 上海：上海人民出版社，2019.

[49] 魏昌东. 腐败治理“中国模式”的立法发展与理论探索 [M]. 上海：上海人民出版社，2019.

[50] 付子堂. 法理学高阶 [M]. 北京：高等教育出版社，2020.

[51] 吕德文. 基层中国：国家治理的基石 [M]. 北京：东方出版社，2021.

[52] 周安平. 常识法理学 [M]. 北京：北京大学出版社，2021.

[53] 杨华. 县乡中国：县域治理现代化 [M]. 北京：中国人民大学出版社，2022.

四、中文译著

[1] 柏拉图. 理想国 [M]. 郭斌和，等译. 北京：商务印书馆，1986.

[2] 亚里士多德. 政治学 [M]. 吴寿鹏，译. 北京：商务印书馆，1997.

[3] 孟德斯鸠. 论法的精神：上册 [M]. 张雁深，译. 北京：商务印书馆，1997.

[4] 韦恩·莫里森. 法理学：从古希腊到后现代 [M]. 李桂林，等译. 武汉：武汉大学出版社，2003.

[5] H. L. A. 哈特. 法理学与哲学论文集 [M]. 支振锋，译. 北京：法律出版社，2005.

[6] 霍布斯. 利维坦 [M]. 黎思复，黎廷弼，译. 北京：商务印书馆，2017.

[7] E．博登海默. 法理学：法律哲学与法律方法 [M]. 邓正来，译，北京：中国政法大学出版社，2004.

[8] 约翰·罗尔斯. 正义论 [M]. 何怀宏，译. 北京：中国社会科学出版社，2009.

[9] 约翰·罗尔斯. 作为公平的正义：正义新论 [M]. 姚大志，译. 北京：中国社会科学出版社，2011.

[10] 迈克尔·约翰斯顿. 腐败症候群：财富、权力和民主 [M]. 袁建华，译. 上海：上海人民出版社，2009.

［11］迪特尔·哈勒，克里斯·肖尔. 腐败：人性与文化［M］. 诸葛雯，译. 南昌：江西人民出版社，2015.

［12］苏珊·罗丝-阿克曼，邦妮·J. 帕利夫卡. 腐败与政府：根源、后果与改革［M］. 郑澜，译. 北京：中信出版集团，2018.

［13］汉娜·阿伦特. 极权主义的起源［M］. 林骧华，译. 北京：生活·读书·新知三联书店，2014.

［14］杰瑞米·波普. 制约腐败：建构国家廉政体系［M］. 清华大学公共管理学院廉政研究室，译. 北京：中国方正出版社，2003.

五、英文著作

［1］MERLE GOLDMAN. From Comrade to Citizen. Cambridge：Harvard University Press，2007.

［2］GARNER B. Black´s Law Dictionary. New York：West，a Thomson business，2009.

六、期刊论文

［1］厉以宁. 论共同富裕的经济发展道路［J］. 北京大学学报（哲学社会科学版），1991（5）.

［2］傅如良. 转型期农民政治权利探析［J］. 中国特色社会主义研究，2005（1）.

［3］李长健. 论农民权益的经济法保护：以利益与利益机制为视角［J］. 中国法学，2005（3）.

［4］李长健，邵江婷. 基于农民权益保护的倾斜性土地权利配置分析［J］. 华中农业大学学报（社会科学版），2011（1）.

［5］艾建国. 论土地承包经营权如何真正成为农民的财产权［J］. 华中师范大学学报（人文社会科学版），2005（4）.

［6］江雪松. 腐败的传统文化分析和廉政文化建设［J］. 淮阴师范学院学报（哲学社会科学版），2005（5）.

［7］黄文. 法官的中立问题探讨［J］. 河北法学，2006（5）.

［8］李广，王继新，袁方成. 村务公开制度与村务信息化［J］. 科技进步与对策，2006（6）.

[9] 高其才. 试论农村习惯法与国家制定法的关系 [J]. 现代法学, 2008 (3).

[10] 林尚立. 以政党为中心: 中国反腐败体系的建构及其基本框架 [J]. 中共中央党校学报, 2009 (4).

[11] 方新军. 权利客体的概念及层次 [J]. 法学研究, 2010 (2).

[12] 王一多. 政治权利平等是公民社会权利平等的前提条件 [J]. 西南民族大学学报 (人文社科版), 2010 (11).

[13] 冯志峰. 马克思主义权力观: 理论内涵与中国语境 [J]. 广州社会主义学院学报, 2011 (2).

[14] 唐学亮. 结构性视野下的村官腐败及其治理问题研究 [J]. 犯罪研究, 2012 (2).

[15] 梁成意. 论乡镇政府与村委会指导协助关系之完善: 关于〈村组法〉第五条的修改建议 [J]. 求实, 2012 (11).

[16] 岳磊, 孙秋云. 贿赂行为中的自我道德化分析: 基于若干典型腐败案例 [J]. 社会科学家, 2012 (11).

[17] 岳磊. "面子" 视角下我国腐败现象的文化透视 [J]. 中国社会科学院研究生院学报, 2015 (2).

[18] 柯珠军, 岳磊. 人情视角下我国腐败行为的文化透视 [J]. 开放时代, 2014 (2).

[19] 赵万一, 汪青松. 土地承包经营权的功能转型及权能实现: 基于农村社会管理创新的视角 [J]. 法学研究, 2014 (1).

[20] 程竹汝. 论政治体制改革的重点与国家治理体系现代化 [J]. 上海行政学院学报, 2014 (2).

[21] 杨郁, 刘彤. 村务监督委员会的虚置化困境及出路 [J]. 农村经济, 2014 (2).

[22] 王希鹏, 胡扬. 中国特色腐败治理体系现代化: 内在逻辑与实践探索 [J]. 经济社会体制比较, 2014 (4).

[23] 王希鹏. 腐败治理体系和治理能力现代化研究 [J]. 求实, 2014 (8).

[24] 刘启君, 蒋艳. 农村基层组织人员腐败演变实证分析 [J]. 广州大学学报 (社会科学版), 2014 (5).

[25] 赵秀玲. 中国村级腐败治理机制的创新与发展 [J]. 华中师范大学学报（人文社会科学版），2014（6）.

[26] 赵秀玲. 村干部腐败的社会文化因素探析 [J]. 东岳论丛，2016（7）.

[27] 陈金波，鲁兴启. 廉政治理与党风廉政评价指标体系建构研究 [J]. 内蒙古社会科学（汉文版），2015（1）.

[28] 李晓飞. 法律的规范性解析 [J]. 东南大学学报（哲学社会科学版），2015（1）.

[29] 田改伟. 新形势下基层党建工作创新研究 [J]. 中国特色社会主义研究，2015（1）.

[30] 魏建，魏安琪. 新型城镇化、农民分化与农民权益保障 [J]. 理论学刊，2015（1）.

[31] 张康之. 论社会治理中的权力与规则 [J]. 探索，2015（2）.

[32] 周庆智. 关于“村官腐败”的制度分析：一个社会自治问题 [J]. 武汉大学学报（哲学社会科学版），2015（3）.

[33] 周庆智. 论“小官贪腐”问题的体制与机制根源——以乡村治理制度为中心 [J]. 社会学研究，2015（5）.

[34] 段林萍. 涉农腐败的生成机制与防治 [J]. 国家治理，2015（4）.

[35] 胡萧力. 乡镇治理的结构、功能及法治化研究 [J]. 东方法学，2015（4）.

[36] 潘建雷，李海荣，王晓娜. 权威的构成：乡村治理秩序的古与今 [J]. 社会建设，2015（4）.

[37] 詹复亮. 完善治理腐败体系的路径 [J]. 河南社会科学，2015（4）.

[38] 张文显. 法治的文化内涵：法治中国的文化建构 [J]. 吉林大学社会科学学报，2015（4）.

[39] 张文显. 习近平法治思想的政理、法理和哲理 [J]. 政法论坛，2022（3）.

[40] 凌斌. 权利本位论的哲学奠基 [J]. 现代法学，2015（5）.

[41] 张屹山，杜娇. 科学构建中国社会主义体制改革的权力范式 [J]. 社会科学战线，2015（11）.

［42］方世南．涉农腐败的“蚁贪”不容忽视［J］．国家治理，2015（43）．

［43］管典安．新形势下村干部腐败问题治理研究［J］．济南大学学报（社会科学版），2016（2）．

［44］刘振滨，林丽梅，起郁，等．乡村治理进程中村干部腐败的成因及防治对策［J］．福建农林大学学报（哲学社会科学版），2016（3）．

［45］杨连专，张新民．权力运行的系统分析［J］．云南社会科学，2016（3）．

［46］陈建平，胡卫卫，郑逸芳．农村基层小微权力腐败的发生机理及治理路径研究［J］．河南社会科学，2016（5）．

［47］马华，王晓宾．就职宣誓：国家治理现代化的构建［J］．政治学研究，2016（6）．

［48］杨群红．新形势下村官腐败的类型、特征及治理对策［J］．中州学刊，2016（12）．

［49］刘银钱．权力运行程序化是杜绝腐败的关键［J］．人民论坛，2016（31）．

［50］师索．行政部门绩效考核中的腐败控制［J］．山西省政法管理干部学院学报，2017（1）．

［51］许桂芳．中国腐败治理体系现代化的构建［J］．江西财经大学学报，2017（1）．

［52］秦前红．监察体制改革的逻辑与方法［J］．环球法律评论，2017（2）．

［53］李玉才，唐鸣．从多元隔离到多元复合：村干部监督体系的优化路径研究［J］．社会主义研究，2017（4）．

［54］刘占虎．中国腐败治理体系现代化的时代诉求与实践逻辑［J］．西安交通大学学报（社会科学版），2017（4）．

［55］莫纪宏．国家监察体制改革要注重对监察权性质的研究［J］．中州学刊，2017（10）．

［56］杨小军，陈宇博．“小事弄权”因由何在［J］．人民论坛，2017（13）．

［57］甄小英．规范农村基层“小微权力”的思路与对策［J］．国家治理，2017（31）．

［58］姜德波，彭程．城市化进程中的乡村衰落现象：成因及治理：“乡村振兴战略”实施视角的分析［J］．南京审计大学学报，2018（1）．

［59］周师．精准扶贫中农村基层干部的“微腐败”及其治理路径［J］．理论导刊，2018（1）．

［60］周师．“微腐败”概念辨析［J］．湖南工程学院学报（社会科学版），2019（2）．

［61］周少来．中国乡村治理结构转型研究：以基层腐败为切入点［J］．理论学刊，2018（2）．

［62］魏昌东．《监察法》与中国特色腐败治理体制更新的理论逻辑［J］．华东政法大学学报，2018（3）．

［63］周振超，张金城．职责同构下的层层加码：形式主义长期存在的一个解释框架［J］．理论探讨，2018（4）．

［64］陈庆立，左停．完善乡村治理机制提升乡村治理水平［J］．学术探索，2018（5）．

［65］贺雪峰．论乡村治理视域下的农村基层中坚干部［J］．湖湘论坛，2018（5）．

［66］李宏伟．积极探索勇于创新努力推进基层人大工作［J］．吉林人大，2018（6）．

［67］李晓广．乡村“微自治”：价值、困境及化解路径［J］．探索，2018（6）．

［68］刘华，王观杰．农村基层党组织的治理逻辑及能力建设：基于治理主体多元化视角的分析［J］．江苏社会科学，2018（6）．

［69］李靖，李春生．我国基层官员“微腐败”的生成机理、发展逻辑及其多中心治理［J］．学习论坛，2018（7）．

［70］刘子平．村干部“微权力”腐败治理机制创新探究［J］．中州学刊，2018（7）．

［71］刘杨．基本法律概念的构建与诠释：以权利与权力的关系为重心［J］．中国社会科学 2018（9）．

［72］彭小霞．农村扶贫中村干部的腐败问题及其法治化治理［J］．兰州学刊，2019（1）．

［73］张晋宏，李景平．新时代党和国家监督体系的内在逻辑与建构理路［J］．山西师大学报（社会科学版），2019（1）．

［74］吕宾. 乡村振兴视域下乡村文化重塑的必要性、困境与路径［J］. 求实，2019（2）.

［75］袁方成，郭易楠. “双务”公开联动与乡村“微腐败”治理［J］. 党政研究，2019（2）.

［76］袁钢. 国家治理视阈下中国特色监察制度研究［J］. 南京大学学报（哲学·人文科学·社会科学），2019（2）.

［77］孔继海，刘学军. 新时代乡村“微腐败”及其治理路径研究［J］. 中共天津市委党校学报，2019（3）.

［78］徐芹. 马克思恩格斯论中国小农经济及其现实启示［J］. 理论月刊，2019（3）.

［79］余浩然，林杨. 近二十年中国农村权力结构及多元治理格局研究［J］. 湖北民族学院学报（哲学社会科学版），2019（4）.

［80］曹俊. 监察权的法理思考［J］. 法学杂志，2019（5）.

［81］张桂林. 国家廉政体系的基本认知与构建中国特色监督体系［J］. 政治学研究，2019（5）.

［82］管素叶，陈志刚. 党和国家监督体系的创新发展［J］. 中国特色社会主义研究，2019（6）.

［83］刘泾. 习近平公平正义观三重维度探析［J］. 科学社会主义，2019（6）.

［84］孙琼欢. 村级小微权力清单制度的构建逻辑及优化路径［J］. 新视野，2019（6）.

［85］田兆军. 良法与善治：“法治”价值观的当下解读［J］. 中国政法大学学报，2019（6）.

［86］桂华. 谁来治村：新时代村干部的培养与选拔［J］. 人民论坛，2019（11）.

［87］李有林. 从“小事弄权”看微腐败的大祸害及防避对策［J］. 领导科学，2019（19）.

［88］金祖睿，金太军. 基层政府治理的碎片化困境及其消解［J］. 江汉论坛，2020（1）.

［89］雷园园. 论《监察法》对《法兰西内战》监督思想的继承与发展［J］. 理论导刊，2020（2）.

［90］徐勇，吕进鹏. 官民衔接层域的小微权力监督研究［J］. 河南大学（社会科学版），2020（2）.

［91］梁永成，陈柏峰. 农村后备干部培养体系的转型与重塑［J］. 思想展现，2020（5）.

［92］沈湘平. 讨论权力与权利问题需要重视的三个维度［J］. 社会科学辑刊，2020（6）.

［93］王慧泽，乔俊峰. 博弈还是合谋？村庄权力结构及其行为逻辑研究［J］. 农业经济，2020（10）.

［94］祝灵君. 推进全过程民主离不开党的领导［J］. 探索与争鸣，2020（12）.

［95］付子堂，周尚君，朱林方，等. 学习领会习近平法治思想笔谈［J］. 现代法学，2021（1）.

［96］徐琴. 乡村振兴背景下农民主体性建设的自组织路径研究［J］. 内蒙古社会科学，2021（1）.

［97］董立人，刘飞. 新时代村干部权力监督问题研究［J］. 廉政文化研究，2021（1）.

［98］廖奕. 中国特色社会主义法治体系的话语生成与思想内涵［J］. 苏州大学学报（哲学社会科学版），2021（2）.

［99］徐铜柱，张恩. 乡村微腐败的异质性表现及其法治化治理之维［J］. 湖北民族大学学报（哲学社会科学版），2021（2）.

［100］吴园林，刘昱成. 监察权性质新论［J］. 河北法学，2021（2）.

［101］卜万红. 全面从严治党视域下乡村“微腐败”的成因及其治理［J］. 学术研究，2021（3）.

［102］王国绪. “微腐败”的生成机理和治理之道［J］. 治理现代化研究，2021（3）.

［103］刘涛. 农村“微腐败”的形成机理及治理对策［J］. 中国党政干部论坛，2021（3）.

［104］陈小洁. 百年大党推进中国特色社会主义法治体系建设的基本经验［J］. 世界经济与政治论坛，2021（4）.

［105］陈科霖，周鲁耀. “统合式治理”：一种中国国家治理的权力运行机制［J］. 学海，2021（4）.

[106] 钟瑞添. 论列宁国家权力监督思想及其现实启示 [J]. 学术论坛, 2021 (5).

[107] 胡玉鸿. 习近平法治思想中权力运行制约和监督理论 [J]. 江淮论坛, 2021 (5).

[108] 王明. 内涵与互构：农村优秀传统文化与乡村社会治理关系探析 [J]. 重庆文理学院学报 (社会科学版), 2021 (5).

[109] 任志江, 肖杨飞英. 新中国成立以来中国共产党乡村治理思想的理论渊源、历史演变与经验启示 [J]. 攀枝花学院学报, 2021 (6).

[110] 杨华. 乡镇纪检监察监督的制度化、运行机制与治理功能 [J]. 湖湘论坛, 2021 (6).

[111] 刘雪姣. 乡村社会变迁背景下村级治理的局限与出路 [J]. 中州学刊, 2021 (7).

[112] 王同昌. 新时代农村基层党组织功能创新及实现路径 [J]. 中州学刊, 2021 (10).

[113] 毛明明. 农村社会治理中的“四元主体”关系异化及其修复：基于对贵州省 B 乡“美丽乡村”建设的考察 [J]. 领导科学, 2021 (10).

[114] 余敏江. 基层微权力监管存在的问题与治理之道 [J]. 人民论坛, 2021 (11).

[115] 曾智洪, 王梓安. 数字监督：大数据时代权力监督体系的一种新形态 [J]. 电子政务, 2021 (12).

[116] 燕连福, 王亚丽. 全体人民共同富裕的核心内涵、基本遵循与发展路径 [J]. 西安交通大学学报 (社会科学版), 2022 (1).

[117] 胡建文, 曹文泽. 习近平法治思想中公平正义的生成逻辑、内涵要义与实现路径 [J]. 江西师范大学学报 (哲学社会科学版), 2022 (2).

[118] 秦小建. 监察体制改革促进监督体系贯通的逻辑与路径 [J]. 法商研究, 2022 (2).

[119] 阳平, 蔡志强. 中国共产党权力监督思想的内涵, 成就与创新 [J]. 福建师范大学学报 (哲学社会科学版), 2022 (2).

[120] 佟德志, 张朝霞. 全过程监督：主体、客体与程序 [J]. 广州大学学报 (社会科学版), 2022 (3).

[121] 周强, 王乾领, 罗良文. 精准扶贫政策影响居民主观幸福感对乡村振兴的启示：基于中国家庭追踪调查数据的实证分析 [J]. 贵州财经大学

学报，2022（3）.

［122］韩文龙，唐湘. 三次分配促进共同富裕的重要作用与实践进路［J］. 经济纵横，2022（4）.

［123］王立峰，孙文飞. 农村“微腐败”发生的诱因及治理对策：基于全国 38 个案例的定性比较分析［J］. 社会科学战线，2022（4）.

［124］周佑勇. 监察权结构的再平衡：进一步深化国家监察体制改革的法治逻辑［J］. 东方法学，2022（4）.

后记：多维视角研究的集成之作

本书是国家社科基金项目“新时代中国乡村治理法治化问题研究”（18BFX018）、国家社科基金项目“我国农村法治进程中法律资源配置的现实困境与应对机制研究”（20BFX015）、镇江市社科应用研究法学专项重点课题“基层微腐败治理的条块协同机制研究”（2022FX11）和江苏大学高级专业人才项目“市域社会治理中条块关系的法治统合研究”（21JDG006-007）集成作品，凝聚着创作成员的集体智慧。

一、作品构思、设计与统稿

江雪松：江苏大学法学院教授、法学博士、硕士生导师；

刘同君：江苏大学廉政与法治研究院执行院长、法学院教授、法学博士、硕士生导师。

二、各部分内容撰稿人

1. 江雪松撰写绪论、后记、第七章、第九章，同时负责指导第一章撰写任务；
2. 刘同君撰写序、第五章、第六章，同时负责指导第二章撰写任务；
3. 卜梓懿（江苏大学法学院 2021 级法学硕士研究生）撰写第一章；
4. 刘　璐（江苏大学法学院 2021 级法律硕士研究生）撰写第二章；
5. 郑淑珺（江苏大学廉政与法治研究院讲师、法学博士）撰写第三章、第四章；
6. 刘立明（江苏大学廉政与法治研究院副教授、法学博士）撰写第八章；

7. 刘　源（江苏大学管理学院辅导员、法学硕士）撰写第十章。

本书撰写的全过程，始终是在江苏大学纪委、法学院、纪检监察学院、廉政与法治研究院诸位领导和同仁的关心帮助下进行的。本书的撰写参考了大量国内外同类文献，同时吸收了许多研究者论作的创新性观点，皆遵学术规范标注于注释及参考文献之中。在此对前人智识贡献表示感谢！

由于撰写本书时间的仓促和作者水平的有限，难免有疏漏或错误，敬请读者指正，以便之后进行修正和补充。

江雪松

2022 年 6 月